Giordano Bruno Guerri

Ego te absolvo

Beichtstuhl-Protokolle

Aus dem Italienischen von
Bettina und Sabina Kienlechner

Hoffmann und Campe

Die Originalausgabe erschien unter dem Titel
Io ti assolvo beim Verlag Baldini & Castoldi, Mailand

Die Deutsche Bibliothek – CIP-Einheitsaufnahme

Guerri, Giordano Bruno:
Ego te absolvo : Beichtstuhl-Protokolle / Giordano Bruno
Guerri. [Übers. aus dem Ital. von Bettina Kienlechner ; Sabina
Kienlechner]. – 1. Aufl. – Hamburg : Hoffmann und Campe, 1995
Einheitssacht.: Io ti assolvo <dt.>
ISBN 3-455-11062-2

Copyright © 1993 Baldini & Castoldi s.r.l.
Deutsche Ausgabe
Copyright © 1995 by Hoffmann und Campe Verlag, Hamburg
Schutzumschlaggestaltung: Werner Rebhuhn
Satz: Utesch Satztechnik GmbH, Hamburg
Druck und Bindung: Ebner Ulm
Printed in Germany

Inhalt

Für meinen Vater,
der meine Seele nicht
mit einem Sündenbewußtsein
belastet hat

Um was es eigentlich geht
Zweite Einleitung zur Erstausgabe

Dieses Buch sollte ursprünglich im Verlag Mondadori erscheinen; doch nachdem der Umschlag bereits fertig war und die Vertreter schon die Bestellungen der Buchhändler entgegengenommen hatten, legte der Leiter des Verlages sein Veto ein. Es war noch nie zuvor geschehen, daß ein weltbekannter, unabhängiger Verlag wie Mondadori ein Buch zensierte. Daraufhin entbrannte rund um das Buch eine blindwütige Debatte, blindwütig deshalb, weil sie von einem Text handelte, den noch keiner gelesen hatte. Dies gibt mir Gelegenheit, auf die ersten Kritiken zu antworten.

Es wurde sonderbarerweise als »perfide« bezeichnet, daß wir bei unseren Forschungen ein Tonbandgerät benutzt haben. Warum? Die Tonbandaufzeichnungen geben sowohl mir als auch den Priestern und vor allem den Lesern die Garantie, daß keine Manipulationen am Text stattgefunden haben. Der Verlag Mondadori selbst hatte dies verlangt (doch ich hätte auch ohne diese Forderung so gehandelt), um etwaigen Beschwerden vorzubauen. Beschwerden, die trotz Tonbandaufzeichnung erhoben werden. Monsignore Ersilio Tonini schreibt: »Wer sagt, daß es diese Beichtgespräche wirklich gegeben hat? Und daß die Äußerungen der Priester nicht in Wahrheit Erfindungen von Guerri sind?«[1] Ich wäre ein wahrlich großer Schriftsteller, wenn ich in hundert verschiedenen – und teils sehr eigenwilligen – Sprechweisen schreiben, hundert von mir selbst ganz verschiedene Persönlichkeiten erfinden könnte. Irrelevant erscheint mir auch der zweite Vorwurf Monsignore Toninis zu sein, nämlich der, daß »keiner der Priester sich jemals wird verteidigen können, da das äußerst strenge Beichtgeheimnis ihm dies verbietet«. Welches Geheimnis? Da

9

meine Beichten doch »falsch« sind und ich sie, als ihr Autor, selbst veröffentliche?

Eine weitere Kritik betrifft die Methode: Wir hätten *die gutgläubigen Priester mit falschen Beichten überlistet.* Aber auch wenn der Pönitent kein »echter« war, so wußte der Priester dies nicht und sagte genau das, was er einem wahren Pönitenten gesagt hätte. Wer behauptet, ich hätte ihre Gutgläubigkeit mißbraucht bzw. sie »überlistet«, nimmt offensichtlich an, daß die Antworten, wären sie öffentlich gegeben worden, anders ausgefallen wären. Genau das glaube ich auch, und eben deshalb wollte ich aufdecken, was die Priester in den Beichtstühlen tatsächlich von sich geben: aber ich habe damit keine Geheimnisse verraten, denn was die Priester in den Beichtstühlen sagen, ist – oder sollte es theoretisch sein – die angewandte katholische Doktrin, und die ist allgemein bekannt. Außerdem wurde den betroffenen Priestern kein Schaden zugefügt; und ich denke, die Tatsache, daß ich das Verhalten einer gesellschaftlich wichtigen Personengruppe aufgedeckt und dokumentiert habe, ist auch von öffentlichem Interesse. Dies widerlegt auch den absurden Einwand des Theologen Gino Concetti, der im Vatikan-Blatt »Osservatore Romano« schreibt, »Guerri – der sich selbst einen Atheisten nennt – hat ein Sakrament mißbraucht, das ihn nichts angeht«[2]. Ein Nicht-Gläubiger hätte also nicht das Recht, Untersuchungen über Religion und Klerus anzustellen? Hier war wohl der Wunsch der Vater des Gedankens.

Man hat mir jedoch auch vorgeworfen, ein *Sakrileg begangen* zu haben. Wenn ich eine entsprechende Untersuchung über Anwälte, Ärzte oder Finanzberater angestellt hätte, wäre die Entrüstung unendlich geringer, wenn nicht gleich null gewesen, und ich hätte wahrscheinlich reichlich Zustimmung geerntet, denn *man weiß ja,* daß längst nicht alle Vertreter dieser Berufsgruppen ihre Arbeit gut und redlich tun. Jetzt wissen wir das gleiche auch über die Beichtväter. Die doch – da ihr Handlungsfeld das Gewissen ist – weit größere soziale Schäden anrichten können als Finanzberater, Ärzte und Anwälte – vor allem wenn es um das Gewissen von Kindern geht. Und was das Sakrileg betrifft, könnte ich schnell und polemisch erwidern, daß Millionen von Katholiken jeden Tag Sakrilege begehen, indem sie in der Kirche heiraten (oder Taufen, Erstkommunionen, Firmungen feiern), nur weil das so üblich ist, ohne der tieferen Bedeutung dieser Handlungen wirklich gerecht zu werden. Wenn eben diese Katholiken, die die Sakramente nur aufgrund von Konventionen wahrnehmen, sich über mich entrüsten, so ist das ein Beweis dafür, daß der Katholizismus nur als eine Art kulturelles Element in die Gemüter eingedrungen ist, nicht aber als Glaube. Aber das ist zugegebenermaßen eine polemische Replik. Für mich liegt der objektivere Nutzen dieser Untersuchung in einem Angriff auf den Ritus: Wenn ich mich gegen etwas »vergangen« habe, so gegen den Ritus, nicht gegen das Sakrament.

Der »Osservatore Romano« erinnert daran, wohl um die Schwere meiner »Schuld« zu unterstreichen, daß das Sakrament der Beichte »von Christus eingesetzt« ist. Diese »Wahrheit« – die vom Tridentinischen Konzil 1551 proklamiert wurde – wird seit Jahrhunderten von protestantischen Theologen angezweifelt, mit hervorragenden Argumenten, die keineswegs weniger glaubwürdig sind als die ihrer katholischen Kollegen.[3]

Ein weiterer Vorwurf war der, daß ich *vorrangig alte Priester* befragt hätte. Es war schon nicht leicht, in den oft ausgestorbenen Kirchen überhaupt einen verfügbaren Priester aufzufinden, und sich nun noch auf *ältere* Priester beschränken zu wollen, wäre ein geradezu verzweifeltes Unterfangen gewesen. Wahr ist jedoch, daß wir in den meisten Fällen auf den Pfarrer stießen (das heißt auf den angesehensten, jedoch nicht immer ältesten Priester), da die anderen entweder unterrichteten oder mit einer anderen Amtsausübung beschäftigt waren. Darüber hinaus verbietet die Kirche den jungen Priestern, Beichten abzunehmen. Kurz, auch bezüglich des Alters liefert dieses Buch ein getreuliches Abbild der realen Situation. Die Methode, nach der wir die Priester aussuchten, war die denkbar zufälligste: Nämlich immer der erste, auf den wir trafen, und nahezu ein Drittel der italienischen Priester ist nun einmal über 65 Jahre alt.[4] Wenn die Kirche sie im Amt beläßt, obwohl sie sie nicht für geeignet hält, so ist das nicht mein Problem, sondern das des Vatikans. Schließlich ist auch Papst Johannes Paul II. 74 Jahre alt.

Es muß hervorgehoben werden, daß wir es bei einem Großteil der Gespräche mit wahren »Fachleuten für die Beichte« zu tun hatten, denn sie fanden an Wallfahrtsorten oder in Kirchen statt, in denen nahezu ununterbrochen Beichten abgenommen werden.

An den Wallfahrtsorten und in manchen Kirchen gibt es so viele Beichtväter, daß ich nicht befürchten muß, die Anonymität zu verletzen, wenn ich verrate, daß die mit »Foggia« überschriebenen Beichten in Wirklichkeit im Heiligtum San Giovanni Rotondo in der Provinz Foggia stattfanden: Hier sind »spezialisierte« Beichtväter tätig, die in der Schule von Padre Pio von Pietrelcina ausgebildet wurden und dies mittels eines Schildchens am Beichtstuhl auch stolz verkünden. Ebenso fanden die mit »Ancona« ausgezeichneten Gespräche in Wirklichkeit im Wallfahrtsort Loreto statt, das gleiche gilt für »Nettuno«, das für das Heiligtum Sotto il Monte steht, und so weiter. Viele der Beichtgespräche in Rom wurden im Petersdom geführt, mit mehrsprachigen Priestern, die die besten ihres Standes sein müßten. Kurz, ein Großteil der Beichten wurde von Priestern abgenommen, die von der Kirche eigens für dieses Amt ausgewählt wurden.

Von einem mächtigen und reichen Kirchenmann stammt ein besonders kurioser Einwand: Er fragt, warum ich mich, statt an normale, »arme Pfaffen«, nicht an gebildete »geistliche Ratgeber« gewandt hätte, die mir gewiß sehr viel scharfsinnigere Antworten hätten geben können? Aus einem sehr schlichten Grund: Leider hat die große Mehrheit der Gläubigen es mit eben jener Art Priester zu tun, die auch ich angetroffen habe, und nicht mit jenen, die sich nur um die Seelen der Reichen sorgen.[5]

Die bisher sinnvollste Bemerkung zu diesem Buch stammt von Ferdinando Camon, auch er ein Katholik; seiner Meinung nach ist *Ego te absolvo* »außerordentlich nützlich«, und zwar gerade für die Kirche, denn »es weist auf ein Versäumnis hin, das die Kirche verschuldet hat und niemand sonst«, nämlich die Überprüfung der Beichtväter. Und er endet mit einem Paradox: »Die Kirche antwortet mit der Exkommunizierung: die alte defensive Lösung durch Bestrafung. Es ist die denkbar schlechteste. Es hätte eine andere gegeben: nämlich diese Untersuchung zu legalisieren und Giordano Bruno Guerri den Auftrag zu erteilen, alle drei bis vier Jahre die Runde durch die Beichtstühle zu machen und darüber zu berichten.«[6] Diesen Ehrgeiz habe ich nicht. Und ich möchte, sozusagen in Klammern, hinzufügen, daß diese Arbeit psychisch wie physisch überaus anstrengend war. Ich hoffe jedoch sehr, daß sie der Kirche zum Guten dient, im Interesse aller.

Abschließend möchte ich eine Passage aus einer »Stellungnahme« zitieren, die die Autoren des Buches *Il sesso in confessionale* (»Die Sexualität in der Beichte«) veröffentlichten: eine Untersuchung, die der vorliegenden vergleichbar ist und die 1973 verlegt wurde. Ich möchte damit zeigen, daß sich in diesen zwanzig Jahren nichts geändert hat:

»Die meisten Kritiken sind leider nichts als unkontrollierte Wutausbrüche, die sich in den Niederungen von Beschimpfungen und ebenso schäbigen wie oberflächlichen Beleidigungen bewegen (wir sind jedoch so naiv, zu glauben, daß letztendlich auch diese nützlich sind, da sie diejenigen abwerten, die sie äußern, und automatisch diejenigen aufwerten, an die sie gerichtet sind). [...] Wir bestehen jedoch auf dem Recht, einen Beitrag zur Wahrheit zu leisten in einem Bereich, in dem die Wahrheit oftmals, um des lieben Friedens willen, ignoriert oder gar verfälscht wird.«[7]

Ich hoffe, in meinen Befürchtungen widerlegt zu werden: Ich hoffe, daß die Auseinandersetzung in zivilisierten Formen verläuft, daß die Kirche sich bereit zeigt, über die Substanz dieses Buches zu sprechen und so die Diskussion darüber nicht in einem Streit über die Methoden versandet. Und daß die Menschen nicht zurückschrecken und sich von den Reaktionen der Kirche entmutigen lassen, wie das so oft geschehen ist. Die wahren Probleme, über die man sprechen sollte und die sich als Schlußfolgerung ergeben, sind: Wie groß ist der Schaden, den die Beichtväter damit angerichtet haben und noch anrichten, daß sie die Religion in Widerspruch zur bürgerlichen Ethik und zur staatlichen Gesetzgebung stellen? Sind unsere Priester wirklich Bürger, die über jeden Verdacht erhaben sind? Ist es vertretbar, ihnen und dem Beichtgeheimnis auch unsere kleinen Kinder anzuvertrauen?

New York, 18. August 1993

Einleitung

Es gibt in Italien zirka 26 000 Pfarreien, eine pro 2 200 Einwohner. Die Zahl der Priester beträgt über 36 000, hinzukommen 19 000 Geistliche verschiedenster Art, das heißt, auf 1000 Italiener kommt je eine männliche klerikale Person. Wenn wir die über 125 000 Nonnen hinzunehmen, trifft auf 290 Einwohner je eine geistliche Person.[1*] Das sind wenige, verglichen mit früheren Zeiten, doch viele, wenn man die Zahl absolut sieht und sie mit denen anderer europäischer Staaten vergleicht. Zumindest rechtfertigen diese Zahlen keineswegs die verbreitete Meinung, es gebe zu wenig Geistliche im heutigen Italien: Man muß sich nur zum Vergleich dazu vor Augen führen, daß in Italien für 234 Einwohner jeweils nur ein Arzt zur Verfügung steht.

Auch der Prozeß der gesellschaftlichen Säkularisierung und Laisierung und der daraus folgenden Glaubenskrise ist sehr viel weniger drastisch, als man annimmt, denn 88,6 % der Italiener geben an, »religiös« zu sein und wenigstens anläßlich der einschneidenden Lebensereignisse die Sakramente wahrzunehmen. Von diesen erklären 67,2 %, an Gott und an die Kirche zu glauben, 24 % glauben an Gott, aber nur wenig oder gar nicht an die Kirche. Kurz, zwei Drittel der Italiener sind, trotz der behaupteten Laisierung, dem offiziellen Modell der katholischen Religion verbunden. Etwa 30 % nehmen ein- bis mehrmals wöchentlich, 18 % »ein paarmal im Monat« an den religiösen Riten teil.[2]

*Nach Angaben der Deutschen Bischofskonferenz ergeben sich in Deutschland folgende Daten (Stand: 1992): zirka 13 300 Pfarreien, d. h. eine Pfarrei auf zirka 6000 Einwohner. Zahl der Priester zirka 21 800, d. h. auf 3700 Deutsche kommt je eine männliche klerikale Person. Nimmt man die 48 700 Nonnen hinzu, trifft auf 1 150 Einwohner je eine geistliche Person. (A. d. L.)

Doch abgesehen von der demoskopischen Statistik, hier einige konkrete Daten: Im Schuljahr 1989/90 optierten 96,3% der Grund-, Mittel- und Oberschüler für die Teilnahme am Religionsunterricht, die ihnen in Italien laut Gesetz freigestellt ist. Und 82% der Erwerbstätigen entschieden, die 8% Körperschaftssteuer der Kirche zukommen zu lassen und nicht, wie freigestellt, dem Staat.[2]

Der Sinn für das Sakrale und das Zugehörigkeitsgefühl zum Katholizismus sind also noch immer weitverbreitet, trotz der Säkularisierung der italienischen Gesellschaft, der Abnahme der religiösen Praxis und des Auseinanderdriftens zwischen der persönlichen und der von der Kirche gepredigten Ethik[3]: ein Phänomen, das den Vatikan dazu veranlaßte, in Italien ein Land für eine Neumissionierung, eine Wieder-Evangelisierung zu erkennen, wie der Papst und die Bischöfe in letzter Zeit mehrfach verkündeten.[4]

Kurz, es herrscht ein tiefer Zwiespalt zwischen der rigiden und nahezu unbeweglichen Ethik der Kirche und der konkreten Alltags-Ethik der Bürger. Aber zwischen der Strenge der Kirche und dem Gefühl der Gläubigen geschieht angeblich eine Vermittlung »dank dem pastoralen Wirken zahlreicher Priester, die im alltäglichen Kontakt mit den Leuten, mit ihrer persönlichen und familiären Situation, oftmals Gelegenheit haben, ›barmherzig‹ zu sein und Verständnis zu zeigen für die Entscheidungen; mit der Beichte lenken und lösen sie die Orientierung des einzelnen und der Paare, indem sie die Botschaft des Evangeliums in seiner schwierigen Komplexität verbreiten.«[5]

Entspricht dieses Axiom der Wahrheit? In Wirklichkeit wissen wir sehr wenig über die soziale und moralische Orientierungshilfe der Priester, insbesondere die durch die Beichte geleistete. Die Beichte ist nicht nur geheim, sie ist darüber hinaus auch ein Kontrollinstrument ersten Ranges: der Bürger Kirchgänger entdeckt dem Bürger Priester sein Verhalten, letzterer erlegt ihm eine »Buße« auf und erteilt ihm Absolution (wenn er sie erteilt), aber er schreibt ihm auch die Richtlinien seines zukünftigen Verhaltens vor. Von dieser Vorschrift der Priester aber ist nicht nur der religiöse und private Bereich betroffen, sondern sie wirkt sich, wenn vielleicht auch nicht in erster Linie, auf das öffentliche Verhalten aus: Die »Sünde« wendet sich nicht nur »gegen Gott«, sondern bezieht fast immer auch andere Personen, die Gesellschaft, den Staat mit ein. Der Beichtvater bestimmt also – indem er berät, freispricht oder nicht freispricht – zu einem guten Teil das soziale Verhalten der Gläubigen und er greift folglich auch in das Leben der Nicht-Gläubigen und Nicht-Praktizierenden ein.

Der nicht-gläubige Teil der Gesellschaft ahnt nichts von dem, was in den Beichtstühlen geschieht, und kümmert sich auch nicht darum, ausgehend von der Überzeugung, die Beichte sei ein rein privater Akt, und aufgrund der irrigen Annahme, das Verhalten der Priester in den Beichtstühlen entspräche in allem den Direktiven der kirchlichen Obrigkeit und dem, was von den Kanzeln herunter gepredigt wird. Dem ist jedoch nicht so, wie man auf den folgenden Seiten sehen wird.

Die Kirche selbst hegt einigen Verdacht gegenüber dem Verhalten der Beichtväter, das sich im übrigen seit Jahrhunderten ihrer Kontrolle entzieht: die Heiligen Franz von Sales, Giovanni Eudes, Alfons von Liguori, Leonardo da Porto Maurizio u. a. haben nicht wenig Energie darauf verwendet, die Beichtväter um mehr Flexibilität, Geduld, Diskretion zu bitten – von den Handbüchern für die Beichte ganz zu schweigen.[6] In einer Rede an die Priester der romanischen Basiliken hob Papst Johannes Paul II. die Gefahr hervor, »jenem Mangel an Feingefühl, Güte, Respekt vor Gewissenskonflikten, Liebenswürdigkeit und Zugewandtheit zu verfallen, dem zuweilen die Gläubigen ausgesetzt sind, die das Sakrament der Buße wahrnehmen wollen, in der Hoffnung und dem Vertrauen, hier einer Offenbarung Dessen zu begegnen, Der reich ist an Barmherzigkeit«. In der Folge sandte der Papst eine apostolische Aufforderung an das »Amt der Rekonziliation«, das als »das zweifellos schwierigste und heikelste, ermüdendste und anspruchsvollste« definiert wird, das »von den Beichtvätern große menschliche Qualitäten und eine angestrengt geistige und ehrliche Lebensführung verlangt«. Seine Aufforderungen scheinen nicht sonderlich gefruchtet zu haben, da Johannes Paul II. kürzlich – just, während die Untersuchungen zu diesem Buch im Gange waren – einen erneuten Appell an die Priester richtete, in den Beichten doch »Feingefühl und Barmherzigkeit« walten zu lassen, um sie nicht »peinlich und hassenswert« erscheinen zu lassen:

»Der Beichtvater darf sich niemals verwundert zeigen, so schwerwiegend und sozusagen unglaublich die eingestandenen Sünden auch sein mögen. Der Beichtvater lege stets ein klares Gemüt zutage und er vermeide Gesten der Verwunderung, Mißbilligung, Ironie.

Niemals darf er Worte aussprechen, die die Person verurteilen anstatt der Sünde, niemals darf er Schrecken anstatt Ehrfurcht erregen, niemals darf er in Lebensbereiche des Pönitenten eindringen, deren Kenntnis für die Beurteilung seiner Handlungen nicht unerläßlich ist.

Es kann nicht genügend oft betont werden, wie wichtig das Feingefühl im Zusammenhang mit der Materie des sechsten Gebotes des Dekalogs ist [i. e. die Sünden im Sexualbereich].

Niemals darf er Worte gebrauchen, die das Feingefühl auch nur entfernt verletzen, niemals darf er sich ungeduldig und drängend verhalten, indem er den Pönitenten zur Eile anhält.«[7]

Und der Papst fügt hinzu, daß auch »gute psychologische Kenntnisse« nötig sind, insbesondere den neueren Problemen gegenüber (Steuervergehen, Umweltverschmutzung usw.), für die die übliche Ausbildung der Priester nicht ausreicht. Die Kirche selbst weiß mithin von der Problemlage, der ich persönlich begegnet bin: Die große Mehrheit der Priester aber zeigt in den Beichten ein Verhalten, das sich von dem von Johannes Paul II. gemeinten sehr unterscheidet, und sie halten auch nach diesen Appellen des Papstes daran fest.

Auch ein bereits betagter Priester mit einer langjährigen Praxis, Giacomo Cona, hat jüngst – in einer Zeitschrift für den Klerus – einen kritischen Artikel veröffentlicht, in dem er, in weniger diplomatischen Worten als der Papst, den Finger auf die Wunde legt. Don Cona zufolge hat die Beichte »viele Neurotiker« geschaffen, da sie »tausend Höllengeister« heraufbeschwört und eher »das Bild eines rächenden als eines liebenden Gottes« zeichnet.[8]

Ein weiterer Priester, Silvano Burgalassi, Dozent für Soziologie an der Universität Pisa und Kanonikus der Kathedrale, gibt zu: »Die Wahrheit ist, daß es auch Priester gibt, die für die Beichtabnahme nicht vorbereitet sind.«[9] Es ist nicht verwunderlich – und wird es nach der Lektüre dieses Buches noch weniger sein –, daß die Beichte sich in einer tiefen Krise befindet. Katholischen Quellen zufolge gingen 1939 noch 46 % der erwachsenen Italiener regelmäßig zur Beichte, heute hingegen sind es nur noch etwa 4 %.[10] Und die Kirche selbst sieht sich, zum erstenmal seit dem Konzil von Trient, gezwungen, das Sakrament neu zu überdenken.[11] Für die Gesellschaft ist es wichtig zu begreifen, zu welchen Verhaltensweisen die Priester die Gläubigen anhalten. Und nur in der Zurückgezogenheit der Beichtstühle geben sie ihre wahre Persönlichkeit, ihre wahre Weltanschauung preis. Nur dort ist es also möglich zu erkennen, wer sie sind und in welche Richtung sie ihre Herde treiben. Die einzige Methode, das Problem zu untersuchen, ist die, die ich angewandt habe.

Über dieses Buch

Kein Priester würde einem Journalisten oder einem Forscher je anvertrauen, was er wirklich sagt, wenn er Beichten abnimmt. In den ersten sechs Monaten des Jahres 1993 bin ich mit dem Auto durch ganz Italien gereist und in allen Regionen zur Beichte gegangen, in den Städten wie auf dem Land, in den ärmlichen, abgelegenen Pfarreien wie in den historischen Kathedralen, in den von Pilgern überfüllten Wallfahrtsorten wie in ausgestorbenen Sakristeien. Das gleiche taten, auf meine Veranlassung, Barbara Cannata und Claudia Rocchini, die die Frauenbeichten übernahmen. Wir versuchten, in den Beichten alle nur möglichen Themen anzusprechen, um die Reaktion der Priester darauf kennenzulernen; ich habe die Gespräche sodann in drei Rubriken (Ethik, Politik, Sex) eingeteilt, auch wenn die Themen sich häufig überschneiden. Jedes Beichtgespräch wurde auf Tonband aufgezeichnet.

Ursprünglich wollte ich 500 Beichten aufzeichnen, um ein möglichst breites Spektrum zu haben, aus dem ich dann eine Auswahl treffen wollte. Aber von Anfang an erwies sich das gesammelte Material als so erstaunlich, daß ich sofort begriff: Wenn ich eine Auswahl machen würde, so träfe mich mit Sicherheit der Vorwurf, die schlimmsten Beispiele ausgesucht zu haben, um die Priester in ein schlechtes Licht zu rücken. Ich habe daher beschlossen, nur

100 Beichten abzuhalten und sie alle zu veröffentlichen.[12] Das Ergebnis ist dadurch noch eindrucksvoller: eine objektive, emotionslose Sondierung.

Wer einwendet, 100 Beichtväter ergäben keinen statistisch bedeutsamen Wert, der möge sich bitte vor Augen halten, daß 100 von 57 000 bedeutet, daß wir jeden 570sten befragt haben: das ist, als würden, in einer beliebigen Umfrage, 100 000 Italiener befragt, eine Zahl, die von keiner demoskopischen Erhebung auch nur annähernd erreicht wird. Darüber hinaus verleiht die wesentliche Übereinstimmung der Beichtväter in bestimmten Themen dem zugrundeliegenden Forschungsmuster statistische Beweiskraft.

Es scheint mir nicht überflüssig zu betonen, daß ich nicht den Glauben zur Diskussion stellen wollte, sondern nur die sozialen Auswirkungen des Glaubens.

Zuletzt meine ich, daß dieses Buch besonders den Gläubigen, den Priestern, der Kirche von großem Nutzen sein könnte. Die Gläubigen können sehen, wie relativ ihre »Sünden« sind und wie menschlich das Urteil ist, das ihnen als das göttliche angepriesen wird. Den Priestern wird mit diesem Buch ein erbarmungsloser Spiegel in die Hand gedrückt, anhand dessen sie eine tiefgreifende Überprüfung ihres Gewissens vornehmen können. Was die Kirche betrifft, so hat sie seit jeher Kritik und Ansporn nötig, zuweilen sogar Gewalt von seiten der Nicht-Gläubigen, um aus der Unbeweglichkeit aufgeschreckt zu werden, die jedem Glauben eigen ist. Ein großer, aber bei seinen Vorgesetzten nicht beliebter Priester, Don Lorenzo Milani, schrieb einst an einen Bischof: »Im Grunde können wir den Nicht-Gläubigen nur dankbar sein, wenn sie unsere Mißstände aufdecken, denn wenn sie es nicht tun, so wird keiner uns diese christliche Gnade zukommen lassen, da wir selbst wenig geübt sind im Gebrauch des kritischen Geistes.«[13]

Iesa, Siena, 29. Juni 1993

Von der Buße zum »Bußritual«:
Zur Geschichte der Beichte

Das »Beichten« wurde bereits in vorchristlichen Kulturen praktiziert, es ist uns auch aus Kulturen bekannt, die vom Christentum unbeeinflußt sind: so etwa in den Kulten der Isis, des Orpheus und der Ceres. Der Hierophant oder einer der Eingeweihten nahm die »Beichte« ab. Die buddhistischen und dschainistischen Mönche pflegen ihr Schuldvergehen ihren Meistern zu beichten, wie die Sikhs sich ihrem Guru bekennen: Es ist eine Form, um das Gewissen zu reinigen und es von den Mächten des Bösen zu befreien.[1] Das Bußritual besitzt bereits in der vorchristlichen jüdischen Kultur eine lange Tradition: Jedes Unheil – von der militärischen Niederlage bis zur Mißernte – wurde als ein Fluch Gottes angesehen, der nur durch kollektive Buße abgewehrt werden konnte: durch Fasten, Klagen und Demutsgesten wie das Bestreuen der Häupter mit Asche. Das gesamte Volk bekannte sich mittels des Priesterwortes als schuldig und bat um Vergebung. Die Vergebung wurde gewährt, jedoch nicht ohne Sühne: Obwohl David seine Schuld bekennt, bestraft Gott ihn mit dem Tod seines Sohnes.

Der Strenge des göttlichen Urteils entsprach eine Strenge der menschlichen Rechtsprechung, denn das auserwählte »Volk Gottes« wollte am Bruch mit der göttlichen Allianz nicht mitschuldig werden und bestrafte den Sünder mit dem Tode: Für die schweren Vergehen wie den Götzendienst und den Fluch wurde die Steinigung angewandt. Als der Beginn der christlichen Zeitrechnung näherrückte, kamen auch mildere, individuelle Strafmaßnahmen für weniger schwere Verbrechen auf, wie etwa der Ausschluß aus der Synagoge, auf Dauer oder auch zeitlich begrenzt. Jesus selbst hält am Bußritus fest, indem er mehrfach zur »Bekehrung« und zur »Buße« aufruft; das Gleichnis vom verlorenen Sohn, die Begegnung mit der »Ehebrecherin« und viele andere Episoden der Evangelien bezeugen, daß Gottvater mit einem reuigen Sünder milde verfahren würde. Christus selbst »beichtete« niemals, aber »keine sonstige christliche Kirche und keine andere Religion hat der detaillierten und wiederholten Sündenbeichte soviel Gewicht beigemessen wie der Katholizismus«[2].

Der katholischen Exegese zufolge wurde das Sakrament der Beichte von Christus begründet: Es gibt in den Evangelien drei Stellen, die der Kirche die Möglichkeit des Sündenablasses einzuräumen scheinen. In Matthäus 16,19 sagt Jesus zu Petrus: »Und ich will dir des Himmelreichs Schlüssel geben: alles, was du auf Erden binden wirst, soll auch im Himmel gebunden sein, und alles, was du auf Erden lösen wirst, soll auch im Himmel los sein.« In Matthäus 18,18 wiederholt Jesus vor seinen Jüngern: »Was ihr auf Erden binden werdet, soll auch im Himmel gebunden sein, und was ihr auf Erden lösen werdet, soll auch im Himmel los sein.« Die neuesten philologischen Auslegungen (auch die von katholischer Seite) möchten die Worte »binden« und »lösen« dahingehend verstanden wissen, daß sie in erster Linie die »Unterscheidung von Erlaubtem und Unerlaubtem« meinen und erst in zweiter Linie auf die »Exkommunikation und die Aufhebung der Exkommunikation« abzielen; oder aber die Wendung meint nur die Ausschließung aus der Kirchengemeinschaft und die anschließende Wiederaufnahme, so daß es sich nicht um ein »Freisprechen oder Nicht-Freisprechen« handeln würde, sondern um das stufenweise Voranschreiten der Buße. Den neuesten Interpretationen zufolge hat das rabbinische Wort vom »Binden und Lösen« die Bedeutung, über jemanden einen »Bann zu sprechen und ihn vom Bann freizusprechen«, mithin den Sünder an Satan auszuliefern oder ihn zu retten. Letztendlich sollen die Worte »binden und lösen« nichts anderes bedeuten als den Ausschluß von der Kirche und die Rekonziliation, nicht aber die Vergebung der Sünden.[3] Der neueste *Katechismus der katholischen Kirche* aber betont: »Die Worte *binden* und *lösen* besagen: Wen ihr aus eurer Gemeinschaft ausschließen werdet, wird Gott auch aus der Gemeinschaft mit sich ausschließen; wen ihr von neuem in eure Gemeinschaft aufnehmen werdet, wird auch Gott wieder in die Gemeinschaft mit sich aufnehmen. *Die Versöhnung mit der Kirche läßt sich von der Versöhnung mit Gott nicht trennen.*«[4] Der Text, auf den das Konzil von Trient sich am stärksten stützte, als es darum ging, den göttlichen Ursprung der Beichte zu sanktionieren, steht bei Johannes 20,23:»Welchen ihr die Sünden erlasset, denen sind sie erlassen; und welchen ihr sie behaltet, denen sind sie behalten.« Die Verse des Evangelisten Johannes scheinen weniger mißverständlich zu sein, aber auch sie verweisen, einigen Kirchenvätern zufolge – wie auch dem abtrünnigen Calvin –, lediglich auf die sündentilgende Macht der Taufe. Der Streit erhitzte sich vor allem bei der Auslegung der Verben *aphiemi* und *krateo*, die in diesem Zusammenhang deshalb besonders schwer zu interpretieren sind, da sie sich nur an dieser Stelle des Neuen Testaments auf die Sünde beziehen. Die Auslegung dieses Verses in dem Sinne, daß er die göttliche Einrichtung der Beichte bezeugt, ist alles andere als gesichert, sie wird von den meisten protestantischen Gelehrten bestritten.

In jedem Fall aber wurde die *Vergebung* der Sünden im frühen Christentum, bis ins 6. Jahrhundert hinein, äußerst streng aufgefaßt. Paulus schließt alle notorischen Sünder aus der christlichen Gemeinschaft aus und überantwortet sie dem Teufel; alle Sünder, die die christliche Gemeinde mit Schande überhäufen, also alle »Schamlosen«, alle Geizigen, alle Götzendiener, alle Fluchenden, alle Trinker, alle Diebe.[5] Abgesehen von der gestrengen Lehre des Paulus scheinen in den meisten christlichen Gebieten Götzenanbetung, Mord, Ehebruch und Unzucht als unverzeihlich gegolten zu haben: Erst um das Jahr 220 räumte Papst Callistus den Ehebrechern die Möglichkeit zur Rekonziliation ein. Drei Jahrzehnte später kamen die *lapsi* an die Reihe, d.h. jene, die während der Verfolgungen vom Christentum wieder abgefallen waren, und erst durch das Konzil von Ancira (314) wurde auch den Mördern die Möglichkeit zur Vergebung ihrer Sünden gewährt.

Die schweren Sünden konnten zu jenen Zeiten nur durch die öffentliche Buße getilgt werden, während für die leichteren Sünden Beten, Fasten und Wohltätigkeit ausreichten. Beinahe jedes Vergehen aber galt als Todsünde, dazu zählten das Tanzen, der Geiz, der Zorn, der Stolz, die Trunkenheit (während – im Gegensatz zu heute – der nicht auf Fortpflanzung bedachte Geschlechtsverkehr mit dem Ehepartner als läßliche Sünde galt).[6] Aber »es ist zweifelhaft, ob die kirchliche Bußjurisdiktion in nennenswerter Weise über die Erfassung der notorischen Fälle von Kapitalsündern hinausging«,[7] zumal die Bußauflagen wahrlich mühselig waren.

Der Sünder wurde entweder vom Bischof vorgeladen – vor allem dann, wenn er als »Wiederholungstäter« bekannt war –, oder er stellte sich ihm freiwillig vor, um seine Sünden zu bekennen. Der Bischof bestimmte die Bußauflage, und wenn der Sünder sie nicht akzeptierte, wurde er aus der Kirchengemeinschaft ausgeschlossen; wenn er sie hingegen akzeptierte, begann für ihn eine andere Odyssee: denn auch wenn er nicht jedesmal seine Sünden öffentlich bekennen mußte, so wurde er doch vor allen Gläubigen gedemütigt. Oftmals wurde ihm vom Bischof auferlegt, den Büßergürtel zu tragen, und von diesem Augenblick an gehörte er zum »Büßerorden«. Im Gegensatz zu den religiösen Ordensbrüdern aber wurden die Angehörigen des Büßerordens öffentlich diffamiert: mancherorts wurden ihnen die Köpfe kahlgeschoren, anderswo mußten sie mit ungepflegten Haaren und Bärten herumlaufen. Darüber hinaus hatte der reuige Sünder die lange Kette der privaten und der öffentlichen Bußen zu absolvieren. Erstere bestanden vor allem in Fasten, Klagen, Beten, er durfte sich nicht waschen und mußte sein Ruhelager mit Asche bestreuen; die öffentliche Strafe bestand im Tragen des Büßergürtels. Die Pönitenten wurden in vier Klassen eingeteilt: die *flentes* mußten vor dem Kirchengelände ausharren und die Kirchgänger anflehen, für sie zu beten, wobei sie in den meisten Fällen nur Hohn und Spott ernteten; die *audientes* durften der Messe zwar beiwohnen, doch mußten sie die Kirche während der Eucharistie verlassen; die *substrati* mußten sich während der Eucharistiefeier flach auf dem Boden ausstrecken; die *consistentes* schließlich durften nur stehend an ihr teilnehmen. Der Übergang von einer »Bußklasse« zur anderen ging nur langsam vonstatten, im Rhythmus von jeweils zwei bis sieben Jahren. Der heilige Basilius der Große (4. Jahrhundert) bestimmte, daß die Pönitenten je vier Jahre unter den *flentes* und den *consistentes* zu verbringen hatten, fünf Jahre unter den *audientes* und sieben Jahre unter den *substrati*.

Zwischen dem 4. und dem 6. Jahrhundert wurde die Buße immer strenger geregelt; die Pönitenten durften kein Fleisch essen, sie mußten die Toten zur Kirche tragen und begraben, außerdem wurden sie vom öffentlichen Leben ausgeschlossen, auch noch nach der Rekonziliation: Sie durften keine öffentlichen Ämter bekleiden, keinen Handel treiben und keinen Militärdienst leisten; schließlich war es ihnen »für die gesamte Dauer der Bußzeit verboten, mit dem Ehepartner zusammenzuleben. Die Pflicht zur völligen Enthaltsamkeit bleibt auch nach der Rekonziliation bestehen«[8]. Wer diese Bußauflagen nicht einhalten wollte oder sie unterbrach, wurde für immer exkommuniziert. Am Ende der mühseligen und bedrückenden Bußzeit wurde der Pönitent wieder in die Gemeinschaft der Kirche aufgenommen, doch nun durfte er nicht mehr sündigen: nur einmal im Leben konnte er seine Sünden abbüßen, denn dies kam einer Wiedertaufe gleich. Ein zweiter Ablaß wurde nicht gewährt, auch nicht auf dem Totenbett, nicht jenen Sündern, die »wie Hunde und Schweine zu ihren ersten Ausspeiungen zurückkehren«, wie der heilige Papst Siricius sich im Jahr 385 ausdrückte.

Unter diesen Umständen bekannten nur wenige freimütig ihre Sünden. Die Kirche selbst fand – mittels Konzilen, päpstlichen Enzykliken und kirchenväterlichen Briefen – schlaue und opportunistische Auswege, die sie ihren Gläubigen anriet und die die Ausprägung des katholischen Charakters, insbesondere des italienischen, nachhaltig beeinflußten. Ambrosius von Mailand zum Beispiel rät, man solle erst beichten, wenn »*defervescat luxuria*«, wenn die Fleischeslust nachläßt. Dies führte dazu, daß bald nur noch Greise an der Schwelle zum Tod beichteten. »Gegen Ende des 6. Jahrhunderts war man in eine wahre Sackgasse geraten: die Buße war gerade jenen, die ihrer am meisten bedurften, nämlich Erwachsenen im mittleren Lebensalter, gänzlich unzugänglich. Der *Ordo paenitentiarum* war zu einer drittrangigen religiösen Praxis abgerutscht, die hinfälligen Greisen, Witwern und hoffnungslosen Zölibatären vorbehalten war«.[9] Viele zogen es vor, das Mönchsgelübde abzulegen, anstatt den beschwerlichen Bußweg anzutreten, denn »das Mönchsleben war trotz seiner Härte angenehmer und weniger diffamierend als die öffentliche Buße. Aus diesem Grund verdrängte das eine allmählich das andere. Es gab immer mehr ›Bekehrte‹, nicht immer zum Vorteil des religiösen Lebens«[10]. Eine Revision der Bußpraxis war unumgänglich geworden.

Seit Jahrhunderten hatte sich der Brauch eingebürgert, bei den Presbytern zur Beichte zu gehen, um von ihnen Trost zu erhalten und um sich zu informieren, ob die begangenen Sünden nur durch den *Ordo paenitentiarum* oder auch schlicht durch Beten getilgt werden könnten. Seit dem 4. Jahrhundert hatte sich diese Praxis immer stärker verbreitet, und die Presbyter wurden immer milder, je größer die Zahl der Christen wurde, die bereits im Kindesalter getauft worden waren und also das Christentum ererbt und nicht erwählt hatten. Außerdem durfte durch die Strenge der Buße fast niemand mehr an der Eucharistie teilnehmen: eben um diesem Tatbestand entgegenzutreten, wurde den Christen auf dem Konzil von Agdes (506) vorgeschrieben, zumindest an Weihnachten, Ostern und Pfingsten zur Kommunion zu gehen. Die Gläubigen, die sich nun zwischen dem äußerst harten *Ordo paenitentiarum* einerseits und der Kommunionspflicht andererseits eingezwängt sahen, entwickelten – vor allem in Spanien – eine Gewohnheit, die auf dem Konzil von Toledo (589) folgendermaßen angeprangert wurde: »Jedesmal, wenn sie gesündigt haben, verlangen sie vom Geistlichen die Rekonziliation.« Wiewohl diese Praxis vom Konzil verdammt worden war, verfielen die Geistlichen von Jahr zu Jahr mehr auf einen Kompromiß, nach dem Beispiel der irischen Mönche, die gegen Ende des 6. Jahrhunderts auf dem europäischen Kontinent auszuschwärmen begannen: Auf den rauhen Inseln Großbritanniens und Irlands hatte es niemals eine öffentliche Buße gegeben, vielmehr nur die private. Binnen kurzem hatte sich die *Ohrenbeichte,* die im Leben beliebig oft wiederholt werden konnte, so sehr eingebürgert, daß auch das Konzil von Chalon-sur-Saône (647–653) sie als eine »äußerst nützliche« Praxis bezeichnete.

Die nun herrschende Form wurde die *taxierte,* die bewertete Beichte genannt; denn der Geistliche ging nach einem Sündenregister vor, dem bestimmte Bußen gleich *Tarifen* beigeordnet waren. Am Ende eines ausführlichen Beichtverhörs erhielt der Pönitent die Bußauflagen, und erst nachdem er diese abgeleistet hatte, kehrte er zurück, um die *Absolution* zu erhalten – ein Begriff, der nun mehr und mehr den ursprünglichen der *Rekonziliation* ersetzte. Zu dieser neuen Form des Sakraments waren nun auch Kleriker zugelassen (die ihre Sünden früher schlechthin nicht bereuen konnten und im Falle eines schweren Vergehens aus der Kirche ausgeschlossen wurden), und es sind nun nicht mehr nur die Bischöfe, die die Vergebung öffentlich gewähren.

Die schematische Auflistung der Sünden trug entscheidend dazu bei, die Beichte ihres realen Sinns zu entleeren; sie wurde zu einer Privatangelegenheit zwischen Gläubigem und Geistlichem, die Buße verlor ihre einstmalige soziale Bedeutung. Was die Beicht-*Tarife* betrifft, so wurden sie so weit wie möglich vereinheitlicht und kodifiziert, um Gleichheit für alle zu schaffen. Sie bestanden in erster Linie aus Abstinenzauflagen (Verbot von Wein, von Fleisch, von Verzehr fetter Speisen etc.), die über Jahrzehnte hinweg andauern konnten.[11] Hier einige Beispiele aus dem *Penitenziale di San Colombano,* das zu den weitestverbreiteten gehörte: »Für die Sünde der Masturbation ein Jahr Fasten, wenn der Sünder noch jung ist«, ansonsten dauerte es länger. »Ein Mörder verbringe drei Jahre in der Verbannung bei Wasser und Brot und unbewaffnet. Nach diesen drei Jahren kehre er in seine Heimat zurück und stelle sich in den Dienst der Verwandten seines ermordeten Opfers, um dessen Aufgaben zu übernehmen.« »Wenn einem ein Kind von der Frau eines anderen geboren wird, wenn er also Ehebruch begangen hat, so enthalte er sich drei Jahre lang von fetten Speisen und vom ehelichen Vollzug und bezahle darüber hinaus den Preis für die Entwürdigung des Ehemanns der geschändeten Frau.« »Hat einer auf sodomistische Weise Unzucht getrieben, so tue er sieben Jahre lang Buße: die ersten drei Jahre bei Wasser, Brot und getrockneten Früchten; die übrigen vier Jahre enthalte er sich des Weines und des Fleischverzehrs.« Die Tarife für Geistliche waren von denen der Laien unterschieden, und sie waren um so höher, je höher der Geistliche im Amt stand.

Da die Tarife für die begangenen Sünden sich summierten, geschah es oftmals, daß sie schlechthin nicht mehr abzuleisten waren oder die Dauer eines Lebens überschritten. Aus diesem Grunde wurde eine Reihe von komplizierten *Abwandlungs*-Tabellen geschaffen, mit deren Hilfe langwierige Strafen in kürzere und dafür härtere abgewandelt werden konnten. Hier einige Beispiele aus den *Canones Hibernenses:* »Abwandlung für dreitägiges Fasten: einen Tag und eine Nacht stehen, ohne zu schlafen (oder nur sehr wenig zu schlafen), oder 150 Psalmen und Gesänge rezitieren.« »Abwandlung für eine einjährige Fastenzeit: drei Tage ohne Speis und Trank am Grabe eines Heiligen verbringen, ohne zu schlafen und ohne sich zu entkleiden; während dieser Zeit singe der Pönitent Psalmen.« Oder: »Drei Tage ohne Speis und Trank und ohne zu schlafen in der Kirche verbringen, gänzlich nackt. Während dieser Zeit singe der Sünder Psalmen und Lieder und rezitiere das Offizium. Während des Gebets beuge er zwölfmal das Knie.«

Nach und nach bürgerte sich auch die Praxis ein, die Buße durch Geldzahlungen abzuleisten. Um eine Bevorteilung der Reichen zu vermeiden, wurden unterschiedliche Strafen ausgearbeitet: ein Armer konnte »um den Preis eines Sklaven« ein ganzes Jahr Fasten bezahlen, während der gleiche Preis einem Reichen nur einen Monat Fastenerlaß einbrachte. Aber diese Unterscheidungen waren nicht von langer Dauer.

Die Beichte verwandelte sich vielmehr in ein großes Geschäft, vor allem, nachdem man dazu übergegangen war, die Buße auch in Form von Messen, zahlbar an den Geistlichen, ableisten zu lassen. Dem *Pseudo-Theodorus* zufolge »wiegt eine Messe drei Tage Fasten auf, drei Messen zählen eine Woche Fasten«. Man konnte die Messen auch paketweise bezahlen: 100 Goldtaler sind gut für 120 Messen. Um des ungeheuren Messenansturms Herr zu werden, wurden im 9. Jahrhundert viele Mönche zu Priestern geweiht. Vergebens versuchte man, durch Kodizes der Bereicherung des Klerus entgegenzutreten, indem man die Anzahl der Messen auf sieben pro Tag und Geistlichen beschränkte; auf Anfrage des Pönitenten jedoch konnte ein Geistlicher auch über zwanzig Messen am Tag lesen.[12]

Man gelangte schließlich auch zum skandalösesten Mißbrauch, der nur den Reichen vorbehalten war, nämlich dem, einen anderen für die Ableistung der Buße anzustellen und zu bezahlen. Im *Penitenziale dello Pseudo-Teodoro* heißt es: »Wer die Psalmen nicht kennt und wer zu schwach ist, um zu fasten oder zu wachen oder zu knien oder die Arme zu heben oder sich auf dem Boden auszustrecken, der wähle sich einen, der dies an seiner Stelle tut, und er bezahle ihn dafür, denn es steht geschrieben: ›Einer trage des anderen Last‹.« Für den Armen hingegen steht geschrieben: »Denn ein jeglicher wird seine Last tragen.«[13] Aber man höre, wie, einem anderen Kanon zufolge, »ein Reicher mit vielen Freunden« sieben Jahre Buße einlösen kann: »Er suche sich 12 Männer, die an seiner Stelle drei Tage fasten, bei Wasser, Brot und getrockneten Früchten. Sodann suche er siebenmal weitere 120 Männer, die an seiner Statt drei Tage lang fasten. Die Summe der Tage entspricht den Fastentagen von sieben Jahren.«[14] In der Regel waren es Mönche, die diese bezahlte Bußtätigkeit übernahmen; dies war einer der Wege, auf denen die Klöster zu ihrem Reichtum gelangten, zumal man bald dazu überging, sich von den Reichen – als »Beilegung« – Ländereien schenken und Kirchen und Klöster erbauen zu lassen. Die Kirche unternahm nur wenige zaghafte Versuche, diesen Praktiken entgegenzutreten. Die karolingischen Könige setzten zwischen dem 8. und 10. Jahrhundert etwas mehr Nachdruck dahinter, jedoch vergebens.

Die Praxis der Tarif-Beichte erschöpfte sich im 12. bis 13. Jahrhundert von selbst. Seit dem 11. Jahrhundert wurde die Absolution immer häufiger schon vor, nicht erst nach der Buße erteilt, da sie fast immer aus einer Opfergabe an den Geistlichen bestand, und in ein paar zusätzlichen Gebeten. Bis zum 17. Jahrhundert steigerten die Geistlichen das Tempo beim Anhören und Lossprechen immer mehr, um möglichst viele Beichten unterzubringen.

Gegen Ende des 12. Jahrhunderts entstand eine neue Form der »nicht-feierlichen, öffentlichen Buße«, nämlich das Pilgerwesen. Das Pilgern, das nun in großem Umfang einsetzte, war den »weniger schweren« Sündern vorbehalten, nämlich jenen, die sich nicht sexueller oder theologischer Vergehen schuldig gemacht hatten (pilgern durften also Diebe, Mörder etc.), und den sündig gewordenen Diakonen, Presbytern, Bischöfen. »Die Pilgerscharen bestanden aus möglicherweise reuigen, gewiß aber kriminellen Pönitenten, die zum großen Teil Geistliche waren. Das Bußpilgertum wurde zur beständigen Schande des christlichen Mittelalters: denn die Pilger, die theoretisch von einem Heiligtum zum anderen wanderten, um ihre Sünden abzubüßen, betrieben in Wirklichkeit jeden nur erdenklichen Mißbrauch«.[15.]

Noch lange, bis über das 17. Jahrhundert hinaus, nutzten Geistliche auf skandalöse Weise den Beichtstuhl für erotische Abenteuer aus; die Geschichten Boccaccios geben anschaulich Zeugnis vom Kampf zwischen Beichtenden und Beichtvätern, die sich unablässig gegenseitig zu betrügen suchten: Besonders erwähnenswert ist in diesem Zusammenhang die Geschichte des Ser Cepparello, eines unverbesserlichen Sünders, der es durch eine ebenso meisterhafte wie verlogene Greisenbeichte fertigbrachte, sich heiligsprechen zu lassen.

Im Jahr 1215 machte es Papst Innozenz III. auf dem Vierten Lateranischen Konzil zur Pflicht, wenigstens einmal im Jahr zur Beichte zu gehen, und gleichzeitig etablierte sich mit den Kreuzzügen der Brauch des »Generalablasses«, der den Beginn für jene Laxheit bildete, die eine der entscheidenden Ursachen für das lutherische Schisma wurde. Tatsächlich brachten die Reformatoren, auch in bezug auf die Beichte, »Dinge ans Licht, die vor der Christenwelt bis zu diesem Zeitpunkt geheimgehalten worden waren«, aus schierem Opportunismus.[16]

Für Luther war das Sakrament der Beichte von minderer Bedeutung, da es nicht ausdrücklich von Christus eingesetzt und festgelegt ist wie die Taufe und die Eucharistie. Noch radikaler verhielten sich die Calvinisten und die Anglikaner, die in der Beichte gar nichts Sakramentales sahen. Für Luther ist die *contritio,* die vollkommene Reue – d. h. der Haß auf die begangenen Sünden und der ehrliche Vorsatz, nicht rückfällig zu werden –, dem Menschen nicht möglich, während die *attritio,* die unvollkommene Reue, die sich aus der Furcht vor der Hölle speist, nichts als Heuchelei ist, eine weitere Sünde, die sich zu den anderen gesellt. Im übrigen kann, Luther zufolge, der Mensch sich des ganzen Ausmaßes der Sünde niemals bewußt werden, und der Geistliche hat nicht das Recht, sich in Gewissensangelegenheiten einzumischen. Göttliche Vergebung kann nicht durch Menschenwerk erreicht werden, sei dies auch noch so vorteilhaft für den Klerus. Deshalb bestreitet Luther der Kirche das Recht, Bußen aufzuerlegen und Vergebung zu gewähren, die nur von Gott kommen kann. Vergebung erhält der Mensch mittels seines Glaubens, nicht mittels des Beichtrituals. Die Kirche kann ihre Gläubigen nicht zur Beichte zwingen, auch nicht vor der Kommunion, denn aus den Evangelien geht nicht hervor, daß Christus die beiden Sakramente aneinander gebunden hätte. Gleichwohl empfiehlt Luther dem guten Christen, häufig und mit Überzeugung zu beichten, um sich der göttlichen Gnade zu versichern, doch kann derjenige, der die Beichte abnimmt, ebensogut ein Laie sein. Schließlich setzte sich – bei Lutheranern wie bei Calvinisten – die Generalbeichte während des Gottesdienstes durch.

Die katholische Kirche konnte eine solch drastische Einschränkung ihrer Macht nicht hinnehmen, und auf dem Tridentinischen Konzil wurde viel Energie darauf verwandt, die Bedeutung der traditionellen Beichte zu bekräftigen und aufzuwerten. In den Sitzungen zwischen dem 15. Oktober und dem 25. November 1551 wurde die Beichte definiert als *vere et proprie sacramentum,* von Christus eingesetzt als *vitae remedium.* Zudem wurde die Bedeutung der *contritio* und *attritio* bekräftigt. Stück für Stück wurden die Behauptungen der Protestanten widerlegt, allen voran jene, daß auch Laien die Beichte abnehmen könnten.

Eines der wichtigsten Ergebnisse des Konzils im Zusammenhang mit dem Beichtproblem war, daß die Sünde – eben um die Reformatoren zu bekämpfen – zur Privatangelegenheit erklärt wurde, ein Vergehen gegen Gott und sich selbst, wodurch die alte Auffassung von der Sünde als sozialer Unverantwortlichkeit, die noch für die antike Kirche grundlegend gewesen war, verschwand. Eine Entwicklung, die nicht wenig zur Ausformung der verschiedenen »Nationalcharaktere« beigetragen hat: Unter Katholiken ist das soziale Verantwortungsbewußtsein weniger ausgeprägt.

Gleich nach Ende des Konzils lancierte die Kirche eine großangelegte Kampagne für die Beichte. Die große Masse war den Volkspredigern anvertraut, der Elite standen die Jesuiten zur Verfügung. Die Ausbildung der Beichtväter in den Seminaren wurde einheitlicher und strenger gestaltet, und die zahlreichen Anleitungen, die damals für sie geschrieben wurden, entwickelten sich zu wahren Bestsellern. Aber wenn sie auch zur besseren Ausbildung der Beichtväter beigetragen haben mögen, so verursachten sie andererseits doch eine erhebliche Bürokratisierung und Verflachung.

Das Konzil bestimmte auch die Einführung der geschlossenen Beichtstühle – die es bisher nicht gegeben hatte –, um die Individualität und die enge Beziehung zwischen Beichtendem und

Beichtvater zu betonen. Außerdem sollte der Beichtstuhl die häufigen Fälle von sexuellem Kontakt zwischen Beichtvater und Pönitentinnen (oder auch Pönitenten) verhindern. Im Jahr 1561 erließ Pius IV. eine Bulle gegen jene Geistlichen, die während der Beichte *ad turpia* drängten. Im Jahr 1622 mußte Gregor XV. erneut dagegen einschreiten. Um eine Vorstellung vom Ausmaß dieser Vorkommnisse zu geben, sei erwähnt, daß noch im 17. Jahrhundert allein im Stadtstaat Venedig 78 Prozesse wegen »Bedrängung« im Beichtstuhl abgehalten wurden. 1745 erließ Benedikt XIV. ein Dekret zur Bekämpfung jener Beichtväter, die »den Pönitenten verletzen und ihm statt Brot einen Stein und statt Fisch eine Schlange reichen«[17]. Noch heute nehmen, etwa in den Vereinigten Staaten, die meisten Fälle von Kindesmißbrauch von seiten Geistlicher in den Beichtstühlen ihren Anfang.

Nach dem Tridentinischen Konzil wird die »Buße«, die in der Ursprungskirche ein einmaliger und unwiederholbarer Akt gewesen war, zu einem Pflasterweg zur Heiligkeit: Prospero Lambertini (1675–1758), der spätere Papst Benedikt XIV., erklärt eben die Ausdauer beim (möglichst täglichen) Beichten zu einem der Kriterien für die Heiligsprechung.[18] Aufgrund dieser neuen außerordentlichen Bedeutung des Sakramentes entstand eine lebhafte Debatte unter den Theologen, die sich wesentlich in ein »rigoroses« und ein »laxes« Lager teilten. Man diskutierte endlos über die *contritio*, die *attritio*, über den »Probabilismus« (die Möglichkeit, bei zweifelhafter Gesetzeslage das Vorgehen selbst zu bestimmen), über die »Kasuistik« (die Beurteilung der Gewissenskonflikte und ihre Lösung von Fall zu Fall). Die damalige Diskussion um die Beichte »ist – *mutatis mutandis* - derjenigen vergleichbar, die heute in den Medien und in der öffentlichen Meinung über die Probleme der Verhütung, der Abtreibung, der verschiedenen Formen der künstlichen Befruchtung und der Euthanasie geführt wird. [...] Für den damaligen Katholiken war es ganz und gar nicht bedeutungslos, ob er im Halbdunkel des Beichtstuhls einem milden oder einem unversöhnlichen Beichtvater gegenüber saß. Sein geistiges Wohlbefinden, seine Verbindungen zu anderen Menschen, sein gesamtes Verhalten hingen vom Urteil jener Repräsentanten der Kirche ab, die ihnen als ›Väter‹, ›Ärzte‹ und ›Richter‹ zugleich anempfohlen wurden«.[19]

Das Vertrauen in die Beichte wurde, wenn auch nicht mit sofortiger Wirkung, so doch nach und nach unterhöhlt von der Unterschiedlichkeit der geistlichen Urteile – die doch die göttlichen repräsentieren sollten – und von der ungeheuren Anzahl der Verbote: eine Druckschrift des 17. Jahrhunderts verzeichnet 2753 Arten der Sünde.[20]

Bis zum Ende des 18. Jahrhunderts behielt das rigorose Lager die Oberhand. Dann kam – wohl auch infolge der Französischen Revolution, die, abgesehen von Verunsicherung, auch einen Rückgang bei der Zahl der Gläubigen verursacht hatte – jene Milde auf, die der neapolitanische Bischof Alfons von Liguori (1696–1787) in seinen gemäßigten und versöhnlichen Manualen predigte: sie verdrängten nach und nach alle anderen Werke dieser Art, vor allem, nachdem ihr Autor heiliggesprochen (1839) und zum Doktor der Kirche (1871) ernannt wurde. Alfonso bemühte sich im Wesentlichen darum, die Beichte erträglicher zu gestalten und zu verhindern, daß sie durch die Unbeugsamkeit der Beichtväter zu einer abschreckenden Tortur ausartete. Eine folgenreiche Tendenz ist vor allem auf ihn zurückzuführen: nämlich jene, daß dem Sünder, selbst wenn er dieselbe Sünde immer wieder begeht – und also mit Recht an der Ehrlichkeit seiner Reue gezweifelt werden darf –, immer wieder verziehen wird.

Im 19. Jahrhundert wurden viele Beichtväter zu modischen Berühmtheiten, wie der Seelsorger d'Ars. Das Bedürfnis nach sensibleren Beichtvätern, die einen persönlichen Dialog herbeizuführen vermochten, war groß. Aber sowohl die Manuale wie auch die Gemüter selbst der mildesten Beichtväter blieben unerbittlich gegenüber allen Anfällen von Fleischeslust. Eines der gängigsten Manuale des 19. Jahrhunderts verzeichnet: »Als Unzucht gelten: wollüstige Gedanken, Küsse, schamlose Blicke und Berührungen, weibliche Kleidung *(sic.)*, unschickliche Malereien und Skulpturen; das Tanzen, die Bälle und die Theatervorstellungen«[21]. Nicht zuletzt trug eben diese Härte zur tiefen Krise des Glaubens bei, die nun zunächst Frankreich, dann auch die übrigen Länder erfaßte:

»Wohl gab es Menschen, die wieder zur Sonntagsmesse gehen und den Osterritus wieder wahrnehmen wollten. Doch in die Beichtstühle wollten sie nicht zurück, und so kehrten sie der Kirche schließlich den Rücken. Im 19. Jahrhundert machte sich, vor allem unter den Männern, eine intensive Feindseligkeit gegenüber der Beichte breit. Man warf ihr vor, sie mische sich in die intimsten Familienangelegenheiten ein, sie wiegele die Frauen gegen die Männer auf, die Religion gegen die Politik, die Konfessionsschulen gegen die öffentlichen, die Anhängerschaft des Ancien Régime gegen die fortschrittlichen Republikaner«.[22]

Im Jahr 1905 erließ Papst Pius X. ein Dekret mit der Empfehlung, häufig, am besten einmal wöchentlich zur Beichte zu gehen. Pius XII. bekräftigte ihn darin 1943 in seiner Enzyklika *Mystici Corporis,* auch in bezug auf die läßlichen Sünden; das gleiche wiederholte sich im Zweiten Vatikanischen Konzil. Doch sind auch katholische Theologen der Meinung, das häufige Beichten diene »zwar der Ausbildung des Gewissens und der Erhaltung eines hohen moralischen Anspruchs in weiten Teilen der christlichen Bevölkerung [...]; doch sei es andererseits von Willkür und Schematisierung gekennzeichnet, so daß die Beichte zu einer formalen und mechanischen Tätigkeit auszuarten drohe«[23]. Tatsächlich wird heute diese Idee eines »hohen moralischen Anspruchs«, die nur dazu dient, die Sexualität unter Kontrolle zu halten, von den meisten Katholiken abgelehnt, und viele meiden die Beichte als ein Instrument der persönlichen und sozialen Unterdrückung.

Die Beichte wird heute auch im Innern der Kirche zur Diskussion gestellt, mit einer Heftigkeit, die der Schwere der Krise, in der sie sich befindet, durchaus entspricht. Der Vatikan prüft zur Zeit vorsichtig die *Gemeinschaftsbeichte,* die spontan und volkstümlich entstanden ist. In den Jahren 1947 bis 1948 forderte der Pfarrer einer belgischen Arbeiterpfarrei die Gläubigen dazu auf, während der Messe ihre Sünden zu überdenken; anschließend sprach er sie kollektiv davon frei. Das Beispiel machte rasch Schule, zunächst im französischen Sprachraum, sodann bei der gesamten Christenheit.[24] Das Zweite Vatikanische Konzil betonte, die Ohrenbeichte bleibe der einzige Weg zur Tilgung der schweren Sünden; zugleich jedoch wurden präzise Anweisungen gegeben: »Ritus und Formeln der Beichte müssen dahingehend revidiert werden, daß sie Natur und Wirkung des Sakraments deutlicher zum Ausdruck bringen.«[25] Der wichtigste Hinweis des Konzils bezog sich auf die sozialen Auswirkungen der Sünde, und tatsächlich sind die Geistlichen seitdem aufgefordert, den Gläubigen die »Folgen« ihrer Sünden auf ihr soziales Umfeld einzuprägen.[26]

Nach langen Jahren des Studiums und nach Überprüfung der »modernistischen« Vorschläge von seiten der verschiedenen nicht-lateinischen Nationalkirchen erließ die Glaubenskongregation am 19. Juni 1972 pastorale Normen für die sakramentale Generalabsolution, auf die das heutige Beichtritual sich stützt. Gleich in Punkt eins wird betont, daß »die Doktrin des Konzils von Trient in der Beichtpraxis getreulich eingehalten und angewandt werden müsse. [...] Die individuelle, vollständige Beichte und die Absolution bleiben der einzige ordnungsgemäße Weg zur Wiederversöhnung mit Gott und der Kirche«. Darüber hinaus müssen jene, »denen ihre schweren Sünden mittels eines Generalablasses vergeben wurden, sich zur Ohrenbeichte begeben, bevor sie erneut eine derartige Vergebung erhalten«. Außerdem wurde die Vorschrift bestätigt, nach der »der Gläubige sich mindestens einmal jährlich einem Geistlichen anzuvertrauen habe«, und es wurde erneut darauf hingewiesen, daß die Gläubigen zum häufigen Beichten, auch im Fall von nur läßlichen Sünden, ermutigt werden sollten (»der Geistliche möge sich nicht unterstehen, den Gläubigen davon abzuraten« ...).[27]

Am 2. Dezember 1973 wurde der lateinische Text zum neuen *Ordo paenitentiae* verkündet, der in Italien am 21. April desselben Jahres, nach Veröffentlichung der italienischen Übersetzung, in Kraft trat. Es wird darin nicht von *Beichte* gesprochen, sondern nur von *Rekonziliation,* um zu unterstreichen, daß das »Bekennen der Sünden« nur einen Teil des Rituals darstellt, dessen tieferer Sinn im *Bereuen,* also in der Wiederversöhnung mit Gott und der Kirche, liegt. Doch heute, nach zwanzig Jahren, hat sich bei so gut wie allen Gläubigen und Geistlichen der alte Name – und wohl auch das alte Konzept – wieder eingebürgert. Ebenso unwirksam blieb die Anstrengung, der Beichtpraxis mehr rituelle Würde und größere Nähe zum Wort Gottes zu verleihen; die übliche Bußauflage, das Gebet, wurde nicht, wie vorgeschlagen, durch Wiedergutmachungsaktionen ersetzt.[28]

Im neuen Text wird der Beichtvater als »Personifizierung des guten Hirten Christi« bestätigt. Drei Formen der Beichte sind zugelassen: a) die traditionelle Ohrenbeichte, die der einzige vollgültige und vollwirksame Weg zur Sündenvergebung bleibt; b) das »Rekonziliationsritual für mehrere Pönitenten, mit genereller Beichte und Absolution«, das von Gläubigen und Geistlichen sofort mit so großer Zustimmung aufgegriffen wurde, daß die Italienische Bischofskonferenz eilig eine Note verfaßte und am 30. April 1975 veröffentlichte, in der die Wirksamkeit dieser Ablaßart auf Extremfälle eingeschränkt wird, wie zum Beispiel bei bestehender Todesgefahr; c) das »Rekonziliationsritual für mehrere Pönitenten mit individueller Beichte und Absolution«. Dieser dritten Version zufolge, die einen Mittelweg zwischen der alten und der neuen darstellt, ist eine allgemeine Überprüfung des Gewissens vorgesehen, nach der die Gläubigen sich zu einem Geistlichen begeben und ihm ihre Sündenlisten vorlegen sollten. Doch in den seltensten Fällen stehen hierfür genügend Geistliche zur Verfügung; außerdem unterstreicht dieses Ritual den Eindruck einer sinn- und inhaltslosen »Ablaßfabrik« nur noch mehr. Eine naheliegende, würdige und für alle befreiende Lösung wäre gewesen, dem Gläubigen selbst die Entscheidung darüber zu überlassen, ob er privat oder gemeinschaftlich beichten möchte. Doch die Gewährung von Freiheit, zumal in Gewissensfragen, gehört bekanntlich nicht zu den Vorzügen der Kirche.

Unter den debattierenden Theologen gibt es manche, die am liebsten zu den alten Formen zurückkehren würden, die also die Absolution erst dann erteilen wollen, wenn der Gläubige durch konkrete Buße seinen Bekehrungswillen bewiesen hat. Es gibt auch solche, die das Sakrament nur gemeinschaftlich praktizieren möchten, andere rufen nach einer verschärften Katechese. Wieder andere wollen die Beichtpflicht vor der Kommunion abschaffen oder sie zumindest auf die »Todsünden« beschränken, die von den nur »schweren« Sünden durchaus zu unterscheiden seien, aber die Unterscheidung ist umstrittener denn je. Die Fortschrittlichsten unter den Theologen bringen sogar die – recht abwegige – Möglichkeit in die Debatte ein, unter bestimmten Umständen und Bedingungen auch Laien die Möglichkeit zur Beichtabnahme zuzugestehen. Und es wurde der vernünftige Vorschlag gemacht, die erste Beichte erst nach der ersten Kommunion abzuhalten, denn aufgrund der Erkenntnisse der modernen Psychologie beginnt man zu begreifen, daß ein sieben- bis achtjähriges Kind kaum die Möglichkeit hat, das christliche Konzept der Sünde zu erfassen.[29] Es hat also in vielfältiger Gestalt ein Prozeß begonnen, der in voraussichtlich ferner Zukunft zu einer Veränderung des Beichtrituals führen könnte, das nunmehr seit acht Jahrhunderten praktiziert wird.

Beichtstuhl-Protokolle

Vorbemerkung

Die folgenden Beichtgespräche wurden, soweit sie nicht mit einem Auslassungszeichen [...] versehen sind, vollständig transkribiert, unter Absehung von den üblichen Eingangs- und Endformeln.

Ich habe einen großen Teil der umgangssprachlichen Floskeln (wie etwa: »na also«, »praktisch«, »genau«, »sagen wir«) sowie unvermeidliche Wiederholungen eines gesprochenen Textes eliminiert. Die grammatikalischen und syntaktischen Fehler habe ich hingegen unverändert stehenlassen.

Die in Großbuchstaben geschriebenen Wörter und Sätze wurden mit erhobener Stimme gesprochen.

Der Leser wird bemerken, daß die Beichtväter oftmals vom »du« zum »Sie« überwechseln, auch in ein und demselben Beichtgespräch: Ich habe diese Formen der Anrede unverändert übernommen.

Der größte Teil der Gespräche fand im traditionellen Beichtstuhl statt, d.h. der Pönitent kniete, der Beichtvater saß hinter dem Gitter. Nur wenige Male trafen wir auf modern gesinnte Beichtväter, die es dem Pönitenten freistellten, ob er sitzen oder knien, ihm ins Gesicht blicken wollte oder lieber nicht. Bei einigen Gesprächen stand der Pönitent vor dem im Beichtstuhl oder auf der Kirchenbank sitzenden Beichtvater, einige Gespräche fanden in der Sakristei oder am Schreibtisch im Büro des Geistlichen statt.

39

Ethik

Unter dem allgemeinen Oberbegriff »Ethik« habe ich verschiedene Themenkreise zusammengefaßt: das Verhältnis zu Staat und Arbeitswelt, Umweltverschmutzung und Nahrungsmittelverseuchung, Drogenmißbrauch, politische Korruption, Kleinkriminalität und organisiertes Verbrechen, Genetik, Euthanasie, Ehescheidung, Abtreibung, Gewissensfragen und andere soziale Probleme. Es ging darum herauszufinden, inwieweit die Meinungen der Geistlichen von der offiziellen Doktrin der Kirche, vom allgemeinen Empfinden und Dafürhalten und von den staatlichen Gesetzen abweichen würden. Der massive Widerspruch, in den die Kirche sich begeben hat, ist der, daß sie sich zwar gezwungenermaßen – um ihr Überleben zu sichern – der bürgerlichen Gesellschaft, wie sie aus der Französischen Revolution hervorgegangen ist, angepaßt hat, daß sie jedoch deren wichtigste Prinzipien niemals akzeptiert hat: nämlich die völlige individuelle Freiheit des Verhaltens, soweit die Rechte des Nächsten gewahrt bleiben, und die Gesetzgebung des demokratischen Staates. Als »rettende Instanz«, als die sie sich ausgibt, sucht die Kirche eben auf das Leben des einzelnen und der Familie einzuwirken und deren Freiheit so weit wie nur möglich zu unterdrücken. Dagegen widmet sie den sozialen Auswirkungen des individuellen Verhaltens sehr viel weniger Aufmerksamkeit.

Wenn die Kirche sich auch seit einigen Jahren darum bemüht, dem sozialen Aspekt der »Sünde« mehr Verständnis entgegenzubringen, so ist diese neue Botschaft doch von kaum einem der Geistlichen aufgenommen worden, deren Ausbildung bereits eine Generation zurückliegt. Heute wie vor zwanzig Jahren »hat der Geistliche hinter dem Sprechgitter unvermeidlich an der Schuld teil, die die Kirche durch die Erschaffung eines tendenziell antisozialen Klimas auf sich geladen hat. In den Sündenregistern, die der Priester hinter den verschlossenen Türen der Seminare studiert, finden wir eine reiche Auswahl an sexuellen Verfehlungen, aber eine bezeichnende Leere in bezug auf soziale und politische Sittenlosigkeit. Korruption, Spekulation, Steuerschwindel, Vetternwirtschaft und Opportunismus werden daher mit Nachsicht behandelt, ganz zum Vorteil des ehrlosen Täters und ohne Rücksicht auf die sozialen Auswirkungen; einem Verhalten hingegen, das auf soziale Belange, Freiheit des Denkens und soziales Verantwortungsgefühl Rücksicht nimmt, wird deutlich mit Mißtrauen und Abwehr begegnet«[1].

Die überwiegende Mehrheit der Geistlichen erweist sich als unfähig, auf komplexe Zusammenhänge über die rituellen Formeln hinaus adäquat zu antworten. Aber: So unterschiedlich die Antworten, das Engagement und die Bildungsgrade der einzelnen Geistlichen auch sind, so hat sich doch durchwegs herausgestellt, daß die katholische »Ethik«, die auf Glaubenswahrheiten und päpstlichen Anweisungen beruht, sich deutlich sowohl vom allgemeinen ethischen Empfinden wie von der zivilen Gesetzgebung unterscheidet. So begegnet man zum Beispiel durchaus Beichtvätern, die dagegen sind, daß Nahrungsmittel krebserregende Substanzen enthalten dürfen, oder anderen, die den Drogenhandel verdammen; die einen wie die anderen aber empfinden es als sehr viel schwerwiegender, wenn einer seine Frau betrügt oder mit einer Partnerin zusammenlebt, mit der er nicht verheiratet ist. Ein anderer Beichtvater findet es zwar unerträglich, daß sein Pönitent (polizeilicher Leibwächter eines Politikers) seinen Schützling zum Rendezvous mit der Geliebten begleitet, aber es ist ihm gleichgültig, daß der Politiker korrupt ist und der Polizist nicht im Traum daran denkt, ihn anzuzeigen. Und der Priester ist voll einverstanden damit, daß die Polizei einen Verhafteten mißhandelt (»was sein muß, muß sein«). Den Umweltverschmutzern, den Steuerhinterziehern, den Korrupten, den Waffenhändlern wie auch denen, die skrupellos Arbeiter entlassen oder für Unfälle am Arbeitsplatz verantwortlich sind, wird ohne weiteres verziehen, während zum Beispiel der Übersetzer einer antiklerikalen Schrift streng gerügt wird (unter Verweigerung der Absolution), wie auch ein anderer, der seinen Sohn nicht zur Firmung schicken will. Typisch ist auch der Fall eines Journalisten, dem dringend davon abgeraten wird, für die linksgerichtete Zeitung »Il Manifesto« zu schreiben, und dem ernste Vorhaltungen gemacht werden, weil er versucht hat, einem korrupten Politiker der Christdemokraten die Karriere zu ruinieren. Ein Finanzberater erntet für sein Bekenntnis, daß er seinen Klienten bei Steuerhinterziehungen behilflich sei, einen leutseligen Verweis, während er ohne Tadel bleibt, als er gesteht, daß er ihnen gegen ihren Willen die Kirchensteuer abzuknöpfen pflegt.

Grundsätzlich zeigten sich die 65 Geistlichen, an die wir diese Probleme herantrugen, immer dann von einer resoluten und entschiedenen Seite, wenn die Sünden direkt gegen die zehn Gebote verstießen, während sie wesentlich weniger streng urteilten, wenn es sich um sozial schädigende Vergehen handelte, also um solche, die in der Gesellschaft als die wahrhaft unverzeihlichen Sünden gelten. Und sie verwenden sehr viel mehr Aufmerksamkeit auf die Moral und die Verteidigung der Kirche als auf eine Erziehung zur Ethik. Die »Verteidigung der Kirche« schließt auch die Verteidigung der Gläubigen gegenüber dem »Arm des Gesetzes« ein; denn offensichtlich sind die Geistlichen der Meinung, daß mit ihrer Absolution das Vergehen tatsächlich getilgt sei. Wir werden eine ganze Reihe von Fällen kennenlernen, in denen Pönitenten, von Gewissensbissen geplagt, dem Beichtvater ihre Absicht anvertrauen, sich der Polizei zu stellen, weil sie aktive Sterbehilfe geleistet oder versehentlich oder auch willentlich einen Mord begangen haben (z. B. eine Polizistin, die einen flüchtenden Räuber in den Rücken geschossen und damit getötet hat, ein Sohn, der seinen Vater ermordet hat, eine Dame, die die Geliebte ihres Gatten beseitigt hat). All diesen Leuten wird davon abgeraten, sich zu stellen. Ebenso wird den Pönitenten davon abgeraten, Familienangehörige anzuzeigen (etwa einen korrupten oder mafiosen Ehemann, einen mit Drogen handelnden Bruder, einen Betrüger an einer geistig Behinderten); und sie werden erst recht gewarnt, wenn ihre Zeugenaussage sie in Gefahr oder auch nur um den Arbeitsplatz bringen könnte: z. B. die Krankenschwester, die einem illegalen Organhandel auf die Spur gekommen ist, der Zeuge eines

Diebstahls, der Zeuge eines Mordes. Ihnen allen wird immer wieder gesagt: »Es gibt ein höheres ethisches Prinzip: das Leben zu retten«; mit diesen Worten versucht zum Beispiel ein Beichtvater einen »Gefängnisarzt« zu beruhigen, der dazu gezwungen wurde, Gutachten zur Begünstigung von mafiosen Häftlingen auszustellen. Heldentum wird dem Gläubigen nur in der Wahrung seiner eigenen Tugendhaftigkeit abverlangt (vor allem der sexuellen), niemals in bezug auf die Gesellschaft.

Apropos Mafia: die sechs Beichtgespräche, die wir über dieses Thema führten – fünf davon in Sizilien –, mögen überraschend wirken. Zwei Priester wollen in der Mafia keine besondere Form von Kriminalität sehen, sondern halten dafür, daß es sich um ganz normale Verbrechen handle, »wie im Norden auch« (und der eine fügt hinzu, daß sie ja immerhin »Arbeitsplätze verschaffe«). Der dritte tröstet seinen Beichtling darüber hinweg, daß er Erpressungsgeld an die Mafia bezahlt hat, und rät ihm, von einer Anzeige abzusehen und sich nicht länger den Kopf darüber zu zerbrechen, ob sein Geld etwa dazu dienen könnte, weitere Verbrechen zu finanzieren. Der vierte rät einem Geldwäscher – der sich Gelder, die ihm von der Mafia anvertraut wurden, unter den Nagel gerissen hat –, die Summe der Cupola zurückzuerstatten, da sie ihm ja nicht gehört. Der fünfte ist jener bereits erwähnte Beichtvater, der den Gefängnisarzt beschwört, »seine Haut zu retten«. Nur der sechste drängt den Pönitenten dazu, die Erpressung der Polizei zu melden.

Ich will damit nicht behaupten, daß die Priester Mafiosi seien, noch daß sie irgendeine Form der Kriminalität begünstigten. Aber ihr Verhalten als klerikale Schlaumeier folgt doch entschieden einer anderen Logik als der vom Rechtsstaat vorgeschriebenen. Für den Beichtvater zählen in erster Linie *Reue* und *Bekehrung,* es geht ihm vor allem darum, versichert zu bekommen, daß das Vergehen sich nicht wiederholen werde. Hat er dies erreicht und hat er den Sünder erst freigesprochen (oder ihm »die Vergebung Gottes« zukommen lassen), kümmert er sich nur noch wenig um die sozialen, zivilen und strafrechtlichen Folgen. So kann man beobachten, daß schwere, aber kaum wiederholbare Verbrechen, wie das einer Euthanasie oder der »Ankauf« eines Kindes, schnell und zügig verziehen werden, da sie offensichtlich als sehr viel weniger gravierend gelten als eine künstliche Befruchtung, eine Ehescheidung oder der Gebrauch von Verhütungsmitteln.

Leider bleibt die *Bekehrung* des Sünders fast immer auf den Zeitraum der Beichte beschränkt, was den Priestern ganz offensichtlich sehr wohl bewußt ist. Auf diese Weise verkehrt sich die unvermeidliche Absolution in ein Tolerieren der Gewissenlosigkeit und sozialen Gefährlichkeit des Pönitenten.

Foggia

Beichtvater:
Wie lange hast du nicht gebeichtet?
Pönitent:
Das letztemal war ich noch ein Junge, Padre.
B.: Wie alt bist du jetzt?
P.: Vierzig.
B.: Du hast also praktisch seit der ersten Kommunion nicht mehr gebeichtet?
P.: Seit meinem dreizehnten Lebensjahr.
B.: Wo kommst du her?
P.: Aus Mailand.
B.: Und gibt es in Mailand keine Priester?
P.: Ja, die Sache ist die, ich bin nicht gläubig, das heißt, ich hab den Glauben verloren.
B.: Natürlich. Ist doch klar: Wenn einer zum Beispiel nie etwas ißt, dann wird er krank, und ist es etwa verwunderlich, wenn einer, der krank ist, nichts ißt?
P.: Nein.
B.: Also! Und wie solltest du deinen Glauben behalten, wenn du nie betest? Du bist auf dem Weg zur Hölle. Dank der Heiligen Muttergottes, daß sie dich hierhergeführt hat, und schau, daß du neue Saiten aufziehst. Bist du verheiratet?
P.: Ja.
B.: Und hast du dich gegen deine Familie versündigt?
P.: Sehen Sie, Padre, ich habe dieses Heftchen gefunden und es gelesen, das über die Sünden, und ich habe alle Sünden begangen, alle, ohne Ausnahme.

B.: Ach so? alle Sünden … Man kann die Sünden auf viele mögliche Weisen begehen, und viele Male. Ich will dir ein Beispiel geben: Du hast gestohlen, nun gut, aber wie oft hast du gestohlen? Darin liegt der Unterschied. Es kommt auch darauf an, was du gestohlen hast. Du kannst fünfzigtausend, du kannst hunderttausend Lire stehlen, aber du kannst auch hundert Millionen oder eine Milliarde stehlen. Und wie hast du gestohlen? Hast du jemanden dabei betrogen? Hast du jemanden umgebracht? Hast du das Geld erschwindelt? Oder hast du einen Safe aufgebrochen? Es gibt viele Möglichkeiten. Jetzt sag mir alles, woran du dich erinnern kannst, und wie es geschehen ist, und wenn du fertig bist, werde ich sprechen … also, sag mir …

P.: Ja, also Padre, lassen Sie mich sehen … »Du sollst keine anderen Götter neben mir haben«. Ich habe Gott und seine Existenz oft geleugnet, und ich bin auch immer noch nicht überzeugt davon, muß ich sagen.

B.: Du bist nicht überzeugt?

P.: Nein.

B.: Warum nicht?

P.: Es gibt soviel Böses in der Welt, wie kann ein Gott das alles zulassen?

B.: Jetzt hör mal: Diesen Ring da, hast du den gemacht?

P.: Nein.

B.: Wer hat ihn denn gemacht?

P.: Ein Goldschmied.

B.: Aha! Und wenn es keine Goldschmiede gäbe, könnte das Gold dann bearbeitet werden?

P.: Nein.

B.: Hast du eine Wohnung, ein Haus? Hat sich das Haus von alleine gebaut? Oder hat der Maurer es gebaut?

P.: Der Maurer. Aber warum läßt Gott das Böse zu?

B.: Ah, jetzt hör mal. Gott läßt es nicht zu, er will es nicht, aber er respektiert deine Freiheit. Wieviele Kinder hast du?

P.: Zwei.

B.: Tun die immer, was du willst?

P.: Nein.

B.: Siehst du! Und wenn du anfängst, sie zu zwingen, dann kannst du sicher sein, daß du sie am Ende verlierst. Sie laufen von zu

Hause weg, oder sie werden aufsässig, und aus ist es. Der Herr hat uns erschaffen, er hat uns die Freiheit gegeben … dann aber kommt das Urteil. Tue Gutes, und du wirst belohnt werden, und deine Seele wird gerettet sein.

P.: Aber Gott hätte die Welt doch so erschaffen können, daß alles …

B.: Es hat überhaupt keinen Sinn, so zu reden. Was der Herrgott erschaffen hat, hat er nach bestem Können erschaffen, denn er hätte es fünfzigtausendmal anders machen können, wer weiß, wieviele Welten er vor der unseren schon erschaffen hat? Und wenn unsere jetzige Welt untergeht, was wird dann kommen? Er sagt mir ja auch nicht, was er tun wird.

P.: Giordano Bruno ist verbrannt worden, von der Kirche, weil er behauptet hat, Gott habe möglicherweise auch andere Welten erschaffen.

B.: Jetzt hör aber mal, was du da sagst, ist ganz nutzlos, das mit dem Verbrennen oder Nicht-Verbrennen, das ist praktisch ja nur ein soziales Mittel, um die Verbrecher zu bestrafen, und die ändern sich im Lauf der Geschichte. Und außerdem, auch dich stecken sie ins Gefängnis, wenn du was anstellst, aber doch nicht so wie vor ein paar hundert Jahren, oder?

P.: Nein, aber wenn Sie die Sache mit den vielen Welten vor dreihundert Jahren erzählt hätten, wären Sie ein Ketzer gewesen.

B.: Naja, die Bestrafungsarten ändern sich eben mit den Zeiten, mit der Gesellschaft, mit dem Gesetz.

P.: Dann ändert sich die Kirche also in bezug auf den Menschen, nicht aber in bezug auf Gott.

B.: Ja, ja, nein, nein. Sie ändert sich, die Kirche lebt mit dem Menschen, inmitten der Menschen. Sie wird von Menschen gemacht, und sie regiert die Menschen je nach ihren Bedürfnissen. Ich weiß nicht, was die Kirche vor 1000 Jahren gemacht hat, was sie im Jahr 1200 gemacht hat, das ist unterschiedlich. Die Kirche lebt mit den Menschen, und was Sünde ist, bleibt immer Sünde, aber die Weise, wie es bestraft wird, die hängt davon ab, was die jeweilige Zeit verlangt. Jetzt auch, wenn du früher ein schweres Verbrechen begangen hast, haben sie dich umgebracht, jetzt bekommst du dafür nicht einmal lebenslänglich. Die Gesellschaft entwickelt sich. Sie paßt sich dem Menschen an, denn jede Strafe muß heilsam sein. Wenn sie den Menschen nicht heilt, wozu sollte sie dann gut sein? Das Penicillin, gab es das früher?

P.: Nein.

B.: Aha! Sie starben einfach alle. Als ich ein Kind war, starben viele an Blinddarmentzündung, an Bronchitis, daran stirbt heute niemand mehr. Wenn einer eine Infektion bekommt, nimmt er Penicillin und wird gesund. Heute gibt es Krebs, und gibt es bisher ein Mittel gegen Krebs? Nein. Aber irgendwann wird man auch den Krebs heilen können. Also, komm, komm, was willst du, alles ändert sich mit der Zeit, je nach den Umständen.

P.: Aber es ist doch wahr, daß die Kirche sich oft nicht gut verhalten hat, das war es jedenfalls, was mich vom Glauben weggetrieben hat.

B.: Wen meinst du mit Kirche?

P.: Die Priester, den Vatikan.

B.: Hör mal, das ist ganz nutzlos, dieses dumme Geschwätz von dir, ich müßte dir sagen, wieviel Schuld ... Ist deine Familie sehr groß?

P.: Nein.

B.: Hast du Verwandte?

P.: Ja, eine ganze Menge.

B.: Aha! Und diese Verwandten, sind das alles Ehrenmänner?

P.: Ja, ich glaube ... ich glaube schon.

B.: Na hör mal, alle Verwandten ...

P.: Naja, der eine oder andere vielleicht weniger.

B.: Siehst du! Für dich besteht die Kirche aus Leuten, die sündigen, aber warum schaust du nicht auf die, die Gutes tun in der Kirche? Du siehst nur die Verbrecher, siehst nur den Priester, der ein Gauner ist, den Priester, der sein Gewand ablegt und mit einer Frau auf und davongeht, aber warum siehst du nicht auch den Heiligen Franziskus? Warum siehst du nicht die Heilige Teresa? Warum nicht Padre Pio? Wir schaun nur auf die schändlichen Dinge und schaun ... die Kirche besteht aus lauter Heiligen. Der wundertätige Padre Pio war ein Mensch wie ich, der heilige Antonius war ein Mensch wie ich, der heilige Benedikt war wie ich, was haben sie ... [unverständlich]. Wir sehen nur immer die faulen Stellen, das Gute sehen wir nie. Ich möchte dich eines fragen ... stell dir vor, du gehst durch das Dorf, und alle elektrischen Leitungen sind kaputt, sie liegen auf der Erde herum, paßt du da nicht auf, daß du auf keinen der Hochspannungsdrähte drauf-trittst?

P.: Natürlich.

B.: Aha! Du gehst durch die Straßen und trittst nur dorthin, wo dir nichts geschieht, sonst würde dich auf der Stelle der Schlag treffen. Und warum suchst du dir nicht auch im Leben die guten Stellen, um heil durchzukommen, sondern suchst dir die schlechten aus und wirst selber schlecht? Und was noch?

P.: Ja, wie ich sagte, ich habe überall gesündigt, ich habe gegen alle zehn Gebote verstoßen.

B.: Naja, natürlich. Du hast also praktisch geflucht, du warst aber-gläubisch, du hast falsche Zeugnisse abgelegt, du bist ... Den Na-men des Herrn hast du nicht geehrt, weil du ja nie zur Messe gegangen bist, die Festtage hast du auch nicht eingehalten, alles. »Du sollst Vater und Mutter ...« Ehrst du deine Angehörigen? Leben deine Eltern noch? Und auch die Schwiegereltern? Wie gehst du mit ihnen um?

P.: Hm, ich glaube, normal, manchmal freundlich, manchmal weniger.

B.: Viertens »Du sollst deinen Vater ehren« und fünftens »Du sollst nicht töten« ... Du hast doch niemanden getötet, oder?

P.: Doch.

B.: Wen hast du getötet?

P.: Während eines Streits, eine Geschichte, in der es um Autos ging ...

B.: Also ein Mord.

P.: Ja.

B.: Aber nur den physischen Mord willst du eingestehen, und den geistigen Mord, hast du den nie begangen? Hast du nie schlecht über andere geredet, nie über jemanden ein hartes Urteil gespro-chen, daß die anderen die Achtung vor ihm verloren haben? Ist das nicht auch ein Mord, ein moralischer?

P.: Mir scheint der physische Mord sehr viel schlimmer zu sein.

B.: Nein, mein Lieber, beide sind schlimm.

P.: Gottseidank, haben sie mich nie ...

B.: Nie was?

P.: Nie erwischt.

B.: Gott hat dich erwischt, siehst du? Das ist mehr. Du sollst nicht töten. Wenn wir harte Urteile über andere aussprechen und die Leute sich nach unseren Urteilen richten, dann ist das ein moralischer Mord; denn der physische Mord ist ein schweres Verbrechen, jemand ist gestorben und damit ist es aus und vorbei, aber einer, der sein ganzes Leben in Schande leben muß ... Der moralische Mord ist noch schrecklicher, denn er zieht auch die Frau und die Kinder mit hinein, man sucht einen Arbeitsplatz, und keiner will dir einen geben. Sechstes Gebot: »Du sollst keine unzüchtigen Handlungen begehen.«

P.: Es waren unzählige.

B.: Allein oder zu mehreren. In welcher Form und auf welche Weise ...

P.: Aber ist das nicht eines der schönsten Dinge im Leben?

B.: Was?

P.: Der Sex.

B.: Doch, doch ...

P.: Warum will die Kirche oder Gott uns das wegnehmen?

B.: Nein, nein, nein. Sie will es dir nicht wegnehmen, es ist eine Funktion, die von Gott gegeben ist. Denk doch nur, Gott hat dir Augen gegeben, um zu sehen. Aber willst du dir deswegen die Augen ausstechen?

P.: Nein.

B.: Aha! Gott hat dir auch einen Magen gegeben, um zu essen. Aber willst du dich so vollstopfen, daß du einen Herzinfarkt kriegst?

P.: Nein.

B.: Aha! Und Gott hat dir eine Zunge gegeben, um zu reden, aber willst du herumgehen mit Getuschel, Verleumdungen und all dem?

P.: Nein, aber der Sex ist ...

B.: Nein, nein, nein, der Sex hat seine bestimmte Funktion. Wir haben alle ein Geschlecht, aber der Sex hat eine e-he-li-che Funktion, denn er ist dafür gemacht, daß Mann und Frau sich vereinigen, um sich fortzupflanzen, während wenn man nur Schweinereien betreibt, allein oder mit anderen, und dann noch auf abartige Weise ... Er ist für Mann und Frau gemacht, aber wenn zwei Männer es tun, dann ist das Homosexualität, und auch wer masturbiert, der tut mit der Hand das, was man so tun sollte, wie Gott es für alle bestimmt hat. Alles, was Gott gemacht hat, hat er zu einem Zweck gemacht, auch du hast Ohren, um zu hören, aber wenn du immer diese überlaute Musik anhörst, so wirst du taub werden.

P.: Aber wer sagt, daß der Sex nicht auch einfach ein Vergnügen sein kann?

B.: Nein, nein, er hat einen bestimmten Zweck.

P.: Er hat auch einen Zweck.

B.: Nein, er hat einen bestimmten Zweck, nicht den Zweck, der dir paßt. Entschuldige, du mußt ja auch arbeiten und kannst nicht einfach stehlen. »Das Geld, das nehm ich mir einfach, weil ich es brauche.« Oh, nein ... also versuch die Gaben dieser Erde weise zu nutzen, nicht wie ein Schurke oder ein Gauner. Das ist der Zweck der Dinge. Du brauchst eine gute religiöse Unterweisung und eine Beichte und eine Kommunion ... ich rate dir, dich an die Muttergottes zu wenden ... und wenn du jetzt wieder nach Mailand fährst ... lebst du in Mailand?

P.: Ja.

B.: Such dir einen guten Priester, bei dem du häufig beichten kannst und der dich zu einer christlichen Lebensweise erzieht und zur christlichen Lehre, die die Lehre des Evangeliums und Jesu Christi ist, damit du lernst, was du zu tun hast, wie du handeln sollst.

P.: Wie findet man einen guten Priester?

B.: Oh, es gibt viele. Wie findet man einen guten Arzt?

P.: Man fragt herum.

B.: Dann frage! Probier sie aus. Na, das ist doch einfach: »Wo kann ich einen guten Priester finden, bei dem ich etwas lernen, bei dem ich mich bessern kann?« Es gibt jetzt ja auch diese Kurse, die in vielen Pfarreien abgehalten werden, eben für Leute wie dich, die zum Glauben finden müssen und praktizieren wollen, es gibt jetzt auch Kurse für Verlobte, für Ehepaare und all das ... schau, daß du etwas findest. Suche ein Ordenshaus, sprich mit einem Pater, sag ihm: »Entschuldigen Sie, wo kann ich das und das finden, einen Ort, wo ich mich schulen kann, wo ich das Evangelium kennenlernen kann, gut kennenlernen, wo jemand ist, der mich unterweist, Katechese betreibt, wie man sagt?« Du wirst ihn finden. Damit du gelehrig wirst, dich auf den Stand bringst und begreifst, wer Jesus Christus ist, wie man Jesus Christus nacheifert, wie man nach seinem Gesetz lebt, dann wirst du wieder normal, aber so, nur ein einziges Mal, so geht das nicht.

P.: Aber wäre es nicht möglich … mir wäre ein direktes Zwiegespräch mit Gott lieber, ohne …

B.: Ja, das kannst du natürlich haben, aber wie willst du herausfinden, ob Gott dir antwortet? Wenn es ein Gespräch sein soll, so gehören zwei dazu. Gott manifestiert sich durch die Sakramente, du sprichst hier nicht etwa mit mir, du sprichst mit Jesus Christus. Gehst du zur Messe? Siehst du den Priester die Messe lesen? Es ist aber Jesus Christus, der die Messe liest. Deine Kinder, hast du sie taufen lassen? Es hat sie aber nicht der Priester getauft, sondern Jesus Christus. Das Wasser ist immer Jesus, aber die Wasserhähne sind verschieden. Wenn du einen kleinen Hahn hast, bekommst du wenig Wasser. Ist der Hahn sauber, so bekommst du klares Wasser. Oder nimmst du es aus einem schmutzigen Hahn …? Bitte Padre Pio an seinem Grab um Gnade, dann geh in seine Kirche, bete zur Madonna delle Grazie, dann kehre nach Mailand zurück … damit du diesen ganzen häßlichen Ballast loswirst und du wieder so wirst, wie Gott dich erschaffen hat. Jetzt habe ich dir gesagt, was du tun mußt. Du bist freilich … so eine Beichte, mein Lieber, ein anderer an meiner Stelle hätte dir gesagt: »Mein Lieber, hier wird gebeichtet, hier kann man nicht einfach reden.« Aber du mußt deine Seele formen … Tu, was ich dir gesagt habe, ich werde dir den Segen erteilen, ich werde dich nicht von deinen Sünden lossprechen, aber segnen will ich dich, auf daß es dir guttue, damit dir das Herz leichter wird und du mehr Vertrauen ins Leben hast. Sei nur ruhig, zu Hause bei dir gibt es doch viel Gutes, den Frieden, dann auch die Gesundheit …

P.: Aber warum wollen Sie mich nicht lossprechen?

B.: Nein, mein Sohn, das kann ich nicht, denn dann gehst du zur Kommunion, und das darfst du nicht.

P.: Aber ich habe meine Sünden doch gebeichtet.

B.: Nein, nein, mein Sohn. Hör zu, wenn du vor Gericht gehst, mußt du tun, was der Richter dir sagt, und in diesem Fall bist du der Angeklagte, und ich bin der Richter. Und ich sehe, daß du nicht zur Kommunion gehen kannst, weil dir die religiöse Unterweisung fehlt, weil du nicht weißt, was die Eucharistie ist. Du mußt beten ... Das ist es, was mir mein Gewissen sagt, mein Lieber, denn ich verwalte die Sakramente. Wenn du meinst, daß ein anderer es anders machen würde als ich, mein Lieber, ich kann mich nicht danach richten, was ein anderer tun würde, ich muß das tun, was ich fühle.

P.: Aber Sie sind doch Jesus Christus. Sie haben gesagt, Sie seien Jesus Christus ...

B.: Still! Es ist so, aber die Wasserhähne sind verschieden, das habe ich ja erklärt. Ich urteile, wie ich es für richtig halte. Wenn du zu einem anderen gehen willst und ... es gibt viele Beichtväter, ich bin nicht der einzige.

P.: Dann ist die göttliche Gerechtigkeit also nicht immer gleich.

B.: Nein, hör mir zu. Das Gesetz, das Strafgesetz ist für alle gleich, aber wie es angewandt wird, das hängt vom jeweiligen Richter ab, je nach dem, was er für recht hält. Du willst mir hier vorschreiben, was ich mit meinem Gewissen tun soll. Geh zu einem anderen. Ich habe dir gesagt, was du tun sollst, wenn es dich nicht überzeugt, geh zu einem anderen. Darum gibt es ja viele. Haben wir uns verstanden?

P.: Ja, einverstanden.

B.: Alles Gute.

P.: Danke. Es ist spät geworden, ich habe Sie aufgehalten.

B.: Um elf höre ich auf, um halb zwölf wird abgeschlossen.

P.: Tut mir leid. Das habe ich nicht gewußt.

B.: Mach dir keine Sorgen. Mir tut es nicht leid.

P.: Sie haben uns eingeschlossen.

B.: Welches Büro hat schon rund um die Uhr geöffnet?

Foggia

B.: Wann haben Sie das letztemal gebeichtet?

P.: Ich gehe jede Woche zur Beichte. Ich versuche, wie eine gute Christin zu leben und mich an die Vorschriften der Kirche zu halten. Aber einige machen mir Schwierigkeiten, ich halte sie für sehr streng.

B.: Aber nicht für unmöglich, oder? Es gibt zwar die Leidenschaften, aber Jesus läßt uns nicht im Stich! Der Teufel schürt sie, und die Welt ist in der Hand des Teufels. Wir sitzen auf einem Fahrrad, wir müssen strampeln, mit der Muskelkraft, die Gott uns gegeben hat. Das ist die Basis. Arbeiten, arbeiten, immer voran! Man wird nicht als Heiliger geboren ... das ist wie im Sport, auch dort wird man nicht als Meister geboren, man wird es durch Übung, durch Willenskraft. Der Heilige ist Gottes Spitzensportler, verstehen Sie?! Gott hat Ihnen einen Willen gegeben! Man muß nach der Heiligkeit streben. Es könnte viel mehr Heilige geben, viel, viel mehr. Also, viel Willenskraft, Gottesfurcht, viel beten und die Sakramente achten. Aber das ist noch nicht alles! Man muß auch die geistige Energie nutzen!

P.: Ein paarmal habe ich Unterlassungssünden begangen.

B.: Das gibt es, daß man aus Schwäche sündigt, aber es gibt auch die bösartige, die gewollte Sünde! Sind Sie verheiratet?

P.: Ja.

B.: Haben Sie Kinder?

P.: Nein, noch nicht.

B.: Wie lange sind Sie verheiratet?

P.: Seit einem Jahr.

B.: Und ist noch nichts in Sicht?

P.: Bisher nicht.

B.: Aber ihr tut nichts, um es zu verhindern, hoffe ich!

P.: Nein, das heißt ...

B.: Nichts, weder im positiven noch im negativen Sinn. Nicht daß, Sie verstehen mich, mit allem Respekt, ihr werdet doch wohl keinen Koitus interruptus praktizieren, wir verstehen uns, nicht wahr! Man muß doch klar sehen! Im Zweifelsfall wendet man sich an den Priester! Wenn Sie sich schlecht fühlen, gehen Sie nicht zu einem Rechtsanwalt oder einem Ingenieur, sondern zu einem Arzt, stimmt's? Und wenn man einen moralischen Rat braucht, geht man zu einem Priester!

P.: Padre, entschuldigen Sie, aber könnte ich mich vielleicht vorne hinsetzen, vor den Beichtstuhl?

B.: Nein! Mir ist es lieber, nicht gesehen zu werden und nichts zu sehen. Man ist freier dadurch. Manche lassen es zu, mir aber gefällt das nicht.[2] Also, wobei waren wir stehengeblieben?

P.: Beim Koitus interruptus. Wir haben niemals Verhütungsmittel benutzt, aber ...

B.: Koitus interruptus nennt man das Sich-Zurückziehen, den Akt nicht zu Ende zu führen. Der eheliche Akt ist nur ein Mittel. Der Zweck der Ehe sind die Kinder! Es ist das gleiche, wie wenn man in einer Fabrik arbeitet: Solange die Maschinen etwas hervorbringen, geht es den Arbeitern gut ... man muß immer etwas produzieren, nicht wahr? Nicht die Läden dichtmachen, oder? Die Religion steht dem Vergnügen im Weg; sie ist hart, aber, aber, ihre Logik ist vollkommen: Wenn man die richtigen Prämissen hat, gelangt man zum richtigen Schluß! In der Welt dagegen herrscht eine recht laxe Logik, jaja. Aber Mathematik ist keine Ansichtssache! Der Teil, der am teuersten bezahlt werden muß, ist die Moral. Glauben kostet wenig: Was können wir schon dabei verlieren? Man muß nur ein bißchen Demut üben, man läßt sich die Absolution geben, geht zur Kommunion und so weiter ... Und außerdem gibt es ja gar nicht so viele Dogmen: das ewige Leben, den Sündenerlaß, den Heiligen Geist, die Heilige Jungfrau, die Jesus Christus mit Hilfe des Heiligen Geistes zur Welt gebracht hat ... Kurz, im Ganzen sind es, hochgegriffen, etwa zwanzig Glaubenswahrheiten, die man einhalten muß, um nicht ketzerisch zu werden ... aber, der Teil, der wirklich etwas kostet, ist die Moral, die Moral! Die Priester, die Geistlichen wissen davon ein Lied zu singen, denn die sind auch nicht aus Holz oder aus Stein, im Gegenteil, schlimmer noch: Wer nichts ißt, hat mehr Hunger als der, der ißt, stimmt's? Wir essen nicht, das heißt, wir kennen kein Vergnügen, oh, aber wir fühlen die Versuchung wie alle andern auch, oh ja, sogar mehr als die anderen, ja, MEHR ALS DIE ANDEREN! Ja, meine Liebe ... ABER WIR KÄMPFEN! Wir vergeuden keine Zeit. Ich lasse keine Minute ungenutzt! Entweder ich lese, oder ich bete, oder ich nehme Beichten ab, oder ich predige ... aber immerzu! Nie einen Augenblick Pause, abgesehen von der Ruhezeit, die ist aber auch sehr kurz. Immer voll die Zeit nutzen, Zeit ist Ewigkeit! Man sagt, Zeit sei Geld: Unsinn! Die Zeit spiegelt sich in der Ewigkeit, die Zeit darf nicht vergeudet werden, haben Sie verstanden?!

P.: Sie meinen also, daß wir sündigen?

B.: Aber natürlich! Ihr verschleudert doch die Energie, die der Zeugung gilt, und zwar absichtlich. Die Kirche hat seit vielen Jahren entschieden: Der Priester soll niemandem die Absolution erteilen, der nicht, der sich nicht, äh, äh, der die Dinge der Ehe nicht gut ausführt.

P.: Aber, Padre, wir wollen ja Kinder haben. Aber, sehen Sie, wir sind noch nicht so lange verheiratet, und im Augenblick geht es einfach finanziell noch nicht.

B.: Ihr hättet ja warten können mit dem Heiraten! Da passiert schon nichts, meine Liebe. Ich bitte dich: Ihr wollt ein Haus bauen, und wenn es geht, fangt ihr an zu bauen, aber dann hört man doch nicht mittendrin auf, oder?

P.: Aber mein Mann sollte versetzt werden, an einen anderen Arbeitsplatz, wir haben geheiratet, um zusammenbleiben zu können.

B.: Nun ja, notfalls müßt ihr eben die unfruchtbaren Tage nutzen, die von Ogino-Knaus oder von Billings: das wird toleriert, wenn ein nicht egoistischer, sondern triftiger Grund besteht, oder wenn er zumindest für triftig gehalten wird, weil … nun, lassen wir das, es ist umstritten … Nehmen wir an, ihr habt einen triftigen Grund, dann beschränkt euch wenigstens auf diese Tage. Das ist dann wie Säen zu einer Jahreszeit, in der nichts keimt.

P.: Ah, das geht also?

B.: Ja, aber ganz so, wie es sein soll, ist es nicht! Es wird toleriert. Nicht empfohlen. Es wird nur empfohlen, um die Sünde zu vermeiden. Aber man entzieht sich damit dem Gesetz Gottes, auch wenn ein triftiger Grund besteht, ein finanzieller oder physischer oder sonst einer. So ist es. Die Liebe hat eben ihren Preis, bedenke … Heute gibt es so viele, die auswandern, nach Deutschland, nach Amerika, Australien, und sie behalten sich dennoch lieb. Sie sehen sich oft jahrelang nicht, und behalten sich trotzdem lieb, stimmt's?

P.: Wir haben es nicht ausgehalten, getrennt zu sein voneinander, wir wollten gleich heiraten.

B.: Nun gut, heiraten … Aber ich will euch eins raten: Schlaft getrennt, in getrennten Betten. Aus den Augen, aus dem Sinn! Das ist doch klar, durch die Berührung erwacht die Leidenschaft. Fern voneinander hingegen betet man, jeder für sich.

P.: Ja, in der Hoffnung, daß die Leidenschaft nicht inzwischen von einer anderen entfacht wird. Ich bin eifersüchtig, er ist so schön und wird so umschwärmt …

B.: Ja, wenn er ausgeht, dann lassen Sie ihn nicht allein gehen,

gehen Sie mit! Sie dürfen ihn nicht allein gehen lassen, das ist nicht richtig!

P.: Aber wir gehen immer gemeinsam aus, wir gehen tanzen, mit Freunden.

B.: Nun, dazu würde ich nicht unbedingt raten; und wenn er dann andere Frauen trifft …?

P.: Aber ich passe doch auf ihn auf!

B.: Ja, aber er könnte sich doch irgendwo anders Luft machen wollen … Ich meine nur, ich möchte nicht etwa Verdacht erregen. Aber vom Tanzen rate ich euch ab! Und bei diesen Tänzen … wenn er aufgefordert wird, kann er nicht ablehnen, das wäre unhöflich. Das paßt nicht zu einer guten Erziehung, einen Tanz abzulehnen!

P.: Wir gehen so gerne tanzen …

B.: Aber ich rate ab davon! Es ist gefährlich! Das Tanzen ist Umarmung, Bewegung, Berührung, oh, oh, da kommt die Leidenschaft! Da gibt's nicht viel drüber zu sagen! Wir sind schwach. Zwischen Ehepartnern, würde ich sagen, mag das ja gehen, da ist es statthaft, aber da ist immer die Gefahr, daß sich andere dazwischenschieben, ganz vorsichtig … und dann verfolgen sie ihn am Ende, er geht zur Arbeit, und sie verfolgen ihn, ja, ja, die können sehr aufdringlich sein, diese Bastardinnen. Entschuldigen Sie, aber ich habe einen temperamentvollen Charakter. Ahh, was gesagt sein will, muß gesagt sein! Heutzutage gibt's Frauen, richtige Dirnen. Ich war ja auch mal jung, aber so mit 25, 26, je weniger eine Frau sich zur Schau stellte, um so mehr gefiel sie mir. Man hatte sein Vergnügen, gewiß, aber man blieb immer in Ordnung. Moralisch in Ordnung. Und man war nie aufdringlich! Gelegenheit macht Diebe, das stimmt! Dazu haben sie es gebracht! Die Muttergottes konnte durchs Feuer gehen, ohne sich zu verbrennen, das heißt, sie konnte inmitten von Männern sein ohne den geringsten Hintergedanken, denn sie ist unbefleckt und voll der Gnaden und so weiter. Sie ist frei von der Erbsünde, nicht wahr? In den Litaneien … ÜBERVORSICHTIG! ÜBERVORSICHTIG! muß man sein, nicht nur vorsichtig! Was bedeutet das? Daß man jede Versuchung meiden soll! Als Jesus Christus die Apostel in die Welt schickte, riet er ihnen vor allem zur Vorsicht. Wir alle sind Menschen wie sie auch. Und deshalb sollen wir so sein wie sie!

P.: Padre, ich habe meinen Mann dabei ertappt, wie er sich einen pornographischen Film im Video anschaute. Ich habe die Kassette verbrannt.

B.: ABER NATÜRLICH! Dem muß Abhilfe geschaffen werden. Was will er denn, dieser Schmutzfink? Sich aufreizen? Wir brauchen Beruhigungsmittel, nicht Reizmittel! Ich bin durchaus objektiv in diesen Dingen: Ich verstehe, daß man sündigen kann, aber ich verstehe nicht, daß man die Sünde sucht! Ja, wo sind wir denn? Ich frage immer: Habt ihr etwas Verbotenes im Fernsehen gesehen? Und wenn einer zugibt, gesündigt zu haben, sage ich: »Ach ja? Zwei Sünden sind das! Zwei! Einmal das Anschauen und einmal das Handeln!« Das Anschauen zieht das Handeln nach sich, weil es die Sinne aufreizt! Ist das klar? Es ist schon so schwer genug, nicht zu sündigen, selbst wenn man die Versuchung meidet. Je mehr wir ihr aber nachgehen, um so leichter fallen wir auf sie herein, stimmt's? Ist das klar?

P.: Ja, ich weiß, aber sehen Sie, mein Mann ist so leidenschaftlich. Manchmal am Abend, wenn er mit dem Auto nach Hause fährt, und wenn er dann die Huren an der Straße stehen sieht, wissen Sie, was er dann tut? Er fährt extra langsam!

B.: Wir wollen die Dinge doch mal beim Namen nennen. Ich drükke mich immer deutlich aus! Wenn Sie eine von denen mal als Leiche sehen würden, je runder die Formen, um so ekelerregender sind sie! Und warum? Je mehr Formen, um so mehr Würmer! Nach wenigen Tagen, wenigen Wochen ist nichts mehr übrig als Fäulnis, stinkend und voller Krankheitserreger, das sagen auch die Ärzte. Sich da hinzustellen und die Finger in den faulen Saft eines Mannes oder einer Frau, einer Leiche zu stecken ... und nach ein paar Monaten ist nichts mehr übrig als ein Skelett, mit Löchern statt Augen, gänzlich hohl! Die Augen, die für manche so faszinierend waren, Knochen ohne Fleisch daran, nach ein paar Jahren nur noch Staub, der, wenn er sich mit Wasser vermischt ... Die Tausende, die sich auf dem Bildschirm zur Schau stellen, sind der Ekel Gottes, das ist das Schreckliche. Und sie sind gefährlich für das ewige Leben, sie sind ein Skandal! Erst heute morgen, während der Messe, war da ein Mädchen, ein Fräulein, schon etwas herangereift, über die 25 hinaus ... Mamma mia! Ein Rock, so kurz, eine gute Handbreit über dem Knie! Ich habe ihr gesagt, daß sie nicht einmal auf der Straße ..., das ist ja skandalös! Und sie ist weggegangen! Gut so! Wenn sie nicht von selbst gegangen wäre, hätte ich sie weggeschickt! Wenn Padre Pio an meiner Stelle gewesen wäre, der hat von fünfen viere weggeschickt! Von fünfen viere! Oh, der verstand keinen Spaß! Aber sie kamen immer zurück, die, die er weggeschickt hat, und auch die, denen er die Absolution verweigert hat. Und er verweigerte sie, ooh, und wie er sie verweigerte! Und er drang in die Seelen ein und sagte ihnen, daß man das Blut Christi nicht vergeuden dürfe! Das sagte er!

P.: Mit den sieben Werken der Barmherzigkeit habe ich auch meine Schwierigkeiten, zum Beispiel mit der Pilgerunterstützung: All diese Moslems, die jetzt hierherkommen, die uns für ungläubig halten und ihre Moscheen bauen ...

B.: Unter der Bedingung jedoch, daß sie uns EBENSOVIELE Kirchen in ihren Ländern errichten lassen! Wir waren zu schwach, ja, zu schwach! Sie sind aber nur zu bemitleiden, ja, doppelt zu bemitleiden: Sie gehören nicht zu unserer Religion, sie sind fremd, und sie leben im Elend. Dann sind da die Albaner, Atheisten, das atheistischste Volk, das es gibt ... Aber jedenfalls ist eine heilige Frau hervorgegangen, eine große Heilige, sie lebt noch, Teresa von Calcutta ... Sie haben Millionen Frauen, Millionen!

P.: Ja, aber es gibt jetzt so viele Italienerinnen, die sich zum Islam bekehren!

B.: Na Gott sei Dank!

P.: Wie, Gott sei Dank?

B.: Ah, *zum* Islam! Ich dachte, *vom* Islam. Nun, was zeigt uns das? Eine erschreckende Ignoranz! Man muß sie reglementieren, diese Leute ... Aber ich meinte vor allem die Kroaten, bei denen Krieg ist, die Serben, diese Bastarden, die Bomben auf sie abwerfen und die VERGEWALTIGEN!, schreckliche Dinge, schrecklich, schrecklich!

P.: Ich habe mich oft gefragt, was ich tun würde, wenn ich eine von diesen Frauen wäre, die vergewaltigt wurden und nun schwanger sind. Obwohl ich katholisch bin, Padre, ich glaube, ich wüßte nicht, was ich tun sollte.

B.: Nun, nun, wir müssen bei unseren Grundsätzen bleiben! Das sind unschuldige Kreaturen, da können wir nicht einfach ... Der

Papst hat es deutlich gesagt. Das sind die christlichen Grundsätze: Dura lex, sed lex! Welche Schuld trifft diese armen kleinen Wesen? Und es könnten ebenso Heilige, Geistliche, Priester daraus werden, wer kann das wissen? Nein, da dürfen wir nichts tun, die Schuld liegt bei den Serben, diesen Bastarden, die vergewaltigt haben. Aber sie werden das bezahlen müssen vor Christus, ja! In China hat einer 116 Frauen vergewaltigt. Sie haben ihn erhängt. Er heulte, der Bastard. Ach? Jetzt heulst du? KREPIERE, BASTARD!!! Jetzt ist er tot. Hoffen wir, daß er gerettet wird. Die Hölle … die Hölle, die wünsch ich niemandem. Das Fegefeuer bis ans Ende aller Tage, das ja, aber dann soll er gerettet werden. Denn ich sage mir: Wenn sie gerettet werden, werden sie Gott ewig lieben, während, wenn sie in die Hölle kommen, werden sie Gott niemals lieben, stimmt's? Klar. Und auch sein Bruder, aber den haben sie ins Zuchthaus gesteckt: Auch der Bruder hat Böses getan, aber weniger als der andere. Nun ja, wir wollen alles bereuen, nicht wahr? Also, ich verlaß mich darauf: Benutz keine Spiralen, keine Präservative der Mann, keine Pillen und so weiter, und keinen Koitus interruptus. Enthaltet euch ein wenig. Nutzt die unfruchtbaren Tage, laßt euch von einem Arzt beraten, der kann aufgrund der Daten, an denen die Menstruation einsetzt, die unfruchtbaren Tage errechnen. Ist das klar? Hier nebenan wohnt Dr. […], er ist schon in Pension, aber sehr tüchtig. Geht jeden Tag in die Messe und zur Kommunion. Und er hat zehn Kinder! Zehn Kinder! Ein heiliger Mann, ein Heiliger! Die gibt es, Gottseidank! Es kam einmal eine Frau hierher, von Padre Pio geschickt: Sechzehn Kinder! Sechzehn!!! Übermorgen ist der Namenstag der Heiligen Katharina von Siena: Weißt du, wieviele Geschwister sie hatte? Sie war das letzte von … na, sag eine Zahl.

P.: Ich weiß nicht … elf?

B.: FÜNFUNDZWANZIG! Von wegen elf! FÜNFUNDZWANZIG KINDER! Jedes Kind ist eine Gnade Gottes, jedes, haben Sie verstanden?

P.: Ja, ich weiß, Padre, aber das waren früher andere Zeiten.

B.: Wir haben sie verändert, die Zeiten! Aber man muß den Mut haben, gegen den Strom zu schwimmen, meine Liebe. Und es gibt noch solche Familien.

P.: Aber Sie sehen ja, der Staat gibt nichts für den Unterhalt.

B.: MUSSOLINI! Er war schlecht, aber er hat auch Gutes getan, oder? Er verlangte Steuern von denen, die nicht heiraten wollten! Und er verteilte das Geld, je nach Anzahl der Kinder! Er hat ihnen geholfen! Er hat Schlechtes getan, aber nur durch diesen atheistischen, nazistischen Bastard Hitler! Diktatur! Ich hab's immer gesagt; ein heiliger Diktator; Diktator, aber ein Heiliger! Mussolini war größenwahnsinnig, ehrgeizig, aber er hatte auch gute Grundsätze, dann aber hat er sich gehenlassen ... der Krieg in Abessinien, der war falsch, den hätte er nicht machen sollen: Kriege führt man mit dem Kruzifix, nicht mit Waffen, stimmt's? Man erregt nur Haß und so weiter. EIN HEILIGER DIKTATOR! So wie ich es mir immer gewünscht habe: ehrlich, zuverlässig, energisch! Wer befehlen will, muß stark, ehrlich und energisch sein! Nicht so übervorsichtig. Großzügig mit denen, die ihre Pflicht tun, und streng mit denen, die sie unterlassen! Alle nach dem gleichen Maß!

P.: Und vielleicht hätte es dann auch die vielen Kommunisten nicht gegeben.

B.: Die müssen wir eliminieren! Sie sind Feinde der Menschheit! Es gibt drei Feinde: den Kommunismus, das Freimaurertum, das Judentum. Der Kommunismus hat die Gewalt, das Freimaurertum hat das Teuflische, das Judentum hat das Geld. Drei Feinde der Menschheit!

P.: Ja, liebe deinen Nächsten wie dich selbst, heißt es in der Bibel. Aber nicht mehr als dich selbst ...

B.: NICHT NUR DAS! Man darf das Übel auch nicht versteckt halten, auch in unserem Nächsten müssen wir das Übel hassen, die Sünde, nicht den Menschen. Wir sind wie Chirurgen: eine Amputation, wenn nötig, um zu retten, um zu töten. Wir müssen das Übel wegschneiden, so gut es möglich ist, ohne dem zu schaden, der es begangen hat; soweit möglich, wenigstens. Ich bin für körperliche Bestrafung. Körperliche Bestrafung! Von wegen Gefängnis! Zehn oder zwanzig Peitschenhiebe, und die Krankenhauskosten sollen sie auch selbst bezahlen. Sie könnten sich damit viele Gefängnisjahre ersparen! Und für bestimmte Fälle ... auch die Todesstrafe. Die Todesstrafe! Ja, meine Liebe, da wird nicht gefakkelt! Der Heilige Thomas von Aquin gab das zu. Ein großer Philosoph, das. Und Padre Leonardo aus Genua, als man ihn wegen des Banditentums befragte, sagte: »Was ich dazu meine? Ich meine, daß man mehr Galgen aufstellen sollte als Kreuze! Denn an das Kreuz glaub ich nicht!« Der Galgen ist abschreckend!

P.: Aug' um Auge ...

B.: Nein, nein! Das hieße Rache ausüben, nicht Recht! Und der Staat kann Recht ausüben, in bestimmten Fällen, in wohlüberlegten Fällen wie Entführungen und so weiter ... Na gut, betet einen Rosenkranz, enthaltet euch während der fruchtbaren Tage ... Geht Dein Mann in die Kirche?

P.: Hm, nnnein ... ich hatte die größte Mühe, ihn zu überreden, in der Kirche zu heiraten ... Er ist sehr skeptisch gegenüber der Kirche ...

B.: Warum haben Sie ihn dann geheiratet?

P.: Ich liebe ihn, Padre!

B.: DA HABEN WIR'S! Gefühlsduselei! DA HABEN WIR DIE GEFÜHLSDUSELEI!

P.: Aber, Padre, ich laß mich von ihm ja nicht ...

B.: Ach, ach, ach. Nehmen wir ein Beispiel: Es ist Sonntag, Sie wollen in die Messe gehen, und er will einen Ausflug machen. Was werdet ihr da tun?

P.: Dann geht er alleine auf den Ausflug, Padre.

B.: Schon gut. Aber dann, wenn die Kinder erzogen werden sollen? Das ist doch Teamarbeit, Vater und Mutter gemeinsam, oder? Und wie wollt ihr euren Kindern ein Beispiel geben? Sie sehen, daß Sie in die Messe gehen, und sie sehen den Vater, der nicht in die Messe geht! Dann werden sie auch nicht in die Messe gehen! Sie müssen entschiedener sein, mehr durchgreifen!

P.: Aber das bin ich ja, Padre! Auch dann, wenn er mit mir gewisse Dinge tun will ... unnatürliche, dann sag ich ihm ...

B.: Aha, da haben wir's! Auch das noch! Ich habe bisher nicht davon geredet, aus Feingefühl, aber, wenn's nach mir ginge, dann meine ich, man sollte eher auseinandergehen, als solche Dummheiten zu machen!

P.: Ja, sehen Sie, er hat auch viele homosexuelle Freunde ... Nicht, daß ich ihm nicht trauen würde, aber ich versuch sie immer eher fernzuhalten, ich habe ein wenig Angst.

B.: Sie hat Angst, versteht sich, versteht sich! Sodom und Gomorrha! Sie wurden alle vernichtet unter dem Regen von Feuer und Schwefel! Tausende und Abertausende. Die Heilige Schrift, göttliche Strafe! Dafür gibt's keine Absolution, nein, nein, tut mir leid. Wenn sie nicht ernsthaft versprechen, auseinanderzugehen, gibt's keine Absolution. Widernatürlich, absolut widernatürlich! Wenn er sich von den Frauen nicht angezogen fühlt, dann gibt's gar keine Anziehung. Nun kommt es darauf an, wenn er am Ende auch noch verheiratet ist ... ööhh! Wo sind wir denn?! Er geht fremd, und dann noch mit einem Mann! Ehebruch, Unzucht, Widernatürlichkeit! Ganz schön viele Sünden auf einmal, nicht? Na gut, du hast deine Sünden gebeichtet ... bete den ganzen Mai über den Rosenkranz, ja? Ego te absolvo – Ich spreche dich los von deinen Sünden ...

Mailand

P.: Ich bin Finanzberater, und für uns ist das jetzt eine schreckliche Zeit, wegen der Steuererklärungen.

B.: Sie wollen den Termin jetzt um ein paar Tage verschieben.

P.: Ja, aber schrecklich ist es nicht nur wegen der vielen Arbeit; es ist jedes Jahr dasselbe, die Steuererklärungen, die ich mache, sind fast alle unehrlich, weil meine Klienten das so wollen.

B.: Ich verstehe, das ist, glaube ich, in gewissem Sinne auch ein moralisches Problem. Sie müssen Dinge erklären, die der Wahrheit nicht entsprechen. Kein besonders schöner Beruf, den Sie da haben. Zumindest von dieser Seite gesehen.

P.: Ja, andrerseits, wenn ich es anders machen würde ...

B.: Dann gehen die Klienten zu jemand anderem. Und Sie bleiben arbeitslos. Ich verstehe. Sie müssen die ganze Verantwortung denen überlassen, die die Steuern bezahlen, denn Sie sind es ja nicht, der sie erklärt, Sie müssen nur Ihre eigene Erklärung richtig machen, nicht wahr?

P.: Aber ich helfe ihnen damit beim Stehlen!

B.: Sie helfen ihnen bei einer Sache, von der Sie sagen, daß sie nicht korrekt sei. Aber Sie sollten sehen, meine ich, ob Sie ihnen nicht helfen können, bei, wie soll ich sagen, einmal das Gewissen zu prüfen, nicht? Wenigstens auf der erzieherischen Ebene, würde ich sagen, einen Moment lang nachdenken, sie ein bißchen mehr in die Verantwortung nehmen ...

P.: Sie wissen genau, was sie tun, ich wage es nicht einmal, den Mund aufzumachen, sie würden mich für verrückt halten. Ich warne sie nur vor dem Risiko, das sie eingehen.

B.: Vor den Bestrafungen.

P.: Ja, aber das nützt nichts, es ist auch sehr unwahrscheinlich, daß man sie erwischt, auch dank meiner Hilfe ... Aber ich frage mich, ob das nicht Sünde ist.

B.: Ja, das ist eine etwas knifflige Frage. Es ist immer ein wenig knifflig, wenn man anfängt, über dieses moralische Problem nachzudenken ... Also, diejenigen, die sich mit diesen Problemen auseinandersetzen, die sind der Meinung, die sagen doch, das Steuersystem sei zu streng, schikanös sozusagen. Ich meine, wenn einer genau wäre, wenn er alles nach Vorschrift machen würde, dann wäre er am Ende völlig kahlgerupft, das heißt, das Steuersystem ist nicht gerecht, deshalb möchte man da ein bißchen nachhelfen, nach dem Motto: »Wenn die mit ihren Steuerforderungen so übertreiben, dann müssen wir sehen, wie wir sie verringern.«

P.: Gewiß, die Steuerlast ist äußerst drückend, exzessiv geradezu.

B.: Kurz, nicht angemessen.

P.: Ja.

B.: Und deshalb schaut man, in gewissem Sinn, aus dem Bedürfnis nach einer Angemessenheit heraus, was man tun kann.

P.: Sehen Sie, auch in meiner eigenen Steuererklärung ... mache ich ... es gibt Methoden, die sind hart an der Grenze.

B.: Der Legalität?

P.: Ja.

B.: Das Prinzip scheint mir jedenfalls das der Angemessenheit zu sein. Es wäre nicht richtig von Ihnen, wenn Sie sagen würden: »Ich gebe nur das Allermindeste an Steuern ab, nicht mehr als ein gewöhnlicher Arbeiter, der im Jahr seine, ich weiß nicht, 20 bis 25 Millionen Lire nach Hause bringt.« Ich meine damit, schauen auch Sie, daß Sie angemessen bezahlen, die Angemessenheit darf sich nicht nur auf unser Eigeninteresse stützen natürlich, sondern darauf, was richtig ist. Also, ich verdiene soundsoviel im Jahr, deshalb scheint mir richtig, soundsoviel abzugeben.

P.: Das heißt, jeder soll ein wenig selbst bestimmen.

B.: Ja, leider kommen wir schließlich dahin, wenn Sie sagen, daß die Steuerbelastung so erdrückend ist.

P.: Wenn wir alle Steuern bezahlen würden, die sie von uns verlangen, würden wir gar nichts mehr verdienen. Vor allem die, die am meisten arbeiten, darin liegt die Ungerechtigkeit. Wer mehr arbeitet und mehr verdient, der wird geradezu auf unmäßige Weise versteuert.

B.: Meiner Ansicht nach sollten Sie auch Ihren Klienten dabei behilflich sein, das zu formulieren, wenn Sie es können, und die richtigen Worte finden. Sie kennen sich ja aus in diesen Dingen … ich meine, die Leute kommen nicht zu uns Priestern, über diese Dinge wird nicht gesprochen zwischen uns und den Gläubigen. Naja, man sagt manchmal auf der Kanzel ein paar Worte dazu, aber sehr allgemein.

P.: Man merkt, daß es nicht für Sünde gehalten wird.

B.: Ja, immer aus diesem einen Grund, verstehen Sie? Um zu sagen, daß es nicht richtig ist, daß wir alles bezahlen müssen. Aber es ist möglich, das Gewissen so zu erziehen, daß man dem Gemeinwohl eine angemessene Summe beisteuert, dem eigenen Einkommen angemessen; denn wenn diejenigen, die mehr bezahlen können, sich drücken, dann wird das Gemeinwohl nur noch von den Arbeitern getragen … Also, das Gewissen erziehen und auch ein wenig das Gewissen der anderen erziehen. Und dann noch etwas: Ihr, die ihr euch auskennt, die ihr kompetent seid in diesen Dingen, ihr solltet denen, die die Gesetze machen, sagen, wie sie es richtig machen sollen. Wenn ein paar ehrliche, fähige Leute sagen würden: »Dieses Gesetz ist nicht gut, es erlaubt vielen, sich zu drücken, vor der Pflicht zu drücken, wenn ihr ein bißchen weniger fordern würdet, dann würden alle bezahlen, anstatt nur ein paar wenige Dumme …« Tun Sie Ihren Teil dazu, so gut Sie können, versuchen auch Sie, besser zu werden, denn dazu sind wir alle verpflichtet.

P.: Ja, sehen Sie, Padre, ich mache eine Sache – und mir scheint, daß das die Gerechtigkeit wieder ein wenig herstellt –, wenn es geht, überweise ich der Kirche die 8 % Kirchensteuer, auch wenn die Klienten mich gebeten haben, keine …

B.: Ah, aber damit verlieren sie nichts.

P.: Nein, sie verlieren nichts, der Betrag ginge sonst an den Staat …

B.: Meiner Ansicht tun Sie gut daran, von Ihnen die 8 % zu nehmen, Sie müßten Ihnen erklären, daß die karitativen Werke der Kirche im Grunde mit diesem Geld bezahlt werden.

P.: Ich habe Klienten, die mir voll vertrauen, ich fülle für sie die Formulare aus, und auch wenn sie mir sagen, die 8 % sollten an den Staat, lasse ich sie der Kirche zukommen.

B.: Nun ja, sie verlieren jedenfalls nichts.

P.: Nein.

B.: Höchstens, wenn sie bereit wären, einen Betrag zu spenden, den man von der Steuer absetzen kann, bis zu zwei Millionen, glaube ich, damit könnten sie schon eher das ausgleichen, was sie gestohlen haben, indem sie es unterschlugen ... aber am besten wäre es, wenn es eine Angemessenheit gäbe. Wir müssen das Gewissen erziehen. Wenige klare, angemessene Gesetze sind besser als tausend falsche Gesetze. Gibt es sonst noch etwas? [...] Ich spreche dich los ...

Brescia

P.: Padre, ich war seit einigen Wochen nicht mehr beichten; ich habe ein paar Filme gesehen, von der Art ...

B.: Unschickliche Filme?

P.: Ja. Sehen Sie, meine Frau will keine Kinder.

B.: Aha, Sie haben sich also selbst geholfen, nicht wahr?

P.: Ja.

B.: Ja, ja, der gute Wille wäre ja da bei Ihnen, nicht? Man müßte auch sie anhören, sie hat auch ihre Bedürfnisse.

P.: Und dann gibt es auch noch finanzielle Probleme, meine Steuererklärung war nicht ganz korrekt.

B.: Naja, das ist bei fast allen ein bißchen so, denn diese Steuern, die sind dermaßen hoch, daß man schon mal eine kleine List anwendet. Was soll man tun? Außerdem kann man oft gar nicht alles überblicken ...

P.: Ja, in der Tat.

B.: Also, auch einer, der ein kleines Unternehmen besitzt oder eine bescheidene Arbeit verrichtet, die werden ja alle übermäßig hoch versteuert. Deshalb verstößt so eine kleine List, glaube ich, nicht gegen die Gerechtigkeit, gegen die ausgleichende Gerechtigkeit vor allem. Wir leben hier in Italien in einer chaotischen Situation. Wir tun, was wir können, aber von einem gewissen Moment an müssen wir auch an unsere Familien denken.

P.: Natürlich. Dann noch etwas, aber das ist vielleicht kein Thema für die Beichte, eh ... ich habe eine kleine Fabrik für Lösungsmittel, und ich habe die Abwässer in den Fluß geleitet ...

B.: Ja, ja ... Sie meinen, wegen der Umweltverschmutzung, natürlich.

P.: Ich kann mir keine Kläranlage leisten.

B.: Eine Kläranlage. Aber können Sie die Abfälle nicht vergraben?

P.: Sie sind flüssig, Padre.

B.: Ach, sie sind flüssig? Nun, versuchen wir, unser Bestes zu geben, denn manchmal sieht man Bächlein, die sind voller Schmutz, und ein Bächlein mit Lösungsmitteln, das kann kein klares, sauberes Wasser mehr führen, nicht wahr? Wir wollen tun, was wir können, in diesen Dingen. Wir wollen um Vergebung bitten für alles, auch für die Unterlassungen, die wir begangen haben. Wir wollen ausdauernd sein im Beichten und auch in der Beziehung zu unserer Ehefrau. Man bekennt in der Beichte auch die läßlichen Sünden, je nach Situation und Notwendigkeit, es tut immer gut, sie zu bekennen, nicht wahr? Bitten wir um Vergebung auch für die vergessenen Sünden. Als Buße nehmen wir den morgigen Arbeitstag, ja? Ich spreche dich los ...

Pistoia

P.: Ich habe eine Firma, und ich habe ein Angebot bekommen, sie sehr günstig zu verkaufen, ich hätte am liebsten gleich zugesagt. Das Problem ist nur, daß ich die Arbeiter entlassen müßte, die bei mir arbeiten.

B.: Aber wer ist für die Firma verantwortlich?

P.: Ich. Ich habe mich mit meinem Vater beraten, und er meint, man müsse als erstes ans Portemonnaie denken. Ich könnte das Kapital im Ausland anlegen, mit einem Gewinn von etwa 15 %, verstehen Sie?

B.: Ich verstehe, ich verstehe. Eventuell, eventuell, wenn man mit den Arbeitern redet, ein Jahr vorher oder mehr, wenn man zu vermeiden sucht, daß sie so plötzlich ...

P.: Ich habe es ihnen schon vor sechs Monaten gesagt. Aber sie haben die Fabrik besetzt!

B.: Das kann ich mir vorstellen. Aber von einem gewissen Moment an, wenn du einen guten Anwalt hast ... Vom Moralischen her müßte man die Fabrik weiterlaufen lassen, weiterproduzieren ... Aber es ist nicht leicht, darauf eine Antwort zu geben, denn jeder ist letztendlich frei in seiner Arbeit, seiner Entscheidung.

P.: Eben. Ich schaff's nicht mehr. Ich will verkaufen.

B.: Ich verstehe. Aber ich habe schon gesagt, mit seinem eigenen Hab und Gut kann jeder tun, was er will. Der Arbeiter, an und für sich hat ein Recht auf Arbeit, aber he!, wenn ich sie ihm nicht geben kann, weil ich es nicht mehr schaffe und so weiter, was soll man da tun? Aber, aber, aber, heutzutage muß man da vorsichtig vorgehen, ja. Ich versteh, daß man manchmal verrückt werden kann, und bevor Sie verrückt werden, verkaufen Sie besser. Aber man sollte auch überlegen, ob es, auf die eine oder andere Weise, nicht möglich ist, weiterzumachen.

P.: Diese Arbeiter fordern, ich solle den Käufern zur Bedingung stellen, daß ihre Arbeitsplätze bestehen bleiben. Und mit Hilfe der Gewerkschaften machen sie mir jetzt die Hölle heiß!

B.: Ja, ich verstehe. Aber wenn man sich sein gutes Recht retten will ... denn es kann ja nicht nur darum gehen, daß man schaut, wie man seine Schäfchen ins Trockene bringt, um dann dasitzen zu können und sich um nichts weiter kümmern zu müssen. Ja, wenn das alles ist, dann geht das nicht. Man muß am Vorsatz der Barmherzigkeit festhalten. Am Vorsatz, daß man auch anderen helfen will. Aber leider scheint man es heute als ein Recht anzusehen, den Arbeitgeber eher zu erdrosseln, als ihm zu helfen!

P.: Ja, das stimmt, ich geb mir die größte Mühe, mich in ihre Lage zu versetzen, aber sie tun nichts dergleichen.

B.: Darin liegt das Problem! Deshalb sage ich, spielen Sie alle Ihre christlichen Karten aus. Wenn Sie es dann irgendwann wirklich nicht mehr schaffen, dann NEHMEN Sie sich Ihr gutes Recht, und damit Punkt und Schluß. Das Wichtigste ist: daß nicht nur die, sagen wir, materialistische Seite zur Geltung kommt. Aber nachdem man alles getan hat, was man tun konnte, dann ist eben

Punkt und Schluß! Wo würden wir sonst hinkommen! Wieviele Fabriken haben sie nicht geschlossen in Prato ... und wo steht denn geschrieben, daß ein Käufer die gleichen Dinge weiterproduzieren muß! Man kann sie doch nicht zwingen! ... Das Wichtigste ist, daß wir begreifen und uns darum bemühen, so weit wir können in der Wahrheit zu sein. Heute, bevor die Kirche aufgeschlossen wurde, habe ich selbst gebeichtet, vor dem Herrn, so, um mich ein wenig abzustauben, wie man das mit den Zimmern zu Hause tut, nicht?, die staubt man auch dann ab, wenn's nicht viel Staub gibt. Deshalb sage ich immer, mach eine kleine Stippvisite, einmal im Monat, um dich ein wenig abzustauben, auch wenn's nicht viel ist. Das Sakrament ist wichtig! Christus hat es am Tage seiner Auferstehung eingesetzt, als er beim Abendmahl erschien und sprach: »Friede sei mit euch.« Dann blies er sie an und sprach: »Nehmet hin den heiligen Geist. Welchen ihr die Sünde erlasset, denen ist sie erlassen, und welchen ihr sie behaltet, denen sind sie behalten.« Denk nur, am Tag seiner Auferstehung! Also, tue, was du kannst und sei gut. Und denk an das, was ich dir jetzt sagen werde: Die Vergangenheit, nachdem Gott dir einmal die Sünden verziehen hat, ist Vergangenheit ... Man soll seiner Barmherzigkeit kein Unrecht antun, er kommt nicht darauf zurück. Was die Zukunft betrifft, soll man Gott auch kein Unrecht antun, denn für die Zukunft gibt es die Vorsehung. Und für die Gegenwart bedenke, daß es die Gnade gibt und deinen guten Willen. Einverstanden? Dann bete ein Credo, um den Glauben aufzufrischen, und ein Ave-Maria zur Madonna, für deine Familienangehörigen.

Rieti

B.: An welche Sünden können Sie sich erinnern?
P.: Ich habe Unzucht getrieben, und ich war nicht sehr ehrlich mit meinen Freunden. Und dann, Padre, ist da etwas, das mir schwer auf der Seele liegt. Ich habe ein kleines Bauunternehmen, und vorgestern ist einer meiner Arbeiter bei einem Arbeitsunfall ums Leben gekommen ... Die Polizei hat mir keine Schwierigkeiten gemacht, aber ich weiß, wenn ich meine Pflicht getan hätte, wenn

ich die Sicherheitsvorkehrungen getroffen hätte, wie es vorgeschrieben ist, dann wäre das nicht passiert. Ich wußte, daß es hochgefährlich war, was sie da taten, aber um zu sparen, habe ich nicht vorgebeugt. Und deshalb fühle ich mich verantwortlich für seinen Tod.

B.: Nun ja. Ein wenig Schuld.

P.: Es ist, als hätte ich ihn umgebracht.

B.: Ganz so wird's doch nicht gewesen sein, vielleicht ... er mußte doch selbst wissen, was er tat, ein wenig Unaufmerksamkeit, ein wenig Verantwortungslosigkeit wird vielleicht auch bei ihm liegen. Aber, was soll man tun, manchmal sind wir nicht so aufmerksam, nicht so vorsichtig, manchmal haben wir auch Angst, die Gesetze zu befolgen in dem, was wir tun. Vor allem, wenn wir es mit unvorsichtigen Leuten zu tun haben, wie das oft beim Autofahren geschieht, mit den Unfällen, oder wenn es Zeitprobleme gibt, und dies und das. Nun gut, jetzt ist eben leider geschehen, was geschehen ist. Versuchen wir, in Zukunft etwas umsichtiger zu sein, etwas ... um das Leben der anderen zu achten, das wertvoller ist als alles andere, als jedes andere Gut. Und darum, wenn man den Arbeitern die richtige Belohnung zukommen läßt, bedeutet das, daß sie auch mit mehr Sicherheit arbeiten können, mit mehr Ruhe, und man soll versuchen, ihr Leben so wenig wie möglich aufs Spiel zu setzen. Leider sind die Friedhöfe voll von verspäteten guten Absichten, wie man so sagt. Wir müssen den Herrn um Vergebung bitten für unsere Sorglosigkeit und voranschreiten, indem wir versuchen, das Übel, das wir angerichtet haben, so weit wie möglich wiedergutzumachen.

P.: Padre, habe ich mich also nicht versündigt?

B.: Nun, auch wenn Sie sich versündigt haben, dann haben Sie das jetzt gebeichtet, nicht wahr? Der Herr verzeiht es Ihnen, aber er will, daß Sie in Zukunft vorsichtiger sind. Aufmerksamer, das Leben der anderen unbedingt achten. Auch wenn Sie dadurch manchmal weniger verdienen, am Ende, meine ich, können Sie sich dann mit leichterem Herzen zur Ruhe setzen, weil Sie wissen, daß Sie alles, was Sie tun konnten, getan haben. Leider passieren solche Unfälle nun mal, ein wenig durch unsere Schuld ... Wie ich sagte, auch auf der Straße passieren solche Unfälle, auch dort stirbt manchmal einer, weil wir unvorsichtig waren, weil wir ein

Stoppschild nicht beachtet haben, weil wir unsere Pflicht vernachlässigt haben, also, auch wenn wir das Böse getan haben, verzeiht uns der Herr. Sehen Sie, man kann es, wie ich sagte, wiedergutmachen, indem man für die Zukunft der Familie dieser Person sorgt und auch für die übrigen Arbeiter, die noch in Ihren Händen sind. [...] Aber es müssen wirklich gute Vorsätze sein, es ist sinnlos, zu beichten und dann alles so weiter zu machen wie bisher. Der Herr will, daß wir bereuen, wenn wir beichten. Sprich drei Ave-Maria zur Madonna, damit sie dir hilft, ehrlich und großzügig zu sein, ja. Ego te absolvo ...

Grosseto

P.: Ich glaube, ich habe gesündigt ... ich habe eine kleine Fabrik, im Norden, das heißt, so klein ist sie nicht, und um einen Auftrag zu bekommen, habe ich nicht nur Schmiergelder bezahlt, ich habe auch – es ist nämlich eine Nahrungsmittelfabrik – ... auch Konservierungs- und Färbemittel benutzt, die ungesetzlich sind.
B.: Haben Sie das nur einmal gemacht?
P.: Nein, leider dauert die Sache an, das hängt mit dem Produkt zusammen.
B.: Aber, ich weiß nicht, ist das auch schädlich für die Gesundheit?
P.: Nun, ja, das Gesetz behauptet das ... aber wissen Sie, es wird da immer übertrieben, es sind die EG-Normen, die sind viel zu streng ... es handelt sich um wirklich winzige Mengen. Ich glaube nicht daran, daß einer, der meine gefärbten Tomaten ißt, deswegen an Krebs erkrankt.
B.: Also, sagen wir, daß gewisse Vorschriften, die gemacht werden, ich glaube, vor allem für die Gesundheit ..., kurz, die, die diese Vorschriften machen ... ich meine, da kann es diese Gefahr geben, es kann zu Schäden kommen, es kann den Anfang dieser Krankheit bedeuten. Also, ich meine, wir wollen doch sehen, daß wir gesund bleiben, nicht nur, indem wir in die Kirche gehen, sondern auch, indem wir nicht auf die Vorschriften verzichten. Das menschliche Leben ist ein von Gott geschenktes, wertvolles Gut, nicht? Wir müssen es respektieren und vor allem erhalten, nicht? Also sollten wir besser auf den Wohlstand verzichten und

nicht so dem Geld hinterherlaufen. Denn wenn wir solchen Gesetzen zuwiderhandeln, dann betrügen wir ja letztlich auch die, die diese Produkte dann kaufen. Ich meine, sehen Sie zu, wie ein guter Christ, ich meine, wenn Sie heute hierher kommen, um sich mit dem Herrn zu versöhnen, dann heißt das doch, daß Sie einen Glauben besitzen, und das Gewissen, das Sie dazu gebracht hat, Ihre Sünden zu beichten, ist ein Zeichen dafür, daß Sie nicht unempfindlich sind. Überprüfen Sie die Situation. Prüfen Sie, ob nicht der Hunger nach dem Geld …

P.: Ja, Padre, aber abgesehen vom Hunger nach dem Geld muß ich auch an meine Arbeiter denken, an meine Angestellten, ich tue das nicht nur für mich. Die Konkurrenz ist fürchterlich, auch wenn ich Ihnen gestehen will, daß ich nicht immer sehr korrekt bin im Umgang mit meinen Angestellten, in der Bezahlung, in der Behandlung, eben weil ich so kämpfen muß gegen die gnadenlose Konkurrenz, der wir ausgeliefert sind. Entweder macht man es so, oder man geht unter, und das bedeutet, daß man entlassen muß. Ich weiß nicht, was da besser ist.

B.: Ja, ich verstehe, was Sie sagen, ich verstehe, daß das heute eine Tragödie ist, ein Desaster, wo man als Christ sagen müßte: »Warum muß das so sein?« Es dürfte das nicht geben, für niemanden, meine ich, diese gnadenlose Konkurrenz … Ich kenne mich mit diesen Problemen nicht aus, auch nicht mit dem, daß man einer Sache etwas beimischt, um sie besser verkaufen zu können. Ja, denken Sie darüber nach, prüfen Sie sich. Auch über die Ungerechtigkeit gegenüber Ihren Arbeitern … Sie können zu ihnen sagen: »Entweder ihr arbeitet weiter unter diesen Bedingungen, oder die Fabrik macht pleite, muß zumachen, also …« Ich glaube, daß das auch für das berühmte Mitbestimmungsrecht gut wäre!

P.: Sie halten davon nicht viel. Sie wissen, wie die Gewerkschaften sind, sie behaupten, ich wollte nur nicht auf meinen Vorteil verzichten, es kann ja sein, aber das ist es nicht allein.

B.: Das sind Dinge, die Sie mit sich ausmachen müssen, denn so von außen, wenn man nicht drin ist, ist es schwer, ein Urteil abzugeben. Ich sage nur, daß die Ehrlichkeit unbedingt vor allem anderen kommen muß. Wenn es denn möglich ist, Ehrlichkeit und Arbeit zu verbinden, vor allem mit den Angestellten …

P.: Ja, ich kann meine Arbeiter besser behandeln, unter der Bedingung, daß ich die Ware auf gewisse Weise behandle, sonst nicht.

B.: Auch hierüber müssen Sie gut nachdenken, denn ich kann nicht ermessen, welche gesundheitlichen Auswirkungen dieser Extrakt hat, den Sie in Ihre Ware tun, ich vertraue es also Ihrem Verantwortungsgefühl an, weil es ja, eben, um die Gesundheit geht. Also denken Sie gut darüber nach, erkundigen Sie sich genau nach den Auswirkungen, die das haben kann, beraten Sie sich mit einem Experten, damit Sie wissen, welche Konsequenzen das haben kann.

P.: Wissen Sie, Padre, ich bin selbst ein Experte, ich bin Chemiker, und die Substanzen sind krebserregend, wenn man sie in großen Mengen nimmt, aber nicht bei so geringen Mengen.

B.: Sie sind Chemiker, aber außer dem Chemiker sollte ein Arzt, ein Doktor, ein Spezialist, ein Primarius der Medizin ... ich meine, Sie sollten ihn fragen: »Was meinen Sie dazu?« Denn wenn Sie mich danach fragen, dann könnte ich Ihnen, um mich aus der Affäre zu ziehen, einfach sagen: »Nein! Das können Sie nicht machen, denn Sie sind ein Betrüger, und damit basta!« Aber mir ist nicht danach, Ihnen das zu sagen, weil ich eben kein Experte bin, und ich könnte deshalb zu streng mit Ihnen umgehen oder zu nachsichtig, das ist es, weshalb ich es Ihrem christlichen Gewissen anheimstelle. Wenn Sie heute hierher gekommen sind, dann bedeutet das, daß Sie einen Glauben besitzen und daß Sie dieses Gewissen fühlen. Also, beraten Sie sich. Denn unser Leben ist heilig, und deshalb lohnt es sich nicht, es aufs Spiel zu setzen. Man sagt *»primum vivere«*, und danach erst alles andere, nicht wahr? Deshalb, da Sie ein christliches Gewissen, ein empfindsames Gewissen haben, vertrauen Sie in dieser Sache nicht auf mich, denn ich könnte Ihnen etwas Falsches raten, und im einen wie im anderen Fall verlasse ich mich auf Ihr ehrliches Gewissen und auch auf Ihren guten Willen, die Sache anzugehen, sich mit einem Experten zu beraten. Das ist alles.

P.: Danke, Padre.

B.: Können Sie sich an weitere Sünden erinnern?

P.: Ich habe meiner Frau unrecht getan, das heißt, ich tue ihr laufend unrecht.

B.: Betrügen Sie sie?

P.: Ja.

B.: Wie können Sie das mit Ihrem Gewissen vereinbaren? Gütiger Himmel ... Sehen Sie nicht, daß Sie, sagen wir, sich selbst zugrunde richten? Hier gibt es wirklich keine Entschuldigung. Hier verhalten Sie sich wirklich nicht mehr christlich. Und erzählen Sie mir keine Geschichten, Sie betrügen Ihre Frau, aber nicht alleine! Wieviele Personen sind es, die Sie in den Schmutz ziehen, in die Sünde? Denken Sie, diese Frauen könnten ja verheiratet sein, Familie haben, wissen Sie, was Sie da anrichten?

P.: ... Ich bin sicher, daß meine Frau auch nicht gerade ein Engel ist.

B.: Ah, das würde ich meiner Frau aber klipp und klar sagen, wenn ich überzeugt davon wäre. Sie können sich nicht mit dem Verhalten Ihrer Frau rechtfertigen, denn in diesem Moment stehen Sie hier vor dem Herrn, nicht Ihre Frau; wenn Ihre Frau zur Beichte geht, wenn sie überhaupt geht, dann wird sie dem Herrn sagen müssen, warum ...

P.: Nein, meine Frau ist nicht gläubig, sie geht nicht in die Kirche.

B.: Nun gut, nun gut, also, da Sie nun mal hier vor Gott stehen, Gott verdammt diese Dinge! Wenn Sie die Bibel lesen ... Ihr seid wirklich unmoralisch, Ihr seid zwei Betrüger, der Herr will das nicht, er kann es nicht wollen, denn es wäre genauso, wie wenn Sie Ihrem Sohn übelwollten. Christus sagt im Evangelium: Was nutzt es, die ganze Welt zu besitzen, wenn man die Seele verliert? Sie verderben sich Ihren Glauben, Ihre Moral, Ihre Prinzipien, und wenn Sie so weitermachen, was bleibt dann noch Christliches in Ihnen? Nichts, meine ich. Denn was soll das schon heißen: »Ja, ich gehe einmal im Jahr beichten, um dann womöglich zu sagen: ›Ich gehe nicht in die Sonntagsmesse‹«? Tja, was soll man dazu sagen? Das ist eine Art, Christ zu sein, die hat natürlich überhaupt nichts Christliches mehr! Also, in dieser Sache, entweder Sie versprechen dem Herrn – jetzt, und ehrlich –, aufzuhören mit diesem unmoralischen, betrügerischen Leben, oder ich kann Ihnen keine Absolution erteilen.

P.: Aber, wie ...

B.: Hierin bin ich sicher, ja. In diesem anderen Bereich fühle ich mich nicht sicher, aber hier schon, he? Ich fühle mich ganz als Verwalter Gottes, und als solcher kann ich das, was Sie mir erzählen, nicht gutheißen, denn hier weiß ich ganz sicher, daß Sie irren, Sie beleidigen den Herrn, Sie zerstören Ihre Person, Sie zerstören Ihre Familie, und Sie ziehen viele andere Personen mit in die Sünde. Da ist nichts zu machen, hier bin ich sicher, ja, bei diesem anderen Problem habe ich Ihnen gesagt, beraten Sie sich mit einem Arzt, einem Primarius, mit irgend jemandem, denn wenn ich überzeugt davon wäre, daß das, was Sie mir erzählt haben, der Gesundheit schadet, sie zerstört, dann würde ich Ihnen sagen: »Schaun Sie: Entweder Sie hören auf damit, oder ich gebe Ihnen die Absolution nicht.« Ich habe mich sehr klar ausgedrückt, leider kann ich nicht sagen: »So ist es«, denn ich könnte mich auch täuschen. Ich könnte auch sagen: »Vielleicht ist es gar nicht so schädlich, gar nicht so gefährlich, ich weiß also nicht, ob das Gesetz es erlaubt oder nicht.«

P.: Ich habe Ihnen ja gesagt, daß das Gesetz es nicht erlaubt.

B.: Dann stehen Sie auch außerhalb des göttlichen Gesetzes, denn wenn das Gesetz es nicht erlaubt, wie können Sie dann weiter gegen das Gesetz verstoßen? Gegen das Gesetz, das natürlich das menschliche Leben schützt? Das Leben der Personen?

P.: Ich habe Ihnen erklärt, wo das Problem liegt.

B.: Ich weiß, ich weiß, aber wenn das Gesetz es sagt, so heißt das, daß es schädlich ist, sonst würde das Gesetz es erlauben. Denken Sie nach, denken Sie nach, über das eine wie über das andere, und versuchen Sie, den Sakramenten treu zu bleiben, ja, Sie müssen nachdenken, sich prüfen.

P.: Gut, einverstanden.

B.: Der Herr segne und begleite Sie, versuchen Sie, ein wenig mehr nachzudenken über diese Dinge, ja? Gehn Sie in Frieden.

Messina

B.: An welche Sünden erinnern Sie sich?

P.: Ich habe sehr viele Sünden begangen, doch vor allem habe ich den Wunsch, die Beichte abzulegen, weil ich … eine große Menge Rauschgift transportiert habe …

B.: Nun, sehen Sie, das ist schlimm, das ist sehr, sehr schlimm. Deshalb dürfen Sie so etwas nie wieder tun, denn das schadet der

Menschheit, der Jugend, es schadet, es bringt vielen jungen Menschen den Ruin. Deshalb müssen Sie sich von solchen Taten fernhalten, Sie müssen Jesus versprechen, sich, sagen wir einmal, sich nicht mehr mit so etwas zu beschäftigen, nicht wahr?

P.: Wie soll ich das tun, Padre? Ich bin inzwischen ... ich habe auch versucht aufzuhören, doch ich werde bedroht.

B.: Nein, nein, beten Sie, sagen Sie dem Herren: »Bei Deiner Gnade, halte mich vollständig fern davon und beschäftige mich mit etwas Redlichem, einer Arbeit, irgend etwas«. Haben Sie keine Arbeit? Haben Sie nicht irgend etwas gearbeitet?

P.: Nein, ehe ich dazu gekommen bin, habe ich andere Dinger gedreht, Diebstähle, Überfälle ...

B.: Ja, ja, ja, ja, sehen Sie? Wenn Sie wirklich die Absicht haben, zu Jesus zurückzukehren, sagt Ihnen der Herr des Evangeliums: »Wer mich liebt, der folgt meinen Geboten«, deshalb müssen Sie, wenn Sie Jesus, wenn Sie den Herrn lieben, Seinen Geboten folgen. Die Gebote sagen: Du sollst nicht stehlen, du sollst nichts Unkeusches treiben, du sollst anderen keinen Schaden zufügen, und all diese Sachen. Nun, wenn jemand dies verspricht, hm? Versprechen Sie es in dieser Beichte? Was hat Sie dazu bewegt, jetzt so zu beichten?

P.: Weil ich weiß, daß ich nicht Recht tue, aber ich kann nichts anderes.

B.: Oh nein, Sie müssen Jesus gestatten, Sie von diesem Weg abzubringen. Diesen Weg müssen Sie unbedingt verlassen.

P.: Ja, aber ich würde mein Leben dabei aufs Spiel setzen.

B.: Wie?

P.: Ich setze mein Leben aufs Spiel.

B.: Dann tun Sie das. Und sagen Sie diesen Menschen: »Ich kann und will nichts mehr mit diesen Dingen zu tun haben.« Was sollen wir sonst machen? Man muß ... sich von diesen Dingen entfernen, denn, sehen Sie, Sie können nicht weiter diesen Weg gehen, wenn Sie den Herrn wirklich lieben wollen. [...] Versuchen Sie, so gut Sie können, eine redliche Arbeit auszuüben und sich von diesem Weg zu entfernen. Was hat Sie denn nun eigentlich dazu gebracht, die Beichte abzulegen?

P.: Es war heute Morgen, so ein Gefühl der Befreiung.

B.: Dann befreien Sie sich gänzlich. Befreien Sie sich gänzlich mit

Gottes Gnade, Sie werden sehen, daß der Herr und auch die Heilige Muttergottes Ihnen heute Abend helfen werden. Und dieses Rauschgift, wie haben Sie das gemacht? Nachdem Sie es bekommen haben, wie haben Sie es weitergegeben ...?

P.: Ich habe es im Flugzeug geschmuggelt, im Magen.

B.: Und dann haben Sie sich davon befreit ...

P.: Ja, ich habe es ausgeschieden.

B.: Sehen Sie, wie Sie sich in Gefahr bringen ... nichts da! Von jetzt an müssen Sie Jesus versprechen, und vor allem der Heiligen Muttergottes, müssen Sie sagen: »Muttergottes, von heute Abend an verspreche ich Euch, mich von diesen Machenschaften, von diesen Dingen fernzuhalten ...« Und versuchen Sie ... Sind Sie verheiratet?

P.: Ich bin geschieden.

B.: Geschieden? Und leben Sie mit irgendeiner anderen Frau?

P.: Ja.

B.: Na dann, sehen Sie, dann können Sie gar keine Lossprechung erhalten, sehen Sie? Denn Sie leben mit dieser Frau, die nicht Ihre Ehefrau ist. Deshalb versuchen Sie, Ihr Leben in Ordnung zu bringen, los, bringen Sie es in Ordnung! Können Sie nicht wieder zu Ihrer Frau, zur ersten, zurückkehren ...?

P.: Nein, sie lebt mit einem anderen Mann.

B.: Sie lebt mit einem anderen Mann ... hm, aber mit der ersten waren Sie ordnungsgemäß verheiratet, in der Kirche?

P.: Ja, ja, gewiß. Wir haben in der Kirche geheiratet, als wir noch jung waren.

B.: Und habt ihr Kinder?

P.: Ja.

B.: Und deshalb, sehen Sie, ja, ja ... sehen Sie, deshalb müssen Sie beten. Auf daß der Herr Sie künftig von all diesem befreie. Wenn jemand wirklich zum Herrn beten will, muß er sich von all diesen Dingen befreien, nicht wahr? Ich wünsche Ihnen von heute an ... Ich werde Sie besonders in meine Gebete bei der Heiligen Messe einschließen. Ehrlich, von ganzem Herzen. Auf daß der Herr Ihnen die Freude, die Gnade, die Kraft geben möge, sich vollkommen zu befreien. Ich kann Sie jetzt nicht lossprechen. Warum nicht? Weil Sie jetzt mit dieser anderen Frau verbunden sind, die nicht Ihre Ehefrau ist, verstehen Sie? Sie müssen mit der Ehefrau leben.

P.: Aber können Sie mich von den anderen Dingen lossprechen?

B.: Wegen der anderen Dinge bitten Sie in Ihrem Herzen Jesus um Gnade. Aber ich kann Sie nicht lossprechen, verstehen Sie? Ich kann Sie nicht lossprechen, denn Sie müßten versprechen, zu Ihrer Ehefrau zurückzukehren, Sie müßten versprechen, nicht wieder in diese Sünde zurückzufallen. Und für die Zukunft wünsche ich Ihnen, daß der Herr Ihnen diese Freude geben möge, daß Sie eines Tages wiederkehren und sagen: »Ich habe mich von allem und jedem freigemacht.«

P.: Aber Padre, ich glaube nicht, daß ich je zu meiner Frau zurückkehren kann, außerdem hat sie von dem anderen auch ein Kind. Sie hat wieder geheiratet.

B.: Sie versprechen nicht, sehen Sie, deshalb können Sie auch nicht die Sakramente empfangen, wenn Sie mit einer anderen Frau, die nicht Ihre Ehefrau ist, zusammenleben, haben Sie verstanden? Wenn Sie diese Frau verlassen, mit der Sie zusammenleben, dann können Sie Ihr normales Leben wiederaufnehmen, als, sagen wir, ein von der Ehefrau getrennt Lebender, vorausgesetzt, Sie leben nicht mit anderen Frauen zusammen. Verstehen Sie? Denn sehen Sie, jemand kann nicht einfach dem Herrn versprechen, daß er nicht mehr ... und wenn er dann sein Leben mit dieser verbringt, die nicht seine Ehefrau ist, verstehen Sie? Das ist kein christliches Leben, davon müssen Sie selbst überzeugt sein. Selbst wenn ich, sagen wir mal, selbst wenn ich Ihnen die Lossprechung erteilte, würde der Herr Ihnen nicht vergeben, denn Sie haben sich nicht bemüht, das sündige Leben wirklich hinter sich zu lassen. Haben Sie verstanden?

P.: Ja, aber ... wie soll ich das tun, das heißt, ich kann schon sagen, ich versuche, mit dem Rauschgift aufzuhören, aber ich kann nicht zu meiner Frau zurück und kann auch nicht vollkommen keusch leben.

B.: Ja, ja. Deshalb kann ich nicht ... weil Sie das nicht versprechen können, kann ich Sie nicht lossprechen, denn, denn ... Wenn Sie eines Tages wieder zu mir kommen ... ich wünsche Ihnen, daß vom heutigen Abend an für Sie ein Leben beginne, das dem Herrn näher ist, das wünsche ich Ihnen wirklich, und daß Sie mir sagen: »Padre, ich lebe nicht mehr mit dieser Frau zusammen ...«

P.: Hören Sie, Padre, Sie vergeben mir eine schwere Sünde, und das mit ... ich bin verliebt in diese Frau, mit der ich zusammenlebe.

B.: Verliebt in die, mit der du zusammenlebst?

P.: Ja.

B.: Sehen Sie? Man kann so nicht leben, haben Sie verstanden? Man kann so nicht leben, denn nach dem Gesetz ... dem Gesetz ... nicht dem kirchlichen ... nach dem Gesetz Gottes, dem Gesetz des Herrn, denn der Herr selbst hat es verurteilt und gesagt: »Niemand kann die eigene Frau von sich weisen und eine andere nehmen.« Und wenn, gesetzt den Fall, Ihre Frau Sie verlassen hat, um mit einem anderen zu leben, so wären Sie gezwungen, ohne Frau zu leben ... Haben Sie verstanden?

P.: Ja. Aber ich bin kein Priester, Padre, ich bin ...

B.: Ich verstehe. Naja, dann hoffen wir ... was soll ich Ihnen sagen, sehen Sie, es ist, wie ich Ihnen vorhin gesagt habe, selbst wenn ich Sie von diesen Sünden lossprechen würde, wäre das zwecklos, verstanden? Denn die Lossprechung kann einer erteilen, er kann vergeben, aber ich bin nicht der, der vergibt, es ist der Herr, der vergibt. Nun hat der Herr folgende Bedingungen gestellt: Damit einem vergeben wird, muß man versprechen, dieselbe Sünde nicht wieder zu begehen. Verstanden? Wie ich Ihnen schon gesagt habe, müssen Sie selber zusehen, haben Sie Vertrauen in Gott und beten Sie zu Gott, ja? Beten Sie zu Gott und haben Sie Mut.

[Schweigen]

Wenn Sie heute Abend etwas brauchen, zum Essen ... [steckt eine Hand in die Tasche].

P.: Nein Padre, im Gegenteil ...

B.: Ich erwarte, Sie bald wiederzusehen.

P.: Ich glaube nicht, Padre.

B.: Wirklich ... wirklich, es tut mir im Herzen weh, zu sehen, daß Sie ... Sehen Sie, der Herr hat Sie heute Abend gerufen, wer weiß, ob der Herr Sie auch begnadigen kann ... Wir Priester, gut, wir stehen in einer besonderen Gnade, denn wir legen das Gelübde ab, ehelos zu leben, und wir sind von allen Gefahren fern, allen Versuchungen fern, sind fern ... aber es gibt auch viele, viele auf der Welt, die nicht verheiratet sind und redlich in Keuschheit leben. Ich gebe Ihnen meine besten Wünsche, ja? Gott segne Sie, ich gebe Ihnen den Segen. Den Segen Gottes, des Allmächtigen.

Genua

P.: Padre ... ich bin Bauunternehmer und habe auf vielleicht nicht ganz legale Weise spekuliert. Ich habe Genehmigungen durch Geldzuwendungen erhalten, und habe Häuser bauen können, die nicht genehmigt waren. Ich weiß nicht, ob dies eine Sünde ist.

B.: Wollen wir doch versuchen, diese Betrügereien bleiben zu lassen, denn wir wissen doch, was vor sich geht, oder? Die Sache mit den Schmiergeldern ist aufgeflogen, doch man kann nicht zu viele Betrügereien begehen, nicht wahr? Gefälligkeiten ... Naja, jetzt ist es zu spät, man kann nicht mehr zurück.

P.: Aber wissen Sie, um weiterzukommen, ist dies der einzige Weg. Glauben Sie bloß nicht, mit der Korruption sei alles vorbei, bloß weil der eine oder andere Politiker festgenommen wurde. Die Vermessungsleute bei den Gemeinden ... man müßte halb Italien verhaften.

B.: Ich weiß. Leider ist es so. Na gut, bitten wir für alles um Vergebung. Ist in der Familie alles in Ordnung?

P.: Ja, ja, bis auf die eine oder andere Meinungsverschiedenheit mit der Frau.

B.: Bitten Sie um Vergebung für alles, ja? Seien es Worte, Handeln oder gute Taten, die man auszuführen unterläßt. Bitten wir um Vergebung.

P.: Vielleicht ist manchmal auch das Material, das ich verwende, nicht das beste.

B.: Auch hier, machen Sie alles, so gut Sie nur können, ja? Denn wir müssen Gott über all unser Tun Rechenschaft ablegen. Wir dürfen niemanden betrügen, nicht wahr? Gut, sprechen Sie zur Buße ein paar Gebete. Ego te absolvo ...

Venedig

P.: Padre, ich bin Übersetzer, und es passiert häufig, daß ich unanständige oder gegen die Kirche gerichtete Texte übersetzen muß. Meine letzte Arbeit war zum Beispiel ein Buch über den Tod von Papst Luciani [Johannes Paul I., A. d. Ü.]. Ich mußte für die italienische Ausgabe auch noch Anmerkungen hinzufügen, die sehr antiklerikal waren.

B.: Und du willst, daß dir vergeben wird?

P.: Padre, es ist doch für die Arbeit.

B.: Ach ... so ... für Geld. Oh nein, anständige Arbeit, das ist in Ordnung, unanständige nicht. Denken Sie an die Verantwortung, die Sie tragen! Auf diese Weise ist der Kirche Schaden zugefügt worden, auf diese Weise ist ... [unverständlich]. Wenn Sie die Vergebung des Herren wollen, müssen Sie augenblicklich, ja, wenn der Text noch nicht veröffentlicht ist, so ziehen Sie ihn zurück, denn was Sie getan haben, ist schlecht.

P.: Aber verstehen Sie doch, Padre, wenn ich es nicht mache, dann macht es ein anderer.

B.: Gut, lassen Sie es die anderen machen, aber Sie ...

P.: Ich kann das ganze vielleicht abschwächen ...

B.: Sie müssen das Schlechte vernichten und nicht ihm noch dienen!

P.: Ja, Padre, aber sehen Sie, wenn ich damit anfange, einige Arbeiten abzulehnen ... dann endet das damit ... wissen Sie, meine Arbeit ist keine sichere Stellung.

B.: Sie verdienen die göttliche Hilfe nicht. Unter den Voraussetzungen, daß Sie weder die Absicht haben, Abhilfe zu schaffen noch aufzuhören, mein Sohn, verdienen Sie sie zu diesem Zeitpunkt nicht. Sie müssen das Schlechte, das Sie bereits getan haben, zerstören.

P.: Padre, sehen Sie, ich habe Familie.

B.: Naja, was soll ich Ihnen sagen. Sie darf nicht durch das Schlechte ernährt werden. Nein, ein Sünder, der Schlechtes tut, um die Familie zu ernähren, scheint Ihnen das richtig zu sein? Wie?

P.: Dann müßte ich also verzichten ...

B.: Auf diese Arbeit. Auf diese zerstörenden Arbeiten. Wenn Sie die Veröffentlichung dieser Arbeit verhindern können, so tun Sie es, sonst gibt es keine Vergebung, verstanden? Sie müssen das Schlechte unterbrechen, sich zurückziehen, auch um den Preis, daß [unverständlich].

P.: Doch eigentlich wollte ich beichten, daß mich beim Lesen dieses Buches sehr viel überzeugt hat ...

B.: Schlimmer, noch schlimmer …

P.: Ich meine, es ist wirklich eine schreckliche Geschichte, die vom Tod Johannes Paul I.

B.: Sie wollen die Vergebung, aber mir ist nicht danach, Sie loszusprechen.

P.: Aber ich wollte darüber sprechen … es tut mir wirklich leid.

B.: Aber Sie hören damit nicht auf, Sie tun es weiterhin … Für wann ist die Veröffentlichung vorgesehen?

P.: Das Buch ist schon … ist schon im Satz, es erscheint im Oktober.

B.: Aha. Dann müssen Sie Ihre Arbeit zurückziehen.

P.: Was ich machen könnte, ist meinen Namen zurückzuziehen, aber … nicht die Übersetzung, für die ich außerdem schon bezahlt wurde.

B.: Das Schlechte muß wiedergutgemacht werden, das Schlechte muß wiedergutgemacht werden. Sie sind verantwortlich dafür … wenn es Sie sogar selbst schon überzeugt hat, dann denken Sie doch bloß daran, wie viele Menschen hinters Licht geführt werden können, und vielleicht vom Glauben weggetrieben!

P.: Na gut, aber das ist eine sehr weltliche Geschichte, und nicht …

B.: Ja, ja, aber [unverständlich]. Nun, hören Sie, was soll ich sagen, von diesem Weg müssen Sie sich zurückziehen, und das Schlechte, das Sie getan haben, wiedergutmachen, damit Ihnen der Herr vergibt. Sie werden die Absolution bekommen, wenn Sie es wiedergutgemacht haben.

P.: Ich werde mir vornehmen, nicht mehr …

B.: Gehen Sie zu Ihrem Gemeindepfarrer und bitten ihn, der Sie kennt und der Sie beraten kann, um die Absolution. Ich traue es mir nicht zu. Ich werde für Sie beten, daß der Herr Ihnen einen anderen Lebensweg weisen möge, nicht den gegen die Kirche.

P.: Aber ich bin auch Mitglied der »Katholischen Aktion«.

B.: Schlimmer, noch schlimmer.

P.: Ich arbeite für die Kirche.

B.: Schlimmer, noch schlimmer.

P.: Kritik zu üben heißt doch nicht, die Kirche zu zerstören, im Gegenteil, ich glaube, daß …

B.: Hören Sie! Ich habe Ihnen gesagt, was ich denke. Ich für meinen Teil kann es nicht vor meinem Gewissen verantworten, Ihnen die Absolution zu erteilen. Sie sind Mitglied der »Katholischen Aktion«, Sie handeln schlecht und tun es weiterhin!

P.: ... Sie geben mir nicht einmal den Segen?

B.: Ich werde für dich beten, daß der Herr dich das Schlechte, das du tust, begreifen lassen möge. Der Herr segne dich.

Rom

[Die Pönitentin beichtet, daß sie ihren todkranken Vater getötet hat – nicht aus Mitleid, sondern aus Haß, weil sie als Kind von ihm vergewaltigt wurde.]

[...]

B.: Sicher, sicher, sicher ... sicher ... Das ist eine schmerzliche Situation, na gut, was geschehen ist, ist geschehen, wenden Sie sich mit all Ihrem Vertrauen an den Herrn, mit allem Vertrauen ... der Herr ist immer allmächtig, ist immer voller Barmherzigkeit, voller Verständnis, sicher, die vollbrachte Tat ist eine schwerwiegende Tat, nicht? Aber man sieht, daß Sie wirklich bereuen, was geschehen ist, nicht wahr?

P.: Ja sicher, ich bin bestürzt ...

B.: Bestürzt, voller Reue also.

P.: Ich wollte mich selbst anzeigen.

B.: Nein, laß das, nein, nein ... mach das nicht, es ist sinnlos, was geschieht dann ...

P.: Ich weiß nicht, ich werde ins Gefängnis müssen.

B.: Aber nicht doch ... nein, nein, anstatt ins Gefängnis zu gehen sollen Sie eher ein Leben führen, mit häufigerem Gebet und Reue, um das, was geschehen ist, wiedergutzumachen, nicht? Im Gefängnis büßen Sie, was Sie getan haben, doch was Sie außerhalb des Gefängnisses büßen können, ist viel besser, nicht wahr? In voller Freiheit, ein größeres Gebet, ein größeres Opfer ...

P.: Doch vergibt mir Gott Ihres Erachtens ... weil mein Vater mir ...?

B.: Gott vergibt alles, sehen Sie, Gott vergibt alles, weil ...

P.: Doch Gottesrecht ist nicht das irdische Recht.

B.: Laß das irdische Recht gut sein, niemand hat etwas bemerkt, die Sache ist so gelaufen …

[…]

Bergamo

[Die Pönitentin hat einen jungen Afrikaner mit dem Auto angefahren und ihm nicht geholfen.]

[…]

P.: Wenn dieser Junge sterben sollte, wie soll ich mich verhalten? Soll ich zur Polizei gehen?

B.: Nein, wissen Sie, was Sie tun können? Klar, ohne sich selbst anzuzeigen … Wenn er stirbt, dann notieren Sie sich alle Angaben über den Jungen, und wenn er eine Familie oder Verwandte hat, schicken Sie anonym eine gewisse Summe dorthin, gut, einverstanden? So daß Sie dadurch helfen … Was geschehen ist, ist geschehen, nicht?

Campobasso

[Der Pönitent war unter den Opfern eines Raubüberfalls; bei der Flucht haben die Täter einen Polizisten getötet. Sie wurden festgenommen, doch es gibt keine Beweise für ihre Schuld. Seine Zeugenaussage wäre für eine Verurteilung entscheidend, doch der Pönitent hat Angst davor. Der Priester versucht, ihn zu überzeugen, dann läßt er davon ab, damit der Pönitent kein Sakrileg begehe.]

[…]

B.: Handeln Sie nach Ihrem Gewissen, ich will nicht sagen, daß Sie den Helden spielen sollen. Dann leisten Sie eben keinen Eid.

P.: Aber vor Gericht muß ich schwören.

B.: Inzwischen gestattet das Gesetz, daß wenn jemand nicht auf die Bibel, nicht auf Gott schwören will … er dies tun kann. Wenn jemand glaubt, kann er auf Gott schwören, ansonsten genügt das Wort. Ich glaube, so ist es.

P.: Dann sage ich also, ich sei nicht gläubig?

B.: Nein, nein, das dürfen Sie nicht sagen. Sagen Sie, Sie wollen auf Ihre Ehre, auf Ihr Wort schwören. Ich glaube, das kann man machen.

[...]

Rom

P.: Der Grund für meine Beichte ist, daß ich in einem tiefen Zwiespalt stecke: Ich bin mit einem Mann verheiratet, der ein Autohaus hat, wo er auch gebrauchte Autos verkauft, und vor kurzem habe ich gemerkt, daß er mit gestohlenen Autos handelt, und leider auch in diese Affäre mit den Schmiergeldern und der Mafia verwickelt ist, und ich weiß nicht, was ich tun soll ...

B.: Nun, die Sünde begeht schließlich er und nicht Sie.

P.: Ja, das weiß ich, aber ich möchte ihn anzeigen ... ich weiß nicht mehr, was tun ... Ich habe diesen Mann geliebt, doch jetzt liebe ich ihn nicht mehr, natürlich, denn so etwas zu entdecken, ist schrecklich. Ich habe sehr schwerwiegende Dinge entdeckt, nicht nur Kleinigkeiten, wie soll ich es erklären, außer den gestohlenen Autos ist da auch noch das Rauschgift. Er ist bei der Mafia ...

B.: Hören Sie, haben Sie Kinder?

P.: Ja.

B.: Was soll man da machen, man muß eher versuchen, das Schlechte gutzumachen, wenn möglich, versuchen es gutzumachen und nicht zu verschlimmern ...

[...]

Rom

[Die Pönitentin hat entdeckt, daß ihr Mann in Bestechungsaffären verwickelt ist.]

[...]

P.: Also, ich habe gewisse Papiere zu Hause gefunden, ich könnte ihn sehr wohl anzeigen und dann die Trennung beantragen.

B.: Aber gnädige Frau, ihn anzeigen, was bedeutet das? Es scheint mir nicht das richtige Verhalten für eine Ehefrau zu sein, warum müssen Sie ihn anzeigen? Ich glaube nicht, daß hierfür eine charakterliche Pflicht besteht, daß jeder ... na gut, da Sie zur Familie gehören, glaube ich nicht, daß Sie ihn anzeigen müssen.

[...]

Rom

[Der Mann der Pönitentin hat durch Einschmeichelung bei einer alten Dame eine hohe Erbschaft ergattert.]

[...]

P.: Und ihn wegen Ausnutzen von Unmündigen anzeigen?

B.: Doch, das heißt nicht ... Nun, daß Sie die Ungültigkeit des zu Ihren Gunsten lautenden Testaments fordern, zeigt, das kann ich Ihnen versichern, eine höchst aufrichtige moralische Gesinnung, und es wäre der richtige Weg. Aber Sie dazu zwingen, nun, nachdem sich niemand gerührt hat, auch die entfernten Vettern keine Ansprüche geltend gemacht haben ... Ich würde eine Kompromißlösung sehen, und zwar: die Ernährung und Unterstützung Ihrer Kinder, solange die finanziell noch nicht unabhängig sind. Was machen die Kinder? Sind sie schon berufstätig?

P.: Die Kinder sind noch klein.

B.: Sie sind klein. Dann können Sie das Geld für Ihren Bedarf und den Ihrer Kinder nehmen, jetzt, wo sie noch klein sind, und später wird man weitersehen. Das, was darüber hinaus übrigbleibt, sollten Sie den wirklich Bedürftigen geben oder wohltätigen Zwecken der katholischen Gemeinschaft spenden. Um nicht aufzufallen, könnten Sie dies auch anonym tun. Besuchen Sie eine Kirche, wo das Brot des heiligen Antonius gereicht wird, oder ähnliches? Dann spenden Sie dieser hin und wieder eine Million [Lire], das ist eine Wiedergutmachung für diesen erschlichenen Reichtum. Haben Sie diese Dinge verstanden?

[...]

Novara

[Die Pönitentin hat entdeckt, daß ihr Bruder nicht nur heroinabhängig ist, sondern darüber hinaus auch mit dem Rauschgift handelt. Sie will ihn anzeigen.]
[…]
B.: Gut, man sollte direkt oder indirekt die zuständigen Behörden darüber informieren, damit diese sich darum kümmern. Aber ohne zu sagen, daß er mit Rauschgift handelt, nur sagen, daß er Abhängiger ist. Bitten Sie darum, daß man ihm hilft. Außerdem spielt da ja auch das Geld eine Rolle, denn diese Leute brauchen Geld, oder? Ja, die Behörden informieren, aber nicht so, daß sie juristisch etwas unternehmen.
P.: Aber Padre, er ist bereits als Rauschgiftabhängiger gemeldet. Das Problem liegt darin: Dem Gesetz nach wird ein Abhängiger, der eine geringe Dosis Rauschgift bei sich hat, nur gemeldet. Wird jedoch eine größere Dosis bei ihm gefunden, so bleiben nur noch zwei Möglichkeiten: Entweder er muß ins Gefängnis, oder er kommt zwangsweise in eine Entziehungsanstalt. Was anderes gibt es nicht, ich muß ihn als Dealer anzeigen.
B.: Nein, als Dealer nicht! […]

L'Aquila

P.: Padre, ich habe einen Job bei einer kommunistischen Zeitung, bei »Il Manifesto«, gefunden. Ich bin dort Korrespondent für die Abruzzen und die Marken. Nun, ich arbeite nicht gerne für eine kommunistische Zeitung, aber es ist nicht leicht, eine Arbeit zu finden. Nach den kürzlichen Vorkommnissen im hiesigen Bistum[3] wurde ich beauftragt, einige Artikel gegen die Kirche zu schreiben, und ich habe es getan.
B.: Wenn Sie wissen, daß Sie nichts schreiben sollen, was der Wahrheit widerspricht, da viele Menschen diese Artikel lesen und der Überzeugung sein werden, daß Ihre Aussage den Tatsachen entspricht, während Sie wissen, daß dies nicht zutrifft. Nun, aus all dem entsteht eine ganze Reihe von Widersprüchlichkeiten, ich weiß nicht, ob ich mich klar ausgedrückt habe.

P.: Ja, sicher.

B.: Sie befinden sich in der Lage, sich Arbeit suchen zu müssen, und das ist rechtens, denn: »Vater unser, unser täglich Brot gib uns heute.« Aber Korrespondent einer Zeitung zu werden, deren Denken dem der Kirche vollkommen widerspricht, macht die Situation prekär. Ich sage nicht, Sie sollen die Stelle aufgeben, ganz und gar nicht, aber sobald sich Ihnen eine Gelegenheit bieten sollte, irgendeine andere Stelle zu bekommen, so nehmen Sie diese wahr. Denn Sie werden immer in der Zwickmühle der Widersprüchlichkeit stecken ... Alle sagen, daß die Kommunistische Partei Gewissensfreiheit zuließe, auch bei ihren Korrespondenten, und wenn diese Gewissensfreiheit wirklich bestünde, so könnte auch ein Korrespondent in dieser Zeitung die freie Meinung seines Gewissens ausdrücken, aber die Gewissensfreiheit, die sie wie ein Dogma proklamieren und in Wirklichkeit überhaupt nicht ...

P.: Ja, aber ich denke, daß die katholische Zeitung »L'Avvenire« wohl auch keinen Artikel für die Abtreibung zulassen würde.

B.: Ja, ja, das stimmt. Aber Sie befinden sich im Zwiespalt, denn Sie sind nicht nur Journalist, Sie sind ein christlicher Journalist. Journalist zu sein ist ein Beruf. Doch das, was Ihr wahres Wesen ausmacht, ist Christ zu sein, das heißt Jünger Christi zu sein, getauft worden zu sein. Auf jeden Fall haben wir das Problem begriffen. Sie sind sich dessen bewußt, deshalb sind Sie zur Beichte gekommen. Gibt es noch etwas?

P.: Da ist eine andere Sache, die mir auf dem Gewissen lastet, und ich bitte Sie um einen Rat: Ich bin leider in einen Fall von politischer Korruption geraten. Es handelt sich nicht um große Summen, aber ich habe einem Beamten dazu verholfen, Dinge zu tun, die er nicht hätte tun dürfen ... er hat dadurch Geld verdient, und mir hat er eigentlich nur eine Gefälligkeit erwiesen, und jetzt weiß ich nicht, ob ich ihn anzeigen muß. Der Mann hat darüber hinaus noch die Möglichkeit, Bürgermeister zu werden und ist ein Christdemokrat. Ich habe Angst, ihm ...

B.: Nun, ich weiß nicht, ob man gezwungen ist, Namen zu nennen. Das weiß ich nicht, ich wüßte dir keinen Rat. Es ist ein, es sind komplizierte Fälle, Fälle, die die Gesellschaft betreffen, die mit christlicher Ethik durchtränkt sein sollten.

P.: Nun, mit Sicherheit ist er ein unehrlicher Mensch.

B.: Also, du hast erkannt, daß er unehrlich ist, und hier beginnt das Problem, daß man keinen zu großen Schaden anrichten soll, das heißt keinen größeren Schaden als das kleine Mißgeschick, das geschehen ist. Alles liegt an deinem Gewissen.

P.: Und wenn dieser Mann weiterhin stiehlt?

B.: Nein, dann mußt du ihn warnen. Du mußt ihn ehrlich warnen, ihm sagen: »Zwing mich nicht dazu, gegen meinen eigenen Glauben zu leben.« Wenn er Christdemokrat ist, muß er dieselben ethischen Prinzipien haben.

P.: Sehen Sie, leider ist diese Partei korrupt.

B.: Ja, ja. Man merkt es immer stärker. Aber es ist nicht nur diese Partei, es sind alle. Das heißt, sie haben ein Schmiergeldsystem geschaffen, für das es keinerlei Rechtfertigung gibt. Wenn der Staat sich das Recht anmaßt, die Abtreibung zu fördern, die Euthanasie zu fördern, viele Gesetze zu fördern, die gegen die Natur sind ... so handeln sie innerhalb ihrer Gruppen nach eigenen Gesetzen; man muß sie nicht gleich als Mafia oder ähnliches bezeichnen, aber es ist eine Art alles beherrschender Revolution ... Ich wünsche Ihnen, daß Sie sich immer diese geistige Sensibilität bewahren, sich diese Probleme bewußt machen und versuchen, sie mit gesundem Menschenverstand zu lösen, nicht dem gesunden Menschenverstand einfach so hingesagt, sondern dem gesunden Menschenverstand, der auf dem christlichen Glauben aufbaut. Zur Buße nur ein Vaterunser. Ich spreche dich los ...

Frosinone

P.: Padre, ich bin Mitglied von »Comunione e Liberazione« und habe unehrlich gehandelt. Ich arbeite, um Abonnenten für die Zeitung »Sabato« zu gewinnen, und dies tue ich oft auf unkorrekte Weise, wie auch andere Kollegen von mir. Sicher, wir machen nicht solche Dinge, wie Sbardella sie gemacht hat, aber ähnliche, im kleinen ... Ich zum Beispiel arbeite in einer kleinen Gemeinde, wo ich dem einen oder anderen, der eine Lizenz braucht, nicht ganz legale Gefälligkeiten erweise, und dafür bekomme ich hundert, zweihundert Abonnenten oder eine Seite Werbung ...

kurzum, das was man Korruption oder Erzwingung nennt. Aber ich mache das für den Verein, um ihm zu helfen, um aktiv mitzuarbeiten.

B.: Und die Gemeinde, wie steht es um die?

P.: ... Wie? Aber ich wohne nicht dort ...

B.: Ich meine, wie machen Sie diese Abonnements, wie erhalten Sie sie?

P.: Na ja, ich erhalte sie, indem ich kleine Gefälligkeiten erweise, da ist vielleicht ein höherer Beamter ...

B.: Passen Sie auf, heutzutage ... naja, die Dinge geraten aus dem Lot ... leider.

P.: ... Dann habe ich eine weitere Sünde, Padre, die ich leider immer wiederhole, denn ich bin homosexuell.

B.: Sind Sie verheiratet? Nein? Nun, Mut. Gute Vorsätze von unserer Seite sind nötig, um alles zu vermeiden, das zum Schlechten hinführt. Noch etwas?

[Schweigen]

B.: Beten Sie ein Ave-Maria zur Muttergottes. Ich spreche dich los ...

Norditalien

[Der peinlichste Aspekt dieser Beichte ist, daß es sich hier um einen Monsignore handelt, »offizieller Pönitentiar« einer wichtigen Kathedrale mit entsprechend prunkvollem Schild am Beichtstuhl. Er nimmt täglich viele Stunden Beichten ab. Wie man sehen wird, ist er nicht in der Lage, irgend etwas zu verstehen, und das nicht aufgrund von Schwerhörigkeit. Die Bemerkung »unverständlich« weist hier nicht, wie bei den anderen Beispielen, darauf hin, daß der Beichtvater zu leise spricht, sondern es handelt sich hier um Genuschel, Stottern und Worte ohne Sinn.]

P.: Padre, ich habe bei meinen letzten Beichten nicht alle meine Sünden gebeichtet, denn ich traue mich nicht, sie dem Gemeindepfarrer zu beichten. Ich bin Gemeinderat in einem kleineren Ort und habe mich eines Betrugs schuldig gemacht, der, glaube ich, nie zutage kommen wird, denn er ist auf eine bestimmte Weise gelaufen, außerdem ging es um eine geringe Summe und ...

Nun, von der Summe habe ich ein Drittel für mich behalten, ein Drittel der Partei gegeben, und ein weiteres Drittel gab ich dem Gemeindepfarrer für wohltätige Zwecke, und mir ist jetzt nicht danach, ihm zu sagen, wie ich an das Geld gekommen bin ...

B.: ... [unverständlich]

P.: Mir ist einfach nicht danach.

B.: Was gibt es ... was gibt es, das ... [unverständlich] häufig geschieht ... ich verstehe ...

P.: Padre ... ich habe Ihnen gesagt: Ich habe Geld für einen Bau angenommen, der in meiner Gemeinde nicht hätte gebaut werden dürfen. Ich habe zehn Millionen [Lire] bekommen – ich bin Gemeinderat –, von diesen zehn Millionen habe ich drei für mich behalten, vier habe ich der Partei zukommen lassen, und drei habe ich dem Pfarrer zu Wohltätigkeitszwecken gegeben. Nur, der Pfarrer weiß nicht, wie ich an das Geld gekommen bin, ich habe ihm gesagt, es sei ein persönliches Geschenk meinerseits, und jedesmal wenn ich zu ihm zur Beichte gehe, habe ich nicht den Mut, es ihm zu sagen, deshalb sind meine Beichten unvollständig.

B.: Eh ... eh ... ehm ... ehm ... wieviel? ...

P.: Es waren zehn Millionen. Und davon habe ich drei dem Pfarrer gegeben, drei habe ich selbst behalten, und vier habe ich der Democrazia Christiana gegeben, die meine Partei ist.

B.: Wer, wer, hat sie Ihnen gegeben?

P.: Mir hat sie dieser Bauunternehmer gegeben, der ein Gebäude auf einem Grundstück errichten wollte, das nicht bebaut werden durfte. Ich habe ihm die Genehmigung beschafft, dafür hat er mir diesen Geldbetrag gegeben.

B.: ... Und hat er gebaut?

P.: Ja, das Gebäude ist im Bau. Doch ich glaube nicht, daß die Sache ans Licht kommt, denn ... denn sie ist sehr gut eingefädelt worden. Bloß, daß ich, eben, mir war nicht danach, das Ganze meinem Pfarrer zu beichten ...

B.: Und der, der jetzt, ja ... ja ... ist ... ist ... wie ... wem haben Sie gegeben ... wie sind Sie an das ganze Geld gekommen?

P.: Wissen Sie, Padre, ein großes Gebäude auf diesem Grundstück zu bauen ist ein Milliardengeschäft, der Bauunternehmer wird sehr viel daran verdienen, er wird Hunderte von Millionen daran verdienen, und als Dank für die Genehmigung, die ich ihm verschafft habe, hat er mir zehn Millionen geschenkt. Aber von meiner Seite aus war es Betrug.

B.: Aber wird gebaut, hat der Bau ...

P.: Ja, ja, das Dach ist schon aufgesetzt, jetzt müssen noch die Feinarbeiten gemacht werden, aber es ist schon so gut wie fertig.

B.: [unverständlich] ... Ein Wert ... ob er gut oder schlecht sei, nicht?

P.: Ja, nun, denn es sind Häuser, die bewohnt werden, mit Geschäften, bloß, daß der Bebauungsplan das Gebiet als öffentliche Grünanlage vorgesehen hatte und deshalb ... ja, nichts, es wird keine Grünanlage mehr geben, es wird zugebaut sein.

B.: Und ... und ... ich glaube ... entsteht nicht auch ein anderer Wert? Derjenige, der baut ... schaffte einen Wert ...

P.: Naja, ich habe Ihnen gesagt, er wird viel daran verdienen.

B.: Gab es Diebstähle?

P.: Nein, keinerlei Diebstahl, nur daß ... Es ist eine illegale Genehmigung. Gut, wenn die Polizei es herausbekäme, würde ich wegen Korruption verhaftet werden.

B.: [Unverständlich] ... Bauen, wo es vielleicht nicht genehmigt war ...

P.: Nein, sicher nicht.

B.: [unverständlich] ... Milliarden.

P.: An die Milliarden. Sicher, wenn die Wohnungen alle verkauft sind, werden es Milliarden sein.

B.: ... Werden auch andere Fonds Werte ...

P.: Nein ... es ist eine Gesellschaft, die jedoch nur einen Aktionär hat, den Bauunternehmer, der daran verdient. Ich sage Ihnen: Ich hätte auch hundert Millionen verlangen können, und er hätte sie mir gegeben.

B.: Aber ... [unverständlich] werden die Häuser auch für andere Familien dasein?

P.: Ja. Ja. Also, ich glaube nicht, daß ich etwas so Schlimmes getan habe, denn wir brauchen Wohnraum, und dann werden dort ein Einkaufszentrum und andere Geschäfte eingerichtet.

B.: Und deshalb ... kann man nicht ... abreißen ...

P.: Ja, genau.

B.: [Unverständlich] ... von höherem Wert ... der allen zugute kommen wird ...

P.: Ja, genau.

B.: Ihres, das, was Sie bekommen haben … das bedeutet, daß Ihre Familie dieses Gebäude dort nicht braucht, da werden viele Leute sein, viele Familien …

P.: Ja. Was ich nicht weiß, Padre, ist, ob ich es meinem Pfarrer sagen muß oder nicht.

B.: … Und er, hätte er nichts getan in dieser Angelegenheit?

P.: In welchem Sinne?

B.: Weil [unverständlich] … daß dann der Wert, der Wert … daß das Geld sich vermehrt, und der Wert ist ein Wert … ist der Pfarrer zufrieden …?

P.: Ja, er findet es gut, daß Häuser gebaut werden, unter anderem gehört der Gebäudekomplex zu seiner Gemeinde, also … und dann, ich weiß nicht, denn er hat das Geld schon ausgegeben und hat damit Umkleidekabinen für den Sportplatz der Pfarrei gebaut.

B.: Sie werden es nicht sagen … denn es entgeht Ihnen [unverständlich] … ein Wert … ein Wert …

P.: Es ist ein Wert, ja, das einzige Problem ist, Padre, daß all das illegal vonstatten gegangen ist. Inzwischen ist es zwar legal, denn es liegt ein Beschluß des Gemeinderats vor, aber ursprünglich war die Sache illegal …

B.: … Gab es in der Kirche keine Möglichkeit … etwas zu tun … etwas … was den Familien helfen könnte?

P.: Die Familien, die dort wohnen werden, werden wahrscheinlich glücklich sein, der Besitzer ist glücklich, der Pfarrer ist glücklich, ich habe mein Geld bekommen und auch die Partei, kurzum, alle sind glücklich. Das einzige ist, daß es dort keine Grünfläche für die Stadtbewohner mehr geben wird.

B.: Ein Wert, ein Wert, der … auch aufgewertet werden könnte?

P.: Ja, also habe ich keine Sünde begangen, Padre?

[Sehr lange Pause]

B.: Ich denke nicht. Ich denke, Sie haben etwas bewirkt und … diese Familien sind also …

P.: Und muß ich es meinem Pfarrer sagen?

B.: … Es handelt sich darum, wenn du … dies tun willst, man kann mit dem Wert, dem Wert … auch für die Kirche …

P.: Ich möchte nicht, daß er, da er ein sehr prinzipientreuer

Mensch ist, darauf bestünde, daß ich das Geld zurückgebe oder ähnliches … Eigentlich würde ich ihm lieber nichts davon sagen, aber, ja, es belastet mich …

B.: Denn er … jetzt, nachdem es schon geschehen ist, die Zustimmung erteilt wurde … glauben Sie … der Wert, der sich … der Bau wird einen Wert bringen, einen Wert für …

P.: Ja, ich hoffe es.

B.: Aber war es ein Grundstück der Kirche?

P.: Nein, das Grundstück gehörte demjenigen, der es bebaut hat, bloß, daß laut Bebauungsplan das Grundstück enteignet werden sollte, um daraus eine Grünanlage zu machen.

B.: [Unverständlich] … das, was gebaut wurde, ein Wert, ein Wert, der … gibt … und deshalb ein Wert, ein Wert für alle Familien dort.

P.: Ja, ja.

B.: Es wird Arbeit geben … wird vielen Familien Wohlstand bringen …

P.: Also sage ich es meinem Pfarrer nicht, Padre?

B.: Aber gehörte das Grundstück denn der Kirche?

P.: Nein, nein, es gehörte dem … der es bebaut hat.

B.: Ich glaube nicht, daß etwas Schlimmes daran ist, etwas Schlimmes [unverständlich] … es ist zum Wohl für andere Familien.

P.: Gut, ja, ja.

B.: War das Grundstück …

P.: Es gehörte dem, der es bebaut hat.

B.: … Ich glaube nicht, daß daran … für die Familien … von Wert …

P.: Also können Sie mich lossprechen, Padre?

B.: Ja. Aber gehörte das Grundstück dem Pfarrer?

P.: Nein, nein, nein, es war nicht sein Grundstück, es gehörte demjenigen, der es bebaut hat, dem Pfarrer habe ich nur das Geld gegeben und ihm gesagt, es sei eine persönliche Spende meinerseits, ohne ihm zu sagen, wie ich zu dem Geld gekommen bin, und … nein, nein, der Pfarrer hat nichts damit zu tun, er hat nur diese Spende erhalten und weiter nichts.

B.: Das ist … eine Hilfe für die Familien … der Wert, der Wert … hm?

P.: Ja, dank, dank dem …

B.: Ohne Ihr Zutun [unverständlich].
P.: Ja, genau.
B.: Und wird den Familien geholfen?
P.: Ja, mindestens fünfzig Familien.
B.: [Unverständlich] Ich erteile Ihnen die Absolution. Beten Sie
drei Vaterunser ... Als Reue. Versuchen Sie, sich gut zu verhal-
ten ... ein Wert, ein Wert, der vielen Familien hilft ... Ego te
absolvo ...

Ragusa

P.: Padre, ich brauche einen Rat. An einem Abend habe ich mit
meinem Freund vom Auto aus eine Schlägerei beobachtet: Vier
Männer prügelten einen jungen Mann. Als wir erschrocken flo-
hen, hörten wir einen Schuß. Wenige Tage später haben wir in der
Zeitung gelesen, daß in dieser Gegend eine Leiche gefunden wur-
de. Wir haben das Kennzeichen des Autos dieser Männer. Ich
habe aber Angst, daß sie unseres auch kennen. Was soll ich tun?
[Lange Pause]
B.: Wo ist das Ganze passiert?
P.: In der Nähe von Catania. Was soll ich tun? Was raten Sie mir?
[Sehr lange Pause]
B.: Eine anonyme Anzeige?
P.: Padre, anonyme Anzeigen werden nicht anonym behandelt.
B.: Sie müssen es versuchen.
P.: Ja, aber sie nehmen die Stimme auf Band auf! Mein Freund will
nicht, daß ich etwas unternehme ...
B.: Vorerst beten Sie. Noch weitere Sünden? Oder ist es dies, was
dich am meisten bedrückt? ... Noch etwas?
P.: Naja, die eine oder andere Unkeuschheit mit meinem Freund.
B.: Gehst du in die Sonntagsmesse?
P.: Ja, ziemlich regelmäßig.
B.: Außerdem noch etwas?
P.: Nein, Padre. Nur diese Unterlassungssünde.
B.: Bitte den Herrn um Vergebung, versuche rein zu bleiben, das
ist sehr, sehr wichtig. Ich spreche dich los von deinen Sünden.

Brescia

P.: Padre, vor ungefähr zwei Wochen hatte ich einen Autounfall. Ich habe einen Mann überfahren. Er ist tot. Das Problem ist, daß ...

B.: Ja, aber dahinter steckte ja keinerlei Absicht, denn das sind Dinge, die geschehen ... Deshalb, nun, bei unwägbaren Dingen ... Denn auch wenn jemand aufmerksam fährt, auch wenn er aufmerksam fährt, naja, kann ihm das trotzdem passieren.

P.: Ja, aber ich bin weitergefahren, ich habe nicht angehalten.

B.: Ah, deshalb. Vielleicht ist ihm nicht rechtzeitig Hilfe geleistet worden, oder kam Hilfe ... Wissen Sie das?

P.: Ich weiß es nicht, es ist in einer anderen Provinz geschehen.

B.: Aha, ja. War es in einer bewohnten Gegend, in einem Ort?

P.: Nein, es ist auf einer Landstraße passiert.

B.: Aha, auf dem Land. Aber es waren Häuser in der Nähe?

P.: Nein, Padre. Es hat mich niemand gesehen, da bin ich mir ganz sicher.

B.: Versuchen wir zu beten ... war er jung? Wissen Sie das?

P.: So um die vierzig.

B.: Ja, ja.

P.: Das Problem ist, daß man einen jungen Mann, einen Rauschgiftsüchtigen verhaftet hat, der den gleichen Wagentyp wie ich fährt. Man hat Spuren an der Stoßstange gefunden.

B.: Ja, gut, aber Sie haben ja mit diesem Rauschgiftsüchtigen nichts zu tun. Und außerdem, wenn es keine Beweise gibt, kann er keinesfalls verurteilt werden. Deshalb gilt es für uns, zu beten ...

P.: Also muß ich mich nicht stellen?

B.: Wenn Sie wüßten, wenn Sie wüßten ... Zuerst: Niemand ist verpflichtet, sich zu stellen. Auch weil ... wenn Sie es gleich getan hätten, ist das was anderes, aber jetzt ist das etwas schwierig.

P.: Aber Padre, im Gefängnis sitzt ein Unschuldiger ...

B.: Dieser Rauschgiftsüchtige? Ja, aber die brauchen ja Beweise. Wenn er beweisen kann, daß er nicht der Verantwortliche ist, müssen sie ihn freilassen.

P.: Sie raten mir also, zu warten?

B.: Ja, zu warten. Ich werde mich bei einem Priester der Kurie erkundigen, was zu tun ist. Ich werde zum Dekan gehen.

P.: Und wenn er beim Prozeß verurteilt wird?

B.: Sie können ihn nicht ohne Beweise verurteilen. Das können sie keinesfalls. Und wenn, dann sprechen wir nochmal darüber. Ich werde mich erst einmal erkundigen. Lassen Sie ein, zwei Wochen verstreichen, und wenn Sie dann wiederkommen, sprechen wir weiter darüber. Und in der Zwischenzeit erkundige ich mich, was man vom rechtlichen Gesichtspunkt aus machen muß.

P.: Gut, Padre. Nun, jedenfalls habe ich der Kirche eine Spende zukommen lassen.

B.: Das haben Sie getan? Gut, das ist schon eine Wiedergutmachung. Und dann könnten Sie vielleicht noch eine Messe für die Toten lesen lassen und diese Person mit einschließen. Ja, erneuern wir unsere Reue für alles, und besuchen Sie für Ihre Reue regelmäßig den Sonntagsgottesdienst. Ich spreche dich los ...

P.: Gut. Aber eigentlich kann ich mich nicht ...

B.: Nein, nein, denn ... ja, vielleicht wäre es klug gewesen, Hilfe zu leisten, in der Form, daß Sie ihn ins Krankenhaus gebracht hätten. Gut, das vielleicht schon.

P.: Und für diesen Jungen, der im Gefängnis sitzt ...?

B.: Nein, nein. Denn solange man keine sicheren Beweise dafür hat, daß er es war, können sie ihn nicht verurteilen. Sie halten ihn im Gefängnis fest, damit er, der Ärmste, spricht, damit er gesteht. Aber sie können ihn nicht im Gefängnis behalten und ihn verurteilen, als hätte er den Mord begangen.

P.: Und ein Fehlurteil? Wenn er verurteilt werden sollte? Was soll ich dann tun?

B.: Wenn er verurteilt werden sollte, müssen wir sehen, ob wir eingreifen können. Wenn ich als Priester, der der sakramentalen Schweigepflicht unterliegt, den Auftrag bekäme, zu sagen, daß er es nicht war, nun, so könnte man es machen. Und selbst wenn ich den Verantwortlichen kenne, darf ich dessen Namen nicht nennen.

P.: Aber ist das möglich?

B.: Ich weiß nicht, ich muß mich erkundigen.

P.: Gut. Ich danke Ihnen. Auf Wiedersehen.

P.: Padre, ich habe eine Todsünde begangen. Ich habe die Geliebte meines Mannes umgebracht, ich habe sie mit dem Auto überfahren.

B.: Sie haben …?

P.: Sie mit dem Auto überfahren.

B.: Wen?

P.: Die Geliebte meines Mannes. Und dann bin ich geflohen.

[Pause]

B.: Hatte dieser Unfall Konsequenzen?

P.: Sie ist gestorben, Padre.

[Pause]

B.: Wann war das?

P.: Vor wenigen Tagen. Ich war in diesem Augenblick nicht bei Sinnen. Was soll ich jetzt tun?

[Pause]

B.: Aber Schwester, sicherlich verstehst du, nun, daß dies ein Handeln im Haß gewesen ist. Daß dein Mann nicht recht daran getan hat, dich zu betrügen, das ist klar, das weiß man. Aber sich in ein so viel größeres Unrecht begeben, das ist, glaube ich, noch viel schrecklicher. Nun, du mußt dem Recht gehorchen. Wenn das Recht … hat man entdeckt, daß du es warst?

P.: Nein, Padre.

B.: Man hat es nicht entdeckt?! Wie war das, bist du geflüchtet und hast sie mitten auf der Straße liegengelassen?

P.: Ja, ich bin geflüchtet, bin nach Hause gefahren.

B.: Aber dein Mann, weiß er davon?

P.: Ja, ich habe es ihm gesagt.

B.: Und was hat er dir gesagt?

P.: Er war schockiert. Zuerst wollte er, daß ich mich stelle. Dann hat er es sich anders überlegt; ich bin Mutter zweier Kinder.

B.: War diese Frau verheiratet?

P.: Nein.

B.: Wenn entdeckt werden sollte, daß du es warst, so begib dich in Gottes Hand und nimm auch eine gerechte Büßung hin. Ja, ich sage dir nicht, daß du dich stellen sollst, es sei denn, eine andere Person wird dafür verurteilt. Wenn eine andere Person verurteilt würde, so ist es auch gerecht, daß sich jeder seiner Verantwortung bewußt wird, nicht wahr? Stimmt das nicht? Gut, Schwester, sicherlich ...

P.: Ich stelle mich auf keinen Fall. Ich habe zwei Kinder, verstehen Sie? Sie würden ohne Mutter dastehen. Und außerdem war diese Frau eine Prostituierte, die ihren Beruf aufgeben wollte und sich bei meinem Mann eingeschmeichelt hatte. Und es war ihr fast gelungen ...

B.: Aber hat sich denn in der Familie wieder eine gewisse Harmonie eingestellt, oder herrscht noch Spannung?

P.: Spannung. Aber wegen meiner Angst, daß alles ans Licht kommt. Doch nach meiner Entscheidung, mich nicht zu stellen, gibt es wieder einen Ansatz für Harmonie.

B.: Sicher, die Polizei wird nachforschen. Was soll ich dir sagen? Einen Menschen vorsätzlich töten, auch wenn eine Beziehung, ein Ehebruch mit hineinspielt ... es ist immer sehr schlimm, nicht wahr? Also, stelle dich nicht, doch wenn die Sache ans Licht kommt, dann biete dem Herrn Buße, durch die du mit deinem Gewissen vielleicht auch ruhiger leben kannst, nicht wahr?

P.: Padre, selbst wenn ein Unschuldiger verurteilt würde ... ich weiß nicht, ich hoffe, die Kraft zu finden, mich zu stellen, aber ich zweifle sehr daran.

B.: Nun, begib dich erstmal in die Barmherzigkeit Gottes. Bitte den Herrn, er möge dir genügend Kraft geben und auch das nötige Licht, um richtige Entscheidungen zu treffen.

P.: Außerdem bin ich schwanger, verstehen Sie?

B.: Nun gut. Der Mensch rät und Gott ... Wie lange hast du nicht mehr gebeichtet?

P.: Seit ungefähr einem Monat.

B.: Aber ist es denn möglich, Gott im Himmel, daß man im Leben immer einem Impuls folgen muß ...? Nun ja, mit dem Verstand ... Bereust du diese Tat?

P.: Vor Gott schon, aber ...

B.: Man kann nicht vor dem Herrn bereuen, wenn man nicht auch vor den Brüdern und Schwestern bereut! Sicher, die Liebe zum Herrn ... aber wenn wir nicht auch unsere Brüder und Schwestern lieben, die uns Verdruß, Probleme bereiten, unsere Liebe auch ...

P.: Aber Padre, ist Ihnen die Situation klar? Mein Mann war im Begriff, mich zu verlassen, mich, schwanger, mit zwei Kindern, ohne Arbeit, um mit einer Hure eine neue Familie zu gründen. Wie sollte ich mit der Mitleid haben?

B.: Nein, Schwester, wir behaupten nicht, daß wir ... daß Ihr Mann sich richtig verhalten hat mit dieser anderen dort. Er hat nicht recht gehandelt. Aber das Leben ist ein Geschenk ... Du hattest nicht eine klare Absicht, als du diesen Unfall verursachtest, nicht?

P.: Es ist ein spontaner Impuls gewesen. Ihr alles heimzuzahlen, was sie mir angetan hatte.

B.: Aber niemand hat etwas gesehen?

P.: Nein, es war dunkel. Sie kam von ihrer »Arbeit«, niemand hat etwas geschen, denke ich, ansonsten wüßte ich das inzwischen.

B.: Gut, aber dein Mann, nun, er verkehrte mit dieser Frau, und normalerweise werden bei den Nachforschungen die Personen befragt, die ...

P.: Bis jetzt hat noch keine Vernehmung stattgefunden.

B.: Naja Schwester, vertraue dich erst einmal Gottes Barmherzigkeit an. Versuche dieses dein Vergehen wirklich zu sühnen, indem du auch ... Wenn die ... nimm die Sühne deiner Sünden hin, ohne dir zu große Gedanken darüber zu machen, daß du schwanger bist und Kinder hast. Sicher braucht auch dein Mann Unterstützung, Hilfe, doch der Herr ist groß, nicht wahr? Denke jetzt nicht an das Schlimmste. Vertraue dich der Barmherzigkeit Gottes an, dem Gott, der auf Erden kam, uns zu retten, um für unsere Sünden zu büßen, den Schaden, den wir anderen zufügen, nicht wahr? Also, wie kannst du den Schaden wiedergutmachen, den du verursacht hast? In erster Linie mit der Bereitschaft, durch die eventuelle Strafe zu sühnen, durch Gefängnisstrafe oder was auch immer der Herr für dich wählt, und dann, in diesem Augenblick, wenn du weißt, daß diese Frau ... nimm an, sie war nicht frei, eine Familie wird sie vielleicht haben, sie wird doch ...

P.: Sie hat eine Schwester.

B.: Also öffne dich. Ohne dich bloßzustellen, du brauchst dich nicht selbst anzuzeigen, weder vor der Familie noch sonst jemandem. Doch wenn du ein gutes Werk tun kannst, ja, dann ziehe dich nicht zurück, einverstanden? Wenigstens das.

P.: Gut. Ich werde es versuchen.

B.: Bete zur Buße sieben Ave-Maria, auf daß die Muttergottes dir Reinheit des Geistes gebe und Bereitwilligkeit der Hinnahme eines Willens, der vielleicht nicht immer unserem Willen entspricht, nicht wahr? Ego te absolvo.

Venedig

P.: Padre, ich bin zu Besuch in Venedig, eine Reise, die mir meine Firma als Prämie geschenkt hat. Sie haben mich in einem Luxushotel untergebracht, in dem ich noch nie gewesen bin. Gestern abend in der Bar traf ich eine sehr bereitwillige, provozierende Dame, und ich habe sie mit auf mein Zimmer genommen ... Danach hat sich herausgestellt, daß diese Dame Geld wollte, viel Geld. Es war keine Dame. Ich habe ihr kein Geld gegeben. Ich wollte ihr keines geben. Und dadurch ist ein großes ... ein großes Durcheinander entstanden, worüber ich jetzt nicht sprechen will.
B.: Beziehen sich Ihre Schuldgefühle auf das große Durcheinander oder auf das, was vorher geschehen ist?
P.: Naja, auf das, was davor geschehen ist. Und ich weiß nicht, ob es richtig war, daß ich ihr kein Geld gegeben habe.
B.: Das wäre noch falscher gewesen. Unabhängig davon, wie und ob man die Situation begreift, [unverständlich] würde das bedeuten, das Verhalten dieser Dame noch zu unterstützen.
P.: Also habe ich gut daran getan, ihr kein Geld zu geben?
B.: Sicher hätten Sie sehr viel besser daran getan, Sie hätten wirklich gut daran getan, dem Teufel nicht nachzugeben, der Versuchung, der Becircung durch diese Frau. Die Figur, die sie vielleicht gemacht haben, sollte Ihnen die Schande des Geschehenen klarmachen, auf daß Sie lernen, etwas vorsichtiger zu sein.
P.: Ja, auch weil, das möchte ich noch sagen, ich jetzt etwas Angst habe, da ich bedroht worden bin ...
B.: Juristisch gesehen, juristisch gesehen gibt es keinerlei Vertrag, der gebrochen worden ist, keine Vereinbarung ...
P.: Nein, denn vorher hat sie nichts verlangt. Ich meine, wenn sie vorher Geld verlangt hätte, hätte ich nicht ... dann wollte sie ein »kleines Geschenk«, von wegen »kleines Geschenk«.
B.: Aha. Nun, ich weiß im Augenblick nicht, welches das beste

Verhalten für Ihren Frieden mit diesen Leuten ist. Ich würde sagen: »Ich bleibe ruhig, verschwinde, und die sollen selbst untereinander zurechtkommen.« Der Frieden ist äußerst wichtig, und hierfür zu zahlen, würde bedeuten, ein Verhalten zu unterstützen, das Sie selbst nicht akzeptieren können.

P.: Ja.

B.: Ich weiß nicht wie, welches das Mittel der Wiedergutmachung wäre für Sie, nicht für die Frau, darüber müssen Sie nachdenken und es auch tun ... damit Sie es spüren ... damit Sie vorsichtiger sind.

[...]

Ich spreche dich los ...

Rom

P.: Ich bin extra hierher, in die Kirche Santa Maria Goretti gekommen, weil mein Mann, ja ... mich zur Prostitution zwingt.

B.: Und haben Sie das akzeptiert?

P.: Was soll ich tun? Er schlägt mich.

B.: Was, mit Schlägen ...

P.: Wie bitte?

B.: Santa Maria Goretti ist gestorben, um nicht zu sündigen.

P.: Ja, ich weiß es Padre, aber was soll ich tun?

B.: Stirb.

P.: Sterben?

B.: Als Märtyrerin.

P.: Märtyrerin? Ist das Ihrer Meinung nach richtig?

B.: Ja, ehe man sündigt, ist es besser, man stirbt. Nun, weshalb will Ihr Mann diese Dinge?

P.: Es ist nicht, weil es ihm finanziell schlecht geht, er will es nicht des Geldes wegen, er will es, weil er krank ist, pervers, ich weiß nicht genau ...

B.: Und wie oft haben Sie es schon getan?

P.: Naja, es werden an die zehnmal gewesen sein ...

B.: Zehnmal. Immer mit demselben, oder mit ...

P.: Nein, es sind die Freunde meines Mannes.

B.: Ich verstehe, ich verstehe. Und dann?

P.: Nichts. Das scheint mir schon genug zu sein.

B.: Sicher ist das genug. Du mußt dich deinem Mann widersetzen, selbst wenn …

P.: Aber davor hat er mich geschlagen, hat mich viele Jahre lang geschlagen.

B.: Naja, da redet man mit ihm und geht seiner eigenen Wege.

P.: Und kann ich das gleich tun?

B.: Ja, das kannst du tun.

P.: Ich kann mich trennen?

B.: Sie können sich trennen, solange dieser Grund vorliegt. Ehe ich etwas Unrechtes tu, trenne ich mich und gehe meiner eigenen Wege.

P.: Bloß, er will sich weder von mir trennen noch sonst etwas tun, verstehen Sie?

B.: Ja eben, abgesehen davon, daß er eine Geldquelle in dir hat …

P.: Aber ich glaube nicht, daß er es des Geldes wegen tut.

B.: Ah nicht! Und weshalb dann?

P.: Weil er krank ist.

B.: Weil er krank ist, zwingt er die Frau zur Prostitution? Die Frau ist etwas Wertvolles, das man nicht anderen geben kann. Wenn jemand so weit geht, steckt etwas anderes dahinter. Steckt ein materieller Nutzen dahinter.

P.: Ich glaube nicht …

B.: Sie glauben nicht, es ist unmöglich, das nicht zu glauben.

P.: Ich glaube, daß er krank ist.

B.: Gut, wenn er krank ist, muß er geheilt werden.

P.: Gerade deshalb habe ich diese Dinge gemacht, weil ich dachte, ich könnte ihm helfen, und um zu sehen, wie weit er geht. Denn lange Zeit habe ich mich gewehrt, doch schließlich habe ich gesagt: »Gut, sehen wir, ob es mir auf diese Weise, indem ich mich opfere, gelingt, ihn zu verändern, indem ich ihm zu verstehen gebe, daß …« Aber er …

B.: Beharrt darauf.

P.: Beharrt darauf, und jetzt, an diesem Punkt angelangt, habe ich beschlossen, daß Schluß damit ist, bloß daß er mich schlägt und zu guter Letzt endet es wirklich noch mit meinem Tod.

B.: Sagen Sie ihm: »Ich trenne mich von dir«, und reichen Sie sogleich die Scheidung ein. Bestehen Sie auf Trennung.

P.: Ja, aber das muß ich doch begründen.

B.: Das genügt.

P.: Aber dem Anwalt muß ich es doch sagen.

B.: Ja klar. Sicher ergeben … ist unverständlich … das ist nicht gut, ist nicht gut, und Gott möchte es nicht. Denn es ist eine schwere Sünde, verstehen Sie? Eine schwere Sünde. Und dann?

P.: Ich bin aus diesem Grund in diese Kirche gekommen.

B.: Das habe ich verstanden, und Sie haben gut daran getan.

P.: Aber Sie haben mir vorhin gesagt, daß ich sterben soll …

B.: Man kann sterben oder sich trennen.

P.: Nein, sterben nicht.

B.: Dann trennen … Sag du deinem Mann: »Lieber als auf deine Schlechtigkeiten einzugehen, trenne ich mich von dir und ziehe zu meiner Mutter.«

P.: Ich habe schon versucht, ihm das zu sagen, aber er schlägt mich.

B.: Wenn du gehst, schlägt er dich nicht mehr.

P.: Ja, aber das muß ich machen, ohne daß er es merkt, und wer weiß, wohin er mir überall nachstellt.

B.: Er wird dir nicht nachstellen. Wenn du deiner Mutter Bescheid gibst, deinen Eltern Bescheid gibst, daß du diesen Schritt tust, dann bist du sicher … du kannst ihn anzeigen, du kannst ihn ins Gefängnis bringen.

P.: Und die Kinder?

B.: Um die Kinder wird sich der Staat kümmern. Wieviele Kinder hast du?

P.: Was heißt, der Staat. Es sind doch meine Kinder.

B.: Gut, der Staat wird entscheiden … man wird sie dir zusprechen … Wenn ein Ehemann krank ist, wirst du das Sorgerecht bekommen, damit du sie erziehen kannst, verstanden? Und weiter?

P.: Die Kinder sind lieb …

B.: Gut, wieviele sind es?

P.: Zwei. Eines ist vier und das andere fünfeinhalb.

B.: Ich denke ja, daß, wenn du ihm mit der Trennung drohst, er im Angesicht der Trennung oder Scheidung …

P.: Das habe ich schon getan, nein, er kommt nicht zur Vernunft.

B.: Dann stelle ihn vor vollendete Tatsachen.

P.: Tatsache ist, daß er einfach spinnt, verstehen Sie, was ich meine?

B.: Man muß ihn vor vollendete Tatsachen stellen ... Zieh zu deiner Mutter, zieh nach Hause zurück ... Und was gibt es sonst noch?

P.: Dieses Jahr bin ich halb verrückt geworden, um zu begreifen, was ... Nun, die Märtyrerin, soll ich die Märtyrerin spielen?

B.: Nun, es wäre eine schöne Sache. Naja ... Trennen Sie sich, so halten Sie sich schadlos, bleiben Sie bei der Mutter und Schluß.

P.: Es sind vielleicht nicht alle in der Lage, Heilige zu werden.

B.: Ja, sicher, man braucht die Gnade Gottes ... Wenn du daran stirbst ... wirst du zur Märtyrerin ernannt. Aber gut, gehe normal vor, das ist einfacher. Du trennst dich, und somit unterliegst du nicht mehr der Macht deines Mannes. Verstanden?

P.: Gut.

B.: Wenn du fern von ihm bist, kann er dir nichts mehr befehlen.

P.: Nein.

B.: Dann ist alles gut. Bitte den Herrn um Vergebung für deine Sünden. Bete als Buße drei Vaterunser zu Jesus Christus. Ich spreche dich los ... Und sei stark, sei stark, verstanden?

Turin

B.: Warst du schon lange nicht mehr zur Beichte?

P.: Seit zwei Monaten.

B.: Hast du Kinder?

P.: Ja, ich bin verheiratet und habe Kinder, der Junge ist drei Jahre alt. Ja, ja, es geht ihm sehr gut.

B.: Geht er zur Messe?

P.: Ich gehe immer hin. Hören Sie, Padre, ich bin aus einem anderen Grund gekommen, denn da ich nierenkrank bin und mir eine Niere entfernt werden muß, die andere aber nicht gut arbeitet, muß ich mir eine Spenderniere implantieren lassen, und das kann ich nur in Frankreich tun, denn in Italien gibt es keine Nieren. Ich stehe seit vielen Jahren auf der Warteliste und ...

B.: Ich verstehe, nun, ich bin nur hier, um dem Pfarrer dieser Kirche etwas zu helfen. Sie könnten ... gehören Sie zu dieser Pfarrgemeinde?

P.: Nein.

B.: Nicht? Sie können eventuell mit dem Herrn Pfarrer sprechen, dem, der die Messe feiert. Gehen Sie nach der Messe in die Sakristei auf der anderen Seite der Kirche, und reden Sie mit dem Pfarrer. Er wird Ihnen sagen, was er tun kann.

P.: Nein, lassen Sie mich erklären, denn ich wurde jetzt angerufen, daß sie die Niere haben, ich kann also gleich nach Frankreich fahren.

B.: Und Sie brauchen, was brauchen Sie, Geld?

P.: Nein. Überhaupt nicht.

B.: Was dann?

P.: Das Problem ist ein anderes. Ich habe in der Zwischenzeit erfahren, daß diese Niere ... ich habe das Geld dafür schon bezahlt. Als ich mich auf die Liste setzen ließ, mußte ich die Klinik schon im voraus bezahlen, das geht nicht so ohne weiteres ...

B.: Weiß Ihr Mann Bescheid?

P.: Sicher. Es geht um etwas anderes. Daß nämlich diese Niere mir von jemandem für Geld gespendet wurde. Es ist eine Inderin. Und jetzt bin ich in einem schrecklichen Konflikt, denn in einer Woche muß ich zu dieser Operation und ... ich denke, daß nicht einmal das ganze Geld der Welt diesen Verlust gutmachen kann ...

B.: Reden Sie mit Ihrem Mann darüber und ... reden Sie und Ihr Mann mit den zuständigen Leuten darüber, mit den Leuten, die Sie zu diesem ... zu dieser Form des ... [unverständlich]. Ich weiß nicht, was ich da tun soll ...

P.: Ja, aber ich weiß nicht, ob ich diese Niere annehmen soll, und weiß nicht, wie ich mich verhalten soll. Denn diese Leute ...

B.: Auf jeden Fall versichern die Ihnen, daß die Sache gut ist, daß sie machbar ist, und deshalb [unverständlich] ... daß die Ärzte ihre Arbeit gut machen werden, lassen Sie sich von fachlicher Seite aus Garantien geben. Und dann würde ich dem Herrn und der Muttergottes sagen: »Herr und Muttergottes, Ihr seid besser als alle Ärzte, seht zu, daß die Dinge so gehen, wie sie gehen sollen.«

P.: Ja, aber leider muß für mich ... einer anderen Person geht es ganz schlecht, sie hat für Geld einen Teil von sich hergegeben, um mir diese Möglichkeit zu eröffnen. Naja, das ist mein Konflikt.

B.: Gut ... das sind Dinge, die Sie mit Ihrem Mann lösen müssen ...

P.: Aber meinem Mann geht es genauso wie mir …

B.: Nun, dann sehen Sie, der Arzt hat das alles organisiert, Sie haben das alles nur auf Anraten des Arztes getan.

P.: Ja, sicher.

B.: Wenn der Arzt sagt: »Das ist eine gesunde Niere, also dann nehmen Sie diese« – was nun die andere Person gemacht hat, wie und weshalb, ob um Geld oder ohne Geld, dem nachzuforschen ist nicht Ihre Sache. Außerdem wissen Sie genau, daß man sehr gut auch mit einer Niere leben kann, wenn diese Person eine Niere gespendet hat, bedeutet dies, daß die andere gesund ist und deshalb … Ich würde ein schönes Ave-Maria zur Muttergottes beten und sie bitten, zuzusehen, daß die Dinge so gehen, wie sie zu gehen haben, das heißt, daß sie Ihnen Gesundheit geben möge, damit Sie Ihre Aufgabe als Mutter und Frau gut erfüllen können … Da Sie nicht zum Beichten gekommen sind …

P.: Aber ich will beichten, denn ich habe nicht …

B.: Ich muß gehen, um dem Herrn Pfarrer bei der Kommunion zu helfen. Wenn Sie genaueren Zuspruch wollen, dann kommen Sie nach der Messe auf die andere Seite der Kirche, dort steht deutlich und groß »Sakristei«, und reden Sie mit dem Herrn Pfarrer. Einverstanden?

P.: Danke, Padre.

Turin

[In diesem Fall hat eine Krankenschwester entdeckt, daß in ihrer Klinik in Rom ein Handel mit menschlichen Organen betrieben wird. Sie will Anzeige erstatten.]

[…]

B.: Sie haben es zufällig erfahren, erst im nachhinein.

P.: Ja, aber …

B.: Entschuldigen Sie, aber jetzt wollen wir doch mal realistisch bleiben. Wenn man jedesmal bei so etwas, bei jeder Operation Nachforschungen anstellen würde, wo käme man da hin? Das geht nicht, ja, es ist nicht Ihre Aufgabe. Das sind Fälle, die schändlich sind, sagen wir, absurd in dieser unseren Gesellschaft, die keine Werte mehr hat, doch Sie haben es erst danach erfahren.

P.: Aber die machen das weiterhin.

B.: Und was wollen Sie tun?

P.: Ja, ich kann schon dafür sorgen, daß es ein Ende nimmt.

B.: Wenn Sie das können …

P.: Man braucht sie nur alle anzuzeigen.

B.: Anzeigen, wen?

P.: Die Ärzte.

B.: Und wer weiß, wer der Verantwortliche ist? Dahinter steckt nicht der Arzt. Dahinter stecken die großen Organisationen, nicht die Ärzte.

P.: Was für große Organisationen?

B.: Die, die damit handeln. Wer weiß, woher die sie bekommen. Ich glaube, Sie machen sich gar keine Vorstellung davon, was für ein Markt das ist. Den auffliegen zu lassen … na! Wie oft ist das schon passiert. Glauben Sie bloß nicht, daß es damit ein Ende hat. Leider ist es wie beim Waffenhandel.

P.: Aber die Waffen sind wenigstens ein Produkt des Menschen, hier sind es aber Teile des Menschen, der …

B.: Sicher, sicher. Aber wer kann sie aufhalten? Denken Sie doch an den Handel mit Föten für die Kosmetik.

P.: Wie?

B.: Der Handel mit Föten nach der Abtreibung, die für kosmetische Produkte verwendet werden. Ja, und auch das ist ein internationaler Handel.

P.: Das verstehe ich nicht, was wird daraus gemacht?

B.: Schminke, Lippenstift, Cremes. Ich erzähle Ihnen keine Märchen.

P.: Aber wer tut das?

B.: Ahh!

P.: Die Pharmaindustrie?

B.: Wer weiß? Die großen pharmazeutischen Firmen wissen das. Wenn wir sagen, unsere Gesellschaft ist eine Gesellschaft ohne Ehre, dann sagen wir das nicht ohne Sinn. Wenn wir sagen, Abtreibung ist Mord, so sagen wir das nicht nur wegen des Glaubens, sondern auch weil dahinter alles mögliche in dieser Richtung steht … Wir leben in einer Gesellschaft, die, ich sage es noch einmal, die keine Werte hat, der einzige Wert ist das Geld. Die Konkurrenz, die zwischen den Pharmaunternehmen herrscht, ist

äußerst hart. Es gibt Menschen, bei denen man den Eindruck hat, daß sie vor nichts zurückschrecken. Vor nichts. Verstehen Sie? Versuchen Sie ein gutes Werk zu tun ... Ja?
P.: Danke.

Catania

B.: Wie lange schon nicht mehr gebeichtet?
P.: Seit einem Monat, Padre.
B.: Wie heißt du?
P.: Claudia.
B.: Welche sind deine Sünden?
P.: Padre, ich habe eine Todsünde begangen ... Ich war verlobt, er hatte einen Autounfall und ...
B.: Und die Todsünde? Welche sind deine Sünden, Claudia? Das ist keine Sünde ...
P.: Padre, ich wollte Ihnen gerade erklären, daß ... er lag im irreversiblen Koma und ich ...
B.: Claudia! Du bist nicht ehrlich! Sag mir, welches dein Problem ist.
P.: Also, ich versuche doch, es Ihnen zu erklären. Das ist nicht einfach!
B.: Hör zu, komm auf diese Seite, dann sprechen wir unter vier Augen. Welche Sünde ist es? Sei ganz ruhig, du sprichst mit einem Priester, er hat die heilige Schweigepflicht. Verhalte dich ganz normal und habe keine Angst. Komm zur Sache! Was ist das Problem?
P.: Padre, ich habe die Geräte abgestellt, die meinen Verlobten am Leben gehalten haben.
B.: Und warum? Wolltest du nicht, daß er leidet?
P.: Er lag in unheilbarem Koma. Da war nichts mehr zu machen.
B.: Aber haben die Ärzte es bemerkt, oder hast du es zu einem Zeitpunkt getan, als niemand zugegen war?
P.: Ich habe es getan, als niemand da war.
B.: Das ist schlimm, Claudia! Das weißt du? Man kann es auch als Mord auslegen. Denn wenn er zum Beispiel wieder aufgewacht wäre? Er war in unheilbarem Koma? Was war ... Hör mir zu, ich

möchte wissen, wo der Grund für dein Handeln lag. Warum hast du das getan? Weil du nicht wolltest, daß er leidet?

P.: Ja, ich sagte es Ihnen schon, weil ich nicht wollte, daß er leidet.

B.: Aber hör mal: War dieser Junge religiös, oder hatte er Sünden begangen?

P.: Nein, Padre.

B.: War er gut?

P.: Ja, Padre, aber er war nicht gläubig.

B.: Er war nicht gläubig?

P.: Nein, Padre.

B.: Auch das ist ein Problem, liebe Claudia. Denn siehst du, die Tatsache, daß er nicht glaubte, hätte auch, sagen wir, einen anderen Grund zu existieren bedeuten können ... das heißt, wenn er bemerkt hätte, daß er bereits in Lebensgefahr schwebte und dann gebeichtet hätte, hätte man seine Seele retten können.

P.: Sehen Sie, Padre, wir haben sehr oft über dieses Problem diskutiert und ...

B.: Aber, sag mir mal, wie hast du während deines Zusammenseins mit diesem Jungen gelebt? Hattet ihr auch nackt Beziehungen?

P.: ... Ja, Padre.

B.: Na! Das mußt du auch beichten, liebe Claudia! Sonst wird dein Leben sinnlos. Jetzt, wo du diese Geständnisse gemacht hast, mußt du versuchen, alles mit einem ehrlichen Leben wiedergutzumachen, versuchen, die verlorene Zeit wiederzufinden, die du durch dein unmoralisches Leben nicht Jesus gewidmet hast, auf daß Jesus dir deine Sünden vergebe und deine Seele rette. Habe ich mich deutlich ausgedrückt?

P.: Ja, Padre.

B.: Und sonst noch etwas?

[Schweigen]

B.: Hast du nie einen Rosenkranz für die Muttergottes gebetet?

P.: Doch, Padre.

B.: Also wirst du zur Buße dieser Sünden der Muttergottes einen Rosenkranz beten. Versuche in Zukunft vorsichtig zu sein, deine Seele nicht mehr zu beflecken. Und wenn du betest, sprich ein Gebet für diesen Jungen.

P.: Padre, ich konnte es nicht ertragen, ihn leiden zu sehen.

B.: Hör zu, das haben wir bereits besprochen. Ich erteile dir die

Absolution, du kannst beruhigt sein. Aber beflecke deine Seele nicht weiterhin mit anderen. Lebe ein Leben, das eines Christen würdig ist.

P.: Soll ich mich nicht mehr verloben?

B.: Ich sage nicht, daß du dich nicht mehr verloben darfst. Doch du sollst kein unmoralisches Leben führen. Als Buße einen heiligen Rosenkranz. Ich spreche dich los ...

Trient

[...]

P.: Die Diagnose lautete »irreversibles Koma«, verstehen Sie?

B.: Aber Sie haben darüber nachgedacht? Es war keine völlig freie Entscheidung, sie war durch etwas beeinflußt – der Verlobte im unheilbaren Koma, die Unmöglichkeit einer Heilung ... Nun, Sie haben es getan, was wollen Sie jetzt tun? Da kann man nichts tun, Sie haben ihn inzwischen zu Grabe getragen ...

P.: Ja, Padre, er ist beerdigt. Aber verstehen Sie? Einerseits sage ich mir, ich habe ihm geholfen, andererseits ...

B.: Laß nur! Es ist nun mal geschehen, seien Sie ganz ruhig! Was wollen Sie tun?

P.: Aber sehen Sie, ich möchte, daß Sie verstehen! Es war keine spontane Handlung, glauben Sie mir, ich habe sie bedacht, ich habe ganz nüchtern gehandelt, im vollen Bewußtsein dessen, was ich tue.

B.: Tjaaaa, aber nunmehr ist es geschehen. Jetzt hören Sie, haben Sie sonst noch etwas? Sagen Sie es ruhig, seit Ihrer letzten Beichte, haben Sie nur dieses Problem hier, das Sie beschäftigt, oder sonst noch etwas?

P.: Nein, Padre, ich glaube, daß ... aber ich habe doch eine Todsünde begangen ...

B.: Nein, hören Sie, jetzt seien Sie beruhigt, Sie können jederzeit Vergebung erhalten, darüber brauchen Sie sich keine Gedanken zu machen. Was immer auch geschehen ist, mein liebes Kind, was wollen Sie tun ...

P.: Also, muß ich nicht zur Polizei gehen?

B.: Nein, nein, nein, nein! Niemandem, sagen Sie niemandem etwas davon! Über solche Dinge spricht man bei der Beichte und

Schluß! Und die Ärzte, die Ärzte, wie haben die es aufgenommen, was haben die Ärzte gesagt?

P.: Nichts, auf dem Totenschein war »natürlicher Tod« angegeben, das Herz hatte aufgehört zu schlagen. Niemand weiß, daß ich die Geräte abgeschaltet habe, ich habe sie von mir aus abgeschaltet, habe gewartet, daß er stirbt, und sie wieder angeschaltet, verstehen Sie?

B.: Aha, ich verstehe, ich verstehe. Nein, nein, sagen Sie niemandem etwas, um Gotteswillen ... sagen Sie nichts ... Wer weiß schon davon, wer weiß es? Niemand! Ich weiß es und Schluß. Sagen Sie niemandem, keiner Seele etwas davon!

P.: Aber Padre, dann ist mir vergeben?

B.: Und ob! Aber liebes Kind, die Sache ist geschehen, und damit Schluß, da ist nichts mehr zu tun. Wenn Sie jemanden töten, sind Sie dazu verpflichtet, sich selbst anzuzeigen: Nein! Ganz und gar nicht ..., denken Sie nicht daran!

P.: ABER ICH HABE IHN GETÖTET! ICH HABE EINEN MORD BEGANGEN!

B.: Nein, Sie haben es aus Mitleid getan. Was wollen Sie tun, Sie haben es aus Mitleid getan! [...] Ich spreche dich los von deinen Sünden. Sei ganz brav, ja, bist du jetzt froh? Adieu, Liebes.

Ravenna

B.: Sprechen Sie ruhig.

P.: Padre, ich habe meiner Mutter Sterbehilfe geleistet, sie war sehr krank.

B.: Wie hast du ihr Sterbehilfe geleistet?

P.: Naja, mit dem Hausarzt, wir haben ihr ein starkes Beruhigungsmittel gegeben, und ...

B.: Ein nicht verträgliches?

P.: Nein, nein, aber sie hat nicht gelitten, sie hatte Krebs, und dann hat der Arzt einen natürlichen Tod bescheinigt.

B.: Weißt du, daß man niemanden töten darf?

P.: Ich weiß es, Padre, aber sie litt so sehr. Sie hätte einen Monat oder noch mehr mit diesen Schmerzen leben müssen, außerdem war sie halb bewußtlos.

B.: Auf jeden Fall ist es nicht recht, jemanden zu töten.

P.: Aber es war doch nur, um Gutes zu tun, Padre.

B.: Aber es ist nicht recht, Gott verbietet es.

P.: Ja, aber sie ertrug die Schmerzen nicht mehr.

B.: Aber es ist nicht recht, wegen eines Schmerzes, los! Christus ist bei Bewußtsein leidend am Kreuze gestorben. Und sonst?

P.: … Und dann habe ich meinen Vater belogen und in derselben Angelegenheit habe ich eine Krankenschwester bestochen, die Verdacht geschöpft hatte …

B.: Bete den ganzen Mai und Juni jeden Tag sieben »Ewige Ruhe« für deine Mutter. Als Zeichen deiner Reue.

P.: Aber ich bereue es nicht, Padre.

B.: Du hast getötet. Als Reuehaltung. Ego te absolvo.

Avellino

B.: Woher kommen Sie?

P.: Ich komme … ich bin aus Mailand, aber jetzt lebe ich in Neapel.

B.: Wie lange waren Sie nicht mehr bei der Beichte?

P.: Seit über einem Jahr … Ich bin bei der Polizei und bis vor einem Jahr habe ich den normalen Dienst in der Kaserne geleistet. Von dort bin ich weg, das heißt, ich habe um Versetzung gebeten, denn ich war häufig gezwungen, schlagen zu müssen. Ja. Sehen Sie, da werden Kriminelle festgenommen, die … oder auch ohne Grund, denn …

B.: Sicher ist das keine schöne Sache, aber wenn es sein muß, ist das auch mal nötig, einen mit dem Stock. Vor vielen Jahren habe ich einem Leutnant der Carabinieri die Beichte abgenommen, aber das war vor über 40 bis 45 Jahren, und der sagte mir: »Meine schlimmste Sünde ist, daß, wenn ich keine Aussagen bekommen konnte, ließ ich sie sich nackt ausziehen und verpaßte ihnen mit dem Gürtel so viele Hiebe, bis ich …« In mir drin sagte ich mir: »Ihr habt recht daran getan«, wenn es nötig ist, dann braucht es das, aber es ist nicht human, denn die Menschen, auch wenn es die Übelsten sind … sind keine Tiere, also bereut es und versucht … vielleicht erreicht man mehr mit gutem Benehmen, auch bei diesen Verbrechern … aber wenn es nötig ist, sind manchmal auch diese Maßnahmen nötig.

P.: Nun, mir behagte das nicht, aber ich bin vom Regen in die Traufe geraten, denn ich habe mich für den Personenschutz beworben. Jetzt überwache ich einen Politiker und bekomme alles nur Erdenkliche mit.

B.: Vor allem jetzt, mit all diesen Schiebereien von Schmiergeldern …

P.: Ja, diese Politiker sind … zumindest der, den ich beschütze, aber auch andere, denn aus den Gesprächen mit meinen Kollegen weiß ich, daß sie wirklich unehrlich sind, es sind Diebe …

B.: Sie haben sich die Wähler zunutze gemacht, um sich das Recht herauszunehmen, vor allem sich selbst und der Partei in die Taschen zu arbeiten.

P.: Und sehen Sie, Padre, leider sind es Christdemokraten, meiner geht jeden Sonntag zur Messe und gibt auch der Kirche Geld.

B.: Mittlerweile glaube ich, hat das ein wenig nachgelassen, oder geht es immer so weiter?

P.: Naja, stehlen können sie jetzt nicht mehr, glaube ich. Aber dieser zum Beispiel, er hat eine Geliebte, ich muß ihn hinfahren und auch noch Wache stehen. Er ist verheiratet und hat Kinder.

B.: Ein Christdemokrat.

P.: Ein wichtiger Christdemokrat.

B.: Der Papst hatte ganz recht, indem er sagte: »Die Parteien, welchen Namen sie auch immer tragen, haben nichts mit der Kirche zu tun.« Gerade erst vorgestern, bei einem Gespräch darüber, daß sich die Parteien mit dem Namen »christlich« verhüllen, um dann ihre Geschäfte zu treiben, und das ist nicht recht … Nun, es ist gut, daß der Papst seine Stimme mal erhebt. Was sonst noch?

P.: Ich mußte schießen … hätte es aber verhindern können, ich habe einen Mann verletzt.

B.: Aber Sie haben es nicht absichtlich getan? Aus Versehen verletzt …?

P.: Nun, er ist nicht stehengeblieben. Sie wissen, daß wir erst warnen müssen, in die Luft schießen, und ich habe sofort geschossen.

B.: Aber die Verletzung ist nicht …

P.: Ja, die Verletzung ist ernst … er lag lange im Krankenhaus.

B.: Sie befinden sich wirklich in einer schlimmen Lage. Was soll ich sagen, beten Sie für ihn, und lassen Sie uns hoffen, daß nichts geschieht ... Weiter nichts, oder?

P.: Ich habe mich gefragt, ob ich diese Arbeit aufgeben sollte, denn ich fühle mich als Komplize dieses Politikers ...

B.: Vielleicht, wenn es Ihnen gelingt, dann lassen Sie sich doch versetzen. Oder zu einer anderen Dienststelle einteilen. Vielleicht wenden Sie sich dafür direkt an diesen Politiker selbst, sagen ihm, daß Sie gern in die Nähe Ihrer Familie versetzt werden wollen, das stimmt doch? Irgend so ein Grund läßt sich finden. Ja, und es kann sein, daß Sie in eine Einheit kommen, wo es nicht so viele Schwierigkeiten gibt und Sie ein ruhigeres, froheres und weniger gefährliches Leben führen können. Zu Recht sagen Sie: »Ich fühle mich fast als Komplize, denn moralisch arbeite ich mit jenem Übel, das andere tun, zusammen.« Also versuchen Sie es, und reichen Sie Ihr Gesuch ein ...

P.: Aber ist es denn Sünde, Padre, wenn ich bleibe? Sündige ich dann?

B.: Wenn einer nichts wüßte. Aber Sie sind ja in Kenntnis dessen, was diese Person beabsichtigt zu tun. Naja ... wenn einer das nicht wüßte, und er sagt, warten Sie hier, denn ich ... sei's drum, dann tut man halt so, als wüßte man nichts und hörte man nichts, aber Sie wissen ja Bescheid, nachdem, was Sie gesagt haben, nicht wahr?

P.: Ah, Sie meinen, wenn ich ihn zur Geliebten fahre?

B.: Ja, wenn Sie ihn dorthin begleiten.

P.: Aber ich meinte vor allem die Betrügereien, die er macht ...

B.: Also, auch deswegen müssen Sie versuchen, sich von dieser Person zu entfernen, denn auch wenn die sich das Deckmäntelchen »christlich« unter der Standarte Jesu Christi umhängen, sind sie noch lange keine Christen. Nur wer dem Gebot seines Gewissens folgt, ist ein Christ ... Beten Sie fünf Ave-Maria zur Madonna di Montevergine. Ich spreche dich los ...

[Der Priester ist Ausländer, deshalb einige sprachliche Fehler.]

P.: Padre, ich bin Polizistin und diene in Neapel. Padre, ich habe getötet.

B.: Also, in welchem Zusammenhang?

P.: Nach einem Raubüberfall. Die Täter sind geflohen, nachdem sie den wachhabenden Polizisten vor der Bank erschossen haben. Einer von ihnen ist zu Fuß geflohen. Ich habe ihn verfolgt und erschossen.

B.: Also, ich meine, sind Sie freigesprochen worden? Man hat Ihnen keinen Prozeß gemacht?

P.: Nein, Padre. Die Sache ist, daß ich ihn absichtlich erschossen habe, ich hätte ihn auch ohne Schußwaffe festnehmen können.

B.: Also, ich meine, jetzt schauen Sie, Sie müssen Ihren inneren Frieden ein bißchen wiederfinden. Verstehen Sie?

P.: Das gelingt mir nicht ...

B.: Also, ich meine, ist Anzeige gegen Sie erstattet worden?

P.: Nein, keiner hat es gesehen. Ich habe gesagt, ich hätte aus Notwehr geschossen. Aber das war nicht so.

B.: Also, jetzt wollen wir es in Gottes Hände legen. Sicher, wissen Sie, Sie hätten auch auf die Beine schießen können, verstehen Sie? Sehen Sie, auch ich bin drei Jahre lang Soldat gewesen, im Krieg aber sie haben mich nicht an diese Stellen geschickt, wo geschossen wird, aber ich begreife die Situation, verstehen Sie mich? Denn was will man machen, wenn man da drinnen ist? Nur meine ich, Signorina, ich meine, versuchen wir ein bißchen daraus zu lernen, daß ... daß Sie sich das nächste Mal nicht von der Wut, vom Zorn, von der Rache antreiben lassen. Sicher, diese Person, auch ich denke oft, daß sie es wirklich verdienen ... ja ... im Gewissen ... Kommen Sie, Signorina, jetzt müssen Sie weitermachen, aber erzählen Sie nichts anderes, wenn Sie Ihre Aussage so gemacht haben, verstehen Sie? Auch nicht im Vertrauen, nein, niemandem, hören Sie mir zu? Denn alles, ja genau, alles ist abgeschlossen, und vor allem sind da noch die Eltern und so weiter. Legen wir es in Gottes Hände, aber lernen Sie daraus für das nächste Mal. Verstehen Sie mich?

P.: Ich bin vollkommen fertig.

B.: Ja, ja. Aber nichts, sagen Sie auch zu Hause gar nichts. Leben Sie noch bei den Eltern?

P.: Ja, Padre.

B.: Und auch keinem Kollegen oder einem ähnlichen, verstehen Sie mich? Geben Sie acht. Das ist sehr wichtig. Noch weitere Sünden?

P.: Hören Sie, Padre, vielleicht müßte ich mit meinen Vorgesetzten darüber reden ...?

B.: Paß auf, wenn du erst so ausgesagt hast, wirst du sicher morgen fortgeschickt, verstehen Sie? Sie werden einen Prozeß machen, und dann, ich könnte nicht entscheiden, was Sie hätten tun sollen: Er hätte auch schießen können, ich weiß nicht, wenn er noch die Pistole hatte ...?

P.: Ja, aber ich habe ihm in den Rücken geschossen.

B.: Ja. Ich meine, irgendwie hatten Sie ein gewisses Recht, in diesem Sinne, verstehen Sie mich? Es ist sehr schwer zu entscheiden, doch Sie wissen, wie heute entschieden wird, oft eher für den Delinquenten als für Sie, verstehen Sie?

P.: Genau das ist der Punkt. Wir nehmen sie fest, setzen unser Leben aufs Spiel, und die sind nach einem Monat schon wieder frei ...

B.: Ja, ja, ich weiß, ja. Aber seine Eltern, wissen sie, daß geschossen wurde?

P.: Sie kennen den Vorgang, aber nicht die genauen Umstände. Auf jeden Fall drohen sie mit Anzeige.

B.: Ja, ja, deshalb frage ich. Wissen die, daß Sie geschossen haben?

P.: Ich vermute es.

B.: Die Polizei müßte Sie sofort versetzen.

P.: Ich habe um eine Versetzung gebeten, aber man hat sie mir nicht gewährt.

B.: Sie müssen jetzt erstmal warten, mit der Zeit werden Sie sie vielleicht bekommen, vor allem dürfen Sie der Polizei nicht sagen, wer dies oder jenes getan hat. Sagen Sie nichts, denn wenn Sie wieder damit anfangen, wird man gleich einen Prozeß machen, und dann werden Sie sicher rausgeschmissen [...] Ich verstehe es sehr gut, ich würde heute nicht gern ... vor allem bei dieser Demokratie ... sie ist nichts wert, denn sie hält nichts in Ordnung. Ich bin viel mehr auf Ihrer Seite, als ... verstanden?

P.: Unter den Soldaten gibt es Jungens mit Schlagstöcken, Haken-
kreuzen und Messern, und wenn wir sie nur berühren, laufen wir
Gefahr, eingesperrt zu werden.

B.: Ich weiß, ich weiß, aber das ist nicht richtig, denn die Polizei
sollte stärker geschützt werden, auf allen Gebieten. Ich bin auf
Ihrer Seite, aber sehen Sie, die Großen waschen sich die Hände,
und die Kleinen können ... so ist es! Aber jetzt hör zu, schau, das
einzige, was man tun kann, ist weiterzumachen, aber schweigen,
das ist das Wichtigste, für euch Frauen ist es immer etwas schwierig. Vermeide auch unter den Kollegen Vertraulichkeit, denn man
weiß nie, zu wem dies dringt. Und dann erpressen sie.

P.: Ja, ich wurde schon sexuell bedrängt.

B.: Ja, ich verstehe, denn sie wollen das, ansonsten ... Keinem
glauben, keine Vertraulichkeiten. Seien Sie vorsichtig, bewahren
Sie sich Ihre Freiheit, werden Sie nicht zur Marionette aller, Sie
sind nicht dumm, denn vielleicht finden Sie auch mit der Zeit
jemandem, durch den Sie diese ganze Umgebung verlassen können, verstehen Sie mich? [...] Gegen diese Delinquenten kann
man nicht viel machen, vor allem, wenn sie morgen einem auf die
Beine schießen, wird er Sie danach bei der nächsten Gelegenheit
umbringen. Auch das ist so. Ich meine, der Papst war unten [in
Sizilien], hat richtig geredet, und das ist auch alles in Ordnung.
Aber ich bin etwas skeptisch, wenn es sich um Millionen von Dol-
lars handelt, um Geschäfte, ja, da lassen die nicht nach. Da ist es
sinnlos, mit guten Worten zu kommen, verstehen Sie mich?

P.: Padre, bei diesen Leuten nutzen keine Worte.

B.: Machen Sie jetzt weiter, schützen Sie sich etwas, aber sprechen
Sie nicht, denn das sind alles sinnlose Dinge. [...] Das ist Ihr Beruf, wie heute ein Soldat, der an der Front ist, was willst du tun?
Wollen Sie warten, daß man ihn umbringt? Oh, nein! Also, verstanden? Wer schneller ist, der bleibt am Leben, und der andere
... ja, die müssen zusehen, wie. Wenn sie wissen, daß sie einen
Raubüberfall machen und auf andere schießen, müssen sie auch
damit rechnen, daß es sie selber trifft. Natürlich müßte es das
Gericht sein und nicht das Gesetz des Stärkeren, doch die Stärkeren sind oft die Delinquenten, denn die anderen richten nicht so,
wie man richten müßte. Sei jetzt ganz ruhig, Signorina, ich erteile
Ihnen die Absolution ... Auch anders zu handeln und den fliehen

zu lassen, wäre nicht richtig gewesen, und abzuwarten, bis er zielt und schießt, das ist eine andere Sache. Ich glaube, daß Sie irgendwo auch richtig gehandelt haben, und Sie müssen sich nichts vorwerfen, verstanden? Und ich sage nur: Halten Sie den Mund, und lassen Sie sich von den anderen nicht in die Enge treiben. Einen Rosenkranz zur Buße. Ich spreche dich los von deinen Sünden.

Forli

P.: Das Problem ist, daß ich mit Waffen handle.
B.: Ah! Mit Waffen? Das ist eine heikle Sache, gefährlich.
P.: Ja, wissen Sie, für Jugoslawien. Ich weiß nicht, ob das eine schlimme Sünde ist.
B.: Aber, arbeiten Sie für zugelassene Firmen oder heimlich?
P.: Nein, ich arbeite für zugelassene Firmen, und darüber hinaus kann ich für mich noch einige Dinge …
B.: Das ist keine großartige Arbeit, zweifellos. Der Krieg … Wohnen Sie hier?
P.: Nein, ich bin nur auf Durchreise. Hier ist ein großes Zentrum von …
B.: Vertrieb? Ja? Von Waffen? Das wußte ich gar nicht.
P.: Naja, es ist praktisch, hier sind die Schiffe nach Jugoslawien. Man weiß es natürlich nicht, es ist nicht bekannt.
B.: Und Sie sind der Meinung, daß man diesen Beruf ausüben kann … wenn es ein ehrlicher Beruf ist … wenn es genehmigte Waffen sind, wenn Atomwaffen …
P.: Nun, was ist da für ein Unterschied, Padre, ob genehmigt oder nicht genehmigt, es bleiben immer Waffen.
B.: Naja, es gibt noch viel Schlimmeres, heimliche Schiebereien, um sich zu bereichern, auf dem Rücken dieser armen Menschen, die sterben. Wo sind Sie …
[unverständlich]
P.: Aber ich habe gesehen, habe gelesen, daß das Neue Testament anerkennt, daß es Kriege geben kann …
B.: Hier kannst du nicht einen Teil nehmen und ihn vom Kontext trennen. Nein, das ist in keinem Fall die Aussage. Es heißt, daß Kriege zur Verteidigung rechtens sind, aber zur Verteidigung und

nicht zum Angreifen ... zur Verteidigung, man verteidigt sich ...
Wenn Sie können, dann wechseln Sie Ihr Gewerbe.

P.: Naja, wissen Sie, das ist schwierig, sehr schwierig.

B.: Denn selbst wenn Sie Geld damit machen, so ist das kein ge-
segnetes Geld. Früher oder später wird es sich gegen Sie wenden.
Wir müssen für den Frieden handeln, nie für den Krieg. Nun,
beten Sie drei Vaterunser, Ave und Gloria ... Ego te absolvo ...
Ciao, Süßer!

Ancona

B.: Seit wann ...

P.: Es ist mehr als ein Jahr, daß ich nicht mehr beichte, in der
Zwischenzeit habe ich einiges angestellt. Oft bin ich nicht zur
Sonntagsmesse gegangen, ich bin gewalttätig gewesen, habe mich
geprügelt.

B.: Mit wem?

P.: Mit so Typen. Dann noch Falschspiel. Und außerdem bin ich
bei einigen Frauen gewalttätig geworden.

B.: Wie gewalttätig?

P.: Vergewaltigung.

B.: Richtiggehend vergewaltigt?

P.: Ja. Ich schleuse heimlich Albaner und Jugoslawen nach Italien
ein. Mit sechs Kumpels, wir fahren mit den Booten dorthin und
bringen sie her ... oder wir lassen sie irgendwo raus oder bringen
sie in irgendeine Stadt. Sie geben uns Geld, und darunter sind
auch Frauen.

B.: ... Aber wissen Sie eigentlich, in welche Lage Sie sich damit
bringen? Auch juristisch?

P.: Sicher, Padre, ich war einige Jahre im Gefängnis.

B.: Such dir eine bessere Arbeit, eine ehrlichere.

P.: Aber einer wie ich findet keine Arbeit.

B.: Lassen wir mal die Arbeit, abgesehen davon, bis zur Vergewaltigung zu gehen und zu Gewalttätigkeiten ...

P.: Wissen Sie, das sind Instinkte ...

B.: Man sagt, es seien Instinkte, auch Töten ist ein Instinkt.

P.: Nein, das habe ich nie getan.

B.: Das hast du nie getan ... wenn du eine Frau vergewaltigst, so ist das, als würdest du sie töten. Was bleibt der armen Frau anderes übrig? Also hör mal! Ich hol gleich den Stock! Ich verlange von dir absolut, daß du das nicht mehr tust, daß du diese ... Arbeit nicht mehr ausführst.

P.: Ich kann versprechen, daß ich diese Sachen mit den Mädchen nicht mehr mache, aber die Arbeit muß ich weiter machen, denn ...

B.: Die Arbeit dürfen Sie nicht weiter machen, denn sie ist gegen das Gesetz, Sie dürfen sie nicht weiter machen, Sie laufen Gefahr, wieder im Gefängnis zu landen.

P.: Ich weiß.

B.: Also? Laß uns eine andere Arbeit suchen, überlegen wir mal.

P.: Ich kann nichts.

B.: Sie können nichts? Man kann lernen, man lernt etwas. Wenn Sie gesetzeswidrig handeln, kann alles mögliche passieren. Auch diese armen Menschen, die Sie herbringen, wohin eigentlich?

P.: Die sind es ja, die kommen wollen.

B.: Sie sind es, aber das Gewissen ist meins. Ich bringe dich her, aber nur, wenn ich dich an einem sicheren Ort rauslasse. Und dann sagst du einfach:»Ich laß dich hier raus«, »Ich setze Sie hier oder dort ab.« Unter ihnen kann auch einer sein, der irgendwann mal spricht ... dann schreitet das Gesetz ein. Du mußt dir das Gesetz vor Augen halten, man muß das Gesetz respektieren. Und das Gesetz des Gewissens, es geht nicht nur um das Strafgesetz.

P.: Ich helfe ihnen, sie verhungern dort, wo sie herkommen.

B.: Wenn sie verhungern, kann man ihnen helfen, indem man ihnen was gibt, aber nicht auf diese Weise. Außerdem laufen Sie Gefahr, wieder ins Gefängnis zu kommen. Und danach wird Ihre Lage immer schlimmer. Wenn es jetzt schon schwierig ist, eine Arbeit zu finden, so finden Sie danach gar keine mehr. Irgendwas werden Sie schon finden, wenn Sie sich bemühen.

P.: Ich könnte vielleicht irgendeine Arbeit als Hilfsarbeiter oder als Kellner finden, aber das gefällt mir nicht, und man verdient kaum was.

B.: Viele machen das ... viele ehrliche Jungens verdienen auf diese Weise, und es geht ihnen gut ... Jetzt ist es auch einfacher, was zu finden, Sie müssen sich vorstellen, müssen einen guten Eindruck machen. Die achten auf die Leistung, darauf, ob einer guten Willens ist, sie achten auf die Leistung, und dann gibt es auch noch Schulen, die man besuchen kann, die dich vermitteln ...

P.: Aber was tu ich denn Schlechtes?

B.: Du handelst gegen das Gesetz.

P.: Naja, die Gesetze sind auch nicht immer richtig.

B.: Ah, ah, ah! Sie sind nicht zur Messe gegangen, zur Messe zu gehen ist ein Gesetz Gottes, doch konnte Gott diese Anordnungen treffen? Da Gott diese Anordnungen nicht treffen konnte, und da ich Minister Gottes bin, kann ich dich nicht freisprechen.

P.: Aber was hat das damit zu tun, ich erkenne das Gesetz Gottes an und versuche, es zu akzeptieren.

B.: Und was sagt es dir? Das Gesetz Gottes sagt dir, du mußt respektieren, du brauchst nur beim heiligen Paulus nachlesen, du mußt auch das staatliche Gesetz, das Zivilgesetz respektieren, die sind es, die für Ordnung sorgen, die in unsere Gesellschaft Ordnung bringen, unsere Gesellschaft formen.

P.: Und was ist dann mit den Christdemokraten, die das alles angestellt haben?

B.: All das Gerede über die Christdemokraten, über dieses und jenes, interessiert mich überhaupt nicht. Ich schaue auf das Gesetz, wenn mir einer von denen unterkommt, werde ich auch mit ihm so reden, wie ich reden muß. Aber die büßen ja inzwischen schon, und ich glaube, daß sie, wenn sie diese Dinge drehen, nicht zur Beichte gehen. Wenn mir das je unterkommen sollte, würde ich auch demjenigen sagen: »Du hast falsch gehandelt, hast gesündigt, hast gestohlen.« Wenn er gestohlen hat, muß er es zurückgeben, das ist das Gesetz. Versuchen Sie, sich anzustrengen, ich glaube ... es gibt so viele einfache Tätigkeiten, die viele nicht machen wollen, und weshalb? Weil sie sagen, wir wollen gleich das goldene Ei finden? Das können wir nicht finden. Sie handeln gegen das Gesetz Gottes, es sind da zwei Gebote, da ist das sechste und das neunte ... Habe ich mich klar ausgedrückt? Gut, sind Sie bereit, das zu tun?

P.: Ich verspreche, nicht mehr gewalttätig zu sein.

B.: Du mußt dich verpflichten, auch das andere nicht mehr zu tun, du mußt.

P.: Man verdient sehr gut dabei, Padre.

B.: Ah! Diese armen Menschen, wir stehlen ihnen etwas Geld, dann bringen wir sie her, mit der Ausrede, daß sie Arbeit finden, und verlassen sie mitten auf der Straße. Das Geld geben wir Mönche ihnen dann, wenn sie keine Arbeit finden ...

P.: Dort verhungern sie.

B.: Recht oder schlecht hungern sie auch hier ... Sehen Sie nicht, wie sie behandelt werden? Außerdem befinden Sie sich in Gefahr, nicht ich. Na gut, gibt es außerdem noch was? Gehen Sie nie zur Messe?

P.: Nicht immer am Sonntag, aber manchmal gehe ich.

B.: Die Messe, Kommunion, die Beichte, wenn wir ein Geistesbewußtsein haben, wenn wir ein Pflichtbewußtsein haben, ein nicht nur religiöses Bewußtsein, sondern ein moralisches Pflichtgefühl ... wir brauchen das Gebet ... Ich weiß nicht ... habe ich mich klar ausgedrückt? Da ist das Gesetz Gottes, über das Gesetz der Menschen kann man streiten, ob es richtig ist oder nicht – nicht über das, von dem wir reden, das ist richtig –, wir können über vieles reden, aber über das Gesetz Gottes ist nicht zu diskutieren, also? Sagen Sie mir, vertrauen Sie sich mir an, wozu bist du hierher gekommen? Hast du mir etwas zu sagen?

P.: Ich habe Ihnen die zwei schlimmsten Dinge schon gesagt.

B.: Das mußt du wiedergutmachen ... nicht einmal die Tiere tun sowas! Und sonst?

P.: Gut, ich habe gelogen, habe Glücksspiele gemacht ... hin und wieder habe ich Drogen genommen, bin mit Frauen von anderen gegangen, auch mit Prostituierten.

B.: Sie sagen, daß Sie auf diese Art Arbeit nicht verzichten wollen, verdienen so Ihr Geld und vergeuden es auf diese Weise?

P.: Naja, jetzt habe ich's halt.

B.: Mit welcher Begründung, mit welchem Kopf, mit welchem Hirn?

P.: Hören Sie, ich bin nach fünf Jahren aus dem Gefängnis herausgekommen. Können Sie sich das vorstellen, fünf Jahre ohne Frau? Können Sie sich vorstellen, wie man im Gefängnis lebt? Im Gefängnis hat man nur homosexuellen Verkehr.

B.: Bin ich schuld daran? Habe ich Sie dorthin gebracht? Sie waren es! Sie müssen das wiedergutmachen, also müssen Sie ...

P.: Ich meine, mit Prostituierten zu gehen, oder mit den Frauen anderer nach fünf Jahren Gefängnis ...

B.: Ich habe das nie getan.

P.: Sie haben das Keuschheitsgelübde abgelegt, ich nicht.

B.: Ich habe das Keuschheitsgelübde abgelegt, und zwar wohlüberlegt. Sie haben kein Keuschheitsgelübde abgelegt, aber auch für Sie gibt es das sechste Gebot, gibt es das neunte Gebot, auch ohne Gelübde herrscht das Gesetz Gottes. Sind Sie verheiratet?

P.: Ich bin getrennt.

B.: Getrennt. Da, sehen Sie, was für Sachen … haben Sie nie über Ihre Lage nachgedacht? Jetzt, wo Sie hierher nach Loreto gekommen sind …

P.: Deshalb bin ich zur Beichte hierhergekommen.

B.: Guter Sohn, es reicht nicht, nur zu beichten … man muß die moralische Gesinnung erforschen, man muß wiedergutmachen … Ich kann nicht einfach sagen: »Naja, jetzt gehe ich zur Beichte, und alles ist erledigt«, so, wie wenn ich mich verschrieben habe, den Radiergummi nehme, es ausradiere und von vorn beginne. Oh nein, so geht das nicht.

P.: Der Gefängniskaplan hat viel Verständnis, vor allem was die fleischlichen Sünden betrifft.

B.: Was soll ich Ihnen dazu sagen? Dann kannte er das sechste Gebot nicht. Ich kann auch sehr verständnisvoll sein, ich kann auch verzeihen, aber du mußt versprechen, es nicht mehr zu tun. Warum hast du deine Frau verlassen?

P.: Nein, sie hat mich verlassen, als ich verurteilt wurde.

B.: Der Gefängniskaplan kann nicht gesagt haben: »Geh und sündige mit Frauen.«

P.: Nein, im Gefängnis geht das nicht.

B.: Seit du verheiratet bist, begehst du die Sünde des Ehebruchs. Der Kaplan kann dir nicht diesen …

P.: Nein, nein, er sagte, was in den Zellen geschieht, ist Sünde, jedenfalls war er sehr verständnisvoll.

B.: Er sagte dir, daß es eine Sünde sei, aber hat er euch auch gesagt, es nicht mehr zu tun? Denn sonst hätte er euch nicht lossprechen können. Das ist das, was ich dir sage, Bruder, genau das, was ich dir sage. Wenn du dich nicht verpflichtest, es nicht mehr zu tun, wenn du sagst, »Nein, ich kann es nicht lassen«, dann willst du dich nicht verpflichten. Wenn du einmal deutlich sagst: »Ich kann diesen Zustand nicht weiterführen«, dann mußt du dich verpflichten, etwas zu ändern.

P.: Ich würde zu meiner Frau zurück, aber sie will nicht, sie hat einen anderen Mann.

B.: Jedenfalls, mein lieber Sohn, selbst wenn Sie … jedenfalls mit einer Frau können Sie so was nicht machen!

P.: Das heißt, ich müßte für immer in Keuschheit leben?

B.: Wer hat in der Ehe den Fehler gemacht? Da ist eine ganze Verkettung … naja, die eine Sache ist, eine aus Schwäche begangene Sünde … das kann ein Fehler sein, eine menschliche Schwäche, irren ist menschlich. Aber ich kann nicht sagen: »Ich habe keinen Fehler gemacht, ich kann es tun, ich kann so weiterleben!« Es kann einmal passieren, ein Vorkommnis, eine Schwäche, aber man kann kein Prinzip daraus machen. Ich denke, daß ich mich klar ausgedrückt habe. Also?

P.: Also, sagen Sie mir.

B.: Ich sage es dir ja gerade …

P.: Aber sagen Sie mir, daß ich mein ganzes Leben lang in Keuschheit leben müßte?

B.: Wie lautet das sechste Gebot? Wie lautet es?

P.: Du sollst nicht ehebrechen.

B.: Was soll ich da hinzufügen? Verpflichte dich auch du.

P.: Ich glaube, das macht jeder.

B.: Ich spreche jetzt mit Ihnen.

P.: Aber ich kenne keinen, der dies nicht täte.

B.: Das ist nicht wahr, das …

P.: Wer weiß, was Sie alles hören.

B.: Es sind seltene Fälle, viele sind gut, in vielen Fällen … oder wenn es ihm passiert ist, sich ihm die Gelegenheit bot … das ist etwas anderes, wenn sich die Gelegenheit bietet und man … daß Gelegenheit Diebe macht, aber es zu suchen, das ist unerlaubt.

P.: Die Gelegenheit ergibt sich häufig, denn die Frauen sind auch äußerst willig.

B.: Weil Sie es suchen. Mir geschieht das nie.

P.: Aber Sie sind ja auch unangreifbar …

B.: Solche Worte wollen wir draußen lassen …

P.: Wenn Sie in Zivil herumgingen …

B.: Das habe ich einige Male getan, auch auf Reisen, auch ins

Ausland und … und weshalb? Warum belästigen mich die Frauen nicht? Weil sie die Ernsthaftigkeit der Person sehen, das Verhalten der Person … Nun, all das haben Sie bestens verstanden, und Sie wissen es auch. Also, wenn Sie es ernst meinen, dann ziehen Sie in Frieden, sprechen der Muttergottes ein schönes Gebet, Reue und Vorsatz. Aber einen ernstgemeinten Vorsatz, denn sonst nützt Ihnen diese Beichte nichts, gar nichts. Ist das klar?

P.: Was für einen Vorsatz?

B.: Den Vorsatz, diese Dinge, die Sie mir erzählt haben, nicht mehr zu tun. Und benehmen Sie sich den anderen gegenüber gut, dann leben Sie mit allen in Frieden, mit allen in Frieden, einverstanden, mit allen.

P.: Nein, es ging darum, daß man in Prügeleien gerät und …

B.: Ja gut, das sind so Momente, aber dann … ist es ja vorbei. Es ist vorbei. Also, ich wünsche mir, daß da nicht noch weiteres ist, wenn du dich an keine anderen Dinge erinnerst, werden sie dir später einfallen. Gehe zur Santa Casa[4] und sprich dieses Gebet, denke ernsthaft über diese Dinge nach. Dem Herrn mußt du sagen, daß du Fehler begehst, daß er dir helfen möge, »denn ich will mich verbessern, ich will bei Gott neu beginnen, will eine ehrlichere Arbeit«. Einverstanden?

P.: Und Sie sprechen mich nicht los?

B.: Doch ich spreche dich los. Geh in die Santa Casa … tust du es?

P.: Dazu bin ich extra hergekommen.

B.: Zur Buße.

P.: Das weiß ich nicht, Padre.

B.: Da ist ein Zettel, nicht? Die Leute nehmen ihn immer mit! Sag dreimal: »Jesus Christus, erbarme dich meiner, verzeihe mir.« Ich spreche dich los …

Trapani

B.: Welche Sünden hast du begangen?

P.: Sehen Sie, Padre … sind Sie Sizilianer?

B.: Ja.

P.: Ich komme aus Mailand, bin hier im Urlaub und habe mich verraten, das heißt, ich habe zugegeben, daß ich eine Art Rassismus hege, daß ich eine starke Abneigung gegen die Südländer empfinde. Ich weiß nicht, ob das eine Sünde ist, aber ich glaube, daß im Norden alle diese, verzeihen Sie, »Terroni«, die Marokkaner ...

B.: Sind das keine Menschen?

P.: Doch, natürlich, natürlich.

B.: Und weshalb sollen wir sie nicht lieben, so wie der Herr uns geboten hat, zu lieben?

P.: Andererseits, Padre, ist es Tatsache, daß die meiste Kriminalität vom Süden, von hierher kommt. Und das ist nicht schön, auch religiös betrachtet. Glauben Sie nicht auch?

B.: Ich glaube einzig und allein daran, daß die Menschen gleich sind, und sei es im Süden oder im Norden, das Schlechte kann es überall geben.

P.: Und weshalb ist es hier stärker vertreten?

B.: Haben Sie es untersucht? Haben Sie es untersucht? Wenn Sie es nicht untersuchen, halten Sie sich einfach an das, was gesagt wird? Wollen wir doch ehrlich sein, und wenn wir beginnen zu verleumden, so sind wir Diebe Gottes, denn der Herr hat uns gesagt: »Das Urteil lasset mir.«

P.: Und diese ganzen Attentate? Das letzte an Costanzo in Rom?

B.: Und war es ein Römer oder ein Sizilianer? Ist das schon bewiesen? Sie haben den Beweis in Ihrem Herzen erbracht.

P.: Man fahndet nach zwei Sizilianern.

B.: Man fahndet, aber nicht nur nach Sizilianern. Wo steht geschrieben, daß es zwei Sizilianer sind?

P.: Ein Taxifahrer sagt, er habe kurz vor dem Attentat zwei Sizilianer dorthin gefahren.

B.: Können es nicht zwei Sizilianer gewesen sein, die sich aus einem anderen Grund an diesem Ort aufgehalten haben?

P.: Ja, ja, sicher, jedenfalls stammt die Mafia von hier.

B.: Die Mafia heißt hier Mafia, anderswo kann sie auch anders heißen, oder? Jetzt weiß ich nicht, wie sie im Norden heißt, man hat mir gesagt, in Kalabrien heißt sie so und in Neapel wieder anders. Es ist nur eine Frage des Namens, der Nährboden ist überall zu finden.

P.: Padre, ich habe auch schlecht über den Papst gedacht, als er hier zu Besuch war. Mir schien, daß seine Worte der Verurteilung nicht hart genug waren, er hat eine allgemeine, formelle Verurteilung ausgesprochen.

B.: Alle wundern sich über die harte Verurteilung des Papstes, nur Sie sind gegenteilig verwundert. Naja, wenn das Ihre Mentalität ist, ich kann Sie deshalb nicht verurteilen, aber glauben Sie, daß alle anderen sich irren? Was hätte er tun sollen, hätte er eine Handgranate werfen sollen?

P.: Ich glaube, daß die Kirche mehr tun könnte.

B.: Ja, eine Armee aufstellen und in den Kampf ziehen? [unverständlich] ... wir alle müssen dem Herrn Rechenschaft ablegen. Sonst noch etwas?

P.: Nein, ich sagte Ihnen nur, diese Gedanken gehen mir ständig durch den Kopf... Sehen Sie, jeder Mafioso wird mit Heiligenbildchen in der Tasche verhaftet ... oder es kommt heraus, daß ...

B.: Das ist ein Mangel an Bildung ... eine Sache geringer Intelligenz, die nicht gefordert wurde und deshalb ...

P.: Was heißt, nicht gefordert wurde?

B.: ... Durch die Feldarbeit haben sie keine richtige Schulbildung ... Sonst noch etwas?

[Schweigen]

B.: Gut. Drei Vaterunser und drei Ave-Maria. Ich spreche dich los ...

Ragusa

[...]

P.: Außerdem, Padre, bin ich in der Politik tätig, ich bin ein Funktionär der Lega [konservative Partei, A. d. Ü.]. Bei meiner Reise durch Sizilien habe ich, auch im Gespräch mit unseren wenigen Repräsentanten, eine sizilianische Realität entdeckt, die noch schlimmer ist, als ich vermutet habe: Eine Region in den Händen der Christdemokraten, die ihrerseits in den Händen der Mafia sind.

B.: Ich wäre vorsichtig, denn betrachtet man die momentane Situation ... die momentane nationale Stimmung ... ich weiß nicht, ob Sie die Zeitungen der letzten Tage gelesen haben, das Attentat vor ein paar Tagen in Rom ...

P.: An Costanzo.

B.: ... Es wird gleich der Mafia zugeschrieben. Halt, langsam, liebe Freunde, wir haben einen Namen geschaffen, oder der Name existierte schon, aber wir haben ihn neu geschaffen und benützen ihn, mehr oder weniger korrekt, mehr oder weniger rechtens, bei allen möglichen Vorkommnissen. Das heißt, wir messen damit einer negativen, existierenden Realität eine sehr viel größere Wichtigkeit bei, anstatt daß wir versuchen, sie zu vernichten. Was auch immer heute in Italien geschieht, bekommt die besondere Etikette der Mafia. Liebe Freunde, so finden wir, wie man sagt, nie die Nadel im Heuhaufen ...

P.: Meinen Sie, daß es der Geheimdienst war?

B.: Wer auch immer. Aber nennen wir diese Sachen bei ihrem eigenen Namen, anstatt ... die Wirklichkeit mit einem einzigen Namen zu umwickeln. Die Stimmung entsteht auch hieraus. Das ist nicht richtig, nicht korrekt.

P.: Meines Erachtens liegt das Problem darin, wie man diese politische Verbindung spalten kann ...

B.: Ich bin der Meinung, daß aus einer Sache die nächste Sache entsteht. Das Volk hat in sich selbst die nötige Energie und Dynamik für die Erneuerung, die Wiedergeburt, die Neubegründung, man kann es nennen, wie man will ...

P.: Glauben Sie nicht, daß die Mafia sehr stark ist?

B.: Ich glaube nicht, daß die Mafia sehr stark ist. Hier noch weniger als ... in Mailand, als in Turin, die unsere hier ist vielleicht eine Mafia der Armen, dort herrscht die Mafia der Reichen, der Agnelli, der Berlusconi, der de Benedetti und Konsorten. Würde man die beiden Mafias auf die Waagschale legen, deren Gewicht messen, so habe ich, was mich betrifft, mehr Angst vor jener als vor dieser, denn das Volk arbeitet, und es gibt keine Arbeitsplätze. Deshalb knüpft es Beziehungen mit der Mafia an, »denn die gibt mir Arbeit«; dort hingegen ist es nicht nur eine Beziehung über den Arbeitsplatz. Dort geht es um den Gewinn, den wir nicht haben.

P.: Aber das drückt sich in Wählerstimmen aus ...

B.: Aber auch dort oben drückt es sich in Stimmen aus, denn ein Kapital, das keine Stimmen erzielt, ist sinnlos. Dort oben haben sie tausend Zeitungen, tausend Fernsehsender, oder nicht? Hier gibt es sowas nicht … Der Arme will eine friedliche Beziehung. Wenn er einen Arbeitsplatz hat, wo er arbeiten kann, wenn er essen und leben kann – nichts Besonderes, einfach ehrlich und unbeschwert mit seiner Arbeit leben — und wer gibt ihm das? Eigentlich hätte der Staat ihm das geben müssen. Noch immer ist es nicht möglich, nach … zwanzig Jahren, in denen über die Cassa del Mezzogiorno, [die wirtschaftliche Erschließung Süditaliens, A. d. Ü.] geredet wird … Ich würde sagen, man hat uns mit dieser Cassa del Mezzogiorno zwanzig Jahre lang hintergangen.

P.: Geld ist doch einiges geflossen.

B.: Einiges? Ein Viertel dessen, was rechtlich vorgesehen war, ist angekommen.

P.: Und wo ist der Rest geblieben?

B.: Ah, das weiß ich nicht. Sicher ist, daß es nicht bei uns angekommen ist. Und anstatt der Arbeitslosigkeit in unserer Region Abhilfe zu schaffen, hat sich hierdurch die Situation nur noch verschlimmert.

P.: Diese Gelder sind in die Hände Krimineller geflossen, seien es die mit Krawatte oder die mit der Sizilianerkappe.

B.: Das stimmt nicht, denn nehmen Sie das Beispiel aus dem Jahr 1963 von der Gemeinde von Gela, wo ein großes Industriezentrum steht, vielleicht nicht gerade eines der größten Italiens, aber ein sehr großes, für das die Herren der »Agip« [Ölfirma, A. d. Ü.], die Lohnsteuern nach Mailand zahlten anstatt nach Gela, und das bedeutete, daß die Gemeinde arbeitete, sich abmühte, und die Steuern dafür bekam Mailand. Und das ist geschichtliche Realität, es sind keine Dinge von gestern oder … es sind geschichtliche Realitäten, die auf unserem Rücken ausgetragen wurden und nicht auf dem anderer.

[…]

Messina

P.: Padre, seit ein paar Monaten habe ich nicht mehr gebeichtet. Ich bin Arzt in einem Gefängnis und … ich mache das erst seit kurzem und habe gemerkt, daß es eine schreckliche Arbeit ist, denn …

B.: Verantwortung und Aufopferung.

P.: Ja, aber abgesehen davon, braucht man dazu fast eine kriminelle Gesinnung, denn es geschieht ... Ich werde furchtbar bedrängt, man droht mir damit, wenn ich nicht ein Attest ausstelle, jemanden in die Krankenstation einweise, damit ... naja, Sie verstehen. Es sind Leute, die es nicht so genau nehmen. Gut, im Gefängnis sind sie harmlos, aber draußen nicht mehr. Deshalb tu ich Dinge, die mir meine berufliche Ethik nicht gestatten würde.

B.: Es gibt noch eine höhere Ethik: das Leben retten! Das ist die höhere Ethik, DAS LEBEN RETTEN!!, merken Sie sich das immer. Die höhere Ethik heißt, das Leben retten, ohne Kompromisse einzugehen, die einen dann beunruhigen, richtig? Wenn Sie im Grunde, ja, durch ein Attest jemandem zu Straffreiheit verhelfen, so muß die Justiz weitersehen, Sie mischen sich vielleicht in die Justiz ein, aber Sie haben das Leben gerettet. Wenn hingegen ein Unschuldiger wegen Ihnen verurteilt wird, ist das schon geschehen? Nein. Habe ich mich klar ausgedrückt? Ist klar, was ich meine? Deshalb lautet der erste ethische Grundsatz: Rette das Leben. Der zweite lautet: Versuche, soweit du kannst, keine Kompromisse einzugehen ... nun, ich meine, so stehen die Dinge. Meine ich.

P.: Begehe ich dabei keine Sünde?

B.: Nun, es ist nicht das Schlechte in sich, unter einem starken Druck tut man Schlimmeres. Ist das klar? »Ich brauche einen Monat frei, ich bin krank ...« Ich schreibe: Du bist krank. Sich einen Monat freizunehmen ist schlimmer! Und ohne jeglichen Druck. Ist das klar? Und niemand wird Ihnen Unrecht geben. Ich werfe zu Hause nicht meine Sachen zum Fenster hinaus, aber wenn einer die Pistole auf mich richtet, gebe ich ihm alles, was ich in meiner Wohnung habe.

P.: Keiner richtet die Pistole auf mich ...

B.: Aber es ist eine Frage der Moral. Eine Frage der Moral. Ein moralisches Prinzip. Um seinen Seelenfrieden zu haben, es ist allerdings nicht einfach, das heißt, es ist eine gute Methode, ein Gleichgewicht nötig in der Situation, in der man von Fall zu Fall abwägen muß. Es darf nicht gesagt werden: »Laß uns zu dem Arzt gehen, denn er gibt es uns«, ist das klar? Das heißt, ich muß fragen: »Wozu brauchst du es?« ... und so weiter. »Ist es nötig? Ist es wirklich dringend?« Kurzum, versuchen Sie es mit guten Worten, wenn Sie dann merken, daß er insistiert, was ... naja ...

P.: Ich verstehe. Leider werden wir auch von der anderen Seite gezwungen, Dinge zu tun, die ... nicht gut sind, sie schlagen die Häftlinge, und dann verlangen sie von uns einen Bericht, daß er gestürzt sei. Ich mußte sogar einen Totenschein mit der Angabe »natürlichen Todes« ausstellen bei einem Todesfall, der mir alles andere als natürlich erschien.

B.: Das sind eher zivile Verantwortungen als Verantwortungen des Gewissens. Das sind Dinge, die nicht Sie ändern können, das müssen die Politiker durch achtsamere Politik tun. Habe ich mich klar ausgedrückt? Der Arzt kann das nicht ändern. Er hat dazu nicht die politische Handhabe. Er trägt eine berufliche Verantwortung, das schon, und ich versuche, mir das Gute und Richtige anzueignen. Ich versuche es in dem Moment, wo ich, ja, in einer Situation der Freiheit, frei antworten könnte. Doch, wenn ihr mir die Freiheit nehmt, durch Zwang, muß ich nicht den Märtyrer spielen. Wir gewöhnen uns schon fast daran zu denken, die Welt sei eine Welt der Helden. Nein! Die Welt ist eine Welt der Normalität. Eine Welt der Normalität, Helden sind rar, und Held zu sein überlassen wir demjenigen, der sich danach fühlt. Aber wir können nicht alle Helden sein. Wir müssen leben, den Frieden, die Familie, müssen in einer Beziehung mit den anderen leben. Das sind alles wichtige Faktoren, glaube ich. Nicht wahr? Dies als moralische Norm. Es ist nicht wichtig, den Helden zu spielen. Der Held ist praktisch in aller Munde und in der Niederträchtigkeit vieler. Habe ich mich klar ausgedrückt? Diejenigen, die Helden haben wollen, sind jene Politiker, die meinen, daß man Held sein muß. Aber was macht ihr dafür, daß man ein normales Leben führen kann? Wenn ihr nichts dafür tut, dann wollt ihr im Grunde die Gesellschaft in Helden und Feiglinge unterteilen. Es gibt aber die Normalität. Ich fühl mich nicht danach, Fallschirmspringer zu werden, ich möchte auf dem Boden bleiben, und wenn ihr mich dazu zwingt, aus dem Flugzeug zu springen, dann sterbe ich vor meiner Zeit, weil mir nicht danach ist. Habe ich mich klar ausgedrückt?

P.: Ja, es ist vor allem die herrschende politische Klasse, bei der sich das gezeigt hat ... und leider wird sie von der Kirche unterstützt ...

B.: In gewisser Hinsicht schon, in gewisser Hinsicht, unterstützt. Das heißt, die Prinzipien waren richtig, doch die Dummheit dieser Politiker war so groß, daß sie in die Kirche gekommen und zur Kommunion gegangen sind. »Was für ein guter Christ«, klar? Ich kann es nicht aus seinem Herzen ablesen, was er tut, auch nicht von seiner Stirn oder aus seinen Bewegungen. Ich sehe praktisch nur den Menschen, der sich gegenüber dem Bischof gut benimmt, sich dem Priester gegenüber gut benimmt, die Kommunion empfängt, eine geachtete Person ist: »Oh, welch guter Mensch, welch guter Mensch«, habe ich mich klar ausgedrückt? Die Kirche trifft hier nicht die Schuld des stillschweigenden Einverständnisses, sondern die Schuld trifft jene, die sich als Lamm verkleiden und sich als Wolf entpuppen. Wie soll man ihnen mißtrauen? Habe ich mich klar ausgedrückt?

P.: Ja, Padre, also Sie sagen mir, ich habe nicht gesündigt?

B.: Nein, Sie haben nicht gesündigt. Sie befinden sich in einer Zwickmühle, man weiß nicht, was tun. »Ich befinde mich in einer Situation, ich erkenne, daß ein Teil schlecht ist, doch ich kann nicht anders handeln, denn so würde ich einen guten Teil zerstören, der mein Leben ist, das Leben meiner Familie, mein Leben in der Gesellschaft.« Habe ich mich klar ausgedrückt? Ich schneide das Schlechte und das Gute nicht in Scheiben. Man kann bei Ihnen nicht Gut und Schlecht festlegen, es gibt solche und solche Fälle, und die alle zu bestimmen, das ist mir nicht möglich, das ist unmöglich.

P.: Also raten Sie mir, so fortzufahren wie bisher?

B.: Es bedarf kluger Überlegung. Leben und Tugenden retten. Leben und Tugenden retten. Habe ich mich klar ausgedrückt? Die erste Tugend ist die, das Leben zu retten.

P.: Ganz klar, Padre.

B.: Alles in Ordnung? Ich glaube, das ist wichtig. Wir sind für das Leben und nicht für den Tod. Und ich muß mein Leben retten: »Liebe deinen Nächsten wie dich selbst«, doch wenn ich keine Liebe für mich selbst, für mein Leben habe, wie soll ich dann Liebe für andere haben? Gut?

P.: Gut.

B.: [...] Ich spreche dich los ...

P.: Padre, ich habe hier vor kurzem eine Firma gegründet, und sie haben Schutzgeld von mir verlangt.

B.: Was haben sie verlangt …?

P.: Schutzgeld, die Mafia. Und ich hab' es ihnen gegeben. Aber ich hatte kein gutes Gewissen dabei.

B.: Wem haben Sie das gegeben, dieses …?

P.: Zwei Männer kamen zu mir … Ich habe mich erst geweigert. Aber dann kamen sie wieder und sagten: »Sieh dich vor, dies ist die letzte Warnung.« Ich hab mich immer noch geweigert, aber dann haben sie vor meiner Tür Feuer gelegt, und da hab ich dann bezahlt.

B.: Was für eine Firma haben Sie denn?

P.: Eine Transportfirma.

B.: Und wenn Sie nicht bezahlt hätten, dann …

P.: Dann hätten sie, ich weiß nicht … vielleicht das Büro in die Luft gehen lassen, oder meine Lieferwagen, ich weiß es nicht.

B.: Ahh … mein Lieber, ich glaube nicht, ich glaube nicht, daß … Ihr Gewissen … Sie haben es ja nicht getan, weil … Sie haben das ja nur zu Ihrem Schutz getan, nicht wegen …

P.: Ja, nicht um Schlechtes zu tun, natürlich nicht. Aber die werden mit meinem Geld gewiß etwas Schlechtes tun, und deshalb bin ich hierhergekommen, um zu beichten.

B.: Das können wir nicht wissen. Diese Leute haben schlecht gehandelt, das ist klar, aber Sie haben denen das Geld ja nur aus Furcht gegeben. Natürlich müssen wir unser Leben schützen. Wenn wir eine solche Firma gründen wollen, dann können wir eben nicht anders, wir müssen zahlen … die Mafia hat Ihnen das ja sehr deutlich gesagt: »Entweder du zahlst oder …« Was soll ich tun? Naja, ich muß ja nicht weiter darüber nachdenken, was sie mit diesem Geld anfangen werden. Sie werden es gewiß nicht für eine gute Tat oder einen karitativen Zweck verwenden, aber sie sind es, die sich dafür verantworten müssen. Du kannst in diesem Fall nichts dafür. Was gibt's sonst?

P.: Ähh … ja, eine unreine Handlung, Padre, denn meine Frau ist im Norden, und da ich hier allein bin …

B.: Ja …?

P.: Eine Prostituierte.

B.: Hm, und weiter? Sonst nichts?

P.: Nein, sonst nichts.

B.: Naja, bitte um Vergebung, aber sei vorsichtig, du kannst dir schlimme Krankheiten holen, und außerdem ist es nicht richtig, es ist nicht erlaubt, es ist nicht gut gehandelt. Na, bitte den Herrn um Vergebung, wir wollen alles dem Herrn überlassen, nicht? ... Hoffen wir, daß der Herr ihre Herzen berührt und sie bekehrt, damit sie so etwas nicht mehr tun, denn es wäre schön, wenn jeder seiner Arbeit nachgehen könnte ... wo immer auch, denn die Erde gehört uns allen.

P.: Mir scheint aber, daß das hier in Sizilien leider nicht so ist.

B.: Wie?

P.: Mir scheint, hier in Sizilien ist das anders!

B.: Tja, die Bewohner Norditaliens sind ein bißchen ... hier geschieht alles nur durch ... Ja, sonst ... jetzt gibt es dieses, dieses, dieses ... und das dürfte es nicht geben, aber es geht nicht anders. Also, bitte den Herrn um Vergebung. Ich spreche dich los ...

Palermo

B.: Irgendwelche Sünden?

P.: Jjja ... ein paar unreine Handlungen, und dann etwas, Padre, das mir vor kurzem passiert ist ... Ich habe jemanden beauftragt, gewissen Leuten, die mich belästigt haben, eine Lektion zu erteilen. Wissen Sie, Padre, ich habe hier in Palermo eine Spedition gegründet, und da wollten sie gleich Schutzgeld von mir, das ich aber nicht bezahlen will ... Und sie haben mir so zugesetzt, daß ich schließlich Leute angeheuert habe, die ihnen eine Lektion erteilen sollen ...

B.: Aber ... es ist doch klar, daß auch ein Vergeltungsschlag nichts lösen kann, denn diese Leute, die Schutzgelder verlangen, die lassen sich nicht erschrecken. Wenn es Leute von der Mafia sind, worauf ja alles hindeutet ... also, das ist nicht der richtige Weg. Der einzige Weg ist, sich mit anderen zusammenzutun, die sich ihnen ebenfalls verweigern, und sie anzuzeigen. Das ist natürlich riskant, aber riskant ist es in jedem Fall, leider, angesichts dieser traurigen Situation, in der man sich befindet, wenn man hier arbeiten und sich sein Brot verdienen will. Überall stößt man auf Gefahren. Der beste Weg ist der, sich an die Justizstellen zu wenden, damit sie es mit denen aufnehmen ...

P.: Das nützt gar nichts, Padre. Wir haben das schon probiert, die Polizei kann nichts machen, diese Leute verstehen nur Gewalt.

B.: Ja, Sie meinen, mit Gewalt könne man etwas ausrichten. Glauben Sie, diese Leute, die von Ihnen Schutzgeld erpressen wollen, ließen sich durch solche Gewaltandrohungen abschrecken? Sie haben lediglich das Geld, das sie Ihnen hätten geben müssen, anderen gegeben, damit diese es in Gewalt gegen diese Leute umsetzen. Jetzt haben Sie die einen bezahlt, und es ist sehr gut möglich, daß Sie die anderen auch noch bezahlen müssen. Ich meine damit nicht, daß Sie das Schutzgeld bezahlen sollen, aber Sie sollten auch kein Geld ausgeben für ... Ich glaube, es gibt besondere Telefonnummern, über die man in solchen Fällen Kontakt mit der Polizei aufnehmen kann. Denn so erreichen Sie nichts. Sie verschlimmern Ihre Situation nur, denn höchstwahrscheinlich werden diese Leute dann ihrerseits zum Gegenschlag ausholen, und die Rache wird sich sicherlich nicht gegen die wenden, die Sie dorthin geschickt haben, sondern gegen den Auftraggeber, das heißt gegen Sie ... Hören Sie, ich muß jetzt leider gehen, ich habe eine Verabredung ... vielleicht könnten Sie morgen vormittag nochmals ...

Matera

P.: Padre, ich habe eine große Last auf dem Gewissen, denn, sehen Sie, meine Arbeit: Ich wasche Geld, Geld, das sicherlich nicht aus sauberen Quellen kommt, ich nehme es in Sizilien in Empfang und bringe es nach Norditalien, und dort bringe ich es so an, daß es danach nicht mehr, wie man so sagt, schmutzig ist ... Ich weiß nicht, ob das eine Sünde ist.

B.: Sicher ist das eine Sünde. Aufgrund des ungesetzlichen Handelns. Auf diese Weise wirkst du an einer nicht normalen Lebensform mit. Und unter diesem Gesichtspunkt ist es Sünde; auch wenn du nicht stiehlst, ist das klar? Du wandelst nur um, aber somit bist du Mitwirkender an etwas Irregulärem.

P.: Und ist das schlimm?

B.: Sicher ist das schlimm. Sicher ist das schlimm.

P.: Ja, und schauen Sie Padre, nach dem, was vorgestern passiert ist, die Verhaftung dieses Mafioso, dieses Santapaola ... ich glaube, bin fast sicher, daß das Geld von dorther stammt, von dieser Gruppe, naja, ich bin mit dem Geld, das sie mir gegeben haben, abgehauen.

B.: Abgehauen, wie?

P.: Ich bin mit dem Geld, das sie mir gegeben haben, abgehauen, das heißt, ich habe vor, es ihnen nicht wiederzugeben.

B.: Aber! Das ist ... das könnte eine weitere Sünde sein, das ist ja eigentlich Diebstahl, oder?

P.: Ja, aber ein Diebstahl an Mafiosi.

B.: Wen auch immer man bestiehlt, ob Mafioso oder nicht Mafioso, es bleibt ein Diebstahl.

P.: Aber es ist nicht ihr Geld, kein ehrlich verdientes Geld, oder!

B.: Aber es ist auch nicht deins.

P.: Ja, aber ich habe gedacht, daß ich mit dem Geld nichts Schlechtes anrichte, anders als die. Die kaufen damit, was weiß ich ... Rauschgift oder Waffen ...

B.: Das Leben muß nach den zehn Geboten geführt werden. Wenn man Respekt vor Gott und vor dem Nächsten hat, lebt man in Frieden, mit einem reinen Gewissen, in Frieden. Aber so, mit diesen Betrügereien ... eigentlich sehe ich eine Situation, die nicht vom Besten ist, im Gegenteil. Sagen wir mal, man muß eigentlich mitarbeiten, um die Situation zu entschärfen. Um den Geist etwas zu bereinigen, denn im Grunde genommen ist das ehrliche, das ehrfürchtig geführte Leben das, was einen zum Frieden brächte, aber so lebt man nie im Frieden. Auch wenn man vom Ausgangspunkt ausgeht, von der Sünde, die immer selbstverständlich schlimm bleibt, aber psychologisch gesprochen, weiß ich nicht, wie Sie in Frieden leben können, wenn Sie Dinge tun, die ungesetzlich sind.

P.: Ich weiß, Padre, aber es handelt sich um eine ziemlich große Summe. Ich könnte so den Rest meines Lebens verbringen, ohne etwas anderes zu tun.

B.: Jedenfalls ist Arbeit ... für sich genommen, eine Sache, die die Humanität stärkt. Selbst wenn ich ohne etwas zu tun leben könnte, ist dieses Nichtstun schon ein Ding der Unmöglichkeit.

P.: Hm. Ja, vielleicht, aber es ist besser als das, was ich bislang immer gemacht habe, denn das waren immer Dinge, die ...

B.: Das schon.

P.: Durch dieses einmalige nicht-korrekte Handeln könnte ich vermeiden, in Zukunft andere Dinge machen zu müssen.

B.: Ja, aber Sie sollten zusehen, daß Sie auch Ihrem Nächsten etwas Gutes tun, daß Sie Ihren Nächsten lieben, daß Sie jenen helfen, die es nötig haben, den Leidenden, den Behinderten, man kann sehr viel Gutes tun. Wer weiß, wie oft jemand auf eine hilfreiche Hand wartet und keine hilfreiche Hand findet ...

P.: Naja, Padre, ich weiß nicht, natürlich könnte ich auch einen Teil dieses Geldes für karitative Zwecke spenden.

B.: Sicher, es wäre ganz gut, wenn du es spendest, doch wenn man das Ganze rückgängig machen könnte, du es demjenigen, dem du es genommen hast, wieder zukommen lassen könntest, wäre das noch besser. Auch über Umwege, denn auch wenn du etwas aufpassen mußt, so ist es doch, oder? Ich will Sie nicht in Gefahr bringen. Aber wenn man es über Umwege schaffen könnte ...

P.: Aber das sind Kriminelle, sind Mörder ...

B.: Ohne groß etwas zu sagen, man steckt es in einen Umschlag, auch normales Papier ... das Geld, wie normales Papier, ohne Adresse ... nein, ohne Absender, ohne ... und dann schickst du es dem Empfänger. Ich weiß nicht, ob das ein Vorschlag wäre.

P.: Abgesehen davon, daß es ein großes Bündel ist, nicht einfach nur ein Briefkuvert. Hm ... zurückgeben meinen Sie?

B.: Ja, ja, das wäre das beste. Wenn es wirklich zu schwierig ist, es zurückzugeben, dann könnte man es auch anders in Umlauf bringen, vielleicht als Spende an die Dritte Welt, ich weiß nicht, irgendein ... was dir halt so einfällt. Denn Christus ist schließlich auch für uns gestorben, ja? Um uns zu retten, und wenn wir nicht ähnliches tun, denn wir leben unser Leben nur einmal, man kann da nicht wieder von neuem beginnen.

P.: Sie meinen, es wäre besser, es zurückzugeben?

B.: Ja, ja, das wäre das beste.

P.: Aber ich glaube, daß die anderen nur Schlechtes damit anrichten. Denn, wissen Sie, jetzt wird zwischen denen ein regelrechter Bandenkrieg herrschen.

B.: Das ist auch eine gewisse Gefahr ... denn selbst wenn die schlechten Gebrauch davon machen, so liegt das ja nicht an dir. Jeder hat sein eigenes Gewissen. Wer Gutes tut, wird Gutes finden, wer Schlechtes tut, der findet Schlechtes. Du darfst nicht etwas behalten, das dir nicht gehört, das ist schlecht ... Befreie dich von dieser Last, die dein Gewissen beschweren könnte.

P.: Ohne irgendetwas für mich zu behalten?

B.: Da du sagst: »Es ist nicht ihr Geld, sondern es ist gestohlen«, kann man nicht nachforschen, woher sie es haben, denn das wäre etwas schwierig. Insofern haben die es eigentlich der Gemeinschaft weggenommen, und deshalb müßte man dem Bedürftigsten der Gemeinschaft dieses Geld zukommen lassen.

P.: Aber, Padre, wie ist das ... vom christlichen Gesichtspunkt aus betrachtet ... ist es besser, es zurückzugeben oder es zu spenden?

B.: Tja, du stellst mich vor ein Problem, denn du sagst ganz zu Recht: »Ich habe ihnen das Geld genommen, aber das Geld gehört eigentlich gar nicht ihnen.«

P.: Ja.

B.: Also, du bist ganz sicher, daß es nicht ihnen gehört?

P.: Naja, es gehört schon ihnen, aber sie haben es durch Drogenhandel oder vielleicht durch Erpressung bekommen, ich weiß nicht ...

B.: Genau, du weißt es nicht? Du weißt nicht, wie sie daran gekommen sind?

P.: Ich kann mir vorstellen wie.

B.: Genau das ist der Punkt. Du bist im Zweifel, bist im Zweifel, du weißt, daß das Geld ihnen gehört.

P.: Ja.

B.: Ja, und deshalb mußt du es zurückgeben. Wärst du jetzt ganz sicher, daß sie es sich auf verbrecherische Weise angeeignet haben, sozusagen gestohlen oder sonstwas, dann könntest du eine Lösung finden. Doch da du diese Gewißheit nicht hast, ist es vernünftiger, es zurückzugeben, denn mit ihrem eigenen Gewissen müssen die selbst zurechtkommen.

P.: Ich könnte es ja mit einem Kurier schicken. Und dann verschwinden. Vielleicht ist es besser, wenn ich mich nicht sehen lasse.

B.: Wenn es gefährlich ist, ich weiß auch nicht, wie die Situation eigentlich ist. Denn selbst mit einem Kurier könnte es gefährlich sein. Denn selbst ein Kurier ... Ich weiß nicht, wie du das bewerkstelligen willst, auf diese Art und Weise, oder?

P.: ... Und, das wäre, wenn ich es zum Beispiel in einer Kirche hinterlegen würde und mitteilen würde, daß es abgeholt werden könnte?

B.: Ja, aber auch das wäre eine etwas prekäre Angelegenheit, denn da würde man ja auch die Kirche in Schwierigkeiten bringen.

P.: Ah ...

B.: Denn [unverständlich] über die Kirche wird dann gesagt ... »Du wußtest es ... und du hast es nicht angegeben ...«, verstehst du, was ich meine? Solange du mir das beichtest, mir das im Beichtstuhl sagst, oder wenn ein anderer beichten käme, und wenn der dann wüßte, daß du bereits gebeichtet hast, dann würdest du ja auch die Kirche mit hineinziehen, dann wäre ja auch der Priester ein Komplize desjenigen, der das Geld veruntreut hat ...

P.: Sie haben recht, Sie haben ganz recht. Ich merke, ich muß das alles genauestens überdenken.

B.: Ja, denke etwas darüber nach, und versuchen Sie sich in die Hände des Herrn zu geben, auf daß er Sie reinigen möge und Ihnen beistehe und aus dieser mißlichen Lage heraushilft. Oder so was ähnliches.

P.: Ja gut, Padre.

B.: Haben Sie noch andere Sünden?

P.: Naja, Padre, ja, einige andere Sünden habe ich schon begangen, nun, ich lebe mit einer Frau zusammen, mit der ich nicht verheiratet bin, und ...

B.: Tja, auch das ist, in irgendeiner Weise, eine Art Diebstahl. Und die Ehre des anderen zu stehlen, ist keine schöne Angelegenheit. Das sechste und das neunte Gebot.

P.: Ja, aber selbst wenn ich wollte, könnte ich sie nicht heiraten, denn sie ist verheiratet, nicht geschieden, und ihr Mann außerdem im Gefängnis.

B.: Tja gut, aber eine Geschiedene zu heiraten ... Aber eigentlich brauchst du sie ja gar nicht heiraten, du kannst es ja auch bloß standesamtlich machen, denn da gibt es kein Sakrament ... denn das Sakrament ist das, was der Gottvater will, damit es zu einer Familie führt, eine Gemeinschaft wird, das ist es. Außerdem bist du noch jung, und ich denke, du könntest durchaus noch … eine gesunde, junge Frau finden, mit der du dann eine Familie gründen kannst.

P.: Aber, Sie müssen wissen, Padre, ich bin eigentlich nicht so sehr der Typ, den man heiratet …

B.: Gut, wir haben ja eigentlich alle unsere Fehler, nicht nur du allein. Der eine hat diesen, der andere hat jenen. Deshalb, wenn man sich selbst ein bißchen in Ehre hält, heißt das auch, seinem Verhalten etwas Mut zu machen. Schließlich machst du dir auch Mut, wenn du immer das Beste tust, oder? Und wenn du dein Verhalten verbesserst, wirst du immer mehr *Du* selbst.

P.: Ja, gut Padre.

B.: Bittest du den Vater wirklich um Verzeihung, auch für die Sünden, an die du dich nicht mehr erinnerst … Dann sprich ein Gebet aus deinem eigenen Herzen und versuche dadurch ein wenig wiedergutzumachen … oder? Ich spreche dich los …

Pavia

B.: Sag mir in aller Ruhe, in aller Ruhe, welche Probleme dir auf dem Herzen liegen. Beginne ruhig mit dem Einfachsten.

P.: Es ist schon so viele Jahre her, daß ich nicht gebeichtet habe. Im Moment lebe ich in einer ziemlich schwierigen Situation … ein heikles Thema …

B.: Ja gut, in Ruhe, erzähle mir dein Leben in Ruhe und ganz frei.

P.: Padre, ich habe einen Jugendfreund, der jetzt das Priesterseminar absolviert. Vor zwei Jahren habe ich abgetrieben, und das war für mich ein traumatisches Erlebnis. Er hat mir beigestanden, hat mir geholfen, den Glauben wiederzufinden.

B.: So, er hat dir geholfen?

P.: Ja, denn wissen Sie …

B.: Ja, natürlich mein Kind, ich verstehe dich. Aus eurer Freundschaft ist dann das entsprungen, was man …

P.: Ja, genau. Er sagt, er will die Kirche verlassen, um mich zu heiraten.

B.: Also, obwohl er im Seminar ist, will er die Kirche verlassen.

P.: Ja.

B.: Wie alt ist er?

P.: Siebenundzwanzig.

B.: Also war er bereits erwachsen bei seiner Berufung.

P.: Ja.

B.: Also, naja, Sie sind also an dem Punkt angelangt, daß er austreten will und dir sagt, er möchte dich heiraten.

P.: Ja, aber ich kann es ihm nicht erlauben, denn ich war egoistisch. Ich hätte mehr Respekt vor seiner Stellung haben müssen, ich hätte vor ihm mehr Respekt haben müssen. Außerdem wäre es schlimm für mich, wenn er mir morgen das Ganze wieder vorwirft. Ich habe den Verdacht, daß er mich mehr aus einem Schuldgefühl heraus heiraten will als aus Liebe. [...]

B.: Sicher, du hast schon recht getan dadurch, daß du ein wenig Abstand nimmst. Ich glaube, man kann noch keine Entscheidung fällen, denn die ganze Sache ist noch zu unausgegoren. Deshalb meine ich, daß man eine gewisse Zeit verstreichen lassen sollte. Wenn er dann wirklich will und ihr euch gemeinsam, übereinstimmend entscheiden solltet ... Aber es ist zu bedenken. Vorerst hat er ja schon einen Weg eingeschlagen, er absolviert doch das Priesterseminar, oder? ...

P.: Ja, ich habe ihn gebeten, daß er zur Beichte geht, er muß mit jemandem über seine Situation sprechen.

B.: Glaubst du, er hat es getan?

P.: Nein.

B.: Du hast aber den Mut dazu gefunden.

P.: Bei mir ist das anders, Padre. Er wollte auf alle Fälle das Gelübde ablegen, obgleich er mit mir zusammen war.

B.: Nein, gerade erst gestern habe ich im Radio gehört, daß der Papst sich zu dieser Sache geäußert hat, denn viele Priester, viele Bischöfe, leider auch ein Bischof in Amerika, mußten die Kirche verlassen ... Trotzdem sagt der Papst: »Ich fühle mich dazu verpflichtet, für die Geweihten den Wert des Zölibats zu unterstreichen, auf daß sie dessen Reinheit immer wieder neu entdecken.« Und wer lebenserfahren ist, der weiß, daß es diese Dinge gestern wie heute gegeben hat. Darum, wir müssen doch diese Weisheit haben, oder? Deshalb meine ich, daß dies keine Lösung wäre. Und er muß sich dessen bewußt sein, trotz allem jugendlichen Elan. Ich meine, man muß diese ganzen Erfahrungen leben ...

wenn man jung ist, denkt man über vieles nicht nach. Darum geht es. Wenn ich meine Vorbereitungsgespräche mit den Verlobten mache, sage ich ihnen immer, daß diese meine Worte nicht lange gültig sind, denn in drei Jahren kann es schon sein, daß ... Und weshalb? Weil die Worte, die ich euch jetzt sage, in drei Jahren, wenn ihr mehr Erfahrung habt, für euch ganz anders klingen können. Und deshalb mußt du dir dessen jetzt schon bewußt sein, denn wenn du dreißig Jahre alt bist, dann findest du keine Ideale mehr. Da ist man dann bereit, sich hinzugeben, sich in etwas hineinzustürzen, ohne nachzudenken. Das hat mir ein Marineoffizier, der die ganze Welt bereist, erklärt, er sagte: »Wenn wir an Land gingen, waren da immer ganze Scharen von hübschen Mädchen ... Und wer hätte uns da noch aufhalten können?« Aber wenn du davor schon niemanden hattest, der dich an die Hand nahm, denn leider habt ihr jungen Leute heutzutage keine Begleitung mehr. Denn während du hier so mutig mit mir sprichst, laufen draußen Massen von Menschen herum, die vollkommen auf sich allein gestellt sind.

P.: Padre, wenn man gewisse Sünden beichtet, hat man manchmal die Angst, nicht richtig verstanden zu werden, denn man weiß ja nicht, wer vor einem sitzt. Und wenn man keinen Trost findet... Ich denke, daß vor dem Priester doch der Mann steht... Ich denke, daß der Priester den Kontakt zur Wirklichkeit nicht verlieren darf.

B.: Sehr gut, so ist es! Vor allem sind wir Männer. Vollkommene Männer und ganze Priester! [...]

P.: Also Padre: Sie raten mir, vorläufig keine Entscheidung zu fällen.

B.: Meines Erachtens mußt du ihm helfen, aus diesem Zustand herauszufinden, denn in diesem Doppelleben kann er nicht weiter bestehen.

P.: Das weiß ich, aber wie soll ich das schaffen? Sie meinen, ich soll enthaltsam sein ...?

B.: Hmmm, doch ... vor der körperlichen Enthaltsamkeit steht ja schließlich noch die Orientierung der Lebensführung. Meines Erachtens nach müßte er jetzt sagen: »An diesem Punkt angelangt, muß ich mich selber fragen: Will ich der Berufung weiterhin folgen, oder will ich austreten?«

P.: Ich weiß, aber er findet nicht die Kraft dazu ...

B.: Er muß! Er muß! Er wird reifen, Tochter, das geht nicht von einem Tag auf den anderen. Und deshalb rate ich dir, ihm nahe zu sein, um ihm diese geistige Erleuchtung zu geben. Du mußt ihm sagen, daß er erwachsen und nicht mehr zwischen fünfzehn und zwanzig Jahre alt ist. Es ist an der Zeit, endgültige Entscheidungen zu treffen.

P.: Nun, Sie haben ja, glaube ich, schon verstanden, daß ich mich in dieser Situation doppelt verantwortlich fühle. Verzeihen Sie, daß ich beharre, aber, ist es denn richtig, wenn ich so weitermache, ich meine, auch körperlich, sollte ich nicht …?

B.: Nein, nein, auch was das Körperliche betrifft, ist es richtig, es gibt keine Heiligen, die da zu Hilfe kommen, er muß selbst seinen Weg finden. Es ist das, was ich dir vorhin schon sagte über die Jugend und die Reife. Ihr seid noch jung, und deshalb wollt ihr euch binden und einander besitzen. Solang er es nicht selbst begreift … solang er nicht zur Beichte gehen will … muß man ihm doch beistehen, oder? Auf dem Priesterseminar hat man ihn aus dem Gleichgewicht gebracht. Das muß man verstehen. Jetzt ist er vereinsamt. Jetzt kann er nicht mehr, er findet kein Verständnis und keine Zuwendung mehr. Es gilt jetzt dir, auf dich und auf ihn zu achten. Es wird gesagt, daß im Jahr 2000 sich die Christen erheben werden. Und das ist wichtig. Die anderen aber, diejenigen, die immer hinter der Masse zurückgeblieben sind, die werden fallen … Jedoch aus meiner Erfahrung kann ich dir sagen, daß die Kirche sehr viele Fehler begeht, historische wie auch eigene … Dennoch habe ich bemerkt, daß die Kirche, sei es politisch oder sozial, kaum je fehl gegangen ist … Allenfalls haben sich die weltlichen Christen nicht an die Normen oder an die Empfehlungen gehalten. Auch für uns ist die Kirche eine beruhigende Sicherheit. Anders als Paul VI. ist unsrer ein Kämpfer, er gibt dir Mut, er ist ein Heeresführer … Nur Mut, ich spreche dich los, indem ich von dir verlange, daß du einen Monat lang jeden Tag den Rosenkranz sprichst. Gehe in Frieden, Tochter.

B.: Seit wann hast du nicht mehr gebeichtet?

P.: Seit zwei Wochen.

B.: An was entsinnst du dich?

P.: Ich bin in einen Mann verliebt, den ich nicht haben kann.

B.: Ist er älter als du?

P.: Ja, Padre. Es ist so, es ist mein geistlicher Vater, es ist der Priester meiner Kirche.

B.: Ein Priester?

P.: Ja.

B.: Von hier?

P.: Nein, Padre.

B.: Naja, habt ihr euch jetzt getrennt, oder geht das noch weiter ...

P.: Wir sehen uns öfter.

B.: Habt ihr auch Geschlechtsverkehr miteinander gehabt?

P.: Nicht vollkommen, aber ein bißchen ...

B.: Naja, und an was erinnern Sie sich noch?

P.: ... Ich habe Unkeusches getrieben.

B.: Alleine oder mit anderen?

P.: Auch alleine.

B.: Und sonst noch etwas?

P.: Nichts mehr, Padre.

B.: Naja, dann bitte die heilige Muttergottes darum, daß sie dir die Hilfe zukommen läßt, aus dieser Klemme zu kommen.

P.: Padre, wie soll ich mich ihm gegenüber verhalten?

B.: Ohne zu verzweifeln. Bitte die Muttergottes darum, daß sie dir aus dieser Situation heraushilft. Gott kennt die Wege, die wir nicht kennen.

P.: Ja, gut, aber wie soll ich mich ihm gegenüber verhalten?

B.: Ja, meine Liebe, ihm gegenüber mußt du sagen: »Hör zu, ich überlege mir das Ganze und überdenke es. Es ist eine Odyssee, die mich und dich betrifft und deshalb wäre es besser, wenn wir ...« Du mußt den Herrn um die notwendige Hilfe bitten, mußt beten, und auch ich bete für dich.

P.: Aber darf ich ihn in dieser Zeit gar nicht mehr sehen?

B.: Was machst du?

P.: Ich studiere, Padre.

B.: An der Universität?

P.: Ja, Sprachen.

B.: Tüchtig, tüchtig.

P.: Also, darf ich ihn jetzt erstmal nicht mehr sehen?

B.: Ja, so denke ich, mein Liebes. Denn wenn du ihn wieder triffst, dann erwacht die Liebe erneut, verstehst du? Außerdem kenne ich sowas, denn auch ich bin Lehrer, verstehst du? Zur Buße betest du zehn Ave-Maria an die Muttergottes für alle Kranken und Leidenden, verstehst du? Aber verzweifle nicht, mein Liebes, versuche Abstand zu halten, ganz, ganz, ganz allmählich erkaltet die Beziehung. Denn du erreichst nichts damit, du verdirbst dich selbst, erreichst nichts damit. Verstehst du mich? Ein schmerzhafter Verzicht, Liebes.

P.: Gut, ich werde es versuchen …

B.: Und ich werde dich lossprechen … Der Herr segne dich. Wann immer du in Not bist, komme zu mir. Verstehst Du? Am besten dienstags oder donnerstags, denn da habe ich mehr Zeit, dann können wir uns auch da drinnen unterhalten [deutet auf die Sakristei], hast du verstanden, mein Liebes?

P.: Ja, Padre, danke.

Florenz

P.: Padre, ich gehe nicht sehr oft in die Kirche, und ich fürchte, ich habe oft gesündigt, aber ein schweres Problem liegt mir vor allem auf der Seele, und ich hielt es für besser, mich fern von meiner Heimatstadt einem Priester anzuvertrauen. Es handelt sich darum: Ich bin Arzt, und seit einiger Zeit habe ich ein Verhältnis mit einer der geistlichen Krankenschwestern in meiner Klinik …

B.: Öööhhh!! Das ist aber eine schlimme Sache!!! Das ist ja eine schreckliche Sünde!!!

P.: Ja, ich weiß, daß es eine Sünde ist …

B.: Aber ja, besonders mit einer Geweihten, die doch ein Gelübde abgelegt hat. Aber ist die Schwester denn damit einverstanden, oder bist du es, der sie verführt?

146

P.: Hm, ich glaube, ich habe sie verführt, ja. Obwohl sie schon über dreißig ist, war sie noch Jungfrau, aber ich glaube, sie war sehr in Versuchung, das hat sie mir jedenfalls gesagt.

B.: Und ihr führt dieses Leben jetzt weiter?

P.: Zur Zeit nicht, denn sie ist schwanger?

B.: Und was jetzt?

P.: Ich habe ihr gesagt, sie müsse ein Verhütungsmittel nehmen, aber das wollte sie nicht, weil die Kirche dagegen ist, sagte sie ... Aber in diesem Fall wäre es besser gewesen, ein Verhütungsmittel zu nehmen, meine ich.

B.: Und hat sie abgetrieben?

P.: Nein, sie will nicht abtreiben, sie will absolut nicht, sie sagt ...

B.: Sie will es behalten ...

P.: Ja, sie will es behalten ...

B.: Also will sie aus dem Orden austreten?

P.: Sie sagt, es gäbe da ein Haus der Kirche, wo für die Kinder gesorgt wird, und sie will dann in Klausur gehen. Oder sie geht mit dem Kind in dieses Haus. Ich habe ihr einen anderen Vorschlag gemacht, nämlich daß sie ihren Orden verläßt, ich könnte sie dann schon unterbringen ... Ich kann sie nicht heiraten, denn ich bin schon verheiratet, aber ich könnte ihr immerhin eine Wohnung und eine Arbeit und ein gesichertes Leben verschaffen.

B.: Aber wenn du doch schon verheiratet bist! Da hast du dir aber eine schlimme Geschichte aufgehalst ...

P.: Mit einer Abtreibung wäre alles gelöst, sie könnte ihr Leben weiterführen wie bisher, ich meines auch, und wir würden natürlich aufhören damit, nach dieser Erfahrung ... Ich versuche die ganze Zeit, sie davon zu überzeugen, daß die Abtreibung die beste Lösung wäre in diesem Fall, aber ich gerate dabei immer wieder an die Unerbittlichkeit der Kirche in diesem Punkt, die offensichtlich mehr gilt als alles andere ... Sie sagt, sie würde nie und nimmer abtreiben, lieber will sie das Kind in ein Waisenhaus stecken!

B.: [unverständlich] ... wenn es diesen Ausweg gibt, daß das Kind von der Bildfläche verschwindet, aber dann wäre es ohne eine Mutter, das eine wie das andere ...

P.: Es bliebe jedenfalls ohne einen Vater.

B.: Aber weiß deine Frau denn davon?

P.: Nein, meine Frau weiß nichts. Gottseidank. Ich habe zwei Söhne, einen kleinen und einen schon etwas größeren.

B.: Dieses Kind bliebe also ohne Vater und ohne Mutter ... wenn die Nonne bei ihrer Entscheidung bleiben will ...

P.: Ja, sie redet immer nur von Klausur. Das scheint mir aber keine gute Lösung zu sein.

B.: Nun sieh, mein Sohn, ihr müßt diese Entscheidung gemeinsam treffen, ich kann euch da nichts raten ... Ihr könntet das Kind in dieses Heim geben, im geheimen irgendwelche Papiere unterschreiben – ich weiß nicht ... daß jemand sich darum kümmert und so weiter, denn wenn die Schwester dabei bleiben will, danach, das kommt darauf an ... Die Äbtissin wird es ohnehin erfahren, man kann das ja nicht verbergen, sie ist eine Schwester, und sie werden dort ihre Richtlinien haben und ihre Entscheidungen treffen. Und wie alt ist diese Schwester jetzt?

P.: Zweiunddreißig.

B.: Anders wäre sie eben eine alleinerziehende Mutter und würde das Kind großziehen. Mit deiner Hilfe ... ohne daß ihr weiterhin sündigt, hast du verstanden!? Zur Abtreibung kann ich nicht raten, um Gottes willen, das Leben geht immer vor. Das hat der Papst klar gesagt, auch dort bei den Serben, wo es die Kinder der Gewalt gibt, die von den vergewaltigten Frauen.

P.: Das scheint mir zutiefst unrecht zu sein.

B.: Auch wenn sie vergewaltigt wurden: Der Papst hat gesagt, sie sollen sie austragen, aber das dort war äußerliche Gewalt, verstehst du?

P.: Aber was soll werden aus diesen armen Kindern?

B.: ... Der Herr wird ihnen beistehen, denn die göttliche Vorsehung ist überall. Gewiß, es sind Kinder, die unter diesem ... aber es gab schon einmal einen solchen Heiligen, ich erinnere mich nicht mehr, war es der heilige Philipp? ... ein Heiliger, der eben ein Sohn von einer solchen Vergewaltigten war ... Ja, von einer vergewaltigten Dienerin ... Wenn sie abtreibt, ist sie exkommuniziert. Nur der Bischof kann das aussprechen ... Das ist eine Verantwortung, die ... entschuldige, wenn ich dir das sage ... was hast du nur getan, was hast du getan? ... wenn du ihr zu einer unrechten Entscheidung rätst ...

P.: Aber was würden Sie mir denn raten? Das Kind in dieses Heim zu stecken, oder lieber, daß ich mich um die beiden kümmere und sie beieinander bleiben können? Mir ist die Vorstellung, in Klausur zu gehen oder in einem solchen Heim leben zu müssen, ehrlich gesagt ...

B.: Aber du hast eine Ehefrau! Hast du sie denn gerne, deine Frau?

P.: Ja, natürlich.

B.: Also, erst kommt die Ehefrau ...

P.: Aber die andere habe ich auch gerne ...

B.: Du kannst sie nicht nebeneinanderstellen, sonst begehst du jedesmal, wenn du zu der anderen gehst, einen Ehebruch, weil du verheiratet bist. Leider hat auch sie ihre Zustimmung gegeben, sie trägt auch eine Verantwortung, aber sie darf nicht die Frau sein, mit der du gehst, verstehst du?

P.: Hm, aber wenn sie mit meinem Kind zusammenleben würde, in einer Wohnung, die ich ihr ...

B.: Das ist nicht zulässig. Lassen Sie sie, unterhalten Sie sie finanziell und damit basta, Mutter und Kind, das ist Ihre Pflicht. Aber du hast auch die Pflicht, deiner Frau treu zu sein, verstanden? Diese Frau, die einmal ein Gelübde abgelegt hat, die kann davon befreit werden, aber wenn du deine Frau verläßt, so kannst du davon nie befreit werden, höchstens durch eine Annullierung der Ehe. Die Ehe ist eine sehr feste Bindung ...

P.: Aber ich habe nicht kirchlich geheiratet.

B.: Nein?

P.: Nein, meine Frau ist nicht-gläubig. Sie wollte nicht in der Kirche heiraten.

B.: [Pause] Es gibt also keine Bindung ... du kannst irgendwann wählen zwischen der Schwester, wenn sie von ihrem Gelübde entbunden ist, und deiner Frau ... Aber das wird nicht einfach sein, meiner Meinung nach. Das ist nicht so einfach. Gar nicht einfach, gar nicht, ich muß darüber nachdenken, ich muß mich erkundigen, wie ... ich kann das nicht sagen ... Kannst du morgen vormittag wiederkommen?

P.: Ich weiß nicht ...

B.: Nein, du wirst nicht wiederkommen, das ist mir klar! Naja, ich werde hier sitzen bis mittags, morgen, aber du wirst nicht wiederkommen, du nicht!

P.: Ich weiß es nicht ...
B.: Na dann, adieu.
[schließt das Sprechfenster des Beichtstuhls]

Tarent

B.: Seit wann haben Sie nicht mehr gebeichtet?
P.: Seit einem Monat, Padre, mein Vater liegt im Sterben. Er will die letzte Ölung nicht haben, ich mußte ihm schwören, daß ich das verhindern werde. Jetzt weiß ich nicht ... Ist es eine Sünde, wenn ich ihm zuwiderhandle?
B.: Nein, du tust gut daran. Warum will er sie nicht?
P.: Er war immer, entschuldigen Sie, Padre ... ein Pfaffenfresser.
B.: Ist er noch bei klarem Bewußtsein?
P.: Teil, teils. Er steht unter starken Beruhigungsmitteln.
B.: Sprich mit dem Kaplan des Krankenhauses. Er wird schon eine Möglichkeit finden, zu ihm vorzudringen. Als Krankenhauskaplan darf er ins Zimmer. Er wird ihn nicht wegschicken können.
P.: Aber der Kaplan war schon bei ihm. Als mein Vater ihn sah, wurde er so wütend, daß er einen Herzanfall bekam.
B.: In solchen Fällen muß man den Mut haben, jemanden zu zwingen. Natürlich, wenn das Sakrament gültig sein soll, dann muß auch der Betroffene einverstanden sein, aber in diesem Fall, bei einem Schwerkranken, der nicht mehr voll bei Bewußtsein ist ... Deshalb meine ich, man sollte ihn zwingen, in Anführungszeichen. Er leidet darunter keinen Schaden, es ist nur für sein Wohl. Wir jedenfalls tun etwas Gutes. Unternimm du diesen Versuch für sein Wohl, das übrige wird der Herrgott besorgen. Du als seine Tochter, tu, was du kannst für sein Wohl. Ich vertraue darauf, daß nach und nach ... Wie oft ist das nicht schon vorgekommen? Leute, die ganz zum Schluß plötzlich ... Es ist keine Schande, wenn wir das tun.
P.: Von unserem Gesichtspunkt aus nicht. Aber mein Vater denkt da anders. Sie können sich nicht vorstellen, wieviel wir darüber gesprochen haben.
B.: Ahhh, die Sturheit ist oft leider schrecklich. Bis vor kurzem mußte ich noch gehen, den Haussegen auszuteilen, dort, wo die

Partisanen leben, die Kommunisten, Atheisten und Aktivisten. Ich habe das nicht gerne getan. Und dieses Jahr habe ich mir gesagt, meine Aufgabe ist es, Pfarrer zu sein. Ich ging also hin und klopfte an die Tür und dachte: Wer wird mir wohl öffnen …? Nun, es haben mir alle ihre Türen geöffnet. Alle. Keiner hat mich abgewiesen. Und ich habe meine Pflicht getan. Das ist es, was wir tun müssen, den Rest überlassen wir der Gnade Gottes.

P.: Sie meinen also, daß ich, auf die eine oder andere Weise …? Aber, ich meine, es ist doch der Wille meines Vaters.

B.: Die Gnade des Sakraments ist größer als der menschliche Wille. Laß dich von deinen Skrupeln nicht überwältigen, denn es geschieht zu einem guten Zweck. Ein Zweck, den er nicht mehr einzusehen vermag, verstehst du?

P.: Ich dachte immer, der Zweck heiligt nicht die Mittel …

B.: Das ist es nicht. Der Zweck, über den wir hier sprechen, ist ein objektiv gültiger. Er ist zwar in diesem Fall der Adressat, aber du bist der Vermittler, und du bist die Weisere, dein Gewissen ist rein, wenn du das tust. Der Zweck ist objektiv gültig.

P.: Padre, entschuldigen Sie, ich habe nicht ganz verstanden. Wenn die letzte Ölung gültig sein soll, dann …

B.: Nein. Mit gesetzlicher Gültigkeit hat das nichts zu tun. Es zählt nur die Absicht: Deine Absicht ist richtig, und zu seinem Wohl solltest du mit dem Kaplan sprechen, dann könnt ihr zusammen überlegen, was man tun kann. Die Gültigkeit überlassen wir dem Herrgott. Der Herrgott steht über dem ganzen Gesetzesapparat. Sonst noch etwas? […]

Bologna

P.: Padre, ich bin seit fünf Jahren verlobt und soll demnächst heiraten, aber ich bin mir nicht sicher. Ich weiß nicht, ob es richtig ist.

B.: Was ist passiert?

P.: Mein Verlobter hat mir immer vorgeworfen … nun, er nennt es exzessive Frömmigkeit. Wir sind uns nicht einig über die Erziehung unserer Kinder: Er will sie zwar taufen lassen, aber er meint, man solle es ihnen überlassen, ob sie dann, wenn sie groß sind, zur Kommunion und zur Firmung gehen wollen.

B.: Aber wenn ihr ihnen das Leben schenkt, ohne sie dann einführen zu können, ohne ihnen auch das geistige Leben schenken zu können, das noch wichtiger ist, das scheint mir ...

P.: Er fürchtet, daß die Kinder, wenn sie groß sind, ihm vorwerfen könnten, daß er ...

B.: [aufgeregt] Aber seit wann gibt es denn das, daß einem ein Geschenk vorgeworfen wird, entschuldigen Sie bitte! Das ist eine teuflische Überlegung, das!

P.: Vielleicht habe ich deshalb Zweifel ...

B.: Aber wenn die Hochzeit schon festgelegt ist, wie du sagst ...

P.: Ja, Padre. Auch unsere Wohnung ist so gut wie fertig.

B.: Oooohhhh!

P.: Ja, und sehen Sie, sein Vater liegt im Sterben. Da er Atheist ist, verweigert er die letzte Ölung, und er will verbrannt werden. Mein Verlobter leidet darunter.

B.: Hm, die Kremation ist kirchlich erlaubt. Die Kirche ist jetzt nicht mehr so streng wie früher, sie hat die Kremation zugelassen. Darüber muß man ihm jeden Zweifel nehmen, denn da gibt es keine Probleme.

P.: Das habe ich schon getan, Padre. Aber mein Schwiegervater glaubt auch nicht an die Auferstehung des Geistes, verstehen Sie? Mein Verlobter weiß nicht, was er tun soll: den Willen seines Vaters respektieren oder ihm trotzdem die letzte Ölung geben lassen?

B.: Man kann niemandem ein Sakrament verabreichen, wenn er das nicht will, das ist klar: um Gottes willen, nein.

P.: Aber was soll dann aus seiner Seele werden, Padre? Wenn er es trotzdem tut, dann, denke ich, wird sein Vater ihm im Jenseits dafür danken!

B.: Ja, schon gut, aber man kann das nicht machen. Jesus läßt sich nicht mit Gewalt in die Seelen hineinpressen, wenn einer nicht will, dann will er nicht. Da kann man nichts machen. Auch Judas hat das Ende erlebt, das ihm zustand. Wir können das nicht tun, aus bestimmten Gründen. Die Kremation, die können Sie ruhig vornehmen lassen, da gibt es keine Probleme, es ist nicht verboten.

P.: Ich habe mit dem Kaplan des Krankenhauses gesprochen, und er meinte, daß er es unter gewissen Umständen schon versuchen könnte, auch wenn es ein Grenzfall ist.

B.: Aber hat Ihr Schwiegervater denn nie einen Gedanken, ein Wort, eine Geste des Glaubens geäußert, wie? Nicht einmal ein kleines Zeichen, eine Klage wie »Oh Gott« oder so was? Wenn er klagt, was sagt er dann?

P.: Padre, ich möchte lieber nicht zu ihm ins Krankenhaus gehen.

B.: Aber deine Anwesenheit könnte für ihn ein Grund zum Nachdenken werden, wer weiß, ob nicht du das Instrument bist, mittels dessen der Herr sich dieser Seele annehmen möchte und sie retten will wie die Häscher am Kreuze.

P.: Also, Sie meinen, wenn er klagt oder wenn er Gott anruft …

B.: Wenn du so etwas bemerken würdest, so wäre das schon ein Signal, nicht? Durch diesen kleinen Türspalt könnte Gott eindringen. Geh zu ihm, tu das und bete viel für ihn. Beten wir gemeinsam, denn das ist eine Sache, die mich angeht und dich, uns alle. Und laß es mich wissen.

P.: Und was sagen Sie mir zu meinem Verlobten? Ich meine, die Sache mit der Erziehung der Kinder, die hat mich beunruhigt.

B.: Naja, wer soll ihn schon zwingen? Er hat die Möglichkeit, es ist ein Potential, das wir den Leuten in die Hand geben. Wenn er es dann nicht gebrauchen will, wer kann ihn dazu zwingen? Sehen wir zu, daß sie getauft werden!

P.: Aber die Taufe steht gar nicht zur Debatte. Nur die Erstkommunion und die Firmung.

B.: Das hängt ganz von dir ab, denn wenn du deine Kinder so erziehst, daß sie die Gegenwart Gottes fühlen, dann wird das Kind sagen: »Papa, ich will zur Erstkommunion gehen und auch zur Firmung!« Und welcher Vater könnte einem Kind das verweigern? Wenn einer ihn um ein Stück Brot bittet, wird er es dann verweigern? Nein! Und wenn er ihn um diese wertvolle Sache bittet, wird er sie dann verweigern? Nein! Auch wenn das Kind noch klein ist. Es hängt alles von dir ab.

P.: Ja, aber er sagt, ein Kind von sechs Jahren könne noch nicht wissen, was es wirklich will.

B.: Aber er versteht doch auch, daß ein Kind mit drei Jahren zum Arzt gehen muß, daß es etwas zum Anziehen haben muß, etwas zum Essen, daß es alles mögliche haben muß, in eine Schule gehen muß, nur in diesem Fall glaubt er … ich meine, ihr seid diejenigen, die das für eure Kinder entscheiden müßt, es ist klar, daß das Kind allein hilflos ist und das nicht kann. Und wozu sind die Eltern denn da?! Hat er eure Heirat denn deswegen je in Frage gestellt?

P.: Nein, absolut nicht.

B.: Und du, hast du ihm nie gesagt, daß du es dir deswegen vielleicht noch einmal überlegen würdest?

B.: Was die Kindererziehung angeht, so gebe ich nicht nach. Er schiebt das Problem auf.

B.: Sie könnten ihm folgendes sagen: wenn er ein solch widersprüchliches Verhalten beibehält, dann könnte der Priester auch beschließen, euch das Sakrament der Trauung zu verweigern. Wenn das Sakrament zwischen einer Katholikin und einem Nicht-Katholiken stattfindet, wenn dann der Nicht-Katholik nicht unterschreibt, daß er seiner Frau die volle Freiheit läßt, die Kinder christlich zu erziehen, dann vollzieht die Kirche das Sakrament nicht.

P.: Aber er ist ja katholisch, er ist gläubig.

B.: Ja, aber wenn er nicht unterzeichnet, daß er der Frau volle Freiheit für die Erziehung der Kinder läßt, dann ist er wie ein Nicht-Katholik. Ahhh, sag ihm nur, daß er auf Schwierigkeiten stoßen wird! Denn wir prüfen die Brautleute, jaja! Wir gehen der Sache auf den Grund, bis wir Klarheit haben. Er kann denken, was er will, aber er muß seiner Frau die Freiheit lassen, die Kinder christlich zu erziehen … Er sagt doch, er wäre Atheist, nicht?

P.: Wer? Mein Verlobter? Aber nein! Er ist gläubig! Sein Vater ist der Atheist!

B.: Ach, und er ist gläubig?

P.: Aber ja! Er glaubt nur auch an die Freiheit des Individuums, und deshalb will er auch unseren Kindern die Freiheit lassen, über Glaubensfragen zu entscheiden.

B.: Was soll denn das für eine Freiheit sein! Wir haben überhaupt keine Freiheit, darüber zu entscheiden! Denn diese Freiheit hängt von der Umgebung ab, in der das Kind lebt, von den Leuten, mit denen es lebt, von der Erziehung, die es bekommt, von der Belehrung, die man ihm gibt. Was heißt schon Freiheit! Was soll das heißen, Freiheit! Man kann sich nicht einfach neutral verhalten zu all dem, es gibt keine Neutralität, und wenn er dir nicht absolute FREIHEIT darin läßt, die Kinder zu erziehen, wie du willst, wenn er sich darauf versteift und den Priester in der Ausübung seines Amtes behindert, dann geht diese Sache eben an den Bischof, ja! Jaja, sagen Sie ihm das nur! Erklären Sie ihm, wie es ist, und wenn ihr dann zusammen zur Eheprüfung gehen müßt, dann wird man ihm auf den Zahn fühlen. Es gibt da ganz bestimmte Fragen, und jeder von euch wird einzeln geprüft, einer nach dem anderen. Alle beide müßt ihr dann unterschreiben, daß ihr bereit seid, die Kinder im Sinne der Kirchenlehre zu erziehen ... Nein, nein, du solltest ihn lieber jetzt schon darauf vorbereiten, daß ihr eure Haltung vor der Kirche sehr klar darlegen müßt, und daß ihr die Entscheidung dann der Kirche überlassen müßt, denn nicht ihr verwaltet die Sakramente, sondern die Kirche. Die Kirche kann nicht alle Sakramente über den Haufen werfen, für den ersten, der daherkommt. Werft die heiligen Dinge nicht den Hunden vor, werft keine Perlen vor die Säue, so sagt Jesus, vor die Säue, sagt er, nicht? Das bedeutet, man soll die wertvollen Dinge nicht denen hinwerfen, die sie nicht zu schätzen wissen, stimmt's? Wir haben diese Verantwortung zu tragen. Also, lege dem Herrn alles offen dar, alle Gedanken, deine Wünsche, deine Worte, Handlungen, Gesten, Verhaltensweisen, Gefühle, wenn sie nicht gut sind. Ich spreche dich los ...

Foggia

P.: Padre, ich muß Ihnen etwas Wunderbares erzählen! Ich empfinde darüber eine solche Freude, daß ich ...
B.: Seit wann hast du nicht mehr gebeichtet?
P.: Ich beichte jede Woche, Padre.
B.: Und beichtest du auch richtig? Ja. Also, dann sag mir ...
P.: Padre, ich bin eben deshalb aus Mailand hierhergekommen ... Sehen Sie, die Muttergottes ist mir erschienen!
B.: Und wann soll sie dir erschienen sein, diese Muttergottes?
P.: Schon dreimal, Padre! Am Abend, bevor ich einschlafe ...
B.: Höre, mein Kind, wenn die Sache wirklich stimmt, dann danke deinem Gott und damit basta.
P.: Aber es will mir keiner glauben!
B.: Du mußt es auch keinem sagen.

P.: Aber sie hat zu mir gesprochen! Sie hat mir eine Botschaft anvertraut!

B.: Du, du mußt es niemandem sagen! Und weißt du, warum nicht? Weil die nämlich ... und was wäre das für eine Botschaft, die sie dir anvertraut hat?

P.: Sie war sehr in Sorge, sie sagte, ein heiliger Krieg stünde bevor, ein Krieg gegen die Moslems!

B.: Das sind Sachen, die du nur privat erzählen darfst, du kannst nicht herumerzählen, die Muttergottes sei dir erschienen und so weiter. Du darfst diese Botschaft nur denen weitersagen, die glauben; sag allen, das sei der Wille der Muttergottes.

P.: Aber wie soll ich die Botschaft denn verkünden?

B.: Naja, ein gutes Wort ist immer hilfreich. Beginne du damit.

B.: Aber es ist dringend!

B.: Ja, ist ja gut, es ist dringend. Aber der Herr sieht alles, und auch wenn wir in einer Zeit der Bedrohung leben, so mußt du nichts anderes tun als beten, damit die Muttergottes durch ihre Fürbitte beim Herrn verhindert, daß diese Bedrohungen Wirklichkeit werden. Gott handelt immer weise, geduldig und fürsorglich. Du mußt deinerseits dein Empfinden zu beherrschen lernen, durch Übung und Gebet. Wenn du Erscheinungen gehabt hast, so darfst du sie niemandem mitteilen, nur deinem Beichtvater. Und was die Botschaft der Muttergottes betrifft, nun, versuch auch du Zuversicht, Vergebung, Glaube und Barmherzigkeit um dich zu verbreiten.

P.: Ja, gut, aber was soll ich sagen?! Da ist doch diese Gefahr ... Und wie soll ich mich diesen Moslems gegenüber verhalten?

B.: Aber mit diesen Leuten hast du doch gar nichts zu tun!

P.: Aber ich gehöre einer karitativen Organisation an, die diesen Leuten in den Aufnahmelagern hilft.

B.: Naja, naja. Du hilfst ihnen, indem du ihnen mit viel Freundlichkeit begegnest, und deshalb ...

P.: Aber sie lassen sich nicht bekehren!

B.: Nein, sie sind unbekehrbar, das stimmt. Der Koran verspricht jedem Mohammedaner, der einen Christen umgebracht hat, das sofortige Paradies.

P.: Sehen Sie, sehen Sie, das ist ja meine Angst!

B.: Ja, ist ja gut, beruhig dich, wir sind in Gottes Hand. Bete. Gib ein gutes Beispiel. Zeige allen deine Zuversicht und deine Zuneigung.

P.: Aber diese Menschen meinen, wir seien ungläubig!

B.: Ja, das sagen sie! Dann mußt du ihnen widersprechen. Ja, widersprechen mußt du ihnen, bei Gott. Widersprich ihnen und versuche, ihre Doktrin zu verstehen, ihre Fehler, meine ich, versuche, sie mit deinem christlichen Wissen zu widerlegen, ja! Hier, lies den *Neuen Katechismus,* hast du den schon? Ja? Ohhhh! Na dann! Lies den Katechismus und belehre sie dann.

P.: Ich habe mit einem von ihnen diskutiert, wegen der Moschee, die sie in Rom bauen wollen, und …

B.: Ah, sprich mir nicht davon!

P.: Warum nicht, Padre?

B.: Wir leben hier in einem freien Land, nicht wahr? Sind sie nicht hier bei uns? Wir geben ihnen diese Möglichkeit … Aber wenn wir zu ihnen gehen wollen, dann … Und warum das? Weil wir viel demokratischer sind als sie. Wir lieben auch unsere Feinde. Jesus hat gesagt, wir sollen auch unsere Feinde lieben. Denk daran, mein Kind, unser Gesetz ist ein Gesetz der Liebe, hast du verstanden? Das mußt du lernen. Na gut, und sonst?

P.: Hmmm … naja, das ist eben die Sünde, die ich beichten will.

B.: Welche Sünde? Hei, was hast du angestellt?

P.: Nein, ich meine eben, nachdem mir die Muttergottes das gesagt hat, habe ich angefangen, diese Leute zu hassen. Für mich sind sie gefährlich.

B.: Öhhh, nach und nach … Auch wenn sie böse sind, so denk daran, daß du darüber hinwegsehen mußt, wenn sie Böses tun, du mußt sie reinwaschen, wenn sie Böses getan haben, denn sie sind Sünder, die du lieben mußt, um sie zu bekehren. Hast du das verstanden? Gut, und sonst?

P.: Sonst nichts …

B.: Bete zur Buße fünf Ave-Maria zur Muttergottes.

P.: Nein, aber ich frage mich …

B.: Ja, aber schnell, denn ich muß weg.

P.: Als die Muttergottes mir erschien, sagte sie mir, ich solle denen, die irren, beistehen …

B.: Na siehst du, daß auch sie dir das gleiche gesagt hat?

P.: … Ja, aber dann hat sie mir gesagt, ich solle ihre Botschaft den Priestern anvertrauen, und …

B.: Und jetzt hast du es mir gesagt. Damit hast du deine Aufgabe schon erfüllt. Und jetzt solltest du es noch in Mailand jemandem sagen.

P.: Aber ... Mailand ist einfach eine schlechte Stadt!

B.: Die ganze Welt ist schlecht. Hat der Herr deshalb etwa gesagt, er wolle für die Welt nicht beten? Man kann alles und jeden bekehren. Was machst du? Studierst du?

P.: Ich studiere Politik an der Uni.

B.: Du willst wohl Abgeordnete werden, was? Bete, bete, und denk daran, daß es nur eine einzige Wahrheit gibt ... Wie heißt sie?

P.: Gott!

B.: Christus! Sonst nichts ... Er verbürgt die Echtheit unseres Glaubens, unseres einzig wahren Glaubens, verstehst du? Also knie nieder und bete, fünf Ave-Maria an die Muttergottes. Ich spreche dich los ...

Bergamo

[Dieses Gespräch fand in einer berühmten und von zahlreichen Pilgergruppen besuchten Kirche statt.]

B.: Wann war Ihre letzte Beichte?

P.: Ich habe gestern gebeichtet.

B.: Hä?

P.: Gestern.

B.: Gestern?

P.: Ja, gestern.

B.: Warum kommen Sie dann hierher? Um Zeit zu verplempern? Haben Sie es denn schon wieder nötig? Und gestern, womöglich haben Sie gestern einen Vorsatz gefaßt? Ja?

P.: Ja, aber ich habe in der Zwischenzeit ungute Gedanken gehabt, eben über ...

B.: Ja, ungute Gedanken sind doch normal, die haben wir alle. Man muß sich ablenken und damit basta.

P.: Nein, ich meine, eben hier in dieser Kirche, denn mir scheint, daß all diese Leute, die hierherkommen, in Wirklichkeit keine Gläubigen sind, sondern eher ... Abergläubige.

B.: Sind Sie krank, oder was? Warum denken Sie so was? Alle diese

Leute, die hier in die Kirche kommen, haben wenigstens den guten Willen, auch wenn sie selbst nicht gut sind, so haben sie wenigstens den guten Willen, sich zu bessern, vor dem Herrn, oder?! Warum denken Sie so etwas? Sie müssen nicht schlecht denken.

P.: Es scheinen mir viel eher Heiden zu sein, die da kommen ...

B.: Aber nein, aber nein! Meinen Sie, Sie seien der einzige Christ in dieser Kirche? Das sollten Sie nicht tun, das ist nicht recht. Und außerdem gibt es in der Kirche, in der Gemeinschaft der Christen in aller Welt sowohl Gutes wie Schlechtes, wie in jeder Familie auch. Ein paar Tage lang Gutes und ein paar Tage lang Schlechtes. Also, deshalb sollten Sie sich nicht dahinstellen und einfach an den anderen herumkritisieren und urteilen. Der Herr hat es deutlich gesagt: »Verurteilt sie nicht, verurteilt sie nicht.«

P.: Deshalb bin ich ja zum Beichten gekommen.

B.: Na gut, aber Sie müssen ... Wissen Sie, was Sie tun sollten? Sie sollten aus Demut einmal denken, daß Sie der Schlechteste von allen sind, he? Wenn Sie hier in die Kirche kommen und diese Leute sehen, die herumgehen oder gucken oder seufzen, oder sonst irgendetwas tun, dann sagen Sie sich: »Sie sind voll des Heiligen Geistes, ich hingegen bin hohl«, hm? Wollen Sie diese Demutsgeste tun, um Ihr Urteil zu ändern, ja? Was rät der Herr? Wir sollen von den anderen stets besser denken als von uns, denn die Fehler, die die anderen begehen, die begehen auch wir. Kapiert? Und vor allem solche Leute, die so rasch urteilen. Haben Sie das kapiert oder nicht?

P.: Ich hab es kapiert, Padre, aber ...

B.: Dann versuchen Sie, sich auch danach zu verhalten! Gleich, wenn Sie jetzt durch die Kirche gehen. Wenn Sie dann die Leute sehen, dann sagen Sie sich: »Ah, sieh, wie viele Menschen der Herr heute hier zu seinem Lob und seiner Glorie versammelt hat.«

P.: Aber sie kommen nicht hierher, um zu beten ...

B.: Nein? Weshalb dann?

P.: Aus Aberglaube, aus blindem Eifer ...

B.: Um an den anderen herumzukritisieren! Um herumzukritisieren! Diese Leute, die oft von weither kommen, kommen hierher, um zu beten. Um ein besseres Leben zu führen! Um den Segen zu empfangen ... und Sie kommen hierher, um anderen die Zeit zu stehlen, oder was? Das sollten Sie nicht tun!

P.: Ich will niemandem die Zeit stehlen, Padre, ich denke nur nach über ...

B.: Aber sicher, mir zum Beispiel stehlen Sie die Zeit, denn Sie wollen sich ja nicht ändern, nicht bessern, nicht ein wenig demütiger werden. Sie ... sind Sie verheiratet?

P.: Ja, ich bin verheiratet.

B.: Und wie behandeln Sie Ihre Frau? Auch so von oben herab, wahrscheinlich, he? Recht egoistisch, überheblich, was?

P.: Nein.

B.: Nein, was? Sehen Sie zu, daß Sie sie respektieren. Denn wenn Sie Ihre Frau respektieren, dann werden Sie sehen, daß Sie auch die anderen Dinge in einem anderen Licht sehen. Sie werden dann zufriedener sein. Ja, eben. Und bitten Sie den Herrn, er möge Ihnen zu ein wenig mehr Demut verhelfen, damit Sie nicht mehr über die anderen urteilen, denn dazu haben Sie schlicht kein Recht, nicht? Und außerdem können Sie nicht wissen, warum der eine dies und der andere das tut, warum sie in diese Kirche gekommen sind. Stimmt's? Kapiert? Und Sie müssen lernen, demütiger zu werden, das vor allem. Sagen Sie zur Buße drei Ave-Maria zur Muttergottes. Ich spreche dich los ... Ja, gehen Sie nur, gehen Sie fort!

Como

B.: Also, wann haben Sie zuletzt gebeichtet?

P.: Vor etwa zwei Monaten. Padre, ich bin seit sieben Jahren verheiratet, ich war noch sehr jung, meine Eltern waren einverstanden, und so haben mein Mann und ich beschlossen, gleich zu heiraten. Wir haben drei Kinder, das jüngste ist neun Monate alt. Das Problem ist: Ich fühle mich jetzt nicht mehr imstande, weder körperlich noch seelisch, noch ein Kind zu bekommen, auch finanziell wäre das ziemlich verheerend. Mein Mann aber lehnt alle Verhütungsmethoden ab, sowohl die künstlichen wie die natürlichen. Ich habe deshalb beschlossen, die Pille zu nehmen. Glauben Sie mir, ich bin 28 Jahre alt und kann nicht mehr so weiterleben.

B.: Das sind Entscheidungen, die das Paar gemeinsam treffen

muß. Sie können das nicht alleine entscheiden. Stellen Sie sich vor, wenn Ihr Mann eines Tages merkt, daß Sie keine Kinder mehr bekommen, dann wird er vielleicht den einen Monat denken, daß der Tag nicht der richtige war, vielleicht auch noch im zweiten Monat ... Aber dann würde er anfangen, sich zu wundern! Und was meinen Sie, was springt dabei heraus? Dabei springt nur heraus, daß Sie die Familie in Gefahr bringen!

P.: Ich bin sogar entschlossen, mich von ihm zu trennen, wenn es sein muß, ich will nicht noch einmal schwanger werden. Wenn er das nicht verstehen will, im Guten, dann muß er es eben fühlen.

B.: Signora, das Problem liegt ganz woanders: erstens, haben Sie eine Arbeit?

P.: Ja, wir arbeiten alle beide, wir haben ein eigenes Geschäft, aber wir mußten bereits zwei Lehrlinge entlassen.

B.: Zweitens: Haben Sie eine geräumige Wohnung?

P.: Nein, das nicht. Im Gegenteil, wir müssen dringend umziehen, denn sie ist zu klein.

B.: Tja, jedenfalls meine ich, obwohl die Kleinunternehmer heute ... ich meine, ein Minimum an Sicherheit ist doch vorhanden. Es handelt sich also um eine Verweigerung ... Also, meine liebe gnädige Frau, es gibt Leute, die fast gar keine finanzielle Sicherheit haben und trotzdem keine Angst hatten, auch ein viertes Kind zu bekommen! Sie sagen, Sie können nicht, Sie wollen nicht, Sie weigern sich, ein weiteres Leben in die Welt zu setzen, einfach so, blind, nur weil Ihnen körperlich und seelisch nicht danach zumute ist! Aber wenn Sie rein körperlich in der Lage sind, schwanger zu werden, dann heißt das, daß Sie auch die physischen Bedingungen für weitere Kinder mitbringen, und daß Sie ein weiteres Kind nur ablehnen, weil sie schon drei haben und es ihnen vorkommt, als seien das schon zuviele.

P.: Hm, zuviele ... sie sind da, und ich bin glücklich darüber, daß sie da sind. Aber sehen Sie, während mein Mann zu mir sagt: »Gott wird uns helfen«, denke ich an die konkreten Fakten ...

B.: Aber dann, entschuldigen Sie, wenn der Mann dieses neue Leben will, dann ist es nicht schön, einer Mutter gegenüberzustehen, die nur aus Angst, nicht vor Krankheiten, nicht vor körperlichen Komplikationen, nur so, weil es schon drei sind, und basta. Das ist schlimm, Signora, ich fürchte, daß Sie in dieser Lage nicht reinen Gewissens vor den Herrn treten können, der von uns verlangt, daß wir bereit sind … Denken Sie an jene Mutter, die, obwohl sie wußte, daß ihr Leben bedroht war, dennoch ihr Kind zur Welt bringen wollte und die es sogar abgelehnt hat, sich gegen den Krebs behandeln zu lassen, nur um das Kind zu retten. Wenn sie sich hätte operieren lassen, so wäre das Kind draufgegangen. Sie hat es vorgezogen, das Kind auszutragen, obwohl sie wußte, daß sie dann sterben würde.

P.: Schon, Padre, aber um welchen Preis!

B.: Sie ist gestorben, aber das Kind lebt. Man wird sie bald seligsprechen. In Ihrem Fall hingegen besteht keine solche Gefahr, es ist nur eine Frage des Charakters, der Psyche oder der Großzügigkeit. Aber vielleicht wäre Ihr Mann ja bereit, um eine vierte Schwangerschaft zu vermeiden, vielleicht können Sie mit ihm reden, er könnte sich etwas besser kontrollieren …

P.: Nein, Padre, er will davon nichts hören. Wir haben schon nach dem ersten Kind darüber gesprochen. Ich habe auch Angst, daß unsere finanziellen Möglichkeiten nicht reichen, um die Kinder großzuziehen.

B.: Ach, wissen Sie, wenn es um Zukunftsplanung geht … ein guter Christ DARF seine Zukunft nicht planen! Seine Pflicht ist zu sagen: Der Herr gibt mir mein täglich Brot und wird mich beschützen, er muß sein Schicksal in Gottes Hände legen. Das ist ein guter Christ! Aber Ihre Kinder, drei sind es jetzt, wenn nun ein viertes hinzukäme, müßten sie dann gleich so ärmlich leben wie die Kinder in Afrika, in Jugoslawien, oder ich weiß nicht wo …? Wenn diese Leute dort sich nicht Gedanken darum machen, wie sie ihre Kinder durchbringen sollen, dann sollten Sie … Sie denken hundertprozentig materialistisch […]. Ihr Mann wird doch genau wissen, wieviel er sich aufladen kann. Sie müssen die Last ja nicht alleine tragen, Ihr Mann trägt doch mit daran. Und da kann ich einfach nicht verstehen, wie zwei Eheleute, die die gleiche Arbeit tun, die ganz normal sind, wie da die Frau sich weigern kann, ein neues Leben in die Welt zu setzen, vielleicht weil sie übermäßig besorgt ist, der Mann hingegen will das neue Leben …

P.: Aber ich habe das neue Leben nicht verweigert! Ich habe doch schon drei Kinder!

B.: Ja, aber von jetzt an … denken Sie daran, der Sinn des Verheiratetseins besteht eben darin: Mütter und Väter zu werden und das neue Leben, das da kommt, nicht abzulehnen. Wenn also bei einem Paar der eine sich hinstellt und sagt: »Nein, ich mach nicht mit!«, während der andere, der Mann dazu bereit ist, dann bedeutet das, daß irgendwo was nicht stimmt. Liegt es in diesem Fall bei Ihnen, daß was nicht stimmt? Und was ist es, das nicht stimmt? Daß Sie kein Vertrauen in die Vorsehung haben, daß Sie diese Dinge nicht mit Gottesfurcht betrachten. In gewisser Hinsicht habe ich es hier als Priester einfach, Sie zu beraten, denn Sie haben mir Ihr Bild klar gezeichnet: Unter ganz normalem Gesichtspunkt, vor Gott, ist eine weitere Schwangerschaft durchaus möglich; sie wird nur durch eine materiell begründete Angst verhindert.

P.: Ich verstehe, was Sie meinen, aber ich teile Ihre Ansicht nicht. Eine Angst, die »nur« materiell ist, die hat doch auch ihre Gründe! Sie haben vorher von den Kindern in Afrika und in Jugoslawien gesprochen: wenn ich die sehe, dann drückt es mir das Herz ab. Ich würde niemals ein Kind in die Welt setzen wollen, um es einer solchen Misere auszuliefern, haben Sie verstanden?

B.: Ja, nur verhält es sich in Afrika eben so. Und wir sind hier nicht in Afrika. Wir haben hier alle Möglichkeiten! Als ich kürzlich über diese Dinge nachdachte, sagte ich mir: Dort in den armen Ländern, wo es keine Hygiene gibt, wo es gar nichts gibt, wo man einfach in den Tag hineinlebt, nicht wahr?, dort nimmt das Leben nicht ab. Hier bei uns dagegen, wo wir Gottes Segen genießen, in unserer, ahh! so wohlhabenden Gesellschaft, da nimmt das Leben ab. Also handelt es sich doch nicht um das Problem von reich und arm, sondern um eine Gewissensfrage.

P.: Hm, eine Gewissensfrage ... aber doch auch eine Frage der Unwissenheit. Ich meine, die Afrikaner wissen einfach nicht, daß ...

B.: [verärgert] Ich kann Ihnen versichern, ich war unten im Kamerun, unter den Indios, ja, also, auch die Indios wissen sehr gut, was Abtreibung ist, und sie haben auch ihre Verhütungsmethoden. Das kennen sie alles auch. Die natürlichen Methoden sind auch den Indios bekannt. Das Problem liegt woanders: nämlich darin, daß das Leben für sie einen Wert darstellt und daß sie sich dareinfügen können, sie können gut damit leben, und wir nicht. Ohhh, im Kamerun herrscht die Armut ... sie führen ein Leben wie wir vor fünfzig Jahren, gerade so, wie wir früher als Kinder zu sechst in einem Bett schlafen mußten, das ging ohne weiteres. Vielleicht erinnern Sie sich nicht mehr daran, Sie waren noch zu jung … Wissen Sie, es gab damals kein Badezimmer mit Dusche, Wanne, Toilette und all dem, da gab's nur ein Gemeinschaftsklo auf dem Hof. Es war eine Armut, in der kein Mangel war. Keiner von uns ist Hungers gestorben. Und wenn ich denke, wie gut es uns heute geht, und wenn jemand daherkommt mit dem Problem, ob nun ein Kind mehr oder ein Kind weniger, eben aus materiellen Gründen, dann finde ich das traurig, ja, traurig, traurig. Heute, bei unserem Wohlstand, wollen wir das Leben von uns weisen. Gnädige Frau, ich bitte Sie, hören Sie auf Ihren Mann! Aus ihm spricht die Wahrheit, die Stimme des Herrn. Ich glaube bestimmt, es lohnt die Mühe … Ja, natürlich, ich weiß, die Frau hat mehr Last mit einem Kind, das ist klar, der Herrgott hat euch auch diese Gnade zuteil werden lassen, auch diese. Aber, einen Mann zu haben, der einen psychisch unterstützt, einem Hoffnung gibt, nicht wahr?, der positiv eingestellt ist, voller Freude in die Zukunft blickt, der einem Mut zuspricht, der einem die Angst nimmt … ahh, einem solchen Mann ein Nein entgegenzuschleudern, dazu muß man schon sehr, schon sehr … kühn sein, bei einem solchen Mann! Denken Sie darüber nach, bitte! Haben Sie mehr Vertrauen in Ihren Mann, vielleicht ist die Liebe größer, als Sie denken. Sie müssen sie nur zu Wort kommen lassen.

P.: Ja, mehr Vertrauen in meinen Mann: wenn es nach ihm ginge, säßen wir schon auf der Straße! Er schmeißt das Geld nur so raus!

B.: Naja, naja, man muß auch das nachsehen. Sicher, man kann nie vorsichtig genug sein. Aber schmeißt er das Geld denn raus aus Leichtsinn, weil er trinkt, oder aus Großzügigkeit?

P.: Aus Großzügigkeit. Er sagt immer: »Liebe deinen Nächsten wie dich selbst!«, und ich sage: »Ja, wie dich selbst, aber nicht mehr als dich selbst!«, denn wenn er so viel weggibt, daß es uns dann fehlt, das geht doch nicht! Es tut mir leid, aber, wissen Sie, es kostet nicht viel, die Bibel zur Hand zu nehmen und daraus zu zitieren, nicht? Aber was dann? Er kam auch schon mal nach Hause und sagte, er hätte das Geld der Democrazia Cristiana gespendet. Ja, bravo! Man hat ja gesehen, was dabei herauskam!

B.: Das hätte er besser nicht tun sollen! [kichert]

P.: Ja, eben. Verstehen Sie jetzt, was ich für einen Mann habe, so gesehen?

B.: Najaaa, andererseits, er meint es sicher gut und will helfen … Manchmal muß man eben erkennen, daß man Leuten geholfen hat, die es nicht verdienen. Das gibt's, leider. Ich bin auch schon betrogen worden, und in meiner Wut habe auch ich gelernt, vorsichtiger zu sein, nicht mehr allen zu glauben, die daherkommen und einem etwas vorheulen. Auf, auf, haben Sie Vertrauen, seien Sie zuversichtlich und nicht so berechnend. Fassen Sie sich ein Herz, ein Kind mehr wird sicherlich der ganzen Familie zugute kommen. Aber ein Kind weniger, auf das man nur aus egoistischen Gründen verzichtet hat, das wird dem Gleichgewicht der Familie und der Liebe eher schaden … Eine junge Frau aus meiner vorhergehenden Pfarrei, die dann an Aids gestorben ist und die sich wahrscheinlich hätte retten können, wenn sie ihr zweites Kind bekommen hätte, weil sie dann in diesem Kind einen Halt gefunden hätte, aber statt dessen hat sie es abgetrieben, und seit jenem Tag ließ ihr Gewissen ihr keine Ruhe mehr, alles war unsicher geworden, und so wurde sie da hineingetrieben, es war unvermeidlich. Ich habe sie noch im Operationssaal aufgesucht, sie hatte schon den grünen Kittel an, und habe zu ihr gesagt: »DEBORAH, LASS ES SEIN!« Und sie sagte: »Nein«. Von diesem Tag an … Denn wenn der Egoismus vorherrscht, dann geht früher oder später alles schief, verstanden? O Jesus, der mich liebt …

P.: … hätt' ich dich nie betrübet …

B.: Und was gibt's weiter? Sind Sie immer schön in die Sonntagsmesse gegangen? Über das weitere haben wir noch gar nicht gesprochen!

P.: Wie soll ich das schaffen, mit den Kindern am Sonntag und dann …

B.: Naja, natürlich, das ist sicher nicht leicht. Und leben Sie in Frieden mit den anderen? Kein Gemunkel und Getuschel? Keine Flüche? Kein Neid? Sind Sie im Geschäft immer ehrlich und korrekt?

P.: Ja, Padre.

B.: Das ist gut. Ein Vaterunser und ein Ave-Maria zum Lobe unseres Herrn, der am Kreuze gestorben ist. Ich spreche dich los von deinen Sünden.

B.: Seit wann haben Sie nicht mehr gebeichtet?

P.: Seit ein paar Wochen ... Die Sache ist die, Padre, meine Frau und ich haben sehr oft Streit miteinander, weil sie meint, meine Tierliebe sei übertrieben. Tatsächlich bin ich Mitglied bei einigen Tierschutzvereinen, gegen das Aussetzen von Hunden, gegen Tierversuche und so weiter, und ich gebe dafür etwas Geld aus und widme dem einen Teil meiner freien Zeit ... auf Kosten der Familie, meint meine Frau. Sie sagt, ich solle mich lieber um die Armen in unserer Pfarrgemeinde kümmern. Es ist eine Quelle ewigen Streits.

B.: Ihre Frau ist keine Tierliebhaberin?

P.: Doch, sie mag Tiere, aber sehr viel weniger als ich. Sie will auch kein Haustier, weil wir keinen Garten haben und so weiter. Aber ein weiterer Grund für unsere Streitereien ist der, daß wir keine Kinder bekommen können, wir möchten deshalb gerne eines adoptieren, nur, ich möchte gerne ein Kind aus der Dritten Welt, meine Frau will das jedoch nicht, sie sagt, es gäbe auch bei uns hier eine Menge Waisenkinder, ich glaube, sie ist ein wenig rassistisch, sie will kein schwarzes und kein gelbes Kind, sie will ein weißes.

B.: Na gut; und mit anderen Frauen haben Sie nichts?

P.: Nein, nein. Ich bin treu.

B.: Na gut, jedenfalls sollte man auch in der Tierliebe Maß halten, Sie sollten es nicht übertreiben, nicht? Wir Franziskanermönche hier ärgern uns ständig über die Tauben, die auf den Simsen unserer Kirche sitzen, die ganze Fassade ist dreckig, ein einziger Misthaufen, und wir dürfen die Tauben nicht anrühren, weil die Tierschützer es nicht zulassen. Das ist doch einfach übertrieben, oder nicht?

P.: Aber die Tauben haben doch ein Recht zu leben, und sie leben ihrer Natur gemäß.

B.: Aber wir dürfen sie nicht einmal umbringen! Sogar die Schweine darf man umbringen, um sie zu essen, entschuldigen Sie. Dagegen hat niemand was, die kann man nehmen und umbringen und essen, wenn es nötig ist ... Aber die Tauben, die alles beschmutzen, ekelhaft ist das, eine Schande. Es ist ein wahres Problem für uns … verstehst du, was ich meine? Alles ist voller Schmutz, hast du das bemerkt? Es ist eine Beleidigung für uns.

P.: Ja, aber Tauben sind so schöne Tiere …

B.: Na, wenn sie nur Dreck machen; ihr übertreibt es. Tut ihnen kein Leid an, mißhandelt sie nicht … auch keine Tierversuche, was denn: Soll man sie denn am Menschen machen, die Tiere sind für den Menschen erschaffen worden, wir essen ja auch ganze Kühe und Schweine auf … Dazu wurden die Tiere erschaffen, für den Menschen … Aber lassen wir das. Zur Buße für Ihre Sünden fünf Vaterunser an unseren Herrn Jesus Christus. Reuegebet.

P.: Aber Padre, und was sagen Sie mir zum Problem der Adoption?

B.: Das hängt von euch ab, von eurem Geschmack, nicht von meinem. Wir müssen alle lieben, auch die Farbigen, aber wenn einer sich beklagt und kein Farbiges annehmen will, ich würde es auch nicht annehmen wollen.

P.: Sie würden es nicht annehmen?

B.: … Ein jeder seine eigene Rasse, seine eigene Farbe, und mit diesen Mischehen, die es da gibt, manchmal verlieben sich die Leute ineinander … dort unten in Afrika, in Bangladesch …

P.: Aber mir scheint, daß dadurch die Verbrüderung zwischen den Völkern wächst …

B.: Das ist doch reiner Idealismus, versteh mich recht. Das hört dann ganz schnell wieder auf, sieh nur, wieviele Scheidungen es in Italien gibt. Das ist reiner Idealismus, man muß mit den Füßen auf dem Boden bleiben.

P.: Aber was haben die Scheidungen mit einem farbigen Adoptivkind zu tun?

B.: Die Kirche läßt die Scheidung nicht zu.

P.: Ja, aber davon habe ich nicht gesprochen, ich meinte, ja, es ist idealistisch, ein farbiges Kind adoptieren zu wollen, es ist eine schöne Sache.

B.: Meinetwegen, aber manchmal braucht man auch einen Verstand, der funktioniert. Fünf Vaterunser zur Buße. Ich spreche dich los …

P.: Ich bin verheiratet, aber ich kann keine Kinder bekommen, und deshalb wollten mein Mann und ich ein Kind adoptieren, aber das ist gar nicht so einfach ... deshalb haben wir uns zu diesem anderen Weg entschlossen ... sie haben eine Eizelle von mir genommen und das Sperma meines Mannes, und eine andere Frau trägt das Kind nun aus, ich meine, wie nennt man das, wir haben eine Leihmutter genommen ... Ich kann leider keine Schwangerschaft austragen, mein Leben geriete dadurch in Gefahr, ich habe auch nur einen Teil der Eierstöcke, und deshalb ...

B.: ... Bei euren ehelichen Vereinigungen ... zieht er da das Glied zurück ... oder läßt er es drinnen?

P.: Er läßt es drinnen, aber es geschieht nichts.

B.: Was soll's, wenn nichts geschieht, dann ...

P.: Jetzt haben wir aber schon diese Sache in die Wege geleitet, der Fötus ist zwei Monate alt ...

B.: Und dann wollt ihr ihn euch wiederholen?

P.: Natürlich, er ist ja unserer.

B.: Naja, dann gibt es ja nichts mehr, es ist schon geschehen, aber das ist freilich ein Ding, das ... es wäre besser, keine zu bekommen, und wenn sie nicht bleiben ... gegen einen Abortus, der nicht absichtlich verursacht ist, kann man nichts ... das ist ja ganz klar, denn wenn das erlaubt wäre ... das ist schon ein Ding ... ein wenig unangenehm ist es, ja ... es macht einen schaudern ... denn, wie man's nimmt, die andere gibt ja auch ihr Blut dazu, das eine und das andere, und man muß sehen, was da dann für ein Kind geboren wird. Hoffen wir, daß es gesund ist, normal zur Welt kommt und so weiter, aber lassen wir das, denn ich kann jetzt nicht ... ich bin dazu auch nicht berechtigt. Ich erteile dir jetzt Absolution, ich meine, weil du die Sache bereust, ja, und ein zweitesmal darfst du das nicht tun ... besser, ihr bleibt ohne Kinder, das eine, das jetzt nun mal da ist, das nimmst du und ziehst es groß, es ist ja deines. Tja, ich weiß nicht, ich gebe dir die Absolution in diesem Sinne, ich bin im Zweifel, ich überlasse dich Gottes Barmherzigkeit, denn Gott ist barmherzig ... Er weiß, daß es das gibt, dieses Phänomen mit den Kindern von ... die Normen ... in der Regel, wenn das Geschlechtsorgan ...

P.: Aber ich kann kein Kind austragen ...

B.: Ja, aber ich meine, eben deshalb ... wenn ihr euch vereinigt, wenn er sein Glied in deinen Körper stecken will, dann achte darauf, daß er es an jenen Tagen tut, an denen keine Gefahr besteht, Kinder zu kriegen, verstehst du? Gefahr besteht in jenen Tagen, in denen dein Geschlechtsorgan feucht ist und diese Tropfen von sich gibt, die du kennst, ich weiß nicht, ja ... das sind dann die gefährlichen Tage, und da muß man aufpassen, aber wenn die Feuchtigkeit aufhört und dein Geschlechtsorgan außen trocken ist, dann besteht keine Gefahr, Kinder zu empfangen, und deshalb kann man dann gut die Ehe vollziehen, er steckt es hinein und läßt es dort ... aber man muß aufpassen. Ich habe einmal gelesen, daß man noch warten muß, nachdem das Geschlechtsorgan trocken ist, noch zwei, drei Tage lang. Anderswo habe ich gelesen, drei oder vier Tage lang. Um sicher zu gehen, ist es besser, vier Tage lang zu warten, dann besteht keine Gefahr mehr, Kinder zu bekommen. Das ist sicher, es ist die Methode nach Bill ... ich weiß nicht mehr genau, wie sie heißen, sie sind Mann und Frau, beides Ärzte, und sie fahren in der ganzen Welt herum, um zu lehren ... Kinder haben sie keine, ich meine also ... in den fruchtbaren Tagen gibt das weibliche Geschlechtsorgan diese Tropfen von sich, diese Feuchtigkeit, ich weiß nicht, und wer keine haben will, der kann an diesen Tagen Verkehr haben, an denen keine Gefahr ist ... es gibt Frauen, die sagen: »Ah, ich habe es probiert« ...

P.: Ich muß sehr aufpassen, nicht schwanger zu werden, denn wenn es passiert, ist auch mein Leben in Gefahr, aber ich glaube nicht, daß ich noch einmal so etwas machen werde wie das ... das mit dem Kind, das jetzt kommt.

B.: Das laß lieber. Wir verurteilen diese Kinder nicht. Verstehst du? Ich erkläre dir das alles, weil ihr natürlich nicht ohne Verkehr leben werdet, der Mann will den Verkehr, nicht? Eben, und was sollt ihr dann tun, wenn du keine Kinder willst, keine haben kannst? Dann müßt ihr es in den Tagen tun, in denen keine Gefahr ist ... Wenn du es genauer wissen willst, dann lies nach, kauf dir ein Buch, im Verlag der Paulinerinnen müßte es ein Büchlein darüber geben, ich habe eine kleine Broschüre, sogar farbig, da steht, wann die Frau fruchtbar ist und wann nicht. Es gibt verschiedene Methoden, verstehst du? Deswegen sagen einige: »Ahh, ich brauche das nicht, und dies und das«, denn einige stecken sogar das Fieberthermometer ins Geschlechtsorgan, es gibt eben verschiedene Methoden. Die Methode nach Bill …, es sind zwei Ärzte, ein australisches Ehepaar, die Kirche erlaubt das, denn wenn ein Paar schon viele Kinder hat, zum Beispiel, wenn sie keine mehr haben möchten und sich aber nicht enthalten wollen … der Mann läßt ja nicht locker mit der Frau. Es ist schwierig, aber, freilich, wenn die Männer begreifen würden, daß es keinen Sinn hat, noch Verkehr haben zu wollen, wenn man keine Kinder mehr haben will, nur so, aus reinem Vergnügen … oder er versündigt sich an sich selbst, masturbiert, sündigt … er läßt die Flüssigkeit von alleine herauslaufen, und auch das ist Sünde, verstehst du? Siehst du, ich will dir das beibringen, jetzt laß das Kind nur, wie es ist, du nimmst es zu dir und ziehst es groß. Und mach das nicht noch einmal, denn das ist keine natürliche Sache, und sprich auch nicht über das, was du gemacht hast … Weiß niemand darüber, außer deinem Mann?

P.: Nein, nur mein Mann.

B.: Gut. Also sprich nicht darüber, tu, als wäre es dein Kind und danke der Muttergottes, die das zugelassen hat. Ist die Frau verheiratet oder nicht?

P.: Die Arme, sie tut es nur wegen des Geldes.

B.: Naja, sie tut es eben wegen des Geldes. Ist sie verheiratet oder nicht?

P.: Nein.

B.: Naja, sprich zehn Vaterunser und zehn Ave-Maria und laß eine Messe lesen für die armen Seelen im Fegefeuer, damit sie dir helfen mögen, deine Probleme zu lösen. Ich spreche dich los …

Avellino

B.: An welche Sünden können Sie sich erinnern?

P.: Mein Mann ist steril. Wir haben uns über die Möglichkeiten für eine Adoption erkundigt, aber wissen Sie, diese Bürokratie …

B.: Tja, in solchen Fällen … aber es könnte sein, daß mit der Zeit …

P.: Padre, wir haben beschlossen, einen anderen Weg einzuschlagen.

B.: Im gegenseitigen Einverständnis?

P.: Ja, im gegenseitigen Einverständnis. Wir sind nach Neapel gefahren, um ein Kind zu kaufen.

B.: Mit wessen Hilfe?

P.: Auf illegalem Weg. Die Sache wird in diesen Tagen abgeschlossen. Ja, das ist mein Vergehen, Padre: Ich habe ein Kind gekauft, für zehn Millionen Lire.

B.: Ja, aber sind die Dokumente denn alle in Ordnung?

P.: Die sind alle in Ordnung.

B.: Wenn da eine Versicherung fehlen würde … Freilich, diese zehn Millionen, woher habt ihr die …?

P.: Finanziell geht es uns Gottseidank nicht schlecht.

B.: Das ist schon eine hübsche Summe … sie sahnen ganz schön ab, diese »Agenturen«, die solchen Tauschhandel betreiben. Schaut jedenfalls, daß ihr möglichst viele wohltätige Werke tut, außer der Adoption dieses Kindes … Ist es ein Junge?

P.: Ja, ein Junge. Sechs Monate alt.

B.: Aha. Wenn es noch nicht getauft ist, dann laßt es taufen, und passen Sie gut auf mit dieser Sache, denn das kann auch gefährlich werden. Das ist zivilrechtlich strafbar, wissen Sie?

P.: Ich weiß. Aber wir hatten nur zwei Möglichkeiten: entweder die künstliche Befruchtung, die ich nicht …

B.: Auf keinen Fall!

P.: … nicht haben wollte, auch wenn mein Mann lange darauf bestanden hat, oder die Scheidung oder die Annullierung unserer Ehe durch das Kirchentribunal der Sacra Rota.

B.: … Was geschehen ist, ist jedenfalls geschehen. Bereut alles, was möglicherweise sündig war. Die künstliche Befruchtung ist in jedem Fall eine schändliche Angelegenheit, denn man braucht dazu ja das Zeug von einem anderen, den Samen von einem anderen …

P.: Lieber noch hätte ich meinen Mann mit einem anderen betrogen, dann hätte ich wenigstens gewußt, wer der Vater ist.

B.: Ja, ja. Naja, jedenfalls, nehmt dieses Kind, und wenn es nicht getauft ist, so laßt es taufen, und seien Sie ihm eine gute Mutter. Und wenn ihr ein wohltätiges Werk tun wollt, auch im Ausland, dann tut das, tut es von ganzem Herzen. Ich spreche dich los …

Turin

P.: Padre, bitte hören Sie mich an, es handelt sich um folgendes: Ich bin schuld daran, daß eine andere Frau schreckliche Qualen leidet … Ich kann nämlich keine Kinder bekommen, und mein Mann und ich haben deshalb ein Gesuch um eine Adoption eingereicht, aber laut Gesetz kann man in Italien ab einem gewissen Alter keine kleinen Kinder mehr adoptieren, und wir haben uns deshalb ins Ausland gewandt, um zu sehen, ob wir von dort ein Kind bekommen können. Wir sind nach Venezuela gefahren, und dort haben wir Leute getroffen, die für Geld bereit waren, uns zu helfen. Und dann, nun ja, sie haben uns mit einer Frau zusammengebracht, die sich von meinem Mann hat schwängern lassen, gegen Geld, und sie wollte uns das Kind dann geben, und wir könnten sagen, es sei meines. Vor ein paar Tagen haben sie uns angerufen und gesagt, wir könnten das Kind in zwei Wochen holen kommen. Jetzt aber will diese Frau das Kind nicht mehr hergeben, mein Mann will es aber haben, und er kann es auch haben, denn die Leute, die uns das vermittelt haben, die uns mit dieser Frau zusammengebracht haben, wollen sie dazu zwingen, aber ich bin jetzt …
B.: Das alles hat nichts mit einer Beichte zu tun, hier geht es um Rechte und Pflichten, da kann Sie nur ein Sachverständiger beraten, ich kenne mich da nicht aus, ich bin hier, um Leute anzuhören, die ihre Ehepartner betrogen haben, die geflucht haben, die nicht zur Messe gegangen sind, all diese Dinge, die uns persönlich angehen.
P.: Ja, aber das hier geht mich auch persönlich an, denn ich, da ich keine Kinder bekommen kann …
B.: Das hat aber hier nichts zu suchen. In keiner Weise. Ich kann Ihnen absolut keinen Rat geben und wüßte auch nicht welchen, Sie müßten sich in diesem Fall schon an das Jugendgericht wenden und dort jemanden fragen.
P.: Aber nein, Sie haben mich nicht verstanden, entschuldigen Sie …
B.: Ich habe verstanden, daß Sie dieses Kind zu sich nach Hause holen wollen, daß es nun den Namen Ihres Mannes bekommen soll und so weiter. Aber das hat in einer Beichte nichts zu suchen, in diesem Fall braucht man eine gerichtliche Stellungnahme.

P.: Wie die gerichtliche Stellungnahme aussieht, das weiß ich schon. Mein Problem ist der moralische Aspekt der Sache.

B.: Der moralische Aspekt ... solche Fälle sind nicht vorgesehen. Das heißt, alles, was zum Wohl – das nämlich ist die Moral – zum Wohl Ihrer Person und dem Wohl des Kindes getan wurde, um das Kind zu retten und so weiter, das ruft in uns keinen Verdacht hervor, das ist keine Sünde vor dem Herrn, denn Sie haben es zwar zu einem persönlichen Zweck getan, geben wir das ruhig zu, aber um ein, sagen wir, menschenfreundliches Werk zu tun.

P.: Naja, nicht unbedingt, denn diese Frau hätte ja für sich kein Kind bekommen, insofern war es rein egoistisch.

B.: Naja, sei's nun egoistisch oder nicht egoistisch, wenn Sie niemandem etwas zuleide tun, weder dem Kind noch einem anderen Menschen, nein, im Gegenteil, vor Gott haben Sie keine Schuld. Schuldig sind Sie höchstens vor dem Gesetz, wenn man die menschenrechtlichen Faktoren bedenkt, aber das ist eine ganz andere Sache, das müssen Sie vor dem Zivilgericht verantworten, nicht vor Gott. Wenn Sie jemanden umgebracht hätten, oder wenn Sie eine Frau für Sie ein Kind zur Welt hätten bringen lassen, um dann seine Organe zu verkaufen, das wäre etwas anderes, das wäre dann eine menschenrechtliche Frage und auch eine, sagen wir ...

P.: Naja, aber dies Frau trägt in ihrem Leib ein Kind aus, nur für Geld.

B.: Tja, wer tut heute schon noch etwas ... wenn nicht für Geld? Also, wenn Sie dieser Frau Geld gestohlen hätten, dann wäre das etwas anderes, wenn sie Ihretwegen auf der Straße säße, aber so, wenn Sie das Geld haben, können Sie tun, was Sie wollen, und wenn Sie morgen dieses Kind bekommen, um es gut zu behandeln, nicht um es zu verkaufen, dann haben Sie kein natürliches Gesetz verletzt und keinem was zuleide getan. Sie haben niemandem einen Schaden zugefügt, ich sehe keinen. Also haben wir auch dem siebten Gebot nicht zuwider gehandelt, wir haben auch niemanden bestohlen und haben nicht unseres Nächsten Weib begehrt und so weiter, denn wir müssen vor allem die Gebote beachten. Wie ich Ihnen aber schon sagte, ist dies ein Fall für das Zivilgericht und so weiter. Aber die sollen selbst sehen, wie sie zurecht kommen. Da gibt's nichts. Also, sagen wir: moralisch ist alles in Ordnung, denn Sie töten niemanden, Sie fügen niemandem einen Schaden zu, vielleicht fügen Sie rechtlich jemandem Schaden zu, aber das kann ich auch nicht sehen, wie Sie jemandem schaden sollten, wenn Sie demnächst dieses Kind bekommen sollten und es dann großziehen. Das ist ja auch ein Geschöpf, der Papst sagt sogar zu diesen Frauen, die vergewaltigt wurden: »Behaltet die Kinder, gebt sie lieber in Pflege.« Wir müssen immer sehen, wie wir unser Lebensrecht schützen, auch das dieser Kinder. Also, sehen Sie nur zu, daß Sie sich vor eventuellen Erpressungen schützen, denn möglicherweise kommt diese Frau demnächst und will noch mehr Geld und so weiter. Ja, schützen Sie sich vor diesen Dingen. Also, moralisch gesehen richten Sie keinen Schaden an, und Sie sind deshalb vor Gott nicht schuldig. Es ist eine verdienstvolle Tat, meiner Meinung nach, denn Sie nehmen eine Seele bei sich auf, einen Menschen. Was soll ich Ihnen denn noch sagen?

P.: Danke, Padre.

B.: Gehen Sie in Frieden, sprechen Sie ein Ave-Maria zur Muttergottes, wo wir heute doch das Fest der hilfreichen Muttergottes feiern.

P.: ... Ich habe mir auch Vorwürfe darüber gemacht, daß mein Mann mit einer anderen Frau zusammen war, mit meinem Einverständnis.

B.: Das ist eine andere Sache. Die Sünde der Unreinheit, wenn er die begangen hat, dann hat er sie begangen, aber das ist eine andere Sache, die jetzt keine Bedeutung mehr hat ... Denn er wird das ja wohl schon gebeichtet haben, oder was weiß ich. Sind Sie zufrieden?

P.: Ich danke Ihnen sehr.

B.: Sprechen Sie ein Ave-Maria, und beten Sie, beten Sie viel zu Gott.

Isernia

B.: Na?

P.: Padre, mein Mann ist steril. Er würde gerne ein Kind adoptieren. Ich möchte aber lieber eine künstliche Befruchtung vornehmen lassen. Können Sie mir einen Rat geben?

B.: Was soll ich Ihnen dazu sagen? Wenden Sie sich an eine Familienberatungsstelle.

P.: Ja, aber vom moralischen Gesichtspunkt aus …?

B.: Wenn das Kind nicht von ihm ist, keine künstliche Befruchtung! Haben Sie verstanden?

P.: Aber ich würde es doch selbst zur Welt bringen und großziehen! Ein adoptiertes Kind dagegen wäre fremd.

P.: Das ist mir klar. Aber bedenken Sie, daß da kein Vater ist. Er wird nie der Vater sein. Ist er denn krank?

P.: Nein, er ist steril.

B.: Wußten Sie das schon vor der Heirat?

P.: Nein.

B.: Es kam erst nach der Heirat heraus?!

P.: Ja, Padre. Ich will ein Kind! Ein eigenes Kind!

B.: Ja, ist mir klar. Meine Liebe, wenden Sie sich an die Familienberatung. Schauen Sie, was man da tun kann. Klar? Tut mir leid.

P.: Aber was sagt die Kirche in solchen Fällen? Sehen Sie, unsere Ehe ist dadurch in Gefahr!

B.: Klar! Versteh' ich doch, Signora! Aber, ich meine, solche Sachen … Ist er denn von Natur aus steril? Schon vor der Hochzeit?

P.: Nein, durch eine Krankheit.

B.: Und diese Krankheit hat er nach der Heirat gehabt?

P.: Ja.

B.: Naja, dann ist die Ehe vollzogen.

P.: Eben deshalb will ich ja die künstliche Befruchtung. Ich habe mich schon erkundigt, die Ehe kann nicht für nichtig erklärt werden.

B.: Die Ehe ist gültig! Also, ihr wart schon viele Jahre verheiratet, und dann kam diese Krankheit?

P.: Ja, Padre.

B.: Und solange es ihm noch gut ging, kamen da keine Kinder? Oder habt ihr das verhindert?

P.: Nein, es sind keine gekommen. Ein bißchen haben wir es verhindert, aus finanziellen Gründen, wir waren nicht in der Lage …

B.: Aaaahhh! Darum dreht sich's, Signora! Da kommt die Wahrheit heraus, leider! Ihr habt euch also gewissermaßen dem Willen Gottes widersetzt, und dann ist die Strafe Gottes erfolgt!!

P.: Aber nein, Padre! Wir haben uns nur enthalten! Wir haben keine Verhütungsmittel benutzt oder dergleichen. Der Herr kann uns nicht deshalb gestraft haben.

B.: Aber die Vereinigungen im Sinn des göttlichen Gesetzes haben nicht stattgefunden!

P.: Ja, aber, Padre …

B.: Das ist die Wahrheit! … Meine Liebe, gehen Sie zu einer guten Familienberatungsstelle. Schaun Sie zu, aber er kann niemals der Vater sein.

P.: Aber ich wäre die Mutter!

B.: Ist mir klar. Aber wer ist der Vater? Den Samen, woher wollen Sie den nehmen, he?

P.: Von der Samenbank. Ein adoptiertes Kind wäre jedenfalls weder seines noch meines …

B.: Ist mir schon klar! Aber schaun Sie … Sie sind noch jung, schade, das tut mir leid, Sie könnten … Sie haben geheiratet, ganz rechtmäßig, um eine Familie zu gründen …

P.: Ja, ich wollte …

B.: Tja, aber vergessen Sie nicht, daß man dem Willen Gottes oft nicht ausweichen kann. Ich verstehe, ich verstehe. Naja … und sonst, können Sie sich an sonst etwas erinnern?

P.: … Ein paar unreine Handlungen, Padre.

B.: Alleine oder zu mehreren?

P.: Allein.

B.: Verstehe. Ihr Mann ist wohl praktisch impotent, kann man sagen?

P.: Psychisch ist er impotent geworden, ja.

B.: Verstehe. Es gibt also praktisch keine Vereinigungen mehr?

P.: Nur mit Mühe. Er ist sehr frustriert.

B.: Klar. Er fühlt sich gedemütigt, weil er Sie nicht zur Mutter machen kann. Aber, Signora, eine gute Therapie, eine Behandlung, könnte die nicht helfen?

P.: Nein, Padre. Er hatte eine Infektionskrankheit. Parotitis, Mumps.

B.: Ahh, das ist wahr. Mumps kann zu solchen Komplikationen führen. Es macht die Männer steril, auch wenn sie noch Samen produzieren, taugt er nicht mehr. So ist Mumps leider. Vor allem, wenn nichts dagegen getan wird … Man muß es behandeln!

P.: Er hat es erst zu spät gemerkt. Padre, ich möchte gerne …

B.: Ist mir klar, Signora! Sie möchten ein eigenes Kind. Aber, ich hab's Ihnen schon gesagt, man kann dem Willen des Herrn nicht immer ausweichen, leider!

P.: Und dann, die Tatsache, daß ich unreine Handlungen begehe …

B.: Ist klar, versteh' ich! Es gibt auch keine materielle Genugtuung mehr … hm … Und weiter ist nichts?

P.: Nein, Padre.

B.: Nur Mut, Signora! Zur Buße beten Sie einen Rosenkranz, einer genügt. Ich spreche dich los …

Abtreibung und Scheidung sind die beiden »Vergehen«, die sowohl von der Kirche als auch vom Klerus am strengsten und beharrlichsten verurteilt werden. Die besondere Härte, mit der die Kirche sie verfolgt, übersteigt bei weitem diejenige gegenüber anderen Sünden. Sie ist – abgesehen von allen moralischen, ethischen und religiösen Gründen – eine direkte Reaktion auf das häufige Vorkommen und Ausdruck des Kampfes, den die Kirche dagegen führt. Es wäre ansonsten schlechterdings unerklärlich, weshalb die Beichtväter Abtreibung strenger verurteilen als Mord und weshalb Geschiedene von der Absolution und infolgedessen von der Eucharistie ausgeschlossen werden.

Wie um die Situation noch verworrener zu machen, wird die Scheidung als solche nicht als Sünde erachtet; wohl aber wird gefordert, daß die Geschiedenen den Rest ihres Lebens in Keuschheit verbringen, und wehe, wenn sie sich nach der Scheidung wiederverheiraten oder eine neue Beziehung eingehen. Diese grausame Unduldsamkeit hat ihre Wurzeln in der traditionellen, inhumanen Sexualangst des Katholizismus sowie in der unermüdlichen Verteidigung der Familie, die für die Kirche einen fundamentalen Wert darstellt, mehr als das Individuum, die Gesellschaft, der Staat.

So wird jeder, der eine Ehe auflösen möchte, auf alle erdenklichen Weisen entmutigt, angefangen beim väterlichen Rat, doch vernünftig zu sein, bis hin zur Androhung künftigen Unglücks. Nach erfolgter Scheidung aber kann auch das Glück des Pönitenten ihn nicht vor einer Verurteilung in letzter Instanz retten, worin auch immer die Gründe für die Eheauflösung bestanden haben mögen, und sei's das Ende der Liebe: also das Ende dessen, was – nach dem Zweiten Vatikanischen Konzil – die Grundlage der Ehe sein sollte. Zum Ausgleich verweisen die Priester beharrlich und geradezu enthusiastisch auf die Sacra Rota, das Kirchentribunal, das die Macht hat, die Ehe nicht nur aufzulösen, sondern sie sogar für »nichtig« zu erklären, als habe sie nie existiert. Und da allgemein die Überzeugung herrscht, das Verhandeln mit der Sacra Rota sei kompliziert und kostspielig, betonen die Beichtväter, alles sei ganz einfach und billig, und geben schlaue Anleitungen dafür, wie man die Annullierung erhalten kann. Einer von ihnen erklärt, es reiche schon die »falsche Einwilligung« oder etwa der Fall, daß die beiden Partner sich nach langer Verlobungszeit nur deshalb geheiratet hätten, weil sie nicht den Mut gehabt hätten, alles platzen zu lassen. Ein weiterer Beichtvater ist der Meinung, »ein triftiger Grund für die Annullierung« sei der fehlende Kinderwunsch. Aber auch wenn Kinder vorhanden sind, so reicht es, wie ein dritter Beichtvater erklärt, wenn man sagt, man habe sich aufgrund »falscher Liebe, körperlicher Anziehung, aus körperlichen Gründen« geheiratet ... Alle geben zu verstehen, daß bei beidseitigem Einverständnis die Sacra Rota schwerlich ihre Einwilligung verweigern würde. Es herrscht eine offensichtliche Konkurrenz zwischen der Sacra Rota und dem zivilen Scheidungsgericht, nicht nur im Sinne einer unterschiedlichen »Qualität«: Seit dem Jahr 1972, in dem die Scheidung in Italien freigegeben wurde, und dem Jahr 1988 schrumpften die Nichtigkeitserklärungen der Sacra Rota von jährlich 1193 auf 608.[5] Die Priester bemühen sich, diese Zahl wieder ansteigen zu lassen, im Wettkampf mit den zivilen Scheidungen.

Kann man die Ratschläge zur Eheauflösung noch als grotesk bezeichnen, so sind die, die zur Verhinderung einer Abtreibung angeführt werden, unvorstellbar grausam: Ein Protokoll zeigt, wie derselbe Beichtvater, der die Fruchtbarkeit der »Indios im Kamerun« für sehr lobenswert hält, ein Mädchen aus seiner Pfarrei bis in den Operationssaal hinein verfolgte, um ihr zu sagen: »Deborah, laß es sein!« In den nachfolgenden Beichten wird einer Frau, die von ihrem Geliebten geschwängert wurde, angeraten, ihrem (sterilen) Ehemann nichts zu verraten, bis die Abtreibungsfrist abgelaufen ist; wenn sie dann aus dem Haus gejagt würde, so könne sie ja immer noch in einem für solche Fälle eingerichteten religiösen Haus Unterschlupf finden: »Freilich, du wärst nicht mit so feinen Personen zusammen, wie du eine bist, eher mit Prostituierten ...« Einem weiteren Mädchen, das von ihrem Bruder geschwängert wurde, wird gesagt: »Naja, was soll's, das kommt vor ...«

Süditalien

[Diese Beichte fand unter freiem Himmel statt, auf den Stufen eines Kreuzgangs sitzend. Gegen Ende des Gesprächs gab der Priester – über seine verbalen Einlassungen hinaus – einige augenzwinkernde Hinweise, die sich offensichtlich auf sein Verhältnis zu den jungen Mädchen seiner Pfarrei bezogen. Ich habe es vorgezogen, den Namen der Provinz nicht zu nennen.]

P.: Sehen Sie, ich unterrichte hier an der Universität, aber ich lebe in Mailand. Ich bin mit einer gleichaltrigen Frau verheiratet, aber jetzt habe ich ein Verhältnis mit einer Studentin angefangen. Es ist eine ernste Sache, zuerst habe ich halb aus Spiel damit begonnen, aber es ist eine ernste Geschichte daraus geworden. Ja ... mir ist klar, daß das nicht gut ist, aber ich habe ernsthaft vor ... meine Frau und ich haben uns schon auf der Universität kennengelernt, wir sind seit zwanzig Jahren zusammen, wir haben einen Sohn, aber der ist schon beinahe erwachsen, und ... die Liebe ist seit vielen Jahren erloschen. Sie ist aus, es ist eine Freundschaft daraus geworden, teils friedlich, teils weniger, aber es ist keine Leidenschaft mehr da, keine Zärtlichkeit, kein Sex mehr ... und diese andere Geschichte, da ist es, als wäre ich wie neugeboren. Ich hätte außerdem Lust auf ein weiteres Kind, meine Frau aber will keines mehr, denn sie ist jetzt schon über vierzig. Sie sagt, es wäre gefährlich, und sie will es nicht mehr, sie hat ihre Arbeit, ihre Karriere, und deshalb überlege ich mir, ob ...

B.: Ob Sie aus der Kirche austreten sollen?

P.: Nein, das möchte ich nicht.

B.: Oh, nein, Sie wissen sehr gut, daß ... Du bist doch intelligent, das kann man dir nicht absprechen, du bist sehr intelligent und weißt ganz genau, wie die Dinge stehen. Es fällt mir nicht leicht, die Worte zu finden, mit denen ich dir klarmachen kann, daß diese Beziehung abgebrochen werden muß, denn du hast die Sache sehr gut dargestellt … Aber leider treffen wir eine definitive Entscheidung, wenn wir heiraten … Und was sollen wir jetzt tun mit dem Versprechen, das du gegeben hast, mit dem ihr eine freie Entscheidung getroffen habt, eine feste Entscheidung, eine klare, eine unwiderrufliche Entscheidung und all das? Wie sollen wir das alles miteinander vereinbaren?

P.: Was sollen wir tun … Die Ehe ist auf die Liebe gegründet.

B.: Jaja.

P.: Es gibt keine Liebe mehr.

B.: Warum gibt es sie nicht mehr?

P.: Weil sie verbraucht ist.

B.: Wie hat sie sich verbraucht? Das ist das Problem.

P.: Durch die Gewohnheit …

B.: Genau, sie hat sich nicht erneuert im Lauf der Zeit. Man hat es als selbstverständlich hingenommen … vielleicht durch die Arbeit … Du bist hier. Und wo ist sie?

P.: In Mailand.

B.: Tja, siehst du? Irgendwann ist es so, daß wir uns auch menschlich auf jemanden stützen müssen, und im Augenblick, das ist klar, brauchst du jemanden. Einer Frau, die – wie alt ist sie, vierzig? –, der kannst du nicht einfach sagen, du wirst jetzt sechs, sieben, acht Monate woanders leben.

P.: Nein, ich bin vier Tage der Woche hier und drei in Mailand.

B.: Aha, und diese Person, die du liebst, wie kommt sie damit zurecht? Damit, daß sie dich mit einer anderen teilen muß?

P.: Anfangs war es nur ein Spiel, für sie vielleicht noch mehr als für mich.

B.: Wie groß ist der Altersunterschied?

P.: Sie ist zwanzig.

B.: Ja dann … Bist du dir denn so sicher?

P.: Sie ist ein sehr intelligentes Mädchen, sehr reif. Sie drängt mich nicht dazu, die Familie zu zerstören, im Gegenteil, sie fordert mich auf …

B.: Das ist eine Taktik, wenn du erlaubst. Das ist eine Taktik, die ich schon kenne und oft gesehen habe. Sie wollen nicht, daß du dich aufteilst, sie wollen im Augenblick nur die Liebe ausleben, höchstens wollen sie noch etwas von dir haben, ein Kind zum Beispiel ... Aber, nein, an Scheidung brauchst du nicht zu denken, ans Heiraten auch nicht, gar keine Rede. Das ist aber nur das Vorzimmer für das Gegenteil, das glatte Gegenteil. Ich möchte dir wünschen, daß es nicht so ist, aber die jahrzehntelange Erfahrung, die ich habe, als Priester und als Mann, im Umgang mit diesen Dingen, die sagt mir, daß das glatte Gegenteil gemeint ist. Wenn dann das Kind unterwegs ist ... Es ist zu hundert Prozent ein weiblicher Trick. In meinem Alter und mit meiner Erfahrung kann ich sagen, daß es genau das ist, was sie wollen.

P.: ... Vielleicht haben Sie darin mehr Erfahrung als ich – als Beichtvater, meine ich –, denn ich war in meinem Leben recht treu, ich habe nicht viel Erfahrungen gemacht ...

B.: Sie drängt dich nicht und wird dich nicht lange drängen, sie kann auch ohne, aber innerlich bastelt sie sich eine Zukunft zurecht. Mit dir zusammen.

P.: Eben. Vielleicht müßte die Kirche dafür mehr Verständnis haben. Ich glaube, der Herrgott hat es.

B.: Ich hätte schon Verständnis, das stimmt, aber du hast aus freiem Willen vor dem Herrn einen Schwur abgelegt, und du warst dir darüber bewußt, man hat es dir gesagt, und ich wiederhole es dir. Nur daß wir in diesen Momenten nicht auf den Herrn setzen, sondern nur auf uns selbst. Auf unsere Liebe, unsere Reize, unsere Fähigkeiten und kaum auf die des Himmels. Ich möchte nicht ohne Verständnis sein, die Kirche will auch nicht ohne Verständnis sein, aber kannst du dir eine Kirche vorstellen, die die Scheidung so mir nichts, dir nichts akzeptiert?

P.: Was sollte schon passieren? Es gäbe dann weniger unglückliche Menschen.

B.: Nein! Es gäbe weniger Menschen, die sich darum bemühen, daß die Schwierigkeiten nicht überhand nehmen. Das heißt, es gäbe immer mehr Tränen, immer mehr Einsamkeit und immer mehr Menschen, die vor jeder kleinsten Schwierigkeit, vor jedem Problem ausweichen und ihr Glück anderswo suchen. Du sagst jetzt, dieses zwanzigjährige Mädchen »tut dir gut«. Aber das könnte sich rächen, wenn sie erst ein wenig älter geworden ist und dich womöglich nicht mehr haben will. Wenn du erst einmal die fünfzig erreicht hast und sie dreißig ist, dann kannst du sicher sein, daß du weg bist, mach dir da nichts vor. In dem Sinne, daß du diese Energie nicht mehr haben wirst, und diese Art von Bedürfnis, die sie suchen ... um es so auszudrücken. Und in einem solchen Moment, wenn dann da nicht etwas ist, das uns bindet, ernsthaft, warum sollte sie dir dann treu bleiben? Es geht hier nicht darum, verständnisvoller zu sein oder barmherziger. Die Kirche ist es. Sie ist es gegenüber allen Menschen, die sich in Schwierigkeiten befinden, die Kirche sucht diesen Menschen beizustehen. Aber bedenke die Lage all jener, die in einem erzwungenen Verhältnis die Schwächeren sind, die unterliegen. Du sagst in diesem Augenblick, ziemlich egoistisch: »Die Kirche muß barmherzig sein, sie muß mir beistehen« und so weiter. Aber tue ich dir damit etwas Gutes, tue ich deiner Frau etwas Gutes? Tue ich etwas Gutes für das Paar? Stell dir ein Paar vor, wo die Frau auf alles verzichtet hat, alles für die Familie hergegeben hat, für die Kinder, und dann sitzt sie da. Wir kennen da Geschichten, die sind ganz fürchterlich. Es gibt Leute, die mit 35, mit 36, mit Kindern und so weiter ... Das ist ein Thema, das dich ebenso angeht wie mich, leider. Auch ich, wenn ich heute alles stehen- und liegenlassen würde, denn auch wir haben ja ein Sakrament abgelegt, wenn ich einfach fortginge ... es gibt zur Zeit fünf-, sechstausend Priester in Italien, die standesamtlich verheiratet sind, die sich aber der Kirche nicht mehr nähern dürfen.

P.: So viele!

B.: Natürlich sind es viele.

P.: Ich glaube, im ganzen gibt es ... wieviele Priester ...

B.: Es sind, ich weiß nicht, dreißigtausend, fünfzigtausend, ich weiß die genaue Zahl nicht.

P.: Also einer von sechsen.

B.: Ja, der Prozentsatz ist hoch, denn es hat da eine besondere Zeit gegeben, um 1968 herum, mit all den Erfahrungen, die die Arbeiterpriester gemacht haben, dann das Zweite Vatikanische Konzil ... Und du sagst nun: »Die Kirche müßte barmherzig sein« und so weiter ... mit den Priestern ist sie es nicht gerade. Ein Priester, der »von der Kirche geschieden« ist, der standesamtlich verheiratet ist, wird von uns niemals anerkannt, er lebt in wilder Ehe, er kann an den Sakramenten nicht mehr teilnehmen. Er ist raus aus der Kirche. In der Kirche kann er nicht heiraten.

P.: Aber er kann doch …

B.: Nichts kann er.

P.: … Keine Kommunion … nichts.

B.: Er ist ausgeschlossen, muß draußen bleiben, es sei denn, es gelingt ihm zu beweisen, wie bei den Eheannullierungen, daß er, als er Priester wurde, das nicht wollte, sondern aus bestimmten Gründen dazu gezwungen war. Das muß er erst beweisen, und zur Zeit, unter Johannes Paul II., erhält er absolut keine Dispens. […] Die Kirche hat die sogenannten Dogmen, die sogenannten Wahrheiten, sie sind offenkundig, und keine Macht der Welt kann sie abschaffen. Die Kirche kann die Liturgie ändern, sie kann ihre Riten ändern, sie kann das ändern, was wir die philosophischen Akzidentien nennen könnten, aber nicht die Substanz. Die Substanz, um die sie kreist, ihre Werte, die ja auch natürliche Werte sind, die können wir nicht aus dem Weg schaffen. Die Gesellschaft war von allem Anfang an auf die Familie gegründet. Sie ist ein natürliches Element, nicht ein Element, das die Kirche irgendwann einmal daraufgesetzt hätte. Sagen wir so: Wir können zwar unsere Kleider wechseln, aber nicht unsere menschliche Substanz. Darin liegt also das Problem, verstehst du? Ich meine: Ich fordre dich hiermit auf, nun gut, bei deiner Frau zu bleiben. Ich weiß, daß es für dich einfacher wäre, mit einem Mädchen zusammenzusein, das dich liebt, ein junges Blut, das dir gibt, was du suchst, denn es ist ja klar, wenn sie zwanzig und mehr Jahre jünger ist … Ich glaube gerne, daß du einen guten Tausch machen würdest, nennen wir es so auf eine scherzhafte Weise, aber ich glaube, daß diese Person in der Zukunft, in ihren Erwartungen – wenn sie nicht einfach ihre Prüfung ablegen will und dich dazu ausnutzt –, die Sache kann jedenfalls auch gefährlich werden. Ich glaube, diese Person kann nicht damit einverstanden sein, daß du drei oder vier Tage lang bei ihr bist und den Rest bei deiner Frau. Am Ende wird sie dich einfach zur Scheidung zwingen.

P.: Aber die will ich ja selbst.

B.: Ja, aber wenn du diese Entscheidung triffst, dann weißt du ganz genau, daß du keine kirchliche Ehe mehr eingehen kannst.

P.: Aber wir haben nie von kirchlicher Ehe gesprochen.

B.: Und wenn das dann – und dazu wird es kommen – ihrer Familie bekannt wird, der Gesellschaft? Von woher kommt dieses Mädchen? Ich möchte den Namen nicht wissen …

P.: Sie kommt aus der hiesigen Provinz, aus einer normalen Familie, einer guten Familie.

B.: Ich stell' mir vor: Die Familie erfährt, daß ihre Tochter es mit einem ihrer Lehrer treibt, der sehr viel älter ist als sie, daß sie standesamtlich heiraten soll, daß sie dies und das soll. Versuch, dir das auszurechnen, sondiere ein wenig das Terrain und schau, welche Reaktionen das hervorruft.

P.: Ja, okay …

B.: Siehst du, ich bin nicht gerne in dieser Lage … und solchen Situationen wie der deinen begegne ich häufig, in unseren Tagen. Leider muß ich so sprechen, leider muß ich ein wenig versuchen, dich zu bremsen, eben um zu vermeiden, daß wir an einen Punkt geraten, von wo es kein Zurück mehr gibt, wo es uns übel ergehen wird. Das heißt, die Sache läuft darauf hinaus, daß du deiner Familie schaden wirst, aber in einem gewissen Sinne wirst du selbst zerstört aus dieser Sache hervorgehen, und ich würde an deiner Stelle ein wenig mehr über diesen Altersunterschied nachdenken. Siehst du, das Ganze geschieht ja in einem Umfeld, in dem man zumindest nicht ausschließen kann, daß das Verhältnis unfrei ist, ein bißchen so, wie wenn ein Priester sich einem jungen Mädchen gegenübersieht, das sich in ihn verliebt.

P.: Gibt es das?

B.: Natürlich gibt es das, warum sollte es das nicht geben? Und deshalb frage ich mich eben, inwieweit die Sache von diesen besonderen Umständen abhängt, von der Tatsache, daß da eine Person, aus welchen Gründen auch immer, ihrem Lehrer gegenüber … Wenn sie sich eines Tages nicht mehr in dieser Lage befinden wird, in diesen Umständen, wenn sie sich nicht mehr dort an diesem Platz, in dieser Rolle befindet, wie wird sie dich dann beurteilen.

P.: Und was tun die Priester in solchen Fällen?

B.: Sofort unterbinden. Sofort alles unterbinden. Denn wenn man es aufschiebt, wenn man meint, morgen, in einer Woche … dann gibt es immer mehr Momente der Bindung, dann wächst das Gefühl und so weiter, eben das, aufgrund dessen wir es dann nicht mehr schaffen. Und wenn es dann erst zum Sex kommt und so weiter, dann sind wir vollständig geliefert.

P.: Ich stell mir das sehr hart vor.

B.: Es ist hart … So manche Frau lebt in einer Beziehung, sie ist auch bereit, ein bißchen zu betrügen, sie will ihre Beziehung und will ihr Abenteuer und so weiter, aber dann zieht sie sich wieder in ihr rechtmäßiges Leben zurück, sie geht nicht weiter. Sie ist nicht lange untreu. Der Mann hingegen will langwährende Beziehungen und ist bereit

[»mit allem zu brechen«. Mit diesen Worten beendete der Priester seinen Satz, doch an dieser Stelle war auch das Tonband abgelaufen. Jedenfalls »verfranste« sich der Priester nicht weiter in dieser umgekehrten Beichte, nach kurzem kehrte er zur Verteidigung der Ehe zurück. Die Beichte endete zwar ohne Absolution, aber mit einem Händedruck und der Einladung, doch einmal wiederzukommen, »zu einem freundschaftlichen Schwatz«.]

Pescara

P.: Padre, ich bin verwitwet. Ich habe ein Kind von anderthalb Jahren. Ich bin mit einem geschiedenen Mann zusammen, der mich heiraten möchte. Ich weiß nicht, was ich tun soll.

B.: Ihr Mann ist tot. Sie sind frei, sich wiederzuverheiraten, aber nur mit einem ebenfalls freien Mann. Nicht mit einem, der schon verheiratet ist. Versetzen Sie sich an die Stelle der Frau dieses Menschen. Wären Sie darüber froh, an ihrer Stelle?

P.: Aber sie sind seit langem geschieden. Sie sehen und hören nichts mehr voneinander.

B.: Sie bleibt immer seine Frau, und er ihr Mann. Ahhh, wie oft kommt das vor …! Wenn Sie eine gute Christin sein wollen, dann suchen Sie sich einen anderen. Er ist verheiratet.

P.: Er ist standesamtlich geschieden. Aber er hat keine Annullierung von der Kirche erhalten.

B.: Das ist heutzutage schon beinahe an der Regel. Man heiratet, man trennt sich, man heiratet erneut und so weiter.

P.: Padre, aber es ist auch für meinen kleinen Sohn; ich möchte, daß er mit einer Vaterfigur an der Seite aufwächst.

B.: Na gut, aber suchen Sie sich einen anderen jungen Mann, der frei ist. Warum muß es ein Geschiedener sein?

P.: Tja, das ist eben so gekommen …! Ich habe ihn nicht absichtlich deswegen ausgesucht!

B.: Sie mögen Ihre guten Gründe haben, aber … es gibt auch noch die Kirche. Was Gott verbunden hat, soll der Mensch nicht trennen. Dieser hier ist mit der anderen verbunden. Er hat schon eine Frau, ich wette, er hat auch Kinder …

P.: Nein, er hat keine Kinder.

B.: Kinder oder keine Kinder … es bleibt sich gleich, die Sache ist im Ansatz falsch.

P.: Auch meine Schwiegereltern wollen mich hindern, sie wollen nicht, daß ich mich wiederverheirate.

B.: Das ist ein anderes Problem.

P.: Ich habe das gesagt, um Ihnen klarzumachen, in welchen Schwierigkeiten ich stecke.

B.: Ihre Schwiegereltern irren, und Sie irren auch, indem Sie sich mit diesem Mann zusammentun wollen. Sie sind frei, eine neue Familie zu gründen. Den Schwiegereltern mag das nicht gefallen, mag sein, aber Sie haben das volle Recht dazu. Wann ist Ihr Mann gestorben?

P.: Im vergangenen Jahr.

B.: Und Sie haben sich schon wieder …

P.: Padre, er war der beste Freund meines Mannes. Er hat mir sehr beigestanden.

B.: Aber war da etwas zwischen euch?

P.: Ja.

B.: Das hättet ihr nicht tun dürfen! Was sagt Ihre Mutter dazu?

P.: Sie denkt nur an mein Wohl und an das meines Kindes. Sie sagt, ich soll tun, was mein Gewissen mir sagt.

B.: Haben Sie eine Arbeit?

P.: Ja, Padre.

B.: Aber Sie sind doch noch so jung, und es gibt viele junge Männer.

P.: Aber, Padre, dem Herzen kann man nicht gebieten. Und versuchen Sie doch, sich meine Situation vorzustellen!

B.: Das ist mir klar. Wenn er irgendwann die Annullierung von der Kirche erhält, dann sind Sie frei, ihn zu heiraten. Das ist der Rat, den ich Ihnen gebe.

P.: Mein Kind nennt ihn Papa.

B.: Ein Kind braucht Mutter und Vater.

P.: Wissen Sie, Padre, wenn ich ihn nicht heiraten kann, dann werde ich einfach so mit ihm leben.

B.: Signora, so reden sie alle. Die Kinder brauchen jedenfalls Eltern, sie müssen behütet werden. Sie sind wie kleine Pflanzen, die in einem behüteten, unbeschwerten Raum groß werden sollen und so weiter.

P.: Eben.

B.: Ich sage es noch einmal, ich rate Ihnen, sich mit einem freien Mann zu verheiraten. Wenn Sie eine gute Christin sind, dann müssen Sie wissen, daß diese Verbindung schlecht ist, auch deshalb, weil Sie, so wie die Dinge stehen, die Sakramente nicht wahrnehmen können. Gehen Sie regelmäßig in die Kirche?

P.: Ja.

B.: Na also. Wenn man nicht gläubig ist … Aber wenn jemand gläubig ist, so schließt er sich damit aus der Kirche aus. Darin liegt das Problem. Denken Sie darüber nach. Aber Sie sind frei. Es tut mir leid, aber man muß die Wahrheit sagen, auch wenn es schwerfällt. Heute leben die Menschen einfach so zusammen, aber für einen Gläubigen geht das nicht!

P.: Ja, gut, Padre …

B.: Hm, hoffen wir das Beste. Denken Sie nach, beten Sie. Das sind Situationen, die …

P.: Padre, ich habe auch eine sexuelle Beziehung mit diesem Mann.

B.: Und haben sie hiermit gebeichtet. Aber wenn ich Ihnen jetzt die Absolution erteile, dann gehen Sie nach Hause und haben weiteren Verkehr, die Absolution taugt zu nichts. Das ist das Problem. Wenn Sie sich vornehmen würden, keinen Verkehr mehr zu haben …

P.: Aber, Padre, wenn ich das tun würde, müßte ich heucheln. Soll das ein Handel sein? Die Absolution im Tausch gegen die Versicherung, man würde es nicht mehr tun …?

B.: So ist die Absolution. Wenn jemand beichtet und dann einfach weitermacht, hat es keinen Sinn. Wenn man eine Sünde bereut, so muß man sich auch bekehren. Meine besten Wünsche jedenfalls und alles Gute.

Verona

[Der Priester, der um vier Uhr nachmittags diese Beichte entgegennahm, war erheblich angetrunken: Abgesehen vom durchdringenden Alkoholatem war dies an seiner schweren Zunge und seinem Lallen zu bemerken, das ich nur andeutungsweise wiedergebe.]

[…]

B.: Ehh, du dürftest nicht einmal beichten! Das darfst du nicht, wenn du mit einem Geschiedenen zusammen bist, kapiert?

P.: Aber ich konnte doch nicht einfach in wilder Ehe mit ihm leben! Es war die einzige Möglichkeit, mit ihm zusammenzusein.

B.: Ja, aber du hättest ihn auch nicht heiraten dürfen. Bist du eine Christin?

P.: Natürlich.

B.: Ehhh …! Das Problem [unverständlich], du kannst nicht … du liegst falsch, kapiert? [lacht höhnisch] Hat dir das niemand gesagt?

P.: Doch. Aber er bemüht sich gerade darum, von der Sacra Rota die Annullierung zu erhalten.

B.: Seit wann? Wie lange versucht er schon, diese [lacht] Annullierung zu erreichen?

P.: Es dauert eben, Padre.

B.: Ja, aber [unverständlich], er hat nicht, er hat die Ann … Annullierung nicht, es wird schwer sein, wenn er ordentlich verheiratet war, dann kann er nicht die, wie heißt sie, die Ann … Annull …

P.: Annullierung. Sehen Sie, Padre, er hat mich geheiratet, weil ich schwanger war, verstehen Sie?

B.: Na gut! Weiß schon! [lacht]

P.: Es war anständig von ihm. Er hat meiner Tochter einen Namen gegeben.

B.: Jaja, aber … Ja, alles gut, aber du kannst nicht so leben, es ist eine Schande, besser wäre …

P.: Aber was soll ich tun?!

B.: Es wäre bess … besser gew … [lacht] gewesen, mit deiner Tochter allein, aber …

P.: Aber wie hätte ich das tun sollen? Sie alleine großziehen, ohne einen Vater?

B.: Ähh, ich weiß, ich weiß. Arbeitest du?

P.: Ja, ich bin Lehrerin. Ich hoffe, daß er die Annullierung erhält, dann können wir es in Ordnung bringen, verstehen Sie? Und einstweilen hat meine Tochter wenigstens einen Namen.

B.: Aber du hättest praktisch, praktisch finanziell auch alleine …

P.: Nein.

B.: Doch, doch! [lacht] Wichtig ist deine La-Lage mit [unverständlich] wie du mit diesem Mann. Du liegst falsch, das ist das Schlimme, das ist es! Sie wissen, was der Papst vor kurzem zu den Scheidungen gesagt hat: Verständnis und Mitleid, ja, aber [lacht] keine Sakramente! [lacht] Kapiert?

P.: Also darf er nicht zur Kommunion gehen?

B.: Und du auch nicht! [lacht] Du auch nicht. Kapiert, Mädchen? Ahhh, ja.

P.: Ich weiß, daß Geschiedene nicht wieder heiraten dürfen …

B.: Aber bevor ihr euch verei … einigt habt, hat euch da keiner was gesagt, keiner?

P.: Ich wußte es wohl; aber es gibt gültige Gründe dafür, daß seine frühere Ehe annulliert wird. Aber ich dachte, daß auch ein Geschiedener, wenn er nicht in Sünde lebt, zur Kommunion gehen kann.

B.: [seufzt] Nein, im Gegenteil: [lacht] Wenn Sie einen Priester dazu befragt hätten, hätte er nein sagen müssen, nichts zu machen, nichts zu machen. Kapiert, Mädchen? Der Papst hat es gesagt, vor zwei oder drei Monaten: die Geschiedenen, Verständnis und Mitleid ja, aber Sakramente [lacht] nein. Das ist ganz klar. Er hat ganz klar gesagt, daß man keinem Geschiedenen die Sakramente erteilen darf, wie dir.

P.: Aber ich bin doch nicht geschieden! Mein Mann ist es.

B.: Ja, aber du bist mit einem zusammen, der geschieden ist, der getrennt lebt, der nicht in Ordnung ist, praktisch, eben, kapiert, Mädchen?

P.: Naja, ich hoffe jedenfalls, daß er die Annullierung bekommen wird, denn ich will meine Familie nicht zerreißen! Ich werde ihn sicher nicht verlassen …

B.: Jaaa, ich wünsch' es dir, aber solang er die Kirche gegen sich hat in dieser Annullierung, ist nichts zu machen. Kapiert, Mädchen? Also, ich, eh!, was soll ich dir hier sagen? Ein paar gute

Worte und den Wunsch, daß alles gutgehen wird, wie du es wünschst, daß die Madonna dir hilft, immer brav zu bleiben und gut mit ... mit diesen Gefühlen, kapiert, Mädchen? Aber denk dran, solange du so lebst, keine Sakramente, ja, kapiert, Mädchen? Jetzt, wenn du willst, werde ich dich segnen ...

Rom

P.: Padre, ich habe ein Sakrileg begangen; ich war bei der Kommunion, ohne die Absolution erhalten zu haben. Es sind nämlich viele Jahre, daß ich nicht mehr zur Beichte gegangen bin, und da meine kleine Tochter letzten Sonntag Erstkommunion hatte, bin ich zum Pfarrer gegangen, und er sagte mir, daß er mich nicht freisprechen könne, weil ich geschieden bin. Ich finde das ungerecht, und meine Tochter wollte so gerne, daß ich zur Kommunion gehe, sie hätte sich sonst gegenüber den anderen Kindern herabgesetzt gefühlt, und so haben wir, meine frühere Frau und ich, trotzdem an der Kommunion teilgenommen.
B.: In dieser Pfarrei hier?
P.: Nein, nein, ich lebe in Mailand.
B.: Eben, ich kenne dich nicht.
P.: Ich bin auf Geschäftsreise, und gestern habe ich mich wegen dieser Sache gar nicht wohlgefühlt. Wissen Sie, ich habe die Kirche eben wegen ihrer Härte gegenüber den Geschiedenen verlassen. Aber ich glaube trotzdem, mich wie ein guter Christ zu verhalten, und niemals hätte ich gedacht, daß ich einmal in die Lage kommen würde, ein Sakrileg zu begehen, wenn das ein Sakrileg ist.
B.: Die Sache ist nicht einfach. Ich verstehe dich sehr gut, denn leider gibt es eine Menge solcher Fälle, und wir müssen uns klar verhalten darin, nicht? Denn die Ehe ist ein Sakrament, ein unauflösbares Sakrament, und zweimal heiraten oder eine geschiedene Person heiraten bedeutet, sich der Kirche zu widersetzen, der Kirche Jesu Christi. Und es ist also nicht die Kirche, die sich diesen Problemen verschließt, im Gegenteil, sie bemüht sich sehr darum, denn es gibt jetzt sehr viele Paare, die sich in dieser Situation befinden, auch christliche Paare, wie du, der du dich

doch als Christ empfindest, nicht wahr? Du fühlst dich nicht als Heide. Also, ja, und was soll die Kirche dazu sagen? Sie sagt uns: Behandelt diese Menschen mit viel Liebe, mit viel Erbarmen, aber die heilige Kommunion können wir ihnen nicht erteilen, verstehst du? Wir können diesen Menschen sagen, daß sie in die Kirche kommen können, daß sie das Wort Gottes anhören können und so weiter, aber die Sakramente, ja, die können wir nicht geben, denn die Sakramente sind eine gemeinschaftliche Handlung von Jesus Christus und der Kirche. Verstehst du? Ich verstehe auch eure Situation, denn es ist eine Situation des Leidens, der Qual, das ist doch klar, denn es ist ja nicht ... vor allem, wenn ein Kind dazwischensteht. Ich habe versucht, meinen Möglichkeiten entsprechend, denn leider gibt es auch hier solche Fälle des Leidens, ich habe mit den Eltern gesprochen und habe ihnen gesagt: »Redet mit euren Kindern, sagt ihnen, daß ihr euch im Moment in einer schwierigen Situation befindet, in der ihr den Herrn nicht empfangen könnt«, damit die Kinder sich nicht wundern müssen, in diesen Momenten. Und ich habe gesehen, daß die Kinder das begriffen und daß sie ein wenig, wie soll ich sagen, beruhigt waren.

P.: Meiner Ansicht nach schafft man damit eine Tragödie für das Kind, es ist als würde man ihm sagen: »Die Kirche, an die du glaubst, an die ich dich zu glauben gelehrt habe – und ich will, daß du die Kommunion machst, das ist etwas sehr Schönes –, diese Kirche lehnt mich ab, weil ich ein Sünder bin.« Das ist doch ein schreckliches Trauma für ein Kind.

B.: Ja, aber ... was soll man tun?

P.: Kommt Ihnen das alles barmherzig vor, Padre?

B.: Barmherzig ... es ist, sagen wir, ein Tatbestand. Solange wir Entscheidungen treffen, die mit unserem Glauben konform sind, ist alles gut; wenn wir Entscheidungen treffen, die nicht mit unserem Glauben übereinstimmen, dann befinden wir uns eben in solchen Situationen. Ich weiß ja nicht, warum du geschieden bist und all das.

P.: Aus einem sehr einfachen Grund, Padre. Wir waren einfach nicht glücklich miteinander, wir waren vielmehr sehr unglücklich. Ohne besonderen Grund. Und statt ein Leben, nein, zwei Leben, in Unglück zu führen, haben wir uns getrennt, ohne Drama. Meine Ex-Frau und ich sind gute Freunde geblieben, wir haben keine Kinder miteinander, außerdem waren wir sehr jung, als wir heirateten, es war einfach ein jugendlicher Irrtum. Ich habe mir nun ein neues Leben aufgebaut, ich bin standesamtlich mit einem Mädchen verheiratet, mit der ich sehr glücklich bin und mit der ich dieses Kind habe ...

B.: Ja, siehst du, ich sage immer zu meinen Gläubigen: Die Kirche lehrt uns, daß die Ehe eine freie Entscheidung ist, daß ihre Wurzel in der gegenseitigen Einwilligung und im vollen Bewußtsein der Dinge liegt. Und nun sagt die Kirche den Bischöfen, und die Bischöfe sagen es uns, nicht wahr?, sie sagen: Wenn ihr meint, daß da ein jugendlicher Irrtum vorliegt, wie du sagst, wenn meinetwegen eine Vernarrtheit da war, aber keine wirkliche Gewißheit, kein Bewußtsein, ja, dann kann die Kirche das prüfen, kontrollieren, beurteilen, und sie kann erklären, daß in manchen Fällen die Einwilligung erzwungen war, nicht frei, nicht vollständig, nicht ... und dann erklärt sie rechtmäßig, daß die Ehe niemals existiert hat.

P.: Sie meinen die Sacra Rota?

B.: Ja, aber der Name Sacra Rota ruft oft sofort ... aber es ist die einzige Möglichkeit. Die Kirche sagt: »Nicht alle Ehen sind gültig«, nicht wahr? Denn es kann passieren, daß man heiratet, ohne recht zu wissen, warum, ich meine, man befindet sich plötzlich in einer Situation, in der man sagt: »Naja, heiraten wir halt mal ...« Aber in solchen Fällen ist die Einwilligung nicht gültig, verstehst du? Wenn einer in einer solchen Lage steckt, dann sagt die Kirche: »Diese Ehe hat niemals bestanden.«

P.: Hm, ich meine, als ich heiratete, war ich dreiundzwanzig Jahre alt, ich hatte schon ein abgeschlossenes Studium. Ich war auch glücklich, ein paar Jahre lang, dann nach etwa sieben Jahren, viele Leute ändern sich plötzlich ...

B.: Eben, eben! Man muß nachprüfen, ob diese Änderung auf die Wurzeln zurückging oder ob sie durch gewisse Ereignisse ...

P.: Wir haben die Ehe doch ausgiebig vollzogen, ich habe nicht einmal daran gedacht, sie auch kirchlich auflösen zu lassen.

B.: Die Ehe kann vollzogen sein oder auch nicht vollzogen, nicht wahr? Das Wichtige ist, daß die Einwilligung in die Ehe, denn das ist ihre Wurzel, und wie bei anderen Verträgen auch, nicht wahr?, kann diese Einwilligung durch verschiedene äußere Faktoren beeinflußt werden, und so kann auch die Ehe durch irgendetwas erzwungen worden sein. Wenn nun jemand nach Überprüfung seiner Entscheidungen und so weiter feststellen muß, daß seine Einwilligung nicht wirklich aufrichtig war, nun, dann legt er dies der kirchlichen Behörde vor. Natürlich wird die kirchliche Behörde dann nicht sofort sagen: »In Ordnung, macht, was ihr wollt« – sie muß die Sache erst prüfen, nicht wahr? Sie muß ein richtiges Urteil fällen, sie muß sehen, welche Beweise es gibt, ob Zeugen vorhanden sind, ob Wahrheit ist in dem, was die beiden Partner aussagen. Und dann hat die Kirche die Möglichkeit, die Ehe nicht nur aufzulösen, sondern zu erklären, daß es sie nie gegeben hat, daß sie niemals bestanden hat.

P.: Tatsächlich? So weit geht sie?

B.: Ja, denn wenn man sozusagen unter Zwang heiratet, nicht? Ich will dir ein Beispiel nennen, das mir hier vorgekommen ist: Zwei junge Leute waren sechs, sieben, acht Jahre lang zusammen, dann sagten sie sich zu einem gewissen Zeitpunkt: »Naja, jetzt waren wir sieben, acht Jahre zusammen, jetzt können wir auch heiraten.« Der Wunsch zu heiraten entsprang sozusagen nicht einer freien Gewißheit, sondern war bedingt durch die Situation, in der sie sich befanden. Er sagte sich wohl: »Jetzt soll ich dieses Mädchen verlassen, nachdem wir schon acht Jahre lang verlobt sind, das ist nicht schön, ich muß sie heiraten.« Dann ging natürlich alles drunter und drüber und endete in einem großen Krach, nicht?, und da sage ich, das war eine erzwungene Einwilligung. Die Ehe muß aus freiem Willen geschlossen werden und im Bewußtsein dessen, wohin sie einen führt, nicht wahr? Nur dann, nur dann entsteht daraus eine gültige Verbindung, ansonsten existiert sie nicht. Selbst dann, wenn zehn Kinder daraus hervorgehen. Denn es ist nicht die Fruchtbarkeit, die der Ehe Gültigkeit verleiht. Sondern die Einwilligung.

P.: Ich könnte also, auch noch nach so vielen Jahren, die Annullierung beantragen?

B.: Natürlich, du kannst sie beantragen, indem du deine Situation schilderst. »Als wir heirateten, haben wir das und das und das gemacht, und wir meinen, die Einwilligung ist unter Zwang geschehen«, dann werden die Richter die Sache prüfen, es gibt ja auch die kirchlichen Anwälte, nicht wahr?, das sind zivile Rechtsanwälte, die jedoch auch Kirchenrecht studiert haben und sich dadurch für diese Fälle qualifiziert haben, und deshalb ...

P.: Aber wahrscheinlich kostet das sehr viel?

B.: Ahhh, nein, das ist noch so eine falsche Vorstellung, die durch die Köpfe der Leute geistert. Es kostet nicht viel. Es kostet nur viel, wenn jemand viel Geld hat. Denn die Kirche erkundigt sich bei den Pfarrern und bei Leuten, die es wissen. Für einen einfachen Arbeiter zum Beispiel gibt es das Armenrecht, das heißt, die Sache wird nach dem Armenrecht ausgeführt. Also, auch wenn einer gar nichts hat, es kommt darauf an ... oftmals stellt sich das Problem, daß die Anwälte – sie sind ja Anwälte wie alle anderen –, daß diese Anwälte Geld, Geld und noch mehr Geld verlangen, während die Sacra Rota ihre festen Honorarsätze hat, nicht wahr?, und die Anwälte eigentlich nicht mehr als vorgegeben verlangen dürften. Einige aber nutzen die Situation aus, denn um zu einer Lösung des Problems zu kommen, sind die Leute zu allem bereit und sagen: »Er will eine Million? Dann gib ihm eine Million! Dann will er noch eine Million, so gib ihm noch eine Million.« Aber das dürfen sie nicht tun, die Anwälte. Ich habe einmal in einem Fall an die Sacra Rota geschrieben: »Wir haben hier einen Anwalt, der einem armen Karl, einem Arbeiter, jeden Monat Geld abverlangt, darf er das denn?« »Auf keinen Fall! Das kann er nicht tun.« Und sie haben ihm dann tatsächlich den Fall weggenommen, diesem Anwalt. Ja, man muß also zum Tribunal gehen, wenn du aus Mailand bist, zur Mailänder Kurie, dort gibt es ein Tribunal für Ehefälle, wo man seinen Fall vorlegen kann. Die Bischöfe drängen uns, sie sagen: »Versucht zu reden mit diesen Leuten, vielleicht gibt es eine Begründung, die ihnen unbekannt ist, mit der wir aber eine Akte anlegen können.« Und dann kann man sein Gewissen in Ordnung bringen.

P.: Aber was mein Gewissen betrifft ... ich habe damals mit Überzeugung geheiratet, mit Freude, ich war sicher, daß es das ganze Leben dauern würde, Padre ... Aber natürlich, wenn es möglich wäre, würde ich es gerne machen, für meine Tochter.

B.: Du müßtest auch deine Ex-Frau fragen und hören, was sie dazu meint, ob sie Schwierigkeiten hatte bei der Einwilligung in die Ehe, ob sie, sagen wir, irgendwie gedrängt worden ist dazu, dich zu heiraten. Daß sie dich nicht ganz aus freiem Willen geheiratet hat.

P.: Ja, wir müßten also beide einverstanden sein ...

B.: Nein, auch wenn nur einer der Partner zeigen kann, daß er bei der Einwilligung in die Ehe nicht ganz frei war, auch dann ist die Ehe nichtig, denn sie ist nur gültig, wenn alle beide sie gewollt haben.

P.: Und es ist nicht schwer, das zu erreichen?

B.: Nun ja, nicht schwer ... es kommt auf die Gründe an, die ihr anführt. Man muß sehen, was die zuständige Behörde, der ihr den Fall vorlegt, dazu sagt. Sie wird ihn studieren und dann entweder sagen: »Laßt es bleiben, es ist nichts zu machen«, oder auch: »Wir wollen sehen, was zu machen ist«. Sie ermitteln, um zu sehen, welche Möglichkeiten es gibt, und wenn es welche gibt, wird der Fall weiterverfolgt, denn die Kirche löst Ehen nicht so einfach auf und damit basta! Auch der Papst äußert sich immer wieder dazu, denn gewisse Tribunale sind manchmal zu nachsichtig, vor allem im psychologischen Bereich, und da sagt der Papst: »Seid vorsichtig, denn es handelt sich hierbei um eine sehr ernste Sache.« Ja, aber wir sind wie eine Mutter, die versucht, die beste Lösung zu finden, die ihr möglich ist. Und dieser Priester, der zu dir sagte, du dürftest nicht zur Kommunion gehen, der wollte damit sagen: »Bruder, du bist mit Jesus Christus nicht eins.« Auch wenn Jesus dich liebt, denn es ist nicht so, daß er dich nicht lieben würde, die Sakramente aber können wir nur jenen zuteil werden lassen, die mit ihm eins sind. Denn Gott sieht bis in die Tiefe. Wir sehen nur das Äußere. Ich kann nur sehen, daß du dich von deiner Frau getrennt und eine andere geheiratet hast, und deshalb sage ich: Diese Situation hat solche Folgen. Aber der Herr kann das auch anders beurteilen, wenn jemand zum Beispiel die Sache in einem gewissen Moment bereut und den Herrn um Vergebung bittet, dann ist der Herr barmherzig, aber wie sollen wir ...

P.: Aber die Kirche ... könnte es nicht sein, daß die Kirche ein wenig zu hart urteilt über uns Geschiedene?

B.: Ah, das weiß ich nicht. Die Kirche will nicht urteilen, sondern sie versucht, euch entgegenzukommen, es gibt da eben ein Dokument der Bischöfe, den »Hirtenbrief für Geschiedene«, ein Dokument, das sie erstellt haben, auf das wir uns in diesen Fällen stützen. Es ist ein Dokument, das auf Liebe und Barmherzigkeit aufgebaut ist, gegenüber diesen Menschen, die sich irren können. Es ist also nicht so, daß wir sie verjagen oder zum Teufel schicken wollen, nein, ganz und gar nicht! Wenn ihr mir ein Kind zur Taufe bringt, dann taufe ich es, aber wenn einer Entscheidungen getroffen hat, die mit den Prinzipien der Kirche nicht übereinstimmen ...

P.: Na gut, Padre, ich werde mich an die Kurie wenden [...]. Können Sie mich lossprechen von dem, was ich letzten Sonntag gemacht habe?

B.: Bitte den Herrn um Vergebung, sage: »Ich verspreche, es nicht mehr zu tun«, nicht wahr? Was die Absolution betrifft ... Du hast es ja selbst gesagt: »Ich lebe mit einer Frau zusammen, mit der ich nicht verheiratet bin.«

P.: Ich darf nicht zur Kommunion gehen, das hab ich verstanden, und Sie können mir keine Absolution erteilen.

B.: Naja, diese Kommunion ... bitte den Herrn um Vergebung. Du hast, sagen wir, in guter Absicht gehandelt, nicht aus Verachtung gegenüber dem göttlichen Gesetz. Du hast es nicht aus Verachtung getan, du hast in deinem Herzen die Schwierigkeit der Situation gefühlt, und deshalb kannst du beruhigt sein, der Herr ist barmherzig, du wirst deshalb nicht verbannt, nicht wahr? Du hast etwas getan, was du nicht hättest tun sollen, sieh zu, daß du es nicht wieder tust. Also, der Herr vergibt dir und spricht dich los für dieses Vergehen, so weit es möglich ist. Versuche, deine Situation zu lösen ...

P.: Danke, Padre. Auf Wiedersehen.

Avellino

[...]

P.: Aber was wäre denn die Begründung für so eine Annullierung?

B.: Die Begründung wäre Unvereinbarkeit der Persönlichkeiten, denn es sind keine Kinder gekommen, es gab da von vornherein dieses Hindernis, und ...

P.: Aber, Padre, eigentlich haben wir deshalb keine Kinder bekommen, weil wir keine wollten.

B.: Das ist eine sehr gewichtige Begründung.

P.: Ach, das gilt auch als Begründung?

B.: Es ist eine gewichtige Begründung, weil die Ehe eben deshalb verhindert wurde. Vor etlichen Jahren kam ein junger Mann aus […] zu mir, der ein Mädchen auch aus […] geheiratet hatte, und nach der Trauung gingen sie auf Hochzeitsreise. Und auf dieser Hochzeitsreise beschlossen sie – vorher hatten sie nichts darüber gesagt –, keine Kinder haben zu wollen. Nach der Reise kamen sie wieder nach Hause, sie brachten den Fall vor das Tribunal, und ein paar Jahre später hat er wieder geheiratet, denn das Tribunal hatte ihn für ledig erklärt und sie auch für unverheiratet, alle beide. Was aus ihm geworden ist, weiß ich nicht, denn er ist in seine Heimatstadt zurückgekehrt. Aber was sie betrifft, so traf hier aus Rom ein Schreiben ein, in dem erklärt wurde, daß ihre Ehe für nichtig erklärt und sie frei sei, sich jederzeit wiederzuverheiraten. Es lohnt sich also, sich an einen Priester zu wenden, an den Pfarrer, der dann die Verbindung zur entsprechenden Amtsperson an der Kurie herstellt, die für Ehefälle zuständig ist; denn keine Kinder zu wollen, ist eine gewichtige Begründung, die Ehe ist von Gott geheiligt, in erster Linie als Sakrament zur Aufzucht des Nachwuchses, und wenn dieser Zweck nicht vorhanden ist …

[…]

Messina

[…]

B.: Annullierung bedeutet: »Ich bin frei, auch wenn ich ein Kind habe.«

P.: Also als ob ich nie verheiratet gewesen wäre.

B.: Als wärst du nie verheiratet gewesen. Und man sollte immer versuchen, das zu erreichen, ich sag es allen, die zu mir kommen … Es ist sehr gut möglich, daß keine Liebe vorhanden war, daß eine falsche Liebe euch gebunden hat, vielleicht nur körperliche Anziehung, Körperlichkeit, es war vielleicht eine Begierde, aber keine bleibende Zuneigung mit Verantwortungsgefühl, Opferbereitschaft bis zum letzten. Liebe heißt Opferbereitschaft bis zum letzten. Wenn das fehlt, so ist es keine Liebe. Also sozusagen: »Ich muß meine Pflicht tun, ich muß mich in Schuld stürzen, wenn ich sie liebe«; und unter materiellem Aspekt: »Ich muß mich verkaufen, damit sie triumphiert«, das ist das Ende der Liebe.

P.: Ich will Ihren Rat befolgen, ich werde mit meiner Frau sprechen, denn ich glaube, es ist auch in ihrem Sinn, daß wir die Sache auflösen. Und was wird aus dem Kind?

B.: Das Kind wird in diesem Falle unter euch aufgeteilt, es wird ein wenig bei dem einen und ein wenig bei dem anderen sein.

P.: Also wie bei einer normalen Scheidung.

B.: Natürlich, die Gesellschaft hat das so bestimmt.

P.: Ich verstehe. Danke.

[...]

Ferrara

P.: Padre, ich habe ein großes Problem.

B.: Na, ich habe vierzig Jahre lang Mathematik unterrichtet, du hast Glück. Wir werden es. schon lösen. Ist es ein Problem der Algebra oder der Arithmetik?

P.: Ich fürchte, es ist etwas komplizierter.

B.: Ooooohhh! Na, ich will's versuchen, nur zu!

P.: Ich bin seit etwas mehr als einem Jahr verheiratet, und mein Mann ist oftmals auf Geschäftsreise. Bis jetzt ging alles gut, diesesmal aber ...

B.: ... diesesmal bist du einem anderen begegnet. Ajajaj, du kleine Schelmin. [leise, etwas boshaft] Was willst du denn?! Die Kirschen in Nachbars Garten sind immer süßer als die eigenen. Jetzt weißt du doch Bescheid! Jetzt tut es dir leid, du versprichst, es nicht mehr zu tun, du sagst es nicht deinem Mann, denn den würdest du damit nur zerstören, den Armen. Er weiß doch nichts davon, oder?

P.: Ach Padre, wenn es so einfach wäre ... Ich bin schwanger!

B.: Vom zweiten?

P.: Ja, ich bin mir dessen sicher, denn mein Mann ist unfruchtbar. Ich wußte das, schon vor der Hochzeit. Er hat sich gründlich untersuchen lassen, und es besteht kein Zweifel daran.

B.: Aber habt ihr denn normalen Geschlechtsverkehr, mit allem?

P.: Ja, mit allem.

B.: Aber die Saat ging nicht auf. Höre, Abtreibung ist prinzipiell ausgeschlossen, das weißt du doch?

P.: Aber ...

B.: Naaain-nein-nein. Du darfst nicht abtreiben, das darfst du nicht, denn das wäre ein Mord. Ja, ich weiß, ich weiß, aber sieh: Wenn du nichts verrätst, dann wird dein Mann sich irgendwann sagen: »Schau, der Arzt hat sich getäuscht, das ist mein Kind!« Und duuuu ... pst, ruhig, wir wollen das nur einmal annehmen. Du solltest ihm nichts verraten.

P.: Aber wie kann ich das!

B.: Pst, still! Wenn er meint, es sei sein Kind, weil die Ärzte sich getäuscht haben könnten, dann laß ihn nur. Warum sollte man ihn quälen? Laß ihn selbst draufkommen!

P.: Aber, Padre, ist das dann nicht noch schlimmer?

B.: Jetzt sei doch still! Wenn er jetzt nach Hause kommt, und wenn ihr dann Verkehr miteinander habt, naja, naja, dann könnte das doch ebenso sein Kind sein, stimmt's?

P.: Aber ich fürchte mich davor: Er könnte so tun, als sei nichts und das Kind als seines annehmen, aber er könnte ebensogut außer sich sein wegen meiner doppelten Unehrlichkeit!

B.: Ja, gut, einverstanden, ich weiß. Ich meine ja nicht unbedingt, daß du es ihm nicht sagen sollst. Wenn du dich gezwungen siehst, es ihm zu sagen, dann sag es ihm ... Aber erst später, nicht gleich! Sieht man schon etwas von deiner Schwangerschaft?

P.: Nein, ich bin erst im zweiten Monat.

B.: Naja, dann schweig. Warum willst du es ihm jetzt schon sagen? Ihr könntet ja auch ein Kind aus Bosnien adoptieren oder ein Kind aus Afrika, ein Chinesenkind, ein Japanerkind, ein fremdländisches oder ein verwaistes Kind, irgendein Unbekanntes. Damit könnte er sich doch auch abfinden. Unternimm nichts. Ich würde es ihm erst ganz zum Schluß sagen, wenn nichts mehr zu machen ist.

P.: Aber ich verstehe nicht, was sich dadurch ändern soll. Wenn ich es ihm doch sagen muß, dann besser gleich, oder?

B.: Was sich ändern soll, was sich ändern soll! Erstens habe ich dir nicht gesagt, du sollst schweigen! Und außerdem, wenn da ein Unglück droht, wenn es ein Kreuz zu tragen gibt, dann bedeutet das nicht, daß du ihm noch entgegenlaufen mußt. Wenn das Unglück kommt, dann wirst du es ertragen. Und wenn er wütend wird und von dir verlangt abzutreiben? Dann wird alles nur noch schlimmer. Meinst du, daß er das von dir verlangen wird?

P.: Ich fürchte, ja! Er ist so verletzbar! Das ist ja auch verständlich.

B.: Nun gut, einverstanden, aber fürchte dich nicht, er wird dich nicht totschlagen. Er wird dir vielleicht Vorwürfe machen, ein paar Ohrfeigen, aber, mein liebes Kind, es ist doch besser, du erhältst hier auf Erden ein paar Prügel als daß du deine Seele für ewig schändest, vor Gott!

P.: Und wenn er beschließen würde, sich von mir zu trennen oder gar sich scheiden zu lassen?

B.: Ja, das wäre natürlich eine harte Strafe. Du könntest aber bei deinen Eltern leben. Du müßtest in jedem Fall sofort die Beziehung zu deinem Freund abbrechen – was gewesen ist, ist gewesen. Und dann soll jeder sein Kreuz tragen, mit Ernst und Würde!

P.: Padre, bei meinen Eltern könnte ich nicht leben. Sie würden mich nicht bei sich aufnehmen!

B.: Du könntest in ein Institut gehen, das von Schwestern geführt wird, in Urbino, ich kann dir die Adresse nennen. Dort sind noch mehr Frauen, die gefehlt haben, es sind womöglich Straßendirnen: aber sie treiben nicht ab. Sie können dort wohnen, sie werden verpflegt, man kümmert sich um sie. Wir sind vielleicht nicht übermäßig gut ausgestattet, aber die Kirche gibt sich Mühe. Du könntest dein Kind bei dir haben, und dann sieht man weiter! Unser täglich Brot gib uns heute, heißt es, ich verlange vom Herrn ja nicht, daß er mir gleich das Brot für eine ganze Woche gibt, wenn ich nicht weiß, was er dann … ob ich ihm trauen kann! Kommt dir das merkwürdig vor? Na, versuchen wir zu retten, was zu retten ist. Ich sage dir, du sollst die Abtreibung ausschließen, und mit deinem Mann sollst du erst sprechen, wenn nichts mehr zu machen ist. Als erstes schließe ich die Abtreibung aus. Als zweites hoffe ich, daß dein Mann dieses Kind annehmen wird. Ich verstehe, daß du das innerlich als schwierig empfindest, aber du bereust die Sache, du fühlst dich gedemütigt. Der Herr wird dich verstehen. Und wenn es überhaupt nicht geht, dann gibt es, wie ich dir schon sagte, immer noch dieses Haus in Urbino. Freilich, du wärst dort mit Personen zusammen, die nicht so fein sind wie

du, vielleicht mit Prostituierten, verstehst du, ja? Aber das ist eine
andere Sache. Nur Mut, Gott beschütze dich. Ich spreche dich los
von deinen Sünden. Geh in Frieden.

Pavia

[Eine Studentin ist schwanger von ihrem Freund, einem moslemi-
schen Komilitonen. Nachdem sie erklärt hat, nicht abtreiben zu
wollen, rät ihr der Beichtvater davon ab, ihn zu heiraten.]
[…]
P.: Aber was soll ich dann tun? Das Kind ohne Vater großziehen?
B.: Na und? Sie wären ja nicht die erste, oder? Und bei diesem
Vater … Man sollte immer das kleinere Übel wählen. Das Kind
trägt den Namen der Mutter und basta. Er interessiert sich einen
feuchten Kehricht für unsere Religion.
P.: Also soll ich das Kind behalten und ihn ziehen lassen?
B.: Wenn seine Religion ihm erlaubt, noch weitere Frauen zu haben, dann ist das besser für Sie. Denken Sie nur, wo kämen Sie
denn hin damit?
[…]

L'Aquila

B.: Seit wann?
P.: Seit langem, Padre.
B.: Viele Sünden?
P.: Ich bin dabei, eine große zu begehen.
B.: Das heißt?
P.: Sehen Sie, ich bin schwanger, und …
B.: Wie lange sind Sie schon schwanger?
P.: Seit zwei Monaten.
B.: Und, was ist damit?
P.: Ich muß abtreiben!
B.: Nein, das müssen Sie nicht! Das müssen Sie überhaupt nicht,
denn das bedeutet, eine Sache flicken zu wollen, die im Grunde
nicht einmal ehrenrührig ist. Heutzutage … Aber Sie müssen be-

denken, daß Sie ein Kind umbringen wollen, und aufgrund dieser Überlegung dürfen Sie es nicht tun!

P.: Aber ich muß es tun! Es ist von meinem Bruder!!

B.: Naja, was soll's, was soll's ... Das kommt vor, ja. Wer weiß davon?

P.: Niemand. Ich habe nicht den Mut, es meinen Eltern zu sagen.

B.: Aber, meine Liebe, es ist schrecklich, ein Kind umzubringen! Wenn es der Bruder gewesen ist, naja, was soll's.

P.: Aber wie, was soll's ... Padre? Ich kann es doch nicht behalten!

B.: Naja, es findet sich eine Lösung. Sie müssen den Mut finden, es Ihren Eltern zu sagen. Was sagt Ihr Bruder dazu?

P.: Er weiß es noch nicht.

B.: Sind Sie mehrfach mit Ihrem Bruder zusammen gewesen?

P.: Ja, Padre.

B.: Naja, das sind Geschichten, die eben passieren. Ich meine, Sie sollten mit Ihren Eltern darüber sprechen oder mit einer ernsthaften Person, die vermitteln kann. Aber keine Abtreibung, kapiert?

P.: Sie haben keine Ahnung, was mir bevorstehen würde. Sie haben keine Ahnung. Mein Vater würde mich totprügeln.

B.: Das glaube ich nicht ... Von einem gewissen Moment an ... Denn siehst du, mein Kind, wenn man abtreibt, bleibt das eine ewige Qual für die Frau. Ich kenne Fälle, in denen die Frauen noch nach dreißig, vierzig Jahren unter Gewissensbissen leiden deswegen. Ich weiß nicht: Sprich mit deiner Mutter oder mit einer Freundin, die vielleicht helfen und verhindern kann, daß die Sache zu Bruch geht. Du mußt später dann ja nicht unbedingt sagen, daß das Kind von deinem Bruder ist ...

P.: Ich kann aber doch nicht einfach jemand anderen einschalten!

B.: Sag es deinen Eltern, aber niemand anderem. Du mußt es nicht sagen.

P.: ABER PADRE, ICH BEKOMME EIN KIND VON MEINEM BRUDER!!!

B.: Hääähh, was soll's ... das gibt's. Es ist gewiß nicht das erste, gewiß nicht das erste ...

P.: Aber aus einem Inzest gehen oft behinderte Kinder hervor!

B.: Najaaaa, nnnein ... Manchmal schon, richtig, aber ihr seid noch jung, gut möglich, daß es da gar keine physischen Komplikationen gibt, verstehst du, hm ...? Warst du denn mit niemandem anderen zusammen als mit deinem Bruder?

P.: Nein.

B.: Dein Bruder ist genauso jung, nicht wahr?

P.: Ja.

B.: Na, dann war's eine Unvorsichtigkeit ... so was zu tun, ich weiß ja nicht, wie es dazu gekommen ist. Aber du bist nicht die erste, verstehst du, hm? Es ist ein Fall, der leider immer wieder vorkommt, wie man weiß.

P.: Nein, nein, ich kann das nicht, ICH KANN NICHT!

B.: Ich spreche zu dir aus ganzem Herzen, als wärst du meine Schwester. Oder als wäre ich dein Vater, ja. Vielleicht werden sie dich anfangs verwünschen, aber dann, nach und nach, werden sie verstehen, und dann werden sie dich gerne haben, gerade als diejenige, die du bist und sowas gemacht hat, verstehst du? Sieh einmal zu, ob du nicht mit deiner Mama sprechen kannst, bevor du dich zu etwas entscheidest ...

P.: Aber meine Mutter würde sofort von mir verlangen abzutreiben, glauben Sie mir! Ich habe nur Angst, sie könnte es meinem Vater sagen!

B.: Nun gut, ich sage dir, worauf es ankommt, und dann mußt du selbst entscheiden, klar? Frei nach deinem Gewissen. Aber ich warne dich: Meiner Erfahrung nach leiden manche Frauen, das heißt nicht nur manche, viele, die abgetrieben haben, nicht jetzt, sondern vor vielen Jahren, auch dreißig Jahre später leiden sie immer noch darunter. Deshalb, sieh zu, sprich mit deiner Mama, und seht zu, eine Lösung zu finden, die nicht auf dir und deinem Gewissen und deiner Zukunft lastet, verstehst du? Ich werde dir jetzt die Absolution erteilen in der Hoffnung, daß Gottes Gnade dir zuhilfe kommt. Und zur Buße sollst du ein gutes Werk tun. Ego te absolvo ... Hast du eine Arbeit?

P.: Ich studiere noch.

B.: An der Universität?

P.: Ja, Padre.

B.: Jetzt möchte ich, daß du ein gutes Werk tust: Komm mit mir in die Sakristei.

Padua

B.: Seit wann hast du nicht mehr gebeichtet?

P.: Seit über einem Jahr, Padre.

B.: Was hast du getan ...?

P.: Ich habe abgetrieben.

B.: Warum hast du das getan?

P.: Ich bin vergewaltigt worden. Eines Abends, als ich nach Hause ging ...

B.: Das tut mir leid, sehr leid. Und andere Sünden?

P.: Nnnein, Padre, das war ...

B.: Sonst nichts? Dann würde ich sagen, im Monat Mai jeden Tag fünf Ave-Maria ...

P.: Padre! Können Sie mich verstehen?

B.: Ich habe alles verstanden! Es war nicht eine Sache, es war nicht etwas, wie soll ich sagen, etwas, das aus Liebe geschah. Eine Gewalttat!

P.: Ich wollte kein ...

B.: Der Herr möge dir verzeihen, wenn etwas dabei war, das nicht recht war, und daß er diese Unglückseligen bekehren möge, die dir Leid angetan haben.

P.: Aber verstehen Sie, Padre, daß ich nicht ein Kind behalten konnte, das ich nicht wollte? Ich hatte Angst, es zu hassen, und ...

B.: Ja, ja, das verstehe ich. Ich spreche dich los von deinen Sünden.

L'Aquila

B.: Was hast du zu beichten?

P.: Ich habe abgetrieben. Ich war in einer Situation, in der es keine andere Wahl gab.

B.: Eine sündige Wahl!

P.: Aber warum, Padre?

B.: Weil Sie ein menschliches Wesen getötet haben!

P.: Aber es gab keinen anderen Ausweg ...

B.: Wie, Sie können einen anderen Menschen einfach so umbringen, nur weil Sie glauben, nicht anders zu können? Und was war denn das, was Sie nicht mehr konnten?

P.: Es waren gesundheitliche Gründe. Es ging um meine Gesundheit, Padre! Ich mußte abtreiben. Es war eine begründete Entscheidung, und glauben Sie mir, Padre, sie ist mir nicht leicht gefallen.

B.: Und was soll ich dazu sagen? Dazu kann ich Ihnen gar nichts sagen, mein ich. Ich weiß nur, daß Abtreiben ein Verbrechen ist, der Mord an einem Kind, der Mord an einer Frucht der Liebe, und außerdem … oftmals werden gesundheitliche Gründe angeführt, aber man weiß nicht genau, was …

P.: Nein, Padre, einen Augenblick, ich war wirklich schwer krank! Entweder das Leben des Kindes oder meines – darum ging es!

B.: Nun, wenn die Sache so liegt, dann bitten Sie den Herrn ehrlich um Vergebung, und beten Sie zur Heiligen Muttergottes, daß sie Ihnen die Kraft geben möge, das Sakrament der Taufe nicht zu verraten.

P.: Padre, ich kann das nicht verstehen. Natürlich, ich kann auch beten: Aber wenn ich nochmals in diese Lage käme, dann würde ich genauso handeln. Ich würde niemals ein Kind in die Welt setzen, das dann keine Mutter hat! Und es wundert mich, solche Worte von Ihnen hören zu müssen …

B.: Die Worte, die ich gebrauche, sind die Worte der Wahrheit. Das heißt, ich kann Ihnen doch nicht einfach sagen, daß eine Abtreibung … Wenn Sie sich dafür nicht verantwortlich fühlen, dann hätten Sie sich auch nicht beschuldigen müssen. Wenn Sie sagen: »Ich habe nicht gesündigt!«, dann reicht das, dann müssen Sie sich nicht weiter beschuldigen. Sie können sich nur für das schuldig fühlen, was Sie für Sünde halten! Ich weiß nicht, habe ich mich klar ausgedrückt?

P.: Ja, Sie haben sich sehr klar ausgedrückt. Aber obwohl ich glaube, eine gute Christin zu sein, wenn man dann so eine Sache erlebt, die einen direkt angeht, dann ist es leichter zu reden als …

B.: Ja, ja, ja, ich verstehe, ich verstehe. Wenn es sich so verhält, wie Sie sagten, ich meine diese schwerwiegende Situation: entweder Ihr Leben oder das Leben des Kindes. Wenn Sie nach reiflicher Überlegung dann beschlossen haben … Die Ärzte wissen, was sie sagen, sie sind in gewisser Weise die Verantwortlichen, und wenn sie meinen, man könnte es wagen, eine Geburt wagen … aber wenn sie meinen, entweder das eine oder das andere, dann kommt da das Prinzip des »Double bind« zur Geltung: auf der einen Seite der Arzt, der die Mutter vor allen Gefahren zu beschützen sucht, vor allen Krankheiten, und dann, auf der anderen Seite, die Abtreibung, eine Konsequenz, die man nicht haben wollte, das heißt, Sie wollten nicht wirklich und in erster Linie den Tod Ihres Kindes ...

P.: Doch, Padre. Als mir klar wurde, daß mein Leben bedroht ist, habe ich die Schwangerschaft unterbrochen. Ich meine, die Kirche müßte da etwas verständnisvoller sein. Die Abtreibung wird moralisch verurteilt, das habe ich verstanden: Aber für uns Katholikinnen ist das manchmal ein großes Problem. Wenn man wenigstens die Freiheit hätte, nach seinem Gewissen zu handeln!

B.: Ja, ja, aber das sind Ausnahmefälle. Und Sie wissen doch, wie leicht es ist abzutreiben, wie die Abtreibung angepriesen wird überall ... Und eben deshalb muß man das Recht alles Lebens betonen, immer wieder. Es handelt sich doch um eine unschuldige Kreatur, sie kann ja nichts dafür, daß sie da ist, sie wurde ins Leben gerufen. Haben Sie schon Kinder?

P.: Nein.

B.: Sie sind nicht verheiratet?

P.: Nein.

B.: Ahhh, na dann ... na gut.

P.: Wie, na dann?

B.: Nein, nein, ich meinte nur, Sie haben sich eben in dieser Lage befunden, daß Sie ... naja, gut. Also, ich habe Sie vorher aufgefordert, den Herrn um Vergebung zu bitten, zum Herrn zu beten dafür, daß Sie den Mut zu diesem Opfer nicht aufgebracht haben ... Denn die Ärzte sagen ja oft das, was ihrer Ideologie entspricht, meine ich, ohne daß wir ihre Gründe erkennen können ... Folgen Sie Ihrem Gewissen, Sie wissen ja genau, daß die Abtreibung an sich ein Vergehen ist.

P.: Aber wie kann man von einer Frau verlangen, auf das eigene Leben zu verzichten zugunsten eines Ungeborenen? Ist das noch eine Gewissensfrage?

B.: Hierauf kann ich Ihnen nicht antworten.

P.: Warum nicht?

B.: WAS SOLL ICH IHNEN DAZU SAGEN!!! Sie sprechen von Ihrem Gewissen: Das Gewissen ist von der menschlichen Vernunft verdorben. Sie handeln dementsprechend, und ich sage Ihnen, daß dieses Handeln dem Glauben zuwiderläuft, der Taufe zumindest, wenn wir überhaupt noch an etwas glauben. Die Wahrheit ... Es handelt sich um eine unschuldige Kreatur!

P.: Ich verstehe, daß ein Katholik das so sehen muß! Aber wenn einer nicht glaubt ...

B.: WENN EINER NICHT GLAUBT, IST DAS EIN GANZ ANDERES PROBLEM! Wenn einer nicht glaubt, geht er auch nicht beichten!

P.: Aber ich spreche zu Ihnen als Katholikin! Und ich habe ein Recht darauf ...

B.: WER NICHT GLAUBT, SOLL AUCH NICHT ZUR BEICHTE GE-HEN!

P.: Aber es handelt sich doch hier um Probleme, die die Kirche nicht nur in den Beichtstühlen behandelt, Padre ...

B.: Dann suchen Sie woanders einen Rat! In den Beichtstuhl geht man, um Gnade zu erhalten, wenn einer gesündigt hat: »Herr, ich bin ein Sünder, habe Mitleid mit mir!« Das ist der Sinn der Beichte, ist das klar?

P.: Völlig klar, aber das Verbot der Abtreibung gilt nur für uns Gläubige. Und die anderen? Es kann doch nicht zweierlei Gesetze geben, eines für Gläubige und eines für Nicht-Gläubige. Es gibt ein staatliches Gesetz darüber, man kann es mißbilligen, aber keiner zwingt uns, ihm zu folgen. Verstehen Sie, Padre?

B.: Nein, ich verstehe nichts!

P.: Sie wollen nicht verstehen.

B.: DAS STAATLICHE GESETZ TAUGT NICHT, SOLANGE ES NICHT AUF EINEM NATÜRLICHEN GESETZ BERUHT! Und das natürliche Gesetz ist das göttliche Gesetz! Der Staat kann auch bestimmen, daß alle ethnischen Minderheiten ausgelöscht werden sollen, alle, die nicht vom gleichen Stamm sind wie du! Das staatliche Gesetz kann also auch das Verbrechen sanktionieren! ... Aber darüber will ich nicht diskutieren ... Sagen Sie, fühlen Sie sich unschuldig?

P.: Ja, weil ich im Einklang mit meinem Gewissen gehandelt habe!

B.: Dann gehen Sie in Frieden!

P.: Geben Sie mir nicht die Absolution?

B.: NEIN! NEIN! Ich kann nicht, ich kann nicht!

P.: Und den Segen?

B.: Alles Gute! Alles ... Der Herr möge Sie beschützen. Beten Sie. Beten! Heil und Frieden.

Pistoia

P.: Ich habe eine schlimme Sünde begangen, Padre. Ich bin Arzt, und ich war immer gegen die Abtreibung. Aber jetzt habe ich dieses Problem am eigenen Leibe zu spüren bekommen, denn meine sechzehnjährige Tochter war schwanger von einem gleichaltrigen Freund, und ich habe sie zur Abtreibung geschickt. Ich bin durch diese Erfahrung auch in meiner Überzeugung als Abtreibungsgegner unsicher geworden, denn es ist mir klar geworden, daß es Situationen gibt, in denen ein Kind zur Welt zu bringen eine Katastrophe bedeutet.

B.: Ein großes Problem also. Ein ganz und gar unschuldiges Leben, das sich nicht wehren kann, ist vernichtet worden ...

P.: Nun ja, ein Leben, ein Leben ... ja, biologisch gesehen ist es ein Leben.

B.: Biologisch und vor allem auch geistig, denn es hat nicht nur einen Körper, sondern auch eine Seele, und wir können nicht wissen, welche Pläne der Herr mit uns hat. Und Gott, sagte meine Mutter immer, sie hatte zehn Kinder, ich bin das achte, stellen Sie sich vor, das achte, und mein Papa fuhr montags früh um drei mit dem Fahrrad und einem Anhänger zur Arbeit und kam freitags nachts zurück. Können Sie sich das vorstellen? Und als das letzte Kind geboren war, nahm sie die beiden quirligsten Kinder und machte aus dem einen einen Priester und aus dem anderen einen Mönch. Sie starb mit neunzig Jahren, stellen Sie sich vor.

P.: Aber haben Sie sich denn dazu berufen gefühlt?

B.: Ich? Zum Priester berufen? [unverständlich] Mein Pfarrer fragte: »Und wenn das Geld nicht reicht, was machen wir dann? Würdest du auch Mönch sein wollen?« Ich fragte ihn: »Lesen die Mönche auch Messen?« »Ja.« »Dann lassen Sie mich Mönch werden.« Sehen Sie, wie Gott wirkt? Aber abgesehen davon, es besteht immer das Problem, daß man einem von Gott gewollten Leben entgegenstrebt.

P.: Die Seele dieses Fötus wird bestimmt direkt ins Paradies eingehen.

B.: Das bezweifle ich nicht, aber die Verantwortung für ... das Todesurteil, nennen wir es so, trägt derjenige, der ... Ich kann natürlich auch verstehen, ich bitte Sie, daß es da Schwierigkeiten gibt, daß auch das Kind, wenn es geboren wird, Schwierigkeiten haben kann und so weiter, aber das Wichtigste, die eigentliche Verantwortung ist die gegenüber seinem Leben.

P.: Ich mußte vor allem an das Leben meiner Tochter denken und dann auch ein wenig an meines und das meiner Frau, die für immer zerstört worden wären.

B.: Nein, nein, nein.

P.: Stellen Sie sich doch ein sechzehnjähriges Mädchen mit einem vaterlosen Kind vor.

B.: Ich verstehe. Was glauben Sie, wieviele es davon gibt! Leider, nicht wahr? Nur wegen der falschen Erziehung, wegen der falschen Liebe, ich meine, das ist doch nur körperliche Anziehung, rein biologisch, wie unter Tieren und sonst nichts, ja, ich meine, es gibt keine Zuneigung mehr, keine Vernunft. Nun ja, nun ja, nachdem das Unglück einmal geschehen ist, soll man nicht darauf herumhacken, denn Gott verzeiht uns, und wenn er uns verziehen hat, dann denkt er nicht mehr daran. Er ist nicht wie wir, die wir zu unserem Nächsten sagen: »Weißt du noch, was du letztes Jahr angestellt hast?« [...]

P.: ... Aber sagen Sie, Padre, hielten Sie es für eine große Sünde, wenn ich in einem wirklichen Härtefall, also bei einer Mißbildung des Kindes, ich weiß nicht ... oder im Fall einer Vergewaltigung, was ja oft passiert, wenn ich dann einer solchen bedauernswerten Frau zur Abtreibung verhelfen würde? Denn wenn ich es nicht mache, so macht es ja doch ein anderer, und mir scheint das ...

B.: Nein, nein, soll ein anderer sich die Finger schmutzig machen.

P.: Aber man würde damit ein barmherziges Werk tun.

B.: Nein, schauen Sie, rein menschlich gesehen ... ich glaube, es war Leonardo da Vinci, der auch als uneheliches Kind geboren wurde, einer dieser großen Maler, und wenn man mit dem das gleiche getan hätte, was wäre dann? Um nur einen zu nennen.

P.: Ja, aber ein behindertes Kind wird kein Leonardo da Vinci. Es wird auch nicht glücklich sein.

B.: Aber schauen Sie doch, wieviele auch solcher Fälle es gibt, die, mit christlichen Augen gesehen, doch immer Gutes tun, indem sie uns ihr Leiden anbieten und uns eine Lehre sind, nicht? ... Wir alle machen Fehler, ich bitte Sie. Nehmen Sie nur Alexander VI., was der alles angerichtet hat, und dabei war er ein Papst.

Und Cesare Borgia? Aber das wichtigste ist, besonders heutzutage, daß man sagen kann: »Wenigstens hat Gott mir meinen Glauben bewahrt, Gott sei Dank.« … Oder wie der kleine Junge, der mich in der Schule fragte: »Padre, ohne eine Frau ist ein Mann unvollständig, wie steht's also mit Ihnen?« »Weißt du, wieviele Frauen ich habe? Ich habe drei: Gottvater, Gottsohn und den Heiligen Geist«, das habe ich dem Jungen geantwortet. Verstehen Sie? […] Na gut. Und was gibt es sonst noch? Gehen Sie sonntags zur Messe?

P.: Ja, ja.

B.: Sehr gut. Beschimpfen Sie zuweilen Ihren Nächsten?

P.: Manchmal sage ich ein paar Schimpfworte, im Krankenhaus vor allem, aus Nervosität.

B.: Fluchen tun Sie nicht?

P.: Nein, nein.

B.: Sonst noch etwas?

P.: Hm … Padre, manchmal muß ich Tierversuche machen.

B.: Die können Sie ruhig tun, sie dienen dem Wohl des Menschen.

P.: Aber die Tiere leiden sehr.

B.: Ich weiß, aber der Mensch, die ganze Schöpfung dient dem Wohl des Menschen. Sie müssen sich wegen dieser Sache keine Gedanken machen. Na gut. Ich bitte Sie, bleiben Sie ruhig, bitten Sie um Vergebung für alles, und beten Sie zur Buße ein Credo und ein Ave-Maria zur Madonna für Ihre Familie. Ich spreche dich los von deinen Sünden.

Politik

Wenn in den bisherigen Themenbereichen die Antworten der Beichtväter vielfach übereinstimmten und ähnlich ausfielen, so ändert sich dies nun auf dem Feld der Politik – ein Beweis dafür, daß auch der Klerus, wie die Gläubigen, von der [in Italien, A. d. Ü.] zur Zeit herrschenden Verwirrung nicht unberührt geblieben ist. Wir sind in der zweiten Beichte bereits einmal einem erklärten Faschisten begegnet. Im folgenden Teil des Buches – in dem wir Fragen über die Democrazia Cristiana, die inzwischen aufgelöste christdemokratische Partei Italiens, über die Korruption, über die Skandale stellten – erklärt nur ein Beichtvater ohne Zögern, »die Partei der DC« basiere »auf dem Evangelium«, und man müsse, auch wenn die Mehrheit aus »Verbrechern« bestünde, doch weitermachen und die »wenigen Guten« unterstützen. Die meisten vollziehen eine klare Trennung zwischen Kirche und Democrazia Cristiana und sind der Meinung, daß die Kirche für den politisch-moralischen Verfall der DC nicht verantwortlich ist, und sie fordern die Gläubigen auf, geduldig die Erneuerung abzuwarten, die nicht ausbleiben könne. Es gibt jedoch auch solche, die meinen, »christlich sei an der DC nur noch der Name« und die ihr das Recht absprechen, »die Stimmen der gläubigen Katholiken für sich zu reklamieren«.

Eine der DC wohlgesinnte Einstellung fand sich vorwiegend bei den älteren Beichtvätern, doch es war ebenfalls ein älterer Priester, der die DC-Politiker mit dem unmißverständlichen Urteil »Bastarde!« bedachte und den Pönitenten ermutigte, für die Lega Nord [damals eine neue konservative Partei, 1994 an der Regierung Berlusconi beteiligt, A. d. Ü.] zu stimmen, wenn er meine, sie sei gut. Andere hingegen warnen in apokalyptischen Tönen davor, sich von den Sirenen der Lega einwickeln zu lassen (»der Antichrist!«) und auch nicht von der Linken, heiße sie nun PDS [sozialdemokratisch-sozialistische Partei A. d. Ü.] oder sei es eine Neugründung der Kommunisten (»Der Kommunist ist gottlos, nicht?«). Ein weiterer Beichtvater fordert dagegen einen mit der PDS sympathisierenden Gläubigen auf, »auch unter politischem Aspekt« eine Communio mit der Linken zu versuchen. Einige sind der Meinung, jeder müsse frei entscheiden können, welche politische Richtung ihm behage, und zwei Priester äußerten sich mit harten, höhnischen Worten über die Bischöfe, die nicht aufhören, die politische Einheit der Katholiken zu predigen: »Die Aufrufe der Bischöfe sind lächerlich geworden«; »Heute sagen die Bischöfe das, zur Zeit des Faschismus sagten sie jenes« ... Das sind Worte, die wir aus Priestermund schwerlich außerhalb des Beichtstuhls hören, jedenfalls ganz gewiß nicht von der Kanzel. Aber eben deshalb sind sie aufschlußreich für die gegenwärtige parteibezogene Gemütsverfassung des Klerus und dafür, in welche Richtung er, mehr oder minder unbewußt, mehr oder minder offen, seine Gläubigen drängt.

Kurz, man gewinnt den Eindruck, daß der Vatikan allmählich die politische Kontrolle über seine Priester verliert, so wie die Christdemokraten die Kontrolle über die praktizierenden Katholiken verloren haben.

Neapel

Pönitent:
Padre, ich schreibe für eine Tageszeitung, und in einigen Artikeln habe ich die Kirche angegriffen wegen ihrer Stellungnahme in einigen Dingen.
Beichtvater:
Nun, der Papst ist unfehlbar in Fragen des Glaubens. In anderen Bereichen kann er irren, man muß sich deshalb gegenseitig tolerieren. Aber schlecht über die Kirche zu schreiben ... Und, was noch?
P.: Ich wollte wissen, ob das eine Sünde ist.

B.: Aber sicher ist das eine Sünde! Eine große Sünde, aber keine Todsünde! Wenn Sie niemanden verleumdet haben, ist es keine Todsünde. Und, was noch?

P.: Ich habe unreine Dinge getan.

B.: Alleine?

P.: Ja, Padre.

B.: Sind Sie verheiratet?

P.: Nein.

B.: Na, wenn die Versuchung über Sie kommt, dann müssen Sie sagen: »Mein Jesus, hilf mir, befreie mich. Mein Schutzengel, hilf mir.« Wenn Sie allein sind, machen Sie ein paar Kreuzzeichen, und wenn es am Abend obszöne Sendungen im Fernsehen gibt, dann wechseln Sie den Kanal. Und am Abend keinen Kaffee! Wein: Trinken Sie Wein?

P.: Ja.

B.: Trinken Sie wenig! Rauchen Sie?

P.: Ja, Padre.

B.: Nun, so wenig wie möglich. Denn je mehr wir unseren Körper verwöhnen, um so mehr sträubt er sich gegen die Enthaltsamkeit. Na gut, und was noch?

P.: Ein paar Flüche, aber aus politischen Gründen.

B.: Naja, naja, die Politiker sind Menschen wie wir alle. Auch wir Priester, wir sind zwar geweiht, und doch verhalten sich viele nicht entsprechend. Das ist allen bekannt!

P.: Ja, meine Artikel handeln eben davon: von den Bischöfen, die den DC-Politiker Segni im Stich gelassen haben. Das ist nicht richtig!

B.: Hören Sie mir zu: Wir haben immer Propaganda gemacht für die DC, denn die DC ist eine Partei, die auf dem Evangelium gründet. Ihr Programm ist die Beachtung des Evangeliums. Die Männer, aus denen diese Partei besteht, sind leider häufig nicht gut. Keine guten Katholiken, sondern Verbrecher. Was sollen wir da tun? Wir arbeiten für die wenigen Guten.

P.: Zum Beispiel Segni. Man muß ihn anspornen. Die Bischöfe hingegen, die wollen ihn fast exkommunizieren!

B.: Hören Sie, absolute Sicherheit hat nur Gott. Wir wissen zu wenig. Zum Beispiel Andreotti: Er sagte, er wolle einen Prozeß, aber zur gleichen Zeit behauptet er, er sei unschuldig ...

P.: Aber ich bestehe darauf: Segni ist gut, und trotzdem wird er verdammt.

B.: Ja, was sollen wir dazu sagen? Gott sieht alles, und nur er kann absolut sicher sein. Die Menschen nicht. Die Menschen sehen nur, daß einer um drei Millimeter vom Wege abweicht, und gleich denken sie schlecht von ihm. Manchmal geht das auch mit den Priestern so ... von einem, der oft mit einer Frau sprach, sagten sie: »Der hat eine Geliebte!« Gut, also, zur Buße fünf Gloria Patri an Jesus. Ego te absolvo ...

Cuneo

[...]

P.: Ich bin sehr verbittert, weil ich immer die Democrazia Cristiana gewählt habe, Padre, und das habe ich sehr bereut.

B.: Siehst du, siehst du, es ist nicht nur die Democrazia Cristiana, das ganze System ist falsch.

P.: Ja, aber eine katholische Partei ...

B.: Siehst du nicht, daß sie sie jetzt erneuern? Sie werden sie erneuern, sie haben jedenfalls die Absicht, eine gänzliche Erneuerung, wie alle Parteien es machen müßten. Schau dir nur die Sozialisten an, die Liberalen ...

P.: Aber eben deswegen meine ich ja, daß die Katholischen, eine Partei, die sich christlich nennt ...

B.: Es gab Leute, die sie mißbraucht haben. Aber ob diese Leute katholisch waren? Die Lega Nord, weil sie bisher nie an der Regierung war ... Die MSI [Partei der Neofaschisten, A. d. Ü.], die erst ... Sie hängen alle, alle mit drin, und warum? Weil sich in die Democrazia Cristiana Leute eingeschlichen haben, die nicht katholisch waren, das war keine katholische Partei, die DC, sie war nicht katholisch.

P.: Aber man hat uns immer gesagt, wir sollten die DC wählen.

B.: Aber im guten Glauben. Im guten Glauben. Auch deshalb, weil, was wollen Sie, es ist so kompliziert, man muß da entschlossen vorgehen. Ich für meinen Teil, ich habe es auch Pater Sorge geschrieben, löst sie auf, die Democrazia Cristiana, löst sie auf, nehmt einen Provinzsekretär, einen guten, ehrlichen, bescheidenen, so habe ich ihm geschrieben, dem Pater Sorge. Er hat geantwortet, es sei nicht leicht. Es gäbe Intrigen … Aber ich hab's ihm jedenfalls gesagt, löst die Democrazia Cristiana auf, sucht für jede Provinz einen Provinzsekretär, ernsthaft, ehrlich und so weiter. Und jetzt, statt dessen, jetzt fehlt diese Kontrolle, diese Entscheidung und so weiter.

P.: Ja, Padre, sehen Sie, ich denke, ich werde jetzt für die Lega stimmen.

B.: Aber die Lega ist nicht katholisch, das weißt du doch?

P.: Doch, es gibt den katholischen Rat …

B.: Na, mach dir lieber keine Illusionen. Nein, nein, die Lega, der Bossi [Parteichef der Lega Nord, A. d. Ü.] hat klar gesagt: »Die Kirche? … Wir machen, was uns paßt!« Die Lega ist der Antichrist. Denk dran, der Antichrist. Antichrist!

P.: Aber die Hälfte von ihnen ist katholisch.

B.: Antichrist, der Bossi, der sie kommandiert, ist der Antichrist. Jetzt liegt es an der Democrazia Cristiana, die sich ändern muß. Sie muß sich ändern, eine große Arbeit. Freilich, es wird einige Zeit dauern, aber sie muß sich ändern.

P.: Aber wie lange soll es denn noch dauern, Padre? Sie sind schon seit fünfzig Jahren an der Macht.

B.: Aber jetzt …

P.: Noch bevor ich geboren wurde …

B.: Das ist nicht so leicht zu beurteilen, denn früher war es nicht so, es gab Don Sturzio, De Gasperi. Wir haben es mit den Kommunisten zu tun bekommen, und die Democrazia ist durch die Kommunisten sehr in die Enge getrieben worden, denn es gab damals die Gefahr des Kommunismus. Sie hat uns gerettet, und deshalb war sie sehr in die Enge getrieben, und dann auch von der sozialistischen Partei, immer sehr in die Enge getrieben. Alles, weil das Wahlsystem falsch ist. Sie hätten das Präsidialsystem einführen sollen, da stellt man einen Präsidenten auf … einen, der fähig und ehrlich ist. Dann mußten sie schachern, hast du gesehen, wie oft sie die Regierung neubilden mußten? Und alles nur, um zurückzuschlagen. Wie jetzt auch Occhetto [Parteichef der Kommunisten, später der PDS, A. d. Ü.], der die zwei Wahlgänge will und was nicht noch … alles Leute, die viel schwätzen und dann nichts fürs Gemeinwohl tun. Sie sind nicht interessiert am Gemeinwohl.

P.: Wer ist denn dann am Gemeinwohl interessiert?

B.: Jetzt, du wirst sehen, werden wir eine neue Democrazia Cristiana erleben, nimm Martinazzoli zum Beispiel, die Jervolino, die Rosi Bindi und noch einige andere, jaaa …

P.: Kann man denen vertrauen?

B.: Ja, denen kannst du vertrauen. Wenn Orlando sich mit den Kommunisten zusammentut, so geht er in die Irre, und Segni geht auch in die Irre. Martinazzoli dagegen, Martinazzoli, der ist, wie man sich's wünscht … Bodrato, der ist auch ein ehrlicher Mann, es gibt ehrliche Leute, gewiß, aber jedenfalls merk dir, die Lega ist der Antichrist. Bossi ist der Antichrist.

P.: Ist es eine Sünde, die Lega zu wählen?

B.: Es gehört sich nicht für einen Christen. Bossi hat es ausdrücklich gesagt: »Gott interessiert uns nicht, wir tun, was uns paßt.« Abtreibung oder nicht Abtreibung. Das ist ihnen egal.

P.: Dann vielleicht … die einzige Partei, die immer die Werte des Christentums verteidigt hat und nicht in dieses Kuddelmuddel … das ist vielleicht das Movimento sociale, die Partei der Faschisten.

B.: Das Movimento sociale auf keinen Fall.

P.: Aber sie waren immer gegen die Abtreibung, gegen …

B.: Aber das Movimento sociale ist eine opportunistische Partei. Das Movimento sociale ist außerdem nicht, ist nicht … eben, es tarnt sich. Die einzige ist die Democrazia Cristiana, hab etwas Nachsicht, was willst du, hab Nachsicht. Sie hat viele Fehler gemacht, aber die, die uns im Kampf gegen die Abtreibung und gegen die Scheidung unterstützt hat, war die DC. Trotz all ihrer Mängel ist sie die einzige, die einzige … Also muß man die DC wählen, DC, DC. Man muß diese Leute rausschmeißen, die nur aus persönlichen Interessen gehandelt haben und überhaupt nicht katholisch waren. Überhaupt nicht katholisch, ganz und gar nicht. Sie haben sich eingeschlichen. Wenn sie wirklich katholisch gewesen wären, dann hätten sie nicht all diese Dinge angestellt. Andreotti zum Beispiel ist ein Opfer, ein Opfer.

P.: Meinen Sie?

B.: Alles monströse Verleumdungen, was man gegen ihn sagt. Er hat vielleicht nicht gut regiert, organisiert, aber ich meine doch, der Prozeß, den sie ihm nun machen werden, es wird vielleicht schwierig sein, weil er alle möglichen Leute gegen sich hat, und diese reumütigen Mafia-Häftlinge, die Dinge ausgesagt haben, die's auf Erden und im Himmel nicht gibt. Zu sagen, er hätte den Mafia-Boß Riina geküßt, ist haarsträubend. Er habe Riina geküßt!

P.: Aber seine Freundschaft mit Lima ...

B.: Ja, das muß man sehen ...

P.: Die Tatsache, daß er Carnevale geschützt hat ...

B.: Nein, höre, Carnevale, ich habe über Carnevale etwas gelesen, Carnevale war ein ernsthafter Mensch. Carnevale hat dies gesagt: »Einem gefangenen Mafioso einmal, zweimal zu glauben, das kann angehen, aber immer zu glauben, was ein gefangener Mafioso sagt, das ist haarsträubend.« Und er hat recht damit. Denn das, was die gesagt haben ... jedenfalls werden sie jetzt diesen Prozeß machen ... Das hört nicht auf mit diesen Machenschaften ... Wir wollen beten. Bete.

Foggia

B.: Wie lange haben Sie nicht mehr gebeichtet?

P.: Lange, Padre, sehr lange. Seit etwa zwei Jahren.

B.: Und warum kommen Sie heute zum Beichten?

P.: Ich komme, weil ich mich gerade auf einer Reise befinde, und da ist es leichter. Ich kam am Dom vorbei und ... Sehen Sie, Padre, die Sache ist die, ich bin nämlich Kommunist ...

B.: Kommunist? Ja ... ?

P.: ... und ich habe mich von der Kirche immer verstoßen gefühlt. Und deshalb gehe ich nicht in die Kirche, obwohl ich gläubig bin.

B.: Der Kommunist hat keinen Gott, oder?

P.: Aber ich habe meinen Gott. Ich bin Kommunist, aber ich glaube an Gott.

B.: Man kann diese beiden Dinge nicht zusammentun. Haben Sie nicht gesehen, welches Ende es mit dem Kommunismus genommen hat?

P.: Doch, natürlich, aber ich meine, nur die Menschen haben sich geirrt, die Idee aber ist gut. Ich bin auch in eine Krise geraten, als das alles geschehen ist, und als die Kommunistische Partei ihren Namen geändert hat, bin ich ausgetreten und bin zu der Rifondazione comunista übergewechselt.

217

B. ... Wenn Sie mit diesen Leuten zusammen sind, die nicht an Gott glauben, kann es passieren, daß Sie sich von ihnen überzeugen lassen, daß Sie abfallen, und was machen Sie dann?

P.: Sie lassen einem die größte Freiheit, heutzutage wird die religiöse Einstellung des einzelnen völlig freigestellt.

B.: Ja, aber es bedeutet doch, eine Partei zu unterstützen, die ohne Gott ist, verstehen Sie, was ich meine? Das ist es.

P.: Dann ist das also Sünde?

B.: Hm, Sünde. Es ist nicht recht, das ist es. Aber warum sind Sie so überzeugt, der Kommunismus könne etwas lösen ... haben Sie nicht das Ende gesehen ... also, welche Notwendigkeit besteht, sich an eine Partei zu klammern, die so kläglich zu Bruch gegangen ist?

P.: Für das Ideal der menschlichen Gerechtigkeit, für die Freiheit der Arbeiter, für ...

B.: Ich würde sagen: Lassen Sie für den Augenblick diese Parteien, versuchen Sie, überhaupt keiner Partei anzugehören, in der Hoffnung, daß demnächst eine entsteht, der man wieder angehören kann.

P.: Was für eine?

B.: Tja, im Augenblick werden alle erneuert, wir wollen sehen, was herauskommt bei dieser Erneuerung, und dann wenden wir uns am besten einer Partei zu, die an Gott glaubt und die wirklich neu ist und so weiter.

P.: Die Democrazia Cristiana? Aber haben Sie nicht gesehen, was die Democrazia Cristiana angestellt hat?

B.: Ich habe Ihnen nicht gesagt, Sie sollten sich der Democrazia Cristiana zuwenden, ich habe gesagt: »Lassen Sie im Augenblick alle Parteien«, gucken Sie erst, was da entsteht.

P.: Ja, aber die Unterstützung, die der Vatikan fünfzig Jahre lang der Democrazia Cristiana gewährt hat, die nicht gerade eine ehrliche Partei war, die sich der Bedürftigen angenommen hätte, das war es, was mich ...

B.: Die Democrazia hat schlimme Fehler begangen.

P.: Sie hat die Fehler mit der Unterstützung des Vatikans begangen, sehen Sie, das ist es, was mich abgestoßen hat ...

B.: Die Kirche hat vertraut. Sie hat daran geglaubt. Sie meinte, gut zu handeln. Die Partei der Katholiken hat sich dann als das herausgestellt, was sie ist.

P.: Dann hat auch die Kirche Fehler begangen.

B.: Aber die Kirche hat daran geglaubt, sie hat sie nicht einfach unterstützt. Wenn sie vorher davon gewußt hätte, hätte sie reagiert. Na gut, und was noch?

P.: Ich weiß es nicht mehr.

B.: Ein bißchen zu viel Kritik.

P.: Ja, bösartige.

B.: Tut's dir leid?

P.: Ja.

B.: Bitte den Herrn aus ganzem Herzen um Verzeihung, auch für deine vergangenen Sünden, in deiner Jugend, und zur Buße wirst du ein Vaterunser und zwei Ave-Maria beten. Ich spreche dich los von deinen Sünden ... Hoffen wir, daß diese Beichte ein Neuanfang ist. Ich würde Ihnen raten, jeden Sonntag zur Messe und wenigstens einmal im Monat zur Beichte. Auf Wiedersehen.

Cosenza

[...]

P.: Aber sehen Sie, diese Unterstützung der Democrazia Cristiana, was das für ein Skandal ist, und das dauert nun seit einem halben Jahrhundert an.

B.: Es ist nicht unsere Schuld, denn wir haben das schon vorher gesagt. Es bedeutet, daß irgend jemand davon profitiert hat.

P.: Wer, Padre?

B.: Daß viele davon profitiert haben. Wir haben das immer gesagt. Ich habe schwer gekämpft, um ein Gesetz einzubringen, nämlich daß alle nach zwei Legislaturperioden wieder gehen müßten, und sie haben mich ausgelacht. Und jetzt lache ich. Okay? Jetzt lache ich. Ich darf nicht lachen, aber ich lache. Warum haben sie dieses Gesetz nicht aufgenommen? Keiner hat davon einen Vorteil gehabt, keiner. Nicht die Democrazia Cristiana, nicht die Kommunisten, keiner. Warum haben sie das Gesetz nicht aufgenommen? Nach zwei Legislaturperioden wieder nach Hause! »Aber sie brauchen mich ...« Mach dir nichts draus, sie brauchen dich nicht, du bist es, der sie braucht, sie brauchen dich nicht.

P.: Ja, aber ich hätte mir erwartet, daß der Vatikan sich von der DC abkehrt, bevor es zum Skandal kommt. Es ist unglaublich, daß er das auch jetzt nicht tut ...

B.: Das kann er nicht tun. Das liegt an den Vorschriften, so lauten die Vorschriften, he! Wenn wir die Vorschriften lesen, es wurde vor drei oder fünf Jahren so niedergelegt. Man wußte schon, daß das so enden würde. Wir haben das immer gesagt, aber sie haben uns nicht zugehört. Und Sie kennen gewiß den berühmten Satz »Dem Geld gehorchen alle«, nicht wahr? Aber diesen Satz haben nicht wir erfunden, sondern die alten Römer oder Griechen. So ist der Mensch. Und so versucht man, wenigstens einzudämmen. Und wer etwas begreift, der sollte ... Das Volk sollte nicht sagen »Ah, das sind alle Räuber!« Warum wählt ihr denn die Räuber?

P.: Unser Pfarrer, er sagte immer, wenn Wahlen waren ...

B.: »Wähle das«?

P.: Ja.

B.: Sehr schlecht. Wir wissen schon seit zehn Jahren, daß das nicht gehen kann.

P.: Was können wir also tun?

B.: Wir können etwas tun, wir können sagen: »Herrschaften, all diese Korr ... weg mit allen, wir möchten ein wirkliches Christentum haben.« Und wer wieder damit anfängt: Weg mit ihm! Auch wenn er wichtig ist, wenn er Geld hat, weg damit! Nehmt Euch die vernünftigen Gesetze zu Herzen: nach zwei Legislaturperioden alle nach Hause! Und Sie werden sehen, wie Italien dann funktioniert. Ein paar Defekte wird es immer geben, nicht? Wir können nicht immer vollkommen sein, aber ihr werdet sehen, daß es dann weniger verseucht zugeht. Weniger verseucht. Denn wenn ich weiß, daß danach ... und die Legislatur darf nicht fünf Jahre dauern: vier Jahre! Dann weiß jeder: »Ich werde maximal acht Jahre hierbleiben, und deshalb werde ich mich wie ein anständiger Mensch verhalten.«

P.: Das ist doch das gleiche. Dann stehlen sie eben schneller, und mehr.

B.: Nein, das schaffen sie nicht. Nein, nein, das schaffen sie nicht, wenn sie die Kontrollen durchführen, wie in anderen Ländern. Auch in den Vereinigten Staaten stehlen sie trotzdem, aber weniger, denn die Kontrolle ist fürchterlich. Die Maschen sind enger.

P.: Ich spreche häufig über diese Dinge auch mit Nicht-Gläubigen, und ich höre sie immer sagen, die dort sind ehrlicher, weil sie Protestanten sind.

B.: Nein, nein, dort sind sie ehrlicher, weil die Gesetze sehr viel härter sind.

P.: Eben, und das kommt durch den Protestantismus, weil der strenger ist.

B.: Nein, es kommt nicht vom Protestantismus, es kommt einfach … nein, nein, denn so ist der Mensch eben. Wir müssen ein Beispiel geben. Jetzt fangen sie zum Beispiel mit diesen Nachforschungen an, und die Prozesse, wann machen sie die? Sofort müßten sie mit den Prozessen beginnen. Sonst vergeht die Zeit, vergeht und vergeht, und am Ende wird gar keiner stattfinden … Man wird zum Alten zurückkehren. Ooh, wir brauchen viel strengere Gesetze. Warum müssen immer die gleichen Leute in der Kammer sitzen? Nach acht Jahren fängt einer an, nachzudenken … Die Democrazia Cristiana der ersten Jahre, die von De Gasperi und Piccioni, die war doch anders als diese hier, oder? Das waren noch anständige Leute. Mit diesen hier ist es anders, die haben nun leider das ganze Geld in ihren Händen gesehen, und viel mehr als an das Wohl des Volkes haben sie an ihr eigenes gedacht.

P.: Ich aber meine noch immer, daß auch die Kirche eine Schuld trifft.

B.: Nein, die Schuld trifft alle, nicht die Kirche, alle! Und im besonderen die, die die Macht in den Händen hielten.

P.: Wenn ich denke, wieviele Vorteile die Vatikan-Bank aus der Freundschaft mit Andreotti gezogen hat …

B.: Aber was soll … diese … was … das sind Sachen, die wir prüfen müssen, und nicht einfach nachplappern. Man muß erst sehen, ob es da Verfilzungen gegeben hat und in welchem Maße, weil und weil nicht, kurz, all diese Dinge müssen geprüft werden.

P.: Haben Sie gesehen, wie die Bischöfe Andreotti applaudierten, in der Kirche? Das hat mich wirklich …

B.: Aber sie haben ihm nicht applaudiert, sie haben … ja, damals ja … er sagt, er sei unschuldig, es sei alles Verleumdung. Hm! Wir werden sehen. Wenn der Prozeß beginnt, wird man sehen, ob er es war. Deshalb muß man ehrlich sein, denn das, das alles ist geschehen, weil es da Leute gibt, die seit 1946 im Parlament sitzen. Stimmt's, ja oder nein? Warum sie dieses Gesetz nicht aufnehmen wollen, versteh ich nicht.

La Spezia

[…]

P.: Meinen Sie nicht, daß die Unterstützung der Democrazia Cristiana ein schrecklicher Gewaltakt für das ganze Land war?

B.: Eine Ausschmiererei war es, nicht ein Gewaltakt. Freilich, wenn man bedenkt, daß Leute, die das Evangelium auf ihrer Seite hätten haben können – als Gläubige zumindest, denn als solche haben sie sich ausgegeben – und die es in Wirklichkeit weggeworfen haben, so ist das schrecklich. Eine große Enttäuschung für uns. Aber dort, wo es ein heimliches Einverständnis gegeben hat, ist auch eine schwere Mitschuld vorhanden. Ich hoffe, daß das nicht der Fall ist.

P.: Naja, man tut sich schwer zu glauben, daß die im Vatikan, die auf den höheren Ebenen, nicht gewußt haben, was vor sich geht.

B.: Kann sein, ich weiß es nicht, kann schon sein, ich möchte nichts und niemanden bemänteln, ich weiß es einfach nicht.

P.: Ja natürlich, wie ich es auch nicht wußte, aber vielleicht der Staatssekretär doch. Das ist entmutigend für uns Christen. Ich fühle mich von dieser Kirche nicht mehr geschützt, ich habe nicht den Eindruck, daß sie genug tut, und das, was sie tut, tut sie schlecht. Auf der einen Seite läßt man den Gläubigen zuviel Freiheit, auf der anderen Seite aber arbeiten sie mit diesen fadenscheinigen, korrupten Methoden, wie alte Leisetreter.

B.: Nun sieh, wenn wir über die Kirche nachdenken, müssen wir uns die lebendige Kirche vor Augen halten, die wahre Kirche, die vom Leben in den Pfarreien geformt wird, vom Einsatz der Pfarrmitglieder, vom Einsatz der kirchlichen Bewegungen, mit all ihren Mängeln. Denken wir an die Wohltätigkeit, an die Missionare … Man denkt vielleicht eher an die Institutionen, an die Kirche als Institution, und man urteilt über ihre Beziehungen zur höheren Politik, die besonderen Übereinkommen und so weiter. Aber wir sollten lieber an die viel lebendigere Kirche denken, die ununterbrochen vom Heiligen Geist belebt wird, die zwar an die andere gebunden ist und nicht ohne sie sein kann, die aber der gnadenvolle und prophetische Teil der Kirche ist, der ständige Läuterung bedeutet, auch von der Schwere, die von der Institution herkommen mag. Auch die Kirche ist ein Teil der Geschichte Christi, sie ist eine Karawane, aber sie besteht aus Sündern. Wir müssen uns in diese Karawane einreihen und sie wirklich lieben, denn in ihr haben wir die wirkliche Gegenwart des Herrn, lebendig, wiederauferstanden, unser Herr Jesus, und wir müssen unseren Teil dazu geben, um zu erreichen, daß sie immer weniger aus Sündern und immer mehr aus Heiligen gemacht ist. Das ist unsere Absicht. Wir müssen also ein wenig ablegen, was vielleicht … die Leute, die sich politisch engagieren, sehen in der Kirche leicht eine Art große Partei, die Gott auf ihrer Seite hat und viele andere Menschen, die man manipulieren oder auch nicht manipulieren kann …

P.: Ja, aber es ist schwer, die beiden Dinge auseinanderzuhalten.

B.: Sie sollen auch nicht getrennt werden, solange wir wahr sind, ehrlich sind, frei sind und uns von der Barmherzigkeit lenken lassen, der Rest wird abgeschafft, nicht wahr? Auch in der Kirche schaffen die neuen Leute die alten ab, die neuen Institutionen die alten, und wieviele haben nicht schon daran glauben müssen! Was die Kirche lebendig und schön erhält, ist die Gegenwart des Geistes, der Geist, der uns lenkt, wohin er uns haben will, und er kann uns mit Leichtigkeit lenken, wenn wir ihm unser Ohr leihen.

P.: Wohin er wohl Andreotti lenkte, der jeden Morgen zur Beichte geht?

B.: Wohin er ihn lenkte, weiß ich nicht, das ist freilich eine kühne Frage, ich weiß nicht, wohin er ihn lenkte.

P.: Und er war auch der weltliche Anführer der Kirchen-Karawane, hier in diesem Land.

B.: Nein, es war ihm nie in besonderer Weise etwas anvertraut worden. Es ist eine traurige Geschichte. Schluß, das ist alles. Verstanden? Gut. Dann, was gibt es noch?

Trient

P.: Ich bin letzten Sonntag nicht zur Messe gegangen. Ich bin nicht hingegangen, weil ich mich mit unserem Pfarrer nicht richtig verstehe, denn er engagiert sich sehr für die Politik, und ich auch. Ich lebe in einem kleinen Städtchen bei Mailand, ich war Assessor dort, und jetzt gibt es Wahlen, und ich bin aus der Democrazia Cristiana ausgetreten, um mich auf einen Listenplatz der Rete [Reformpartei, A. d. Ü.] und der PDS setzen zu lassen, um der Lega entgegenzuwirken, und vor allem, weil man es einfach nicht mehr aushalten kann mit dieser Democrazia Cristiana. Und der Pfarrer, nicht daß er das direkt als Sünde bezeichnet, aber er ist nahe dran. Und deshalb enden auch die Beichten bei ihm immer in politischen Diskussionen ...

B.: Ja, man muß sich das vor Augen halten, es ist nicht leicht, denn jeder hat nun mal seine Mentalität, aber im Zweiten Vatikanischen Konzil wurde deutlich gesagt, daß das Gewissen frei sein muß, daß es von niemandem gebunden werden darf. Also kann ein Pfarrer, ein Priester nicht auf das Gewissen eines Gläubigen einwirken, denn sonst verliert man das einzige, große wunderschöne Gut, das der Herr uns gegeben hat, nämlich die Freiheit. Auch wenn gerade die Freiheit uns oft zur Sünde verleitet, so ist es doch auch die Freiheit, die uns erlaubt, Verdienste zu erwerben, das Gute zu erwerben, indem wir Gutes tun, das Gute erwählen. Ja, wenn wir diese Freiheit dagegen nicht hätten ... Deshalb muß das Gewissen eines jeden respektiert werden.

P.: Ja, aber sehen Sie, Padre, die Italienische Bischofskonferenz sagt immer noch, wir müßten vereint bleiben, und eben das ist es, was mir immer gesagt wird. Nie sagt man mir, wie Sie eben, daß wir frei sind. Es heißt immer, wir müßten vereint bleiben. Aber ich glaube, es ist einfach nicht mehr möglich, bei dieser durch und durch verfaulten Partei zu bleiben ...

B.: Natürlich folgt jeder dem, was ihm sein innerer Geist diktiert, und die Kirche handelt vielleicht nach dem heiligen Geist, aber wir wissen alle, daß nur der Papst unfehlbar ist, nicht der Bischof oder der Pfarrer, deshalb sagt natürlich jeder seine Meinung. Heute reden die Bischöfe so, aber wenn wir an die Bischöfe aus dem Faschismus zurückdenken, dann redeten sie anders. Ja, und warum? Weil sie historisch an eine bestimmte Situation, oder sagen wir ruhig, an ihren jeweiligen Standpunkt gebunden sind. Wir müssen also sehen, was das Gotteswort uns diktiert, der Geist, und also sollten auch Sie frei nach Ihrem Gewissen handeln, unabhängig von dem, was Ihnen die anderen sagen. Was wollen Sie, wir müssen eben auf den Geist vertrauen, der in uns allen wohnt, und deshalb folgen Sie nur ruhig weiterhin dem, was Ihr Gewissen Ihnen diktiert, denn danach werden Sie beurteilt werden, nicht nach dem, was die Bischöfe gesagt haben. Sondern nach den Entscheidungen, die Sie in Ihrem Gewissen getroffen haben.

P.: Ja, daran glaube ich auch, und ich meine, die Ex-Kommunisten sind heute nicht mehr die Feinde, die sie vielleicht einmal waren. Jetzt können sie nur noch hoffen, die Armen, irgendwie weiterzukommen, und deshalb tut man vielleicht sogar ein gutes Werk, wenn man ihnen ein wenig beisteht.

B.: Sie fühlen in sich die Angst, auch unter politischem Aspekt, den Leuten, mit denen zusammenzuleben Sie sich berufen fühlen. Ihre Zugehörigkeit, Ihre Liebe, Ihren Schutz zu geben, nicht wahr? Das ist aber Ihr Weg. Das ist Ihre Entscheidung. Das ist der Lebensweg, den der Heilige Geist Ihnen diktiert. Wenn Sie anders handelten, würde das bedeuten, daß Sie gegen Ihr Gewissen handeln. Also, vertrauen Sie dem Wirken des Geistes, den wir morgen am Pfingstsonntag feiern, damit er uns sein Licht gebe und auch den Bischöfen sein Licht gebe, nicht? Deshalb gibt es ja auch Bischöfe, die ihr Volk mit Leben zu erfüllen vermögen, die Gerechtigkeitssinn, die sozialen Sinn besitzen, und auf der anderen Seite gibt es Bischöfe, die sich verschließen, ja. Wir müssen versuchen, auch für sie zu beten, auch mit ihnen zusammenzuleben. Zur Buße können Sie drei Ave-Maria beten … Ich würde Ihnen auch raten, die Pfarrei zu wechseln, wenn möglich …

P.: Leider gibt es bei uns nur diese eine.

B.: Denn wenn jede Messe so ausartet, dann wird das schwierig für Sie, nicht? Ideal wäre es, Sie könnten in einem anderen Ort zur Messe gehen, wie?

P.: Ja, das werde ich versuchen.

B.: Na, dann nur Mut! Und zur Buße drei Ave-Maria. Bereuen Sie nun nochmals Ihre Sünden. Ego te absolvo …

Palermo

[...]

P.: Und wir haben auch eine sehr unangenehme Erfahrung gemacht: Wir mußten auf Befehl unseres Pfarrers ein sehr teures Kleid für die Erstkommunion unserer Tochter kaufen. Und außerdem hat uns, mir und meinem Mann, die Italienische Bischofskonferenz nicht gefallen, daß die immer noch den Mut haben, die DC zu verteidigen ...

B.: Ha, ha, ha! [Gelächter]

P.: Ich mein, jetzt noch ...! Um Gottes Willen, verstehen Sie mich nicht falsch, ich möchte nichts gegen den Glauben sagen ...

B.: Natürlich, ich verstehe ... Was das Problem mit Ihrer Tochter betrifft, so können Sie derlei unabhängig von Ihrer Pfarrei oder Ihrem Pfarrer entscheiden, der, bei allem Respekt, der ihm wie jedem gebührt, eine sehr traditionelle, formale Linie zu verfolgen scheint. Ich habe meine Nichte die Erstkommunion in den Bergen machen lassen, im Sommer, zusammen mit ein paar Freunden, weil sie diese Katechismus-Atmosphäre satt hatte. Das war so abstoßend, daß wir sie, ohne irgend jemanden um Erlaubnis zu fragen, einfach herausgenommen und zur Erstkommunion in eine Ferienkolonie gebracht haben, die von religiösen Leuten geführt wird. Da ging's überhaupt nicht um Kleidchen oder nicht Kleidchen. Und in der Gruppe sind diese Dinge ... Und was den Rest betrifft, liebe Signora, was soll ich Ihnen dazu sagen. Die Aufrufe der Bischöfe sind lächerlich geworden. An den Glaubensproblemen wächst die Freiheit des eigenen Glaubens, indem man begreift, daß es sich um Menschliches handelt und daß man verschiedener Meinung sein kann. Wenn die Tradition zur gängigen Meinung erklärt und in die Gemüter der Priester eingepflanzt wird, bis sie lastet wie eine Bleiglocke, dann, Signora, befreien Sie sich von dieser Bleiglocke.

P.: Manchmal, wenn ich in der Beichte meine Abwendung von der Kirche gestehe, sagt man mir, ich sei arrogant.

B.: Wenn man Ihnen derlei sagt, dann gehen Sie zu einem anderen Beichtvater. Ich wünsche Ihnen genügend Freiheit des Geistes und der Seele, um sich nicht beeindrucken zu lassen. Wir müssen endlich reif werden. [...]

Modena

[Am Tage, nachdem das Parlament abgelehnt hat, Craxis Immunität (ehemaliger italienischer sozialistischer Spitzenpolitiker, A. d. Ü.) aufzuheben, was dann später doch geschah.]

B.: Seit wann hast du nicht mehr gebeichtet?

P.: Seit einer Woche.

B.: Warst du brav?

P.: Nein, Padre.

B.: Oh, was ist passiert?

P.: Sehen Sie, gestern hat mich die Wut gepackt, ich habe mich hinreißen lassen und habe geflucht! Gegen alle.

B.: Warum, was gab's, Widerwärtigkeiten?

P.: Ich arbeite in der Politik, in der DC. Trotz allem hatte ich bisher noch Vertrauen. Aber nach dieser Geschichte, die gestern in der Kammer abgelaufen ist … Jetzt reicht's mir! Ich trete aus der Partei aus und gehe zur Lega.

B.: Treten wir lieber aus allen Parteien aus! Und handeln wir nur noch nach unserem christlichen Gewissen. Wir wollen stark sein! Die DC hat sich selbst das Grab geschaufelt, als sie für die Abtreibung und die Ehescheidung unterzeichnete. Andreotti allen voran! Die DC muß verschwinden, wie vor einiger Zeit in Frankreich die kommunistische Bewegung verschwunden ist. Kapiert? Man kann nicht einfach die Leute betrügen!

P.: Sie verstehen also meine Wut!

B.: Ja, ja, ich verstehe … Es ist mit dir durchgegangen. Es war nicht deine Absicht, Gott zu beleidigen. Aber halten wir unsere Nerven in Schach, die Nerven, die Nerven!

P.: Aber, Padre, wenn ich diese Leute sehe, die nun arbeitslos sind und von Almosen leben müssen, wegen diesen, diesen …

B.: Räubern …

P.: … diesen Bastarden … Entschuldigen Sie, Padre!

B.: Bastarde, Bastarde … Sprich nur frei heraus, sie verdienen es. Sie verdienen es, verstehst du mich?

P.: Aber ich möchte die Arbeit in der Politik nicht aufgeben. Ich möchte etwas tun. Und ich will es nun in der Lega tun!

B.: Tu das, tu das, wenn du meinst, sie sei gut … sie ist ein einziger Protest, hoffen wir, daß er etwas nützt.

P.: Aber Sie, was halten Sie von ihr? Meinen Sie, sie ist vertrauenswürdig?

B.: Man müßte vor allem das Programm kennen, nicht wahr? Ganz allgemein zählt immer das Programm. Wenn die Lega ihr Programm herausgegeben hätte, so hätte sie vielleicht einige Stimmen mehr bekommen! Wenn da kein Programm ist ... kann man dann vertrauen? Sie ist eine Protestaktion. Ans Programm müssen wir uns halten, ans Programm. Daran liegt alles, verstanden? Und wenn du gesehen hast, was für ein Programm sie haben ... sie werden es ja einmal herausgeben! Vorher kann man nichts sagen. Die stellen eine Partei auf, aber was hat sie für ein Programm? Keines? Dann soll sie einpacken!

P.: Aber ich weiß, daß es einen sehr ernsthaften katholischen Rat gibt.

B.: Hoffen wir, daß er in Aktion tritt. Die DC hatte auch ... aber siehst du, was passiert? Ahh, das Geld, das Geld! Die Versuchung ist fürchterlich!

P.: Aber warum schreitet die Kirche nicht ein? Letztlich hat sie die DC immer unterstützt.

B.: Die Kirche hat immer gegen dieses System protestiert. Immer, immer, immer! Sie hören nicht zu! Und dann der Protest des Papstes gegen die Vereinigten Staaten! »Geht hin, sonst werden sie sie alle umbringen!« Nichts, sie rühren sich nicht. Sie warten erst, bis alle tot sind, dann rühren sie sich. Es ist nutzlos.

P.: Ja, aber bis vorgestern haben die Bischöfe Andreotti applaudiert, in der Messe, wegen seines Einsatzes für die Vatikan-Bank Ior!

B.: Ja, sie haben ihm zugeklatscht deswegen, und das war schlecht! Das war schlecht! Wenn einer angeklagt ist, dann überläßt man ihn der Justiz. Und basta. Keiner ist ein Verbrecher, bevor das bewiesen ist. Er steht noch unter Anklage, dann soll er dort bleiben. Und damit basta.

P.: Aber, aber der Richter muß auch die Möglichkeit haben, nachzuforschen.

B.: Versteht sich!

P.: Ja, aber er wird daran gehindert. Sehen Sie nur, gestern mit Craxi ...

B.: Eine Schande! Ekelhaft!

P.: Ja, und währenddessen geht das Land vor die Hunde.

B.: Wir wollen optimistisch sein! Italien hat sich bisher immer noch von allen Stürmen wieder erholt.

P.: Aber wie? Und um welchen Preis?

B.: Najaaa, wir werden sehen, etwas wird man schon bezahlen müssen.

P.: In diesem Monat müssen auch die Steuererklärungen abgegeben werden. Ah, ich habe nicht die Absicht, auch nur eine Lira Steuern zu bezahlen, Padre. Diesen Leuten gebe ich keine müde Lira mehr.

B.: Wir wollen aber doch darauf achten, daß wir nicht noch mehr Betrügereien anhäufen. Ich weiß, es gibt Räuber an allen Ecken und Enden, Milliardenräuber. Und wir haben sie unterhalten!

P.: Und Scalfaro [italienischer Staatspräsident, A. d. Ü.] erst! Mit all seinen Gebeten an die Muttergottes, der »Katholischen Aktion« … das Parlament löst er nicht auf. In welchem Zeichen betet er denn zur Muttergottes?

B.: Man muß der Verfassung treu bleiben. Er ist verpflichtet, der italienischen Verfassung treu zu bleiben. Er kann ja nicht einfach der Verfassung zuwiderhandeln, er hat auch seine Regeln!

P.: Aber unter gewissen Umständen kann der Präsident das Parlament auflösen. Artikel 88 der Verfassung …

B.: Ich weiß es nicht. Man sieht, daß es noch nicht … Ich habe die Verfassung gelesen, aber offensichtlich habe ich sie noch immer nicht verstanden. Sie ist in einer Form geschrieben, daß nur Anwälte sie begreifen können. Aber wenn er es bisher nicht getan hat, so hat er dafür seine Gründe.

P.: Ja, ich glaube, er will seine Freunde schützen …

B.: Ahh, das kann man nicht wissen. Jetzt aber bitte Gott um Verzeihung und um Vergebung für alles, was du an Schlechtem getan hast. Und wir wollen doch optimistisch sein. Im Monat Mai wollen wir uns dem Gebet an die Muttergottes widmen, die uns bisher immer geholfen hat und uns auch weiterhin helfen wird.

P.: Ja, sicher, ich werde beten; aber ich werde trotzdem keine Lira Steuern bezahlen!

B.: Passen Sie auf, daß Sie sich keine Scherereien schaffen. Man muß vorsichtig sein in diesen Dingen.

P.: Ahh, ich bin doch nicht die einzige! Es gibt Leute, die können einfach nicht bezahlen.

B.: Nun, wenn sie nichts bezahlen können, dann werden sie das deklarieren, sie werden die dem Gesetz entsprechenden Schritte unternehmen. Aber man kann nicht der Verfassung zuwiderhandeln! Vor dem Verlassen der Kirche bete drei Ave-Maria zur Madonna di Fatima, sie hat Rußland befreit, sie wird auch uns befreien! Ego te absolvo …

Grosseto

[…]

P.: Ich will Ihnen nicht die politische Situation in meinem Heimatstädtchen schildern, denn mit dieser Krise riskieren wir, alle Macht zu verlieren, die wir gehabt haben. Ich meinte, nicht so sehr die DC zu verteidigen, als vielmehr die Idee des christlichen Lebens. Und ich stecke auch deswegen in einer Krise, weil ich in dieser Partei, nach dem, was es gegeben hat – Mafia, Camorra, Diebstähle unglaublicher Beträge – nicht mehr bleiben will. Mir ist absolut nicht mehr danach. Für mich repräsentiert sie auch nicht mehr die Idee des Christentums. Ich weiß nicht mehr, was ich tun soll. Mein Beichtvater meint, daß die Menschen sich täuschen könnten, aber daß wir nichts anderes haben als das, und worauf es ankommt, ist, daß wir der Tradition des Glaubens treubleiben. Ich weiß aber auch darin nicht mehr, was ich denken soll.

B.: Ich werde Ihnen sagen, was ich dazu meine. Ich glaube, daß zur Zeit an der Democrazia Cristiana nur noch der Name christlich ist.

P.: Genau das denke ich auch.

B.: Deshalb glaube ich, daß sie weder länger ein Garant für die Werte des Christentums ist, noch daß sie sich anmaßen kann, die Stimmen derer, die möglicherweise katholisch sind oder dem Katholizismus nahestehen, an sich zu binden. Das ist es, was ich persönlich darüber denke.

P.: Ja, aber die Botschaft der Kirche lautet anders, die Bischöfe sagen immer noch: »Laßt uns in dieser Partei vereint bleiben.«

B.: Das ist eben die Tragödie, daß die Kirchenvertreter, die hohen Kirchenvertreter dieses Verhalten an den Tag legen, mit der Entschuldigung, sie würden sich nicht ausdrücklich auf die Democrazia Cristiana beziehen. Sie ruft die Katholiken nur auf zur Vereinigung in einer Partei, die niemals ausdrücklich benannt wird, von der aber jeder weiß, daß es sich um die Democrazia Cristiana handelt. Dann gibt es aber auch an der Basis, bei den Priestern, den ganz normalen Geistlichen, solche, die – und zu ihnen möchte ich mich zählen – versuchen, die Dinge klar zu sehen. Die zum Beispiel der Meinung sind, daß absolut nicht gesagt ist, daß ein Katholik notwendigerweise der Democrazia Cristiana angehören oder sie wählen muß, denn die Gewissensfreiheit in diesem Bereich ist mehr als weiträumig bemessen, und deshalb kann einer, auch wenn er die kirchlichen Institutionen besucht, zum Beispiel, und trotzdem eine andere Partei als die DC wählen will, dies ohne weiteres tun. Dies aber wird, wie ich sagte, von der Basis behauptet, während weiter oben so geredet wird, daß man sich identifiziert mit ...

P.: Dann handle ich nicht der Kirche zuwider?

B.: Absolut nicht.

P.: Ja, ich sehe das auch so. Ich wollte die Meinung von einem anderen Priester hören, denn unser Pfarrer, der sagt immer »mach weiter, du bist ein ehrlicher Mensch, die politische Arbeit, die du leistest, ist gut, wer weiß, wer an deiner Stelle dann kommt ...«, aber es ist einfach zu quälend.

B.: Das kann ich mir vorstellen.

P.: Ja ... aber ich spreche hier von Ehrlichkeit und Klarheit, aber ich muß Ihnen gestehen, daß ich nicht alle meine Steuern bezahle, ich tu das nicht, vielleicht aus Egoismus, für die Familie.

B.: Ich verstehe. Auch dies fällt in den eigenen Entscheidungsbereich. Ich habe gemerkt, wie oft wir, auch im Priesterleben, wie oft wir irgendwelchen Kompromissen nachgeben, wie oft es einfacher ist, leichter ist, den Situationen nachzugeben, in denen wir dann vielleicht auch Gutes tun, das heißt, das ist sicher, ohne Zweifel. Vielleicht gelingt es uns auch in diesen Kompromißlagen, Schönes zu schaffen, aber es bleiben doch immer Kompromißlagen.

P.: In welchem Sinne kann ein Priester Kompromisse eingehen?

B.: Oh, in vielerlei Hinsicht. Indem er das Evangelium in der einen Hand hält, und vielleicht auch darüber spricht, es aber nicht einhält in Form von Armut, Gehorsam und Keuschheit.

P.: Oh, sprechen Sie mir nicht von Keuschheit, es hat da Geschichten gegeben in meiner Gegend, mit Priestern ... aber die Leute sprechen ganz normal darüber, es scheint nichts Skandalöses mehr daran zu sein. Das ist kein gutes Beispiel. Aber das sind keine Kompromisse.

B.: Doch, Kompromisse in dem Sinne ... vielleicht von dieser Seite gesehen nicht ... aber auch was die Armut betrifft, sehen Sie, wir sind aufgerufen zu einer, ich will nicht sagen heroischen Armut nach dem Modell des heiligen Franziskus und so weiter, aber doch zu einer gewissen Aufmerksamkeit in dieser Hinsicht. Man findet aber genügend Priester, die absolut nicht in Armut leben, und sie finden hundert Ausreden dafür, hundert Gründe, um zu sagen: »Ich habe mir ein Auto für 25 Millionen gekauft, aber ich brauche es«, weil ein Priester ein Auto haben muß, kurz, das sind Kompromiß-Situationen, die ... nicht, daß ich dieses Auto dazu benutze, irgend etwas Häßliches anzustellen, nein, ich fahre damit zu den Kranken. Aber ich glaube, daß in diesem Fall, zum Beispiel, ein billiges Auto auch seine Dienste tut. Dies nur als Beispiel, es gibt noch ganz viele andere. Aber ich weiß, daß es auch im Leben der Laien immer wieder zu Kompromiß-Situationen kommt, das heißt, daß man sich zwischen dem entscheiden muß, was einfach und angenehm ist, und dem, was schwierig ist, das aber dafür dem eigenen Glauben, dem eigenen Leben mehr entspricht. Ein jeder muß selbst wissen, was zu wählen ist. Oft, in den meisten Fällen begeben wir uns auf den Kompromiß hinunter, wählen wir den einfachen Weg, die breite Tür, sehr viel seltener entscheiden wir uns für die enge, wir fühlen uns nicht berufen, diese Straße zu gehen ... Ich kenne mich im Bereich der Politik nicht aus, aber ich glaube, eben weil es Leute gegeben hat, die das gemacht haben, daß man auch eine saubere Politik machen kann.

P.: Ja, aber man riskiert dabei zu verlieren.

B.: Ja, das wohl. Das stimmt.

P.: Wenn alle ein schmutziges Spiel spielen, dann kann der, der saubere Politik macht, nur verlieren. Und das wächst sich zu einer unaufhaltsamen Lawine aus, denn das Spiel läuft immer weitgestreuter ab. Jetzt hoffen wir, daß diese ... ich hoffe sehr auf die Lega, daß sie klaren Tisch schafft, damit man neu anfangen kann.

B.: Nun, abgesehen davon hängt auch vieles von solchen Leuten wie Ihnen ab, die sich wenigstens Gedanken darum machen ... Auch die Kirche versucht, ein wenig mit der Zeit zu gehen, also ihr Schicksal, das Schicksal der Kirche etwas mehr mit der Welt zu verbinden, denn im Grunde gibt es die Kirche, damit sie der Menschheit dient, dem Menschen, und darum ...

P.: Haben Sie den Eindruck, daß auch die Kirchenvertreter – ich meine die höheren, nicht die einfachen Priester –, daß auch diese Kirchenvertreter weniger starr zu werden beginnen?

B.: Ja, das schon, das stimmt schon. In gewissen Dingen stehen wir noch still, ich denke an die Moral zum Beispiel, an die ... aber in anderen Bereichen haben wir Riesenschritte nach vorne gemacht. Die Kirche ist dabei, sich zu überprüfen, das ist wahr. Es hat eine gewisse Erstarrung gegeben in den letzten Jahren, vielleicht in der Folge dieser Attacken, die nicht nur den Papst, sondern auch die ganze Kirchenhierarchie getroffen haben. Und als Antwort darauf ist die Kirche etwas erstarrt, aber nur in gewissen Bereichen, nicht im Ganzen. Aber, eben sie sind sehr ... man beginnt, darüber zu sprechen. Die Sache ist sehr im Gespräch.

P.: Mir scheint es zum Beispiel kaum vertretbar zu sein, daß man kein Präservativ benutzen darf, mit all diesen Krankheiten, die es gibt. Man könnte doch akzeptieren, daß es weniger benutzt wird, um die Empfängnis zu verhüten, als sich vor Aids zu schützen, aber davon will der Papst einfach nichts ...

B.: Das ist eines dieser Probleme, einer dieser Bereiche. Auch die Abtreibungs-Diskussion, nach [unverständlich: Bosnien?], auch hier, nun, ich glaube, das hängt auch mit den kulturellen Anlagen unseres Papstes zusammen, der vielleicht aus einer etwas besonderen Welt stammt, einer Welt, die noch sehr an die Tradition gebunden ist. Aber möglicherweise sind viele Theologen ... sagen wir, es gibt viele Leute, die darüber nachdenken und darüber diskutieren, die also in ein paar Jahren, ich möchte nicht sagen zu existentiellen Kompromissen gelangen werden, denn das Existentielle bleibt immer das gleiche, das heißt, die Grundbedingungen des Glaubens müssen unverändert bleiben. Aber es gibt Probleme, wie etwa das der Moral, und viele andere, die nicht zu den Grundbedingungen des Glaubens gehören und die deshalb besprochen und verändert oder erweitert werden können. Es ist dies ein Ort, an dem es viel Bewegung gibt.

Sex

Einer französischen Untersuchung aus dem Jahr 1966 zufolge beziehen sich 83 % der gebeichteten Sünden auf die Sexualität.[1] Das ist nicht verwunderlich, wenn man bedenkt, daß die Kirche auf diesem Gebiet seit zweitausend Jahren ihren erbittertsten Kampf führt. Und so kann es auch nicht erstaunen, wenn die Priester sich in den Dingen der Sexualität »von Berufs wegen« sicherer, freier fühlen und stets eine Antwort parat haben – und manchmal eine fast morbide Neugier entfalten.

Dennoch machen sich beim Thema Sex regionale Unterschiede am stärksten bemerkbar. Während bei den anderen Themen die sehr einheitliche Seminarerziehung der Priester zum Tragen kommt, wird bezüglich Fragen der Sexualität die verschiedenartige Herkunft erkennbar. Die Beichtväter aus dem Süden des Landes sind mehr von der Idee geprägt, daß die Frau einen »Besitz« darstelle, und verteidigen die Jungfräulichkeit nicht nur als christlichen Wert, sondern auch als »Siegel«, das dem Mann die Exklusivität seines Besitzes garantiert. So etwa versucht ein kalabresischer Beichtvater seinen Pönitenten davon zu überzeugen, daß seine Freundin, wenn sie in den vorehelichen Geschlechtsverkehr einwilligt, nicht besonders anständig ist und ihn sehr wahrscheinlich nach der Hochzeit betrügen wird. Ein anderer, auch er Kalabrese, erklärt seiner Pönitentin, daß ihr Mann, wenn er entdeckt, daß sie nicht mehr Jungfrau ist, den Eindruck haben wird, als habe er »ein Hemd mit nur einem Ärmel gekauft«, und daß es dann sein volles Recht sei, sie in der Hochzeitsnacht zu verlassen; und er wundert sich darüber, daß das Mädchen für sich dieselben Ansprüche erhebt. Vorehelicher Geschlechtsverkehr aber wird in ganz Italien verdammt: Einziges legitimes Verhalten vor der Ehe ist – für alle – die Keuschheit. Hierzu ist zu bemerken, daß nur 46,9 % der praktizierenden Katholiken außerehelichen Geschlechtsverkehr für sündig halten, von der Gesamtbevölkerung sind es 21,8 %.[2]

Auch innerhalb der Ehe sind die Vorschriften noch äußerst streng. Allen voran gibt es bei Priestern kein Verständnis für Verhütung, außer für die – unsichere und wenig angenehme – Billings-Methode, die in den Ratschlägen der Priester die von Ogino-Knaus ersetzt hat. Nur 9,5 % der praktizierenden Katholiken sind »absolut gegen« jede Verhütung, 41,6 % akzeptieren »nur natürliche Methoden«; die erste Ziffer unterscheidet sich nur wenig vom gesamtnationalen Ergebnis (8,4 %), während die zweite recht weit davon entfernt ist (14,6 %).[3] Jedesmal, wenn wir mit einem Beichtvater über die Verhütung sprachen, kamen mir die Worte des Sekretärs des Weltkirchenrates, Eugène Carson Bleque, in den Sinn, der nach Erscheinen der Enzyklika *Humanae vitae* von Paul VI. gesagt hat: »Dies bedeutet das Ende aller Versuche der katholischen Kirche, sich der realen Welt anzupassen.«

Was den ehelichen Verkehr betrifft, so liegt man falsch, wenn man glaubt, die Kirche wäre gegenüber den erotischen Spielen zwischen Verheirateten toleranter: Der jüngst erschienene *Kathechismus der Katholischen Kirche* ist in diesem Punkt wenig eindeutig; er zitiert eine Erklärung des Zweiten Vatikanischen Konzils und eine weitere von Pius XII., die beide vielfältig interpretiert werden können. Das Konzil meint: »Jene Akte also, durch die Eheleute innigst und lauter eins werden, sind von sittlicher Würde; sie bringen, wenn sie human vollzogen werden, jenes gegenseitige Übereignetsein zum Ausdruck und vertiefen es, durch das sich die Gatten gegenseitig in Freude und Dankbarkeit reich machen.« Der *Katechismus* fügt hinzu: »Die Geschlechtlichkeit ist eine Quelle der Freude und der Lust«, aber dann endet er mit einem Zitat Pius' XII. aus einer Rede von 1951: »Doch sollten die Gatten sich innerhalb der Grenzen einer angebrachten Mäßigung zu halten wissen.«[4] Den Priestern steht also weitgehend frei, ihre eigene Interpretation einzubringen, die jedoch im allgemeinen restriktiv oder sogar sehr restriktiv ausfällt: Sobald zum Beispiel Oralverkehr angesprochen wird, schrecken die meisten Beichtväter entsetzt vor diesen »animalischen Bräuchen«, wie sie sie einhellig bezeichnen, zurück. Nur der eine oder andere zeigt sich – ungern – etwas toleranter, wenn diese »schändliche Praxis« von einem der Eheleute als unerläßlich für den Fortbestand der Ehe gefordert wird. Ein einziger Beichtvater meinte, daß »*lambire genitalia*« erlaubt sei. Einer seiner Kollegen dagegen ist überzeugt, daß nur Prostituierte, von der Geldnot getrieben, so tief hinabsteigen könnten, und ein anderer empfiehlt, vor der »Vereinigung« jedesmal gemeinsam zu beten.

Die Priester sind ganz offensichtlich – das geht aus vielen Beichtgesprächen hervor – Ehefrauen gewohnt, die sich über zu häufige sexuelle Forderungen ihrer Männer beklagen, und an Ehemänner, die sich über die häufigen Kopfschmerzen ihrer Frauen beklagen. So wundern sich die Priester über eine Frau, die sexuelle Wünsche äußert, während sie sofort bereit sind, einem unzufriedenen Mann den Rat zu geben: »Ehh, zwingen Sie sie, appellieren Sie an ihr Pflichtgefühl. Es ist ihre Pflicht.«

Nur ein einziger Beichtvater erfaßt das Problem in seinem Kern: Einer Frau, die ihm ihre psychologischen Probleme beim Geschlechtsverkehr gesteht, stellt er ohne zu zögern die Frage: »Hast du eine sehr strenge religiöse Erziehung gehabt?« Die Absurdität der Beichte sexueller »Vergehen« liegt genau darin: Die Priester mühen sich ab damit, Probleme zu lösen, die ihr Katholizismus geschaffen hat, indem er Sex stets mit Schuld und Schande in Verbindung bringt. Und sie tun dies mit wahrlich stereotypen Wendungen, ohne auch nur im entferntesten auf die großen Bemühungen der Moraltheologen zurückzugreifen, die zum Beispiel sagen: »Die christliche Moral spricht kein Verbot aus, sondern bietet ein Konzept an«, nämlich »die Bindung der geschlechtlichen Beziehung an ein konkretes historisches Projekt: die Ehe. [...] Mit anderen Worten: die moralische Norm ist eine Folgerung und nicht Zweck oder Ziel«[5]. Auch so ausgedrückt bleibt die Norm noch im höchsten Maße anfechtbar, aber die Priester beschränken sich darüber hinaus darauf zu sagen, der uneheliche Geschlechtsverkehr *überschreite das göttliche Gesetz;* sie selbst sind es also, die das berüchtigte Ergebnis verursachen: »Die Norm erscheint gänzlich unverständlich, sie wird lediglich als Repressalie gegen Spontaneität und menschliches Glück erfahren.«[6] So ist es in der Tat, trotz der ausführlichen Darlegungen der Moraltheologen, und die Beichtväter wissen das sehr wohl oder erahnen es zumindest. In ihrem täglichen Umgang mit den Menschen können sie erkennen, daß Erotik und Sexualität sich von Individuum zu Individuum unterscheiden, und daß es *widernatürlich* ist, sich das Recht anzumaßen, hier Vorschriften zu erlassen. Der Katholizismus aber wendet die allerstrengsten Kodizes an, vor allem dadurch, daß die Sexualität überhaupt nur als eheliche ernstgenommen, erforscht und besprochen wird, während sie in unehelicher Form rücksichtslos in das Schema »Sünde-nicht-Absolution« verwiesen wird. Bezeichnend für diesen Umstand ist die Hilflosigkeit der Priester angesichts abweichender Sexualpraktiken: Das Mädchen, das Sex zu dritt mag, der pädophile Vater, der seine Finger nach der kleinen Tochter ausstreckt, wie auch die in einen Inzest verstrickte Schwester werden gerügt und dann schnell freigesprochen, ohne daß nach den Wurzeln des Problems geforscht wird. Das einzige wirkliche Interesse gilt der Ehe und der Bewahrung des ihr gemäßen Sexualverhaltens laut Kanon.

Der Wille, die Ehe als Fundament der christlichen Gemeinschaft zu retten, wird in eklatanter Weise am Fall jenes Pönitenten klar, der sich im Orient eine jugendliche Prostituierte gekauft und nach Mailand gebracht hat, als Spielzeug-Sklavin; aber allmählich verliebt er sich in sie und droht, die Ehefrau zu verlassen. Nachdem der Priester vergebens versucht hat, den Pönitenten dazu zu überreden, das Mädchen wieder nach Hause zu schicken, und nachdem er nicht einmal das Versprechen erhalten hat, daß sie von nun an nicht mehr angerührt werde, resigniert er und läßt ihm die Sklavin; und er vergibt ihm die Sünden unter der Bedingung, daß er die Ehe aufrechterhalte und seine Frau dazu bringe, die bisher nicht vollzogene kirchliche Trauung nachzuholen.

Gegenüber den Homosexuellen schließlich wird jenes »Verständnis« praktiziert, das im *Neuen Katechismus* gepredigt wird, allerdings nur formal. In concreto fallen die Urteile der Priester extrem hart und überzogen aus: Dem Schwulen oder der Lesbe, die zu einer glücklichen homosexuellen »Ehe« gefunden haben, raten sie zu einer unglücklichen, einsamen Lebensweise, um nur ja nicht der Sünde zu verfallen. Wer aus Gründen der Tarnung heiraten will oder schon verheiratet ist, bekommt den Befehl, der

Verlobten oder Ehefrau nichts zu verraten (und sie somit zu betrügen), damit der Schein der ehelichen Normalität gewahrt bleibt. Einigen wird, wie Kranken, angeraten, die Hilfe eines Psychologen aufzusuchen.

Es sind jedoch ganz offensichtlich eher die Priester selbst, die psychologische Hilfe bräuchten, um der durch das Keuschheitsgebot verursachten Verwirrungen Herr zu werden: In den 100 Beichtgesprächen, von denen nur 26 von sexuellen Problemen handelten, kam es zu Situationen (von denen wir einige bereits auf den vorangehenden Seiten wiedergegeben haben), die man als unerfreulich bezeichnen könnte, die aber in Wirklichkeit höchst peinlich sind: wie jener Priester, der dem Beichtenden gesteht, homosexuelle Beziehung gehabt zu haben; ein anderer, der durchblicken läßt, er habe es mit den jungen Mädchen der Pfarrgemeinde getrieben; der, der den Busen der Pönitentin betatscht, um die bösen Geister zu vertreiben; der, der beharrlich von der Befeuchtung des »Sexual-Apparats« der Pönitentin spricht, die keine Kinder bekommen kann. Und schließlich der Fall, den ich am abstoßendsten finde: Jener Beichtvater, dem vor einem verzweifelten Mädchen, das ihren im Koma liegenden Verlobten umgebracht hat, nichts anderes einfällt, als zu fragen: »Habt ihr nackten Verkehr gehabt?« Es sind zuviele Beispiele dieser Art, um noch an einen Zufall glauben zu können, und man muß sich fragen, wie die Beichtväter sich gegenüber jenen Beichtenden verhalten, die nicht zufällig bei ihnen gelandet sind, wie wir, sondern zu denen mehr Vertrautheit besteht.

Aus fast allen Beichtgesprächen aber geht hervor, daß die Priester wohl den Männern gegenüber, kaum jedoch gegenüber den Frauen Nachsicht kennen.

Alessandria

[...]

Pönitent:

Sie sagten: »der Körper gehört dem Herrn«, aber wenn ich Lust empfinde, so kommt es mir vor, als huldige ich dem Herrn.

Beichtvater:

Es ist eine Lust, die im Augenblick Genugtuung verschafft, aber jede unmittelbare Lust ist immer ein Zeichen von mangelnder Zuneigung, denn nur die Lust im ehelichen Akt von Mann und Frau ist vor Gott erlaubt. Warum wollen so viele keine Kinder haben, sondern nur die Lust? Das ist ein Mangel an Zuneigung, deshalb liegt das außerhalb des göttlichen Plans. Gott hat die sexuelle Lust an die Fortpflanzung gebunden, wohingegen die, die die Konsequenzen nicht tragen wollen, gegen dieses Naturgesetz verstoßen.

P.: Aber ich zum Beispiel glaube kaum, daß ich Kinder haben werde mit meiner Freundin ... es ist da ... ach, sie ist drogensüchtig, Heroin, und sie handelt auch ein bißchen damit, und jetzt sitzt sie im Gefängnis. Mir ist nicht danach, sie zu heiraten.

B.: Nein, nein, um Gottes willen. Wenn sie nicht gesund wird, wenn sie nicht in eine Entziehungsanstalt geht und sich wieder fängt, dann wird daraus ein Abenteuer mit schlechtem Ausgang.

P.: Aber wir haben geschlechtliche Beziehungen miteinander.

B.: Nein, die verstoßen gegen die Gebote.

P.: Ich weiß, aber mir scheint, die Kirche ist in diesen Dingen vielleicht ...

B.: Das tut nichts zur Sache. Die Kirche sagt nein, weil das göttliche Gesetz dagegen ist, das sechste Gebot sagt es deutlich, »begehre nicht deines Nächsten Weib«. Diese Frau gehört Ihnen nicht, weil sie nicht Ihre Frau ist. Ihr seid durch kein Gesetz verbunden. Also ...

P.: Dieses Gebot ist sehr hart.

B.: Und nicht durch Zufall. Das ist ja nicht nur im Christentum so, da gibt es schon einige Religionen, die es erlauben, weil das sehr menschenbezogene Religionen sind, sehr bodenständige, sie sind nur theologisch ..., sie sind nicht ... Aber es ist doch ein Naturgesetz ... die Gebote, wer nach den Geboten handelt, der ist gerettet.

Egal, zu welcher Religion er gehört, auch wenn er den Namen Gottes nicht kennt.

P.: Aber, Entschuldigung, andere Religionen sind viel toleranter in bezug auf den Sex.

B.: Sie sind menschlich. Sie sind nicht göttlich. Menschlich. Die Moslems zum Beispiel erlauben, daß man drei, vier Frauen hat ...

P.: Und Sie meinen, wenn ein Moslem nur diese Sünde begeht, ohne zu wissen, daß er sündigt, wird er in den Himmel kommen?

B.: Wie?

P.: Sie sagten doch, daß ...

B.: Wenn er die Gebote beachtet, enthaltsam ist, diese Sünden nicht begeht und dergleichen, wenn er dieses Gesetz befolgt, das im Grunde ein Gesetz der Natur ist, dann wird er gerettet werden, auch wenn er Jesus nicht nennen kann, Gottvater nicht nennen kann, weil er ihn nicht kennt.

P.: Ja, dann kommt ein ehrlicher Moslem also auf jeden Fall in den Himmel, obwohl er vier Frauen hat.

B.: Gottes Barmherzigkeit ist unendlich gegenüber denjenigen, die unwissend sind, aber für einen, der getauft ist, für einen, der weiß oder wissen müßte, aber tut, als wüßte er nicht, und sagt, »die Kirche verbietet es zwar, aber ich ...« Aber seien wir vorsichtig, die Kirche, das bin ich, das sind Sie, das sind wir alle zusammen, die Kirche sind wir Getauften, und als Getaufte glauben wir an dieses Gesetz, das von Gott kommt, nicht von der Kirche, das Gesetz, seien wir vorsichtig.

P.: Ja, aber die Regeln stellt der Papst auf.

B.: Nein, nein, Christus stellt sie auf!

P.: Ich kann mich erinnern, als ich achtzehn war, also vor zwanzig Jahren, da sagten die Beichtväter: »Mit den Mädchen nicht einmal einen Kuß, keine Berührung, absolut nichts vor der Ehe.«

B.: Das sind die sogenannten unreinen Handlungen.

P.: Aber jetzt werden diese Handlungen geduldet.

B.: Wer sagt das, wer sagt das? Aber nein, nein, ganz und gar nicht, absolut nicht. Das Skandalöse heutzutage ist, daß ...

P.: Heute sind die Beichtväter toleranter.

B.: Nein, ach, was, toleranter, sie versuchen ...

P.: Mein Neffe, der ...

B.: Sie versuchen, es den Leuten klar zu machen, aber wenn sie merken, daß sie an eine Mauer stoßen ... der Herr wird sich dieser jungen Leute annehmen. Ich sage immer »Herr, übernimm du sie«, was wollen Sie machen, wenn einer nicht begreifen will ...

P.: Aber in meinem Fall ... Sie haben gesagt, ich soll dieses Mädchen nicht heiraten; muß ich dann keusch sein?

B.: Immer, immer muß man das, so lautet das Gebot. Keine unreinen Handlungen begehen. Alles, was Lust erzeugt und außerhalb der Ehe stattfindet, ist ...

P.: Aber dann würde ich wahrscheinlich dieses Mädchen verlieren, die nicht gläubig ist, die ... sie braucht meine Nähe.

B.: Sie können ihr auf schickliche Weise nahe sein, wie es sich gehört, aber nicht auf diese Weise. Auf diese Weise erreichen Sie nichts.

P.: Das Mädchen ist nicht gläubig, sie kann solche Begründungen nicht verstehen, geschweige denn annehmen.

B.: Das ist es, deshalb sollten auch die sogenannten Mischehen nicht zugelassen sein, denn die beiden werden nie glücklich werden, einer der beiden muß immer etwas von sich hergeben, muß auf sein Credo verzichten. Jeder wird freigelassen, wenn er die Gabe des Glaubens nicht besitzt oder sie abgelehnt hat. Könnte sein, daß auch sie getauft ist, wie? Und dann? Ich kenne junge Leute, die nicht einmal bereit sind zu reden. Das Problem des Unglaubens ist heute schlimmer denn je, denn es gibt den Gott des Wohlstandes, den Gott des Egoismus, des Vergnügens und des Materialismus, der den Leuten bis ins Mark gedrungen ist. Sie haben es geschafft, sich in die Mentalität einzu ... es gibt eine ganze Kultur des Materialismus.

P.: Wer hat es geschafft?

B.: Nun, Marx, als er mit seinem Materialismus angefangen hat.

P.: Na, der Kommunismus hat aber keine großen Ergebnisse erreicht, scheint mir.

B.: Deshalb hat er sie nicht erreicht. Auf der ökonomischen Ebene hat er sie nicht erreicht. Aber glauben Sie, daß alle die, die den Kommunismus hinter sich gelassen haben, das aus religiösen Gründen getan haben? Kein einziger. Sie haben ihn wegen ihren Bäuchen, wegen dem Geld hinter sich gelassen, denn das ist doch klar, der ganze Kommunismus sagt sich: »Warum ist der Westen satt und reich und wir nicht? Das bedeutet, daß ihr System funktioniert, und unseres nicht.« Deshalb haben sie rebelliert. Da kann man nichts machen. Die wenigen, die noch daran festhalten, werden es nicht schaffen. Denn die Maske ist nun einmal abgefallen, aber sie sind nicht gläubig ...

P.: Dann glauben Sie nicht, daß die Kirche den Kommunismus besiegt hat? Der Papst?

B.: Nein, ganz und gar nicht. Wenn ich sowas höre, kann ich nur lachen. Es stört mich auch nicht. Ganz und gar nicht. Ja, er hat vielleicht ein wenig geholfen, weil er den Kommunismus von innen kennt, während unsere Kommunisten ihn nur von außen kennen, aber man muß ihn von innen kennen.

P.: Dieser Papst, da Sie schon von ihm sprechen ... ich kann absolut nicht verstehen, daß man keine Verhütungsmittel nehmen darf. Sehen Sie, in meinem Fall, mit diesem Mädchen, das sich Heroin spritzt, wie könnte ich da auf Präservative verzichten?

B.: Weil es gegen die Natur ist. Man will das Vergnügen haben, Aber man will die Konsequenzen nicht tragen.

P.: Aber in diesem Fall geht es weniger darum, die Schwangerschaft zu verhüten, als vielmehr meine Gesundheit zu schützen.

B.: Um Ihre Gesundheit zu schützen, müssen Sie auf diesen Verkehr verzichten. Das ist es, wovon man nicht ablassen will, und es ist nutzlos, immer wieder darüber zu diskutieren. »Ich will das Vergnügen, aber keine Konsequenzen.« So ist es doch, ja oder nein? Man muß das Kind beim rechten Namen nennen.

P.: Wenn die Konsequenz in einer Krankheit besteht, dann will ich gewiß keine Konsequenzen.

B.: Natürlich, es kann eine Krankheit sein, es kann, was weiß ich, eine Fortpflanzung sein, es können hunderttausend andere Dinge sein ... die Konsequenzen will man nicht, aber den Akt vollzieht man.

P.: Keuschheit ist unerträglich, wenn man nicht eine Berufung fühlt, wie Sie vielleicht.

B.: Nein, nein. Man muß nur redlich sein, ausgewogen sein. Menschlich, gefühlsmäßig, psychisch. Ich bin dieser Sache auf den Grund gegangen. Der Kern des Problems ist der, man will den Verkehr, aber nicht die Konsequenzen. »Aber es ist schwer.« Ja, dankeschön, für alle ist es schwer. Auch für mich ist es schwer, aber ich habe diese Lebensform akzeptiert, meine Berufung, aber wenn keine Hilfe von oben kommt, ist da kaum was zu machen, rein menschlich kann einer das nicht schaffen, denn es ist ein Naturinstinkt, der ihn dazu bringt …

P.: Und viele Priester geben nach … heißt es …

B.: Diese Männer waren schlecht beraten, sie hätten niemals Priester werden sollen. Und meiner Ansicht nach stimmt auch die Kehrseite der Medaille, daß nämlich gewisse Leute niemals hätten heiraten sollen. Es sind nicht alle für die Ehe gemacht. Manche haben keinen Sinn für Vaterschaft.

P.: Ich zum Beispiel habe nie geheiratet, weil ich glaube, nicht dafür gemacht zu sein.

B.: Besser, besser wenn einer dann nicht heiratet.

P.: Aber ich fühl mich auch nicht zur Keuschheit berufen.

B.: Nun, man muß zu ihr gelangen, sich hinführen lassen, Sie müssen mit einem Erleuchteten sprechen, der Ihnen helfen kann, denn Sie könnten etwas enorm Gutes tun im Leben, Sie könnten sich der freiwilligen Sozialarbeit widmen, der wohltätigen Mission oder dergleichen, wieviel Gutes kann einer nicht tun, wenn er frei ist. Keiner will frei bleiben, ich kenne junge Leute, ich nenne sie jung, obwohl sie schon fünfzig sind, die enorm viel Gutes tun und sich vorbildlich halten. Die sich für junge Drogensüchtige aufopfern, für die Armen, in der Karitas, für die einsamen Alten, sie verausgaben sich, sie verleihen ihre Autos, sie arbeiten. Deshalb, wenn Sie wirklich wollen … ich bitte Sie, die Sünden, die vergibt der Herr immer, aber der Herr möchte Sie ermutigen, er sagt »Ich verlasse mich auf dich«.

P.: Sehen Sie, um ganz ehrlich zu sein, ich fühl' mich nicht imstande zu sagen, ab jetzt tu ich es nicht mehr.

B.: Nun, lassen wir es den Herrn sagen: »Geh und tu es nicht mehr«; einige setzen danach ihren ganzen Willen drein. Die Zaghaftigkeit ist so groß, die Gewohnheit ist so stark, natürlich kann man nicht von heute auf morgen verlangen, auch der Herr verlangt das nicht, denn er weiß, daß der Mensch dazu nicht fähig ist. Wenn einer daran gewöhnt ist, etwas Bestimmtes zu tun, dann wird ihm das zu einer zweiten Natur, plötzlich. Will man Wunder verlangen … aber Wunder kann man nicht so einfach machen, wie man ein Glas Wasser trinkt. Wunder sind eine ernste Angelegenheit … man darf sie nicht erzwingen, man muß warten, daß ein Wunder geschieht ... Aber der Herr will unseren guten Willen sehen, unsere Anstrengung, und dadurch steht man der Sache viel bewußter, viel verantwortungsbewußter und auch zufriedener gegenüber. Wenn es gelingt, wenn ich zum Beispiel früher in einer Woche drei, viermal gesündigt habe, und ich nun in der Woche einmal weniger sündige, dann ist das für mich ein Triumph. Und wenn es Ihnen gelingt, in der Woche darauf zweimal weniger zu sündigen, dann fühlen Sie, wie die Kraft wächst, wir sind uns selbst doch ein Naturgeheimnis. Dann wird man stark, der Wille wird stark. Und dazu muß man etwas sagen, es gibt nichts, das den Willen so schwächt wie die Sünde der Unreinheit. Nichts so sehr wie diese Sünde. Und warum? Weil es leicht ist, weil es sofortige Befriedigung verschafft, man muß das einmal klar sagen. Dante, was sagt Dante, wenn er uns in den Kreis führt, in dem die – wie man sie nennt – Verdammten der Unzucht sitzen ... all diese Leute benehmen sich in einer Weise, daß er sie mit wilden Tieren, mit Bestien vergleicht, er sagt, daß sie nach dem Fressen mehr Hunger haben als davor. Ja, das ist die sexuelle Sünde. Und wie kann es da sein, daß einer sagt, »Ich schaff's nicht«. Einen Augenblick, bitte, allein sicher nicht, aber mit Gottes Hilfe und mit Unterstützung eines guten Menschen, der uns beisteht, uns Mut zuspricht, denn niemand hat das Recht, seinen Bruder zu verdammen. Oft trifft man auf Leute, die sich allzu sicher geben, wie Oberheilige, sie erschrecken den armen Wicht, der sich in diesen mißlichen Umständen befindet. Aber dazu haben wir nicht das Recht, nicht im mindesten. Man soll dem Bruder die Hand reichen, man muß ihm helfen und sagen: »Nur Mut, du schaffst es.« Auch Sie werden es schaffen, ich bin sicher, vielleicht bekennen Sie zum erstenmal in einer Beichte, daß Sie vor diesem Problem stehen, aber Sie werden sehen, welche Freude, welchen Frieden, welche Heiterkeit Sie gewinnen werden. Man muß nur beginnen. Ja, versuchen Sie's, versuchen Sie's. Man muß üben, sich diese kleine Sache versagen, einmal, zwei- und dreimal, und vorwärts, nur immerzu, immerzu, ich weiß nicht, irgend etwas anderes in den Mund stopfen, verzichten. Ja, Sie müssen den Interessenschwerpunkt verlagern, sich einer guten Tat widmen, einem guten Beispiel folgen, das Ihnen moralische Genugtuung verschafft, diese innere Freude, sagen zu können: »Sieh da, auch ich schaffe es«, aber sicher schaffen Sie es. In uns allen steckt ein guter Kern, wir müssen dieses Gute überhandnehmen lassen. Stimmt's? Ich erlege es Ihnen auf als eine Pflicht, dann wenden Sie sich an die Muttergottes, wenden Sie Ihre Worte an den Herrn, sagen Sie: »Auch ich habe es notwendig, daß du mich ansiehst, ohne dich kann ich nicht weiter, ich schaff' es nicht ...« [An dieser Stelle war die Tonbandkassette abgelaufen, doch auch die Beichte näherte sich ihrem Ende, mit abschließender Absolution].

Modena

B.: Ist es lange her, daß du nicht mehr gebeichtet hast?
P.: Wenige Tage, Padre.
B.: Hast du versucht, gut zu leben?
P.: Ich hab's versucht, aber ...
B.: Und warst du in der Messe? Jeden Sonntag?
P.: Jeden Sonntag, ja.
B.: Und die Gebete?
P.: Die sage ich immer.
B.: Das ist die gute Seite, die man sich bewahren muß, um in der Gnade Gottes zu bleiben. Und was gibt es Schlechtes? In der Familie, wie geht es da?
P.: In der Familie ist alles in Ordnung, Padre, es ist nur, daß ich sehr viel von zu Hause weg bin, und da ...
B.: Das sind die Pflichten, an die wir gebunden sind ... Und das ist häßlich, nicht wahr? Häßlich, häßlich.
P.: Manchmal gerät man auch in Versuchung.
B.: Oh, hat es solche Versuchungen gegeben?
P.: Leider, ja. Sie wissen schon, in den Hotels ...
B.: Ist es geschehen?
P.: Ja.
B.: Also, halte dich fern, hörst du, bleib fern, bleib fern. Die Hotels sind oft die reinsten Bordelle.
P.: Ja, und in gewissen Hotels trifft man auf Frauen, die ...
B.: Nun, das versteht sich, in manchen besonders. Aber in allen haust leider die Versuchung, überall gibt's Versuchung, und auch die Gelegenheit, leider. Man muß dieser Gelegenheit aus dem

Weg gehen, um stark zu bleiben und der Familie treu zu bleiben. Und also hat es auch hier einen Betrug an der Ehefrau gegeben.

P.: Ja, leider.

B.: Wenn deine Frau fragt »Bist du treu?«, so antworte immer »ja«, hast du verstanden?

P.: Ja, wie sollte ich anders.

B.: Sag immer: »Sei unbesorgt, sei nur ruhig« und so weiter. Dem Beichtvater gegenüber nicht, du mußt ja die Absolution bekommen von Gott. Die Beichte ist absolut geheim. Und dann, was gibt's noch?

P.: Dann noch ... kleine Lügen, nicht bösartig, ich bin politisch aktiv, und in der Politik wird sehr viel gelogen.

B.: Uh, der Heilige Alfons von Liguori, als er merkte, daß da gelogen wird, hat er alles stehen und liegen gelassen und hat den Redemptoristen-Orden gegründet. Auf seinem Grabstein steht geschrieben: »Rechtsanwalt, aber kein Räuber«. Nun, das sind besondere Situationen, aus denen man leicht herauskommt, indem man sie für sich interpretiert, ohne das Gewissen zu beleidigen. Das Gesetz gibt uns diese Möglichkeit. Bitte Gott um Verzeihung und Vergebung für all das, was schlecht war, wann immer. Und zur Buße betest du vor dem Verlassen der Kirche drei Ave-Maria zur gebenedeiten Muttergottes, und morgen, am Tag der Arbeit, ein Besuch in der Messe, ja? Ich spreche dich los ...

Salerno

P.: Padre, ich bin verheiratet, aber ich habe eine Beziehung zu einem anderen Mann ...

B.: Beten Sie alle Tage?

P.: Ja.

B.: Und waren Sie immer in der Sonntagsmesse?

P.: In letzter Zeit etwas weniger. Ich fühlte mich schuldig.

B.: Wie lange haben Sie nicht gebeichtet?

P.: Seit ein paar Monaten. Zwei oder drei.

B.: Haben Sie manchmal aus eigener Schuld die Messe ausgelassen?

P.: Ja, wegen familiärer Verpflichtungen.

B.: Haben Sie die Muttergottes, Gottvater oder Jesus Christus verflucht?

P.: Nein.

B.: Und leben Sie mit Ihrem Mann oder mit dem anderen?

P.: Mit meinem Mann.

B.: Weiß der Mann etwas von dieser Geschichte?

P.: Nein, aber er ahnt es.

B.: Und was haben Sie nun vor?

P.: Ich weiß nicht, mein Mann war immer gewalttätig zu mir, auch physisch ...

B.: Wie alt ist Ihr Mann?

P.: Fünfunddreißig, zehn Jahre älter als ich.

B.: Dann ist er noch sehr jung. Haben Sie nicht versucht, mit ihm zu sprechen ...

P.: Nein. Er hört nicht darauf. Und bei dem anderen fühle ich mich viel wohler, verstehen Sie?

B.: Und doch müssen Sie mit diesem Mann definitiv brechen. In Ihrer Situation kann keine Absolution erteilt werden ... Alles, was ich dazu sagen kann, ist: Wenn Sie die Absolution haben wollen, müssen Sie die ernste Absicht äußern, mit diesem Mann zu brechen.

P.: Nein, Padre, das kann ich nicht. Nein. Ich kann das nicht versprechen, wenn ich von vornherein weiß, daß ich es nicht einhalten kann. Ich müßte lügen.

B.: [...] Ich rate Ihnen, täglich morgens und abends drei Ave-Maria zu beten. Die Muttergottes löst unsere Familienprobleme nach dem Willen Gottes, auf daß sie für Sie eine Lösung finde und Sie gewissenhaft handeln können. Ich gebe Ihnen meinen Segen, ich kann Ihnen keine Absolution erteilen.

Trapani

B.: Ist es schon lange her, daß Sie das letztemal gebeichtet haben?

P.: Seit einer ganzen Weile nicht mehr, Padre, ja, schon eine ganze Weile. Es kam mir plötzlich der Wunsch danach ... Ich gehe seit fast einem Jahr zu einem Psychoanalytiker, weil ich an Depressionen leide, ich habe auch Probleme mit der Sexualität, und es tut mir sehr gut, zu diesem Arzt zu gehen. Jetzt geht es mir schon besser, ich bin heiterer, und auch im Sexuellen geht es etwas besser, aber der Doktor hat mir erklärt, daß diese Probleme von der Katholischen Erziehung her kommen, von der katholischen Sex-Phobie, und ich wurde als Kind sehr streng religiös erzogen.

B.: Hmm ...

P.: Ich war im Oratorium, ich war auch Ministrant, und dann in der »Katholischen Aktion«, und so weiter, und wenn ich darüber nachdenke, dann muß ich ihm recht geben. Ich habe mich nicht vom Glauben entfernt, ich bitte Sie, aber ich habe mich von der Kirche gelöst.

B.: Hm ... Also waren Sie ... sind Sie auch nicht mehr in die Messe gegangen?

P.: Nein, seit langer Zeit nicht mehr. Das letztemal zu Weihnachten, und ...

B.: Ich verstehe. Mir scheint nicht, daß das von der katholischen Erziehung her kommt, daß Sie falsch erzogen wurden. Gab's irgendwelche Skandale? Nein?

P.: Nein, im Gegenteil. Ich kann mich erinnern, daß sie, als wir Kinder waren, immer sagten: »Du darfst dich nicht berühren, du darfst nicht das und nicht ...«, und immer diese Angst, dieser Terror mit dem Sex, der ist mir offensichtlich geblieben, so sehr, daß ...

B.: Sind Sie verheiratet?

P.: Nein.

B.: Aber ... ahh! Und ein Psychologe war das, der Ihnen das sagte?

P.: Psychoanalytiker.

B.: Naja. Sie haben also ein Trauma davon zurückbehalten, ah! Jedenfalls, die Reinheit ist eine Tugend, die wir uns bewahren müssen, okay? Aber trotz dieser Tugend gibt es die natürlichen Instinkte, und deshalb ... viele junge Leute, obwohl sie gut erzogen wurden, von einem gewissen Alter an gibt es diese Versuchungen, das ist nicht ... die Laster, die kommen trotz der religiösen Erziehung, je nach Typ und Charakter, okay? Jeder hat da eine andere Natur, und deshalb ... hm.

P.: Aber sehen Sie, jetzt habe ich mich von dieser Sache befreit, es geht mir besser, ich bin ...

B.: Ja, ich weiß, heiterer.

P.: Ja, heiterer, froher, auch wenn ich mich natürlich gegen das Reinheitsgebot versündige, was ich vorher auch machen wollte, aber nicht konnte.

B.: Ja ... jedenfalls ... hat es also solche Sünden gegeben?

P.: Ja.

B.: Allein oder mit Frauen?

P.: Allein und mit Frauen.

B.: Gut, und dann? Ist irgendwas Schlimmes geschehen mit den anderen?

P.: Nein ... Schlimmes nicht ...

B.: Wenden Sie sich an den Herrn, ja? Beichten Sie öfters, wenn Sie diese Sünden begehen. Es sind Sünden wie alle anderen, das heißt schwere Sünden, weil sie gegen die göttlichen Gebote verstoßen, okay? Aber die schwerste Sünde ist die ... wissen Sie, welche?

P.: Nein, welche?

B.: Das Fluchen! Das Fluchen ist eine direkte Beleidigung Gottes. Okay? Wie wenn jemand einem König eine runterhauen würde. Gott eine runterhauen und so weiter, während die anderen Sünden eine Ungehorsamkeit gegen Gottes Gesetz sind. Das ist, wie wenn eine Mutter zu ihrem Sohn sagt: »Geh, geh und hol mir diese Sache«, und das Kind sagt: »Nein, ich gehe nicht«. Es hat dem Befehl der Mutter nicht gehorcht. Viel schlimmer ist es, wenn der Sohn seiner Mutter eine Ohrfeige gibt. Das ist es, der Fluch ist eine Ohrfeige, die sich direkt an Gott wendet. Man darf auch nicht gegen die Gesetze Gottes verstoßen, aber hier ist es eine direkte Beleidigung des Herrn. Sie müssen sich deshalb nicht schämen, es zu bekennen, okay?

P.: Aber ich fluche nicht, Padre.

B.: Nun gut, wenn es passieren sollte, daß Sie Dinge sagen ... nun gut, dann beichten Sie, daß Sie gegen das sechste Gebot verstoßen haben.

P.: Ja. Sehen Sie, mir kommt es gar nicht so sehr wie Sünde vor. Es gelingt mir nicht mehr zu glauben, das sei Sünde. Warum muß das, was mir Freude bereitet, was normal ist, den Herrn beleidigen?

B.: Nein, ist schon gut ... es ist jedenfalls keine Sünde in der Ehe, denn der Herr hat Mann und Frau erschaffen, damit sich das menschliche Geschlecht fortpflanzt, sonst hätte der Herr jeden Tag einen Mann und eine Frau erschaffen müssen, und die Menschheit wäre nicht gewachsen, deshalb hat der Herr Mann und Frau erschaffen und hat ihnen die Fähigkeit gegeben, sich fortzupflanzen. Also, wie? Okay, gibt's sonst noch was? Ich bitte Sie aber. Wenn Sie in Gottes Gnade leben wollen, müssen Sie sonntags in die Messe gehen. Das ist eine Vorschrift der Kirche und steht im dritten Gebot, das besagt, man solle die Feste heiligen, und die Vorschrift der Kirche lautet, daß man jeden Sonntag und an allen Feiertagen in die Messe gehen muß. Okay? Gut! Also, bitten Sie den Herrn aus ganzem Herzen um Verzeihung ...

P.: Padre, noch eine Frage. Ich kann schon zur Messe gehen, ich tu das gerne, aber das Problem ist wirklich die Beichte, denn jedesmal, ich weiß, ich weiß, wird mir gesagt, ich dürfe nicht gegen das sechste Gebot verstoßen, und ... es gibt keinen Ausweg.

B.: Aber wenn Sie eine Sünde begehen und dann nicht zur Messe gehen, begehen Sie zwei Sünden, es ist besser, Sie merken sich, was Sie getan haben, und gehen bei nächster Gelegenheit zur Beichte, bevor Sie zur Kommunion gehen, aber der andere muß Ihnen die Absolution geben. Ein Ding ist *facere,* das andere ist *omittere,* ein Ding tun und das andere nicht lassen. Das eine tun und das andere nicht lassen. Okay? Wenn Sie sich also gegen das sechste Gebot versündigen, müssen Sie deshalb nicht die Messe auslassen und sagen: »Tja, ich stehe in der Sünde, was habe ich da in der Messe zu suchen?« Nein! Sonst werden es zwei Sünden. So haben Sie nur eine, und bei der nächsten Beichte beichten Sie es, und dann stehen Sie wieder in der Gnade des Herrn. Stimmt's?

P.: ... Nun gut.

B.: Also, bitten Sie den Herrn aus ganzem Herzen um Verzeihung für Ihre Sünden ... an die Sie sich im Augenblick nicht erinnern können. Ich spreche dich los von deinen Sünden ... Und zur Buße sprechen Sie drei Vaterunser zum Herrn und drei Ave-Maria zur Muttergottes.

Reggio Calabria

[Der Pönitent, ein Norditaliener, bekennt, daß er zu einem kalabresischen Mädchen voreheliche Beziehungen unterhält. Im Laufe eines langen Beichtgesprächs hat der Priester ihm erklärt, daß
dies Sünde ist, und hinzugefügt: »Darüber hinaus läßt die Tatsache, daß das Mädchen sich so wenig anständig benimmt, nichts
Gutes erwarten für die Zukunft: was sie jetzt mit Ihnen macht,
könnte sie sehr gut nach der Ehe mit anderen fortsetzen. Denken
Sie darüber nach.« Nach beendeter Beichte kehrt der Pönitent
nach wenigen Minuten verstört zurück und bittet um deutlichere
Erklärung. Hier dieses zweite Gespräch, das außerhalb des Beichtstuhls stattfand.]

P.: Entschuldigen Sie, Padre, Sie haben gesagt, ich solle nachdenken, ich möchte Sie bitten, mir das deutlicher zu erklären, auch
weil Sie die Leute besser kennen und die Sitten …

B.: Diese Sache mit dem vorehelichen Geschlechtsverkehr, leider
… Da wir von dem beeinflußt sind, was vom Norden kommt, wird
das allmählich auch hierherkommen … aber es gibt bei uns noch
viele junge Leute, die sich gegenseitig respektieren. Aber es gibt
auch solche, die leider schwach sind, hinfällig …

P.: Dieses Mädchen war nicht jungfräulich, als ich sie kennen-
lernte.

B.: Das ist schon eine Sache, das ist schon … wenn diese Person
sich schon vorher einmal so betragen hat … was wird dann in
Zukunft werden? Wir können die Zukunft nicht sehen, wir können das nicht, kann sein, daß einer sich bessert, aber die Voraussetzungen sind nicht gut, oder? … Nun, ist sie religiös?

P.: Nein, das ist sie nicht.

B.: Sie ist nicht religiös, was soll man machen. Aber, auch wenn sie
nicht religiös ist, ist sie getauft?

P.: Ja, natürlich.

B.: In der Regel sollte, wer getauft ist, nicht die Religion verleug-
nen, nicht? Wenn sie nicht getauft wäre … aber auch wenn sie
nicht getauft wäre, der Dekalog ist nicht nur für die Christen gemacht, er wurde für alle gemacht, denn Gott hat ihn in die Seelen
aller Menschen gelegt. Auch für die Heiden gilt das göttliche Gesetz … Auch ohne Gott dürfen sie nicht töten. Auch wer nicht an

Gott glaubt, darf nicht stehlen. Und auch wer nicht an Gott glaubt, darf keine unreinen Handlungen begehen.

P.: Aber für die bürgerliche Gesetzgebung sind voreheliche Beziehungen kein …

B.: Wir achten nicht auf die bürgerliche Gesetzgebung, dies hier ist das moralische Gesetz, das von Gott kommt. Es kommt nicht von den Menschen, oder? Und manchmal können die menschlichen Gesetze auch dem göttlichen Gesetz widersprechen. Dadurch, daß es im bürgerlichen Gesetz die Ehescheidung gibt, wird sie nicht legal; und die Abtreibung ist auch nicht statthaft, obwohl das bürgerliche Gesetz sie zuläßt. Das göttliche Gesetz widerspricht dem, nicht?

P.: Ja, ja, das weiß ich alles, gewiß. Aber Sie meinen, ein Kalabrese würde ein solches Mädchen nicht haben wollen?

B.: Naja, es gibt auch solche, die nicht … die mit Hilfe des Gefühls jede Ware akzeptieren. Wenn Leidenschaft mit im Spiel ist, akzeptieren sie sie, aber wenn einer edle Gefühle hegt, die großen Werte sucht, dann überlegt er es sich zweimal.

P.: Ich habe eben über das nachgedacht, was Sie mir sagten … und es kamen mir gewisse …

B.: Sie können die Gnade des Herrn verlieren durch diese Liebe, denn eines Tages wollen Sie ja in der Kirche heiraten, nicht?

P.: Ja.

B.: Ah, ah, ah! Wie wollen wir's denn halten? Der Glaube kann nicht erst im letzten Augenblick auftauchen. Wenn Sie gläubig sind, sind Sie gläubig. Auch ein Gläubiger kann eine Sünde begehen, verstehen wir uns recht, denn die Taufe, die uns mit dem göttlichen Leben vereint, nimmt uns nicht die Schwachheit und die Neigung zum Bösen, sie gibt uns aber die Kraft, diese Neigung zu bekämpfen, und man sieht ein, daß man nicht nach dem Gesetz des Fleisches leben kann. Ein Christ kann auch sündigen. Deshalb hat der Herr die Beichte eingesetzt, denn er wußte, wie leicht ein Christ sündigen und aus der Gnade fallen kann. Und also weiß der barmherzige Jesus, daß die menschliche Schwäche uns stolpern lassen kann, aber er ist bereit, uns wieder aufzuheben … Es gibt Verlobtenpaare, die wirklich blütenrein bleiben, und womöglich müssen sie hart darum kämpfen, denn es ist ja nicht so, daß einem das leicht fällt. Auch sie sind aus Fleisch und Blut, und auch sie fühlen die Leidenschaft. Die wahre Liebe drängt zur Vereinigung, aber zum richtigen Zeitpunkt!

P.: Hm. Und wenn einer das nicht schafft, was dann? Wenn dieses Mädchen sich so willig zeigt …

B.: Häää … [breitet die Arme aus]

P.: Na gut, Padre, ich werde weiter darüber nachdenken, was Sie gesagt haben. Vielen Dank. Auf Wiedersehen.

Reggio Calabria

B.: Wie lange hast du nicht mehr gebeichtet?

P.: Seit ungefähr zwei Wochen.

B.: Hast du immer gut gebeichtet?

P.: Ja, Padre, aber ich habe ein Problem. Ich bin mit einem Jungen aus Reggio verlobt, und …

B.: Schätzchen, du bist nicht von hier?

P.: Nein, aus Mailand. Wir haben uns auf der Universität kennengelernt. Das Problem ist … er ist schrecklich eifersüchtig, er läßt mir keine Minute Ruhe. Oft bin ich gezwungen …

B.: … Ja, so sind die kalabresischen Männer!

P.: Ja, das hab ich gemerkt. Aber ich muß ihn oft anlügen; er will nicht, daß ich mit meinen Freundinnen ausgehe, da ich in die Diskothek gehe …

B.: … Entweder mit mir oder überhaupt nicht!

P.: Genau. Wenn er nicht da ist, muß ich zu Hause bleiben.

B.: Tja, das ist unsere Mentalität. Nachdem du dich einmal mit diesem Jungen verlobt hast, darfst du mit niemandem mehr Umgang haben. Auch nicht mit den Freundinnen. Nur mit ihm. So halten wir es hier leider. Das ist in uns verwurzelt, wir haben das ererbt. Was sollen wir tun? Du darfst dich nicht darüber wundern. Ihr habt eine ganz andere Mentalität. Und diese Besitzermentalität, also, so wie mir das Auto gehört, so gehört mir auch die mir verlobte Frau. Sie darf nur mit mir zusammen sein und mit sonst niemandem. Wir sehen das so. Und wehe, wenn ich, der Verlobte, höre, daß meine Verlobte etwa mit einer Freundin in die Diskothek gegangen ist. Du mußt zeigen, daß du es aufrichtig meinst, daß du anständig sein willst, den Jungen nicht betrügen willst. Ist das klar?!

P.: Wissen Sie, Padre, ich war schon einmal verlobt. Der andere Verlobte wollte von mir die Liebesprobe, und ich habe sie ihm gewährt. Dann hat er mich verlassen.

B.: Ja, die Männer sind Schufte! Wie leicht fordern sie die Liebesprobe, um sich zu vergnügen, und dann machen sie sich aus dem Staub. Wenn er dann heiraten will, sucht er sich ein jungfräuliches Mädchen. Und dein Junge, weiß er, daß du nicht mehr Jungfrau bist?

P.: Nein. Er weiß es nicht!

B.: Er weiß es nicht? Wie lange bist du schon verlobt?

P.: Zweieinhalb Jahre.

B.: Und du hast keinen Verkehr mit ihm gehabt?

P.: Nun ... ein bißchen, aber ich weiß nicht, was erlaubt ist ... Im *Neuen Katechismus* steht »Küsse und Liebkosungen«. Aber wie ist das zu verstehen?

B.: Naja, normale Liebesbezeugungen. Eine Liebkosung, ein Kuß, nicht wahr? Aber weiter darf man nicht gehen; keinen intimen Kontakt, keine Berührungen der intimen Teile. Eine Liebkosung oder ein ehrlicher Kuß, das ja, bis dahin kann man gehen. Aber darüber hinaus, da kommen wir ab vom Weg.

P.: Also darf man sich nicht gegenseitig masturbieren?

B.: Nein, um Gottes willen! Hast du das getan?

P.: Ja, ein paarmal.

B.: Mit ihm?

P.: Ja, aber ich habe nie ...

B.: Und du hast das nie gebeichtet?

P.: Nein.

B.: Warum nicht?

P.: Weil ich mich ein wenig schäme, Padre.

B.: Und jetzt schämst du dich auch, weil du mit mir darüber sprichst? Du kannst ganz ruhig sein, meine Liebe. Denn wir sind daran gewöhnt, solche Dinge zu hören. Mach dir keine Sorgen. Ich kenne dich nicht, ich weiß nicht, wer du bist, vielleicht werden wir uns niemals wiedersehen, ich weiß es nicht. Siehst du, man muß ehrlich sein in der Beichte. Ich bin nicht hier, um dich zu verprügeln, wenn du mir diese Dinge erzählst, oder dir zu drohen, um Gottes willen, es gibt doch das Beichtgeheimnis. Also, diese Sache, wie oft hast du diese gegenseitige Masturbation praktiziert?

P.: Viele Male.

B.: Viele Male. Hm. Auch alleine?

P.: Ja, manchmal schon.

B.: Nun, siehst du, in deinem Fall, die Tatsache, daß du nicht mehr Jungfrau bist ... er glaubt, du seist noch Jungfrau?

P.: Ja.

B.: Da mußt du aufpassen, du mußt es ihm sagen. Denn der ist sonst imstande, dich in der Hochzeitsnacht, nachdem er die Liebe vollzogen hat, sitzenzulassen und zu verschwinden.

P.: Aber wie! Wir sind doch dann verheiratet.

B.: Nein; denn er glaubt, eine Jungfrau zu heiraten, und muß dann merken, daß das nicht stimmt. Da die Jungfräulichkeit ein wesentliches Gut für die Ehe ist, wird er sich betrogen fühlen und sagen: »Wie, ich habe ein jungfräuliches Mädchen geheiratet, und nun sehe ich, daß sie schon defloriert ist«, verstehst du? Deshalb mußt du mit ihm darüber sprechen, mußt es ihm sagen.

P.: Nein, nein Padre, dann würde er mich sofort verlassen. Und dann, entschuldigen Sie, wenn wir erst einmal verheiratet sind ... Was will er denn dann tun? Die Scheidung einreichen?

B.: Er fordert die Dispensation vom Papst! Ich weiß, was ich sage! Er wird entsetzt sein, der Mann, wenn er in der Hochzeitsnacht merkt, daß es sich ganz anders verhält, nachdem er gemeint hat, eine jungfräuliche Braut vorzufinden! Er wird sie noch in der Nacht fortschicken, oder er wird selbst gehen.

P.: Und die Ehe kann deshalb annulliert werden?

B.: Der Papst kann eine nicht vollzogene Ehe aufheben, denn wenn kein Verkehr stattgefunden hat nach der Eheschließung, kann er sie auflösen.

P.: Aber um zu merken, daß ich nicht Jungfrau bin, muß es ja einen Verkehr geben. Also ist die Ehe auch vollzogen.

B.: Einen Augenblick: Eine Ehe ist vollzogen, wenn nach der Trauung ein Verkehr stattfindet. Wenn du vor der Ehe hunderttausendmal mit ihm verkehrt hast und heute heiratest und dich nicht mit ihm vereinigst, dann ist die Ehe nicht vollzogen.

P.: Entschuldigen Sie, Padre, aber ich verstehe nicht: Wenn ich ...

B.: Das heißt: Du bist keine Jungfrau mehr, und heute heiratest du ihn. Heute abend will er sich mit dir vereinigen und die Ehe vollziehen. Dann merkt er, daß du nicht mehr Jungfrau bist, und verläßt dich. Nun …

P.: Ja, okay, aber wie kann er das merken, wenn er sich nicht mit mir vereinigt?!

B.: Er merkt, ob du Jungfrau bist oder nicht! Bei der ersten Beziehung schon!

P.: Eben, bei der ersten …

B.: Wenn sein Glied leicht eindringt, wenn er also merkt, daß du keine Jungfrau bist, wenn sein Glied keinen Widerstand fühlt, und kein Blut da ist … dann heißt das, daß du keine Jungfrau bist, und dann weiß er es. ES FEHLT DAS SIEGEL!!! Also fehlt die Jungfräulichkeit …

P.: Ja. Aber um das zu wissen, muß er einen Verkehr mit mir haben!

B.: Natürlich!

P.: Und also ist die Ehe auch vollzogen.

B.: Nein! Einen Augenblick! Du … die Ehe ist vollzogen mit der ersten Vereinigung nach der Trauung.

P.: Ahhh, ich hab verstanden …!

B.: Du kannst mit ihm hunderttausendmal Verkehr gehabt haben. Heute heiratest du. Wenn du dich nach der Trauung nicht mehr mit ihm vereinigst, so ist die Ehe nicht vollzogen.

P.: Nein, dann hab ich doch nichts verstanden. Also, ich heirate, und heute abend vereinige ich mich: Im Augenblick, in dem ich das tue, ist dann die Ehe nicht vollzogen?

B.: Im Augenblick, in dem du … Man muß sehen, ob er eindringt … wenn er merkt, daß du keine Jungfrau bist, zieht er sich zurück. Also hat er die Ehe nicht vollzogen. Denn er stößt auf die fehlende Jungfräulichkeit, ist enttäuscht, zieht sich zurück und …

P.: Also: Er beginnt, merkt, was los ist, zieht sich zurück, und also ist die Ehe nicht vollzogen.

B.: Hör mal: Ich muß jetzt die Messe lesen. Kannst du warten, bis ich damit fertig bin?

P.: Ja, sicher. Ich komme später wieder.

[Eine halbe Stunde später]

B.: Setzen wir unsere Beichte fort. Also, ist das jetzt klar?

P.: Ja, Padre, aber ich bin verwirrt. Sehen Sie, was die Jungfräulichkeit betrifft … auch mein Verlobter war da nicht ehrlich. Er behauptet, unberührt zu sein. Aber das stimmt nicht.

B.: Und wie kannst du das wissen?

P.: Das sieht man.

B.: Wie?

P.: Nun, praktisch ... wie soll ich sagen ...? Ich kenne den richtigen Ausdruck nicht, aber ... nun, die Vorhaut ist frei, das Bändchen ist nicht da ...

B.: Ich verstehe.

P.: Also hat auch er gelogen. Ich habe ihn nicht darauf angesprochen, weil ich weiß, daß ich ebenso schuldig bin.

B.: Ich verstehe. Nun, meine Liebe, aus Erfahrung und um der Sicherheit deiner Zukunft willen rate ich dir, mit ihm offen darüber zu sprechen, um zu vermeiden, daß in der Hochzeitsnacht ein Unglück geschieht. Hast du verstanden? Ich habe viele solche Geschichten erlebt: Frauen, von denen sich im Augenblick der Vollziehung herausstellte, daß sie nicht jungfräulich sind. Der Verlobte meinte, er ... und dann nichts dergleichen. Noch in derselben Nacht haben sie Bett und Haus verlassen. Verstanden?

P.: Natürlich, aber er ist in der gleichen Lage. Er ist auch schuldig, nicht?

B.: Nein, einen Augenblick. Er denkt: Du kaufst dir einen Anzug und zahlst einen gesalzenen Preis dafür. Dann trägst du ihn nach Hause und merkst, daß ihm ein Ärmel fehlt. Ich hab aber bezahlt in der Meinung, er sei in perfektem Zustand, also ...

P.: Das hab ich verstanden. Aber wir sind beide nicht in »perfektem Zustand«.

B.: Ja, aber er hat mit dir bisher keinen physischen Kontakt gehabt.

P.: Aber er hat mir gesagt, er sei unberührt! Er sagte, er will die Ehe abwarten, damit es für uns beide das erstemal sei.

B.: Ja, aber er denkt, du seist Jungfrau.

P.: Ja, aber ich denke das gleiche von ihm! Aber er ist es nicht!

B.: Ja, er seinerseits macht auch einen Fehler. Aber du erklärst, Jungfrau zu sein, und morgen, im Augenblick der Ehe, merkt er, daß das nicht stimmt. »Du hast mich betrogen! Du hast mir ein Hemd verkauft, einen Anzug, und jetzt merk ich, daß da ein Ärmel fehlt!« Und mit Recht wird er fragen: »Was hast du mir da verkauft?«

P.: Aber wir sind doch in der gleichen Lage! Ich hätte auch das Recht, die Annullierung zu verlangen!

B.: Er betrügt dich, du betrügst ihn! Ich weiß aber nicht, wer da mehr betrügt ... Du in deinem Fall betrügst ihn, weil du ihn im Glauben läßt, du seist in jeder Hinsicht in Ordnung. Und dann, morgen, seine Enttäuschung, wenn er ein Mädchen vorfindet, das absolut nicht jungfräulich ist ... Ich bin selbst Kalabrese, und als solcher kenne ich die Mentalität. Ich weiß, wie die Annullierungen zustande kommen, die wir erklären. Er kann dich morgen ebensogut verlassen. So eifersüchtig wie er ist, wenn er merkt, daß du mit einem anderen zusammen warst und ihm deine Jungfräulichkeit geschenkt hast, kann er dich auch halb totprügeln!

P.: Aber warum diese Mentalität?

B.: Leider sind wir Kinder dieses Landes! Wir denken eben so! Denk nur, hier in Kalabrien, wenn da ein Vater sieht, daß seine Tochter mit einem Jungen über die Straße geht, dann endet das damit, daß sie diesen Jungen heiraten muß.

P.: Ist das heute immer noch so?

B.: Vor allem in den ländlichen Gegenden. Es läßt allmählich etwas nach, aber es gehört noch dazu. Denn die Tochter ist gezwungen, ihn zu heiraten. Wenn die Tochter aber damit nicht einverstanden ist, ist die Ehe nichtig.

P.: Na, Gott sei Dank. Wenn sie gezwungenermaßen heiratet ... Soll das ein Scherz sein?

B.: Siehst du, wie weit die Eifersucht des Mannes gehen kann? Der Vater sieht, daß die Tochter einem nachguckt, der jeden Tag vorbeigeht ... Er muß sie heiraten. Und er verbietet der Tochter, in der Haustür zu stehen. Sie muß drinnen bleiben! Was weißt du schon von der kalabresischen Mentalität?! Das läßt jetzt etwas nach, aber früher ... Wie alt ist er denn?

P.: Achtundzwanzig.

B.: Dann ist die Mentalität schon fest verwurzelt. Wie soll er sich da noch ändern?

P.: Also, ich respektiere die Mentalität der anderen, aber es wäre mir lieber, wenn meine auch respektiert würde.

B.: Jaja, aber das ist ein anderes Thema. Kommen wir nun auf deine Sünden zurück. Du hast vor zwei Wochen zuletzt gebeichtet. Und davor, wann hast du da gebeichtet?

P.: Zu Ostern.

B.: Und seit wann machst du diese Masturbation mit ihm? Hast du das je gebeichtet?

P.: Nein, Padre. Es ist ein peinliches Thema. Und dann, häufig, wenn ich sagte, ich hätte Unreines getan, wollten die Beichtväter, daß ich die Einzelheiten schildere. Da hab ich darauf verzichtet.

B.: Es reicht, wenn du sagst, du hättest Unreinheiten getan. Wann hast du damit begonnen?

P.: Mit mir selbst schon, als ich noch klein war.

B.: Ja.

P.: Mit ihm ... nun, nach einer angemessenen Zeit. Nach einem Jahr ungefähr.

B.: Ich verstehe. Also: Alle Beichten, die du seitdem gemacht hast, sie sind allesamt ein Sa-kri-leg! Das war es, weshalb ich dich am Anfang fragte, ob du immer gut gebeichtet hast. Wenn einer in einer Beichte eine schwere Sünde unterschlägt, dann ist das ein Sakrileg. Das heißt, du kommst mit zehn Sünden und gehst mit elf wieder weg. Und wenn du dann die Kommunion machst, sind es zwölf. Die Sünden bleiben immer bestehen. Und heute hast du den Mut gehabt, alles zu beichten, nicht? Du hast es allein wie auch mit ihm getan, nicht wahr? Mit dem Vorsatz, es nicht mehr zu tun. Klar? Du mußt diese Sünden immer beichten, wenn du sie allein begehst oder wenn du sie, schlimmer noch, mit ihm tust. An ihm.

P.: Ich werd's versuchen. Aber er ...

B.: Was?

P.: Er hat es von mir gewollt, ich dachte, es sei nichts Schlimmes dabei, weil wir ja nicht bis zur Vereinigung gegangen sind.

B.: Das ist das gleiche. Keiner darf etwas Schlechtes verlangen. Solange er etwas Gutes von dir will, ist gut ...

P.: Aber er meint, es ist richtig, daß man sich auch körperlich gut kennenlernt vor der Ehe.

B.: Auch dein erster Verlobter wollte das.

P.: Ja, aber dieser ist anders.

B.: Er wollte sich auf deine Kosten vergnügen.

P.: Aber mein jetziger Verlobter hat nie von mir verlangt, bis ans Ende zu gehen.

B.: [flüsternd] Ja, aber Sünde bleibt es immer. Auch wenn der Junge unberührt war [unverständlich] vor Gott ist er nicht unberührt, da er nicht [unverständlich]. Diese bosnischen Frauen zum Beispiel, die vergewaltigt wurden, vor Gott sind sie Jungfrauen.

P.: Entschuldigen Sie, Padre, können Sie etwas lauter sprechen?

B.: [wendet sich an eine neugierige Kirchenbesucherin:] »Signora! Wenn Sie sich freundlicherweise woanders hinsetzen könnten, sonst muß ich allzu leise sprechen, um Sie nicht mithören zu lassen! Sie bringen mich in eine schwierige Lage. Ich bitte Sie, ja? Danke!« Diese geschändeten bosnischen Frauen, oder wie man besser sagt, vergewaltigt, sie sind Opfer einer physischen Gewalttat. Aber vor Gott sind sie Jungfrauen. Selbst wenn sie das physisch nicht sind, weil sie Opfer der Gewalt wurden, sie waren nicht »einverstanden« damit, wie du es bist.

P.: Naja, ich weiß nicht, wenn ich an ihrer Stelle wäre ...

B.: Das ist etwas anderes. Nun, also, auch wenn physische Jungfräulichkeit besteht, ist eine Frau, die mit ihrem Mann masturbiert, vor Gott keine Jungfrau mehr. Was also zählt, ist die moralische, die geistige Jungfräulichkeit vor Gott. Ist das klar? ... Gibt's noch etwas?

P.: Ich bin ein wenig abergläubisch, Padre.

B.: Ich bin der Herr dein Gott ...

P.: Manchmal spiel ich im Lotto, indem ich meine Träume auslege.

B.: Und gewinnst du nichts?

P.: Doch, zweimal hab ich gewonnen.

B.: Da hast du Glück gehabt! Aber du gibst deiner Phantasie nach dabei. Das ist keine Sünde, aber man muß aufpassen. Wenn einer Geld verschwendet in der Hoffnung zu gewinnen, bleibt er am Ende ohne. Die Sache ist nicht der Mühe wert. In allen Dingen gibt es das richtige Maß. Schau, daß du dein Geld anders ausgibst. Und, was hast du mir noch zu sagen? Gehst du in die Messe?

P.: Ja.

B.: Und, was noch?

P.: Ich weiß nicht ...

B.: Hast du unschickliche Dinge im Fernsehen angeschaut?

P.: Ja. Manchmal.

B.: Du mußt aufpassen! Das Anschauen solcher Dinge ist Sünde, und außerdem führt es dich in Versuchung zu sündigen. Und, was hast du mir noch zu sagen? Zu deiner Sicherheit und Ruhe.

P.: Ich ... ich denke nach, aber ...

B.: Nun gut, dann hören wir hier auf. Ich werde dir die Absolution erteilen. Wenn du willst, ich lese jeden Abend um sieben die Messe, aber ich bin immer etwas vorher da. Bitte aufrichtig um Vergebung für deine Sünden. Drei Vater, drei Ave. Ego te absolvo ...

Perugia

B.: Wie lange haben Sie nicht mehr gebeichtet?

P.: Seit langem.

B.: Wie lange? Zwei, drei Jahre?

P.: Zwei Jahre.

B.: Und warum nicht?

P.: Sehen Sie, ich bin verlobt, und ...

B.: Ist der Verlobte der Grund für diese Untreue dem Herrn gegenüber?

P.: Ja, Padre, indirekt ist er der Grund dafür.

B.: Und weshalb?

P.: Sehen Sie, ich habe mit ihm eine sexuelle Beziehung, und ...

B.: Nein! Um Gottes willen, mein liebes Fräulein! Und wenn ihr dann verheiratet seid, werdet ihr keine mehr haben, nichts mehr. Sie sprechen mit einem Priester, der schon seit fünfzig Jahren Priester ist, mit einer riesengroßen Pfarrei. Und ich, nach all diesen meinen Lebensjahren ... Hören Sie, wir haben an unseren kirchlichen Tribunalen eine Erhebung vorgenommen, und herausgekommen ist, daß 27 % von den in der Kirche getrauten Ehen, die nur standesamtlichen zählen wir nicht, aber die kirchlichen Ehen, nach zwei, drei Jahren schon erfolgt die Trennung und die Scheidung. Und warum? Weil man schon zu Beginn die Nase voll hat und müde ist. Um des Himmels willen! Ich sage das vor allen Dingen den Mädchen, seht zu, daß ihr darin ernsthaft seid, denn wer versichert euch denn, daß eure Männer es nicht auch mit anderen Frauen treiben?

[Gelächter]

P.: Und es gibt noch ein anderes Problem, Padre. Mein Verlobter will mit mir nur Analverkehr haben.

B.: Na klar, klar. Die Sinne wollen diesen Reiz. Aber das sind rein sexuelle oder sinnliche Dinge, sagen Sie mir nicht, daß das eine Frucht der Liebe ist, he? Sagen Sie mir nicht, daß das Liebe ist. Ich bitte Sie! Eine Leidenschaft des ersten Augenblicks. Und danach? Und danach? Und danach … das Danach ist das große Fragezeichen. Ich möchte Ihnen keine Angst einjagen, aber ich wäre da sehr vorsichtig. Ich würde diesen Jungen bitten, ein wenig enthaltsam zu sein.

P.: Aber er ist nicht katholisch, Padre.

B.: Was soll das heißen, er ist nicht katholisch? Um so besser! Sie müßten um so stärker sein.

P.: Er gehört einer anderen Religion an.

B.: Um so schlimmer! Um so schlimmer, mein ich. Um so schlimmer. Die Sache wird immer schlimmer, denn dann ist ja auch kein christliches Gefühl in dem armen Jungen. Jawohl.

P.: Er ist Moslem.

B.: Na. Die Moslems, die, die Harems haben! Der kann tun, was er will!

P.: Nein, nein, Padre, er ist mir treu!

B.: Das sagen Sie. Das sagen Sie. Aber er wird ja nicht die ganze Zeit an Ihnen kleben, oder? Wo ist er denn jetzt im Augenblick?

P.: Zu Hause. Wir leben zusammen.

B.: Ah! Ihr lebt schon zusammen. Du meine Güte … [Pause] Aber wollen Sie denn die Absolution erlangen mit dieser Beichte? Und dann gehen Sie nach Hause und fangen von vorne an …

P.: Wir werden in wenigen Monaten heiraten.

B.: Das hat nichts zu bedeuten. Diese Dinge tut man erst, nachdem man verheiratet ist. Und außerdem, wo wollt ihr heiraten?

P.: Hier in Italien.

B.: Ja, aber standesamtlich?

P.: Ich weiß es nicht. Er möchte, daß ich zu seinem Glauben übertrete. Das ist ein großes Problem zwischen uns.

B.: Das ist nicht ein Problem. Das ist, in den Augen der Kirche, eine Voraussetzung, unter der man die kirchliche Trauung nicht einmal erwähnen darf, verstanden?

P.: Auch nicht mit einer besonderen Erlaubnis? Das heißt, wenn wir beide unsere Religion bewahren?

B.: Ahhh! Das ist ein Problem, das demjenigen vorgelegt werden muß, der es lösen muß, wenn Sie und er vor demjenigen stehen, der die Trauung vollziehen muß, nicht? [*sic!*]

P.: Natürlich.

B.: Ich weiß es nicht, jedenfalls.[7]

P.: Padre, ich weiß nur sehr wenig über die islamische Religion. Da Sie soviel Erfahrung besitzen – was können Sie mir darüber sagen?

B.: Es gibt keine Moral, keine Moral!

P.: Inwiefern?

B.: Ah, bei denen kann man sieben, acht, zehn Frauen haben. Ohne weiteres.

P.: Aber auch hier in Italien?

B.: Aber sicher, sie sind ja Moslems. Die sind ihrer Religion treuer als wir Katholiken. Das ist die Lehre, die sie uns geben. Sie sind sehr gläubig, sie beten sehr viel, zum Beispiel.

P.: Das stimmt. Er betet auch viel.

B.: Eben. Was die Christen nicht tun.

P.: Nun, ich würde sagen, das ist bewundernswert, nicht?

B.: Es ist bewundernswert, aber es kommt ganz darauf an, was man betet, was man verlangt, was man verwirklicht. Das Gebet ist nicht ein Worte-Herunterleiern. Es ist lebendig! Denken Sie ein wenig darüber nach, mein Fräulein. Denken Sie ein wenig darüber nach, ja ... Und werdet ihr dann in Italien bleiben oder wegziehen?

P.: Er möchte, daß ich in diesem Sommer seine Familie kennenlerne, dort ...

B.: Das wollen die! Zwangsläufig!

P.: Warum das, Padre? Wie ist das zu verstehen?

B.: Ja, warum, ich sag's ja, da gibt's später richtiges Flüchten von diesen armen italienischen Frauen, die diese Menschen heiraten. Richtiges Flüchten! Abenteuerliche Fluchten gibt es da, denn das kann man nicht aushalten, dieses Leben von ...

P.: Aber nein, Padre. Ich meinte eine Reise, von einem Monat, um seine Eltern kennenzulernen, seine Familie.

B.: Signorina, Sie haben nun mal diesen Wunsch, und also haben Sie ihn nur weiter. Ich will Ihnen nur einiges dazu sagen, aus Erfahrung ...

P.: Aber eines der Kirchengebote lautet, daß wir unseren Nächsten lieben sollen wie uns selbst. Ich liebe diesen Mann sehr ...

B.: ... Dann tun Sie, was er Ihnen sagt. Was soll ich dazu sagen?

Wenn Sie ihn so sehr lieben, dann tun Sie, was Sie für richtig halten, nicht?

P.: Aber Padre, Sie haben mich in Sorge gestürzt!

B.: Na klar! In Sorge! [Gelächter] In Sorge! Ich sag nur, wie die Dinge liegen. Die islamische Moral kennt keine Grenzen, man spricht von Harem, man spricht vom Serail [Gelächter], und also von Liebhaberinnen. Aber ich habe auch das gehört: daß drei oder vier Frauen im selben Bett liegen, im selben Bett! Und der Mann benutzt, und das ist für mich ein Schimpfwort, der Mann benutzt die, die ihm am meisten gefällt, und die anderen Frauen sehen zu und hören zu und, und, ehh …

P.: Padre, aber mit mir hat er nie so etwas …

B.: Ahhh, mit Ihnen jetzt nicht, nein, nein. Aber denken Sie lieber nicht an das Jetzt, denken Sie an das Danach … Ich werde für Sie beten, damit der Herr Sie zum Besten führt, aber wenn Sie mit diesem Mann bereits zusammenwohnen, wie wollen Sie sich dann befreien? WENN, WENN Sie ihn so sehr lieben, dann wäre ich sehr vorsichtig, sehr vorsichtig … Ich wünsche Ihnen das Beste, das wünsche ich Ihnen. Ich werde für Sie beten. Einverstanden?

P.: Ja, einverstanden, ich danke Ihnen.

B.: Ciao, meine Liebe. Ciao, einen schönen Tag noch.

Brindisi

[…]

P.: Padre, der *Neue Katechismus* spricht in bezug auf die Liebesbeziehung eines Paares von »Küssen und Liebkosungen«. Wie muß man das verstehen?

B.: Was alles nicht erlaubt ist? Die Zuneigungsbezeugungen, soweit sie in diesem Rahmen bleiben, und nicht dem Vergnügen um des Vergnügens willen gelten, nun, das versteht sich …

P.: Dann kommt es also darauf an, mit welcher Einstellung es gemacht wird?

B.: Das merkst du doch, nicht? Wenn dein Mann von dir nur das Materielle will und nicht die Begegnung mit der Person.

P.: Ich habe mit meinem Mann Oralverkehr. Ist das Sünde?

B.: Ich verstehe, daß dieses Verhalten den intimen Akt eröffnen und begünstigen kann, aber versuchen wir doch, etwas … Erhalte dir deine Würde als Frau. Und seine Würde als Mann. Richtet euch nach einer geradlinigeren, einer einfacheren Form. Wir können vielerlei Verhalten einbringen, in diese heiligen Augenblicke. Tobias und Rebecca knieten nieder und beteten, jedesmal, bevor sie sich vereinigten.[8]

P.: Ja? … Das wußte ich nicht.

B.: Und in meinen Ehevorbereitungskursen lade ich die Paare ein, jedesmal zu beten, bevor sie sich vereinigen. Gibt's noch etwas?

P.: Nein.

B.: Ich spreche dich los von deinen Sünden …

Perugia

[…]

B.: Beim ehelichen Vollzug muß vor allem an die Fortpflanzung gedacht werden, das ist das erste. Dann, während des Akts können verschiedene Dinge gemacht werden, aber auch hier nichts Widernatürliches und nichts, das gegen die menschliche Würde verstößt, der Frau vor allem, denn oft wird sie bestimmten Dingen unterworfen, die man besser nicht tut, nicht wahr?

P.: Aber meiner Frau gefällt das.

B.: Ach, es gefällt ihr?

P.: Manchmal ist sie es, die …

B.: Ach, sie ist es? Das ist ja gut. Ja, aber auch wenn Ihre Frau so ist, das bedeutet nichts, denn die Beleidigung gegen Gott, die bleibt, nicht? Gottes Gesetze bleiben immer gleich, auch wenn euch beiden das gefällt.

P.: Aber zwischen Eheleuten …

B.: Eheleute dürfen ja auch, sie dürfen, aber nichts Widernatürliches, oder? Den sexuellen Akt, den ehelichen Akt, wie vollzieht man den? Muß *ich* Ihnen das sagen? Meinetwegen könnt ihr ihn auch anders vollziehen, auf unangemessene Weise, aber das ist gegen das göttliche Gesetz. Den Akt, die Sexualität hat Gott uns gegeben.

P.: Eben …

B.: Auch mir hat er sie gegeben, ich fühle auch die Sexualität, aber ich habe gesagt ... und ich hab's auch eingehalten, oder? Aus eigenem Willen verzichte ich, aber auch ihr müßt sie richtig anwenden, die Sexualität. Sind wir denn Tiere, oder was? Die's mit dem Instinkt tun und sonst nichts? Wir sind doch Menschen, oder? Wir haben einen Willen, wir haben unseren Verstand, und deshalb können wir nicht gegen das göttliche Gesetz vorgehen. Das da verstößt gegen das Gesetz Gottes. Wie heißt das ... wieviel Dinge hat Jesus nicht schrecklich bestraft, als er noch lebte! Diese Gesetze gelten heute noch!

P.: Was hat er denn bestraft?

B.: Er bestrafte zum Beispiel das Widernatürliche, nicht? Hat er das vielleicht nicht bestraft? Na, und wie! Man kann auf vielerlei Weise Beziehungen haben, aber es muß eine natürliche Beziehung sein, nicht? Eine, die sich nach der Natur richtet, und nicht gegen sie. Ich weiß nicht, was ihr macht ...

P.: Nun, zum Beispiel Küsse auf die Geschlechtsteile, Padre ...

B.: Küsse! Ist das noch menschlich? Das ist tierisch. Aber ich glaube, nicht einmal die Tiere machen das. Lust im sexuellen Akt zu empfinden, im sexuellen Akt das zu empfinden ... für einen Kuß, den man auf irgendein ... aber nicht gegen, eben nicht gegen ... das ist wirklich tierisch, es tut mir leid, das sagen zu müssen, aber das ist wirklich tierisch. Ist es denn notwendig, das zu tun? Dient es dazu, euch zu reizen?

P.: Es ist angenehm.

B.: Hm, angenehm! Angenehm sind viele Dinge, auch Widernatürliches ist angenehm.

P.: Meine Frau bittet mich manchmal darum.

B.: Aber nicht doch, nicht doch, Sie haben doch ein Gewissen, wenn sie von Ihnen sowas verlangt ... ihr heiratet doch nicht, um ... sie kann nur das verlangen, was erlaubt ist, das ja, ihr habt einer dem anderen gegenüber die Pflicht, jeder muß geben, das nennt man eheliche Pflicht, nicht wahr? Aber nicht so abwegige Sachen, denn sonst kann man ja tun, was einem gerade paßt.

P.: Eben, meine Frau sagt, daß in der Ehe alles erlaubt ist.

B.: Nein, nichts ist erlaubt, nur das Natürliche ist erlaubt, im Sex, das, was die Sexualität auszudrücken vermag, aber sie drückt sich nicht auf so tierische Weise aus. Das da ist eine tierische Lust. Hm? Ist das nicht tierisch? Das ist tierische Sinnlichkeit, aber die Tiere tun das aus Instinkt, wenn sie es tun, aber sie tun es gar nicht, solche Dinge tun die Tiere nicht.

P.: Naja, aber der Sexualakt als solcher hat etwas Tierisches.

B.: Ja, aber er ist auf die Fortpflanzung ausgerichtet. Gott hat den Mann erschaffen, und er hat die Frau erschaffen, nicht? Aber für die Fortpflanzung. Nicht für anderes.

P.: Ja, aber man kann nicht jedes Jahr ein Kind in die Welt setzen.

B.: Ahh, das will nichts heißen, das. Gott sagt nicht, daß man diese Dinge tun soll, nicht? Es gibt auch … und unsere Ahnen, die sieben, acht Kinder hatten? Wie haben sie die durchgebracht? Wir haben kein Vertrauen mehr in Gott und wollen's bequem haben. Wenn ein Kind da ist, dann ist das schon viel, und warum? Frei sein heißt es heute, die Frau will frei sein und tun, was ihr paßt, ohne Kinder. Nun gut, zur Buße beten Sie fünf Ave-Maria und fünf Vaterunser. Ego te …

Rovigo

B.: Woran können Sie sich erinnern?

P.: Ich habe Probleme mit meinem Mann.

B.: Das gibt's. Man muß sehen, daß man sich wieder versöhnt.

P.: Ja, aber er … sexuell verlangt er etwas zuviel von mir. Ich flüchte mich deshalb oft zu meiner Mutter.

B.: Versuchen Sie, ihn nicht zu verlassen. Er soll nicht den Eindruck haben, als wollten Sie ihn verlassen. Das ist eine Bürde, an der heute alle Familien ein wenig zu tragen haben. Die Schwierigkeiten, die man jeden Tag zu bewältigen hat, die Arbeit, all das sind Dinge, die sich auch in euren Beziehungen bemerkbar machen. Wir müssen versuchen, uns gegenseitig zu helfen, um diese Schwierigkeiten zu überwinden. Zeigen Sie Ihre ganze Bereitschaft dazu.

P.: Aber, Padre, gewisse Dinge kann ich einfach nicht tun!

B.: Warum?

P.: Ich bin nicht bereit, das zu tun, was er von mir will.

B.: Nun, der Austausch von ehelichen Zärtlichkeiten ist ein normales Bedürfnis der ehelichen Liebe. Nicht nur beim Vollzug der reinen Vereinigung, sondern auch in anderen Momenten. Meinten Sie diesen Lebensbereich?

P.: Ja, aber er verlangt von mir die Fellatio. Ich kann das aber nicht!

B.: Was verlangt er?

P.: Die Fellatio.

B.: Die Fellatio?!?

P.: Ja, Padre, das bedeutet oral-genitalen Verkehr.

B.: Ahhh, ich verstehe. Nun, Sie müssen das nicht für eine Sünde halten.

P.: Aber es ist eine Entartung!

B.: Nein, das würde ich nicht sagen. Ich würde das nicht für eine Entartung halten. Auf lateinisch heißt das »lambire genitalia«. Können Sie Latein?

P.: Ja, Padre.

B.: Lambire genitalia! Das ist keine Sünde ... Sie kann ein vorbereitender Akt für die vollständige Vereinigung sein.

P.: Aber ich dachte, die Kirche würde diese Dinge verdammen!

B.: Nein, das scheint mir klar zu sein. Küsse, Umarmungen, Berührungen ... Jeder kennt seine anreizenden Techniken, nicht? Die Begegnungen zwischen Mann und Frau finden in einer abgeschlossenen Atmosphäre statt, reserviert für die Familie ... Küsse, Umarmungen, Berührungen ... und nicht nur im Augenblick der vollständigen Vereinigung. Wir wollen uns nicht zuviel Schuld aufladen, nicht wahr? Verweigern Sie sich Ihrem Mann nicht, versuchen Sie, vorsichtig ... Jedenfalls ist »lambire genitalia« keine Sünde! Sprechen Sie drei Ave. Ich spreche dich los ...

Bologna

P.: Padre, ich habe ein Problem, das mich sehr bedrückt.

B.: Ist es eine Sünde, oder ist es nur ein Problem?

P.: Ich weiß es nicht, Padre, ich weiß es nicht.

B.: Wie lange hast du nicht mehr gebeichtet?

P.: Seit einer Woche.

B.: Dann kann es nichts Schlimmes sein. Also, was ist das für ein Problem?

P.: Es ist das erstemal, daß ich mit einem Priester darüber spreche. Ich bin seit einem Jahr verheiratet, und ich erwarte ein Kind.

Mein Mann hat mich immer geachtet, körperlich, mein ich. Jetzt aber verlangt er Dinge von mir, die ich nicht machen kann und nicht machen will. Er ist darin sehr hartnäckig. Er will den Analverkehr, und den oralen, verstehen Sie mich?

B.: Dochdoch, dochdoch ... und er? Warum will er keinen normalen Verkehr?

P.: Er will ihn, aber er genügt ihm nicht.

B.: Hm, hmmmmm ... hm, Mund zu Mund, oo ooder, wie ...?

P.: Oral-genital, Padre! Er hat sogar gesagt, er würde sich eine andere suchen, wenn ich nicht ...

B.: Hm, eine andere zu finden, die sich für diese Dinge hergibt, was meinen Sie dazu ... die müßte er gut bezahlen! Das heißt, diese Frauen haben ihre Würde preisgegeben, um ein paar Groschen zu verdienen, sie werden es brauchen, ich verstehe sie, und sie tun mir leid. Um ein paar Groschen zu verdienen, kann eine sich auch daran gewöhnen, aber es ist traurig. Auch wenn man sich an gewisse Dinge leicht gewöhnen kann, nicht?

P.: Aber ist das denn entschuldbar in einer Ehe?

B.: Aber sicher, aber dann ist es ein Ausdruck von Liebe, es sollte nicht nur ein Ausbruch sein. Es tut mir leid für Sie, aber wenn er so ist ... Nun gut, denken Sie daran, auch wenn Sie ihn dazu ermutigt haben, haben Sie das unabsichtlich getan. Der Herr wird Ihnen vergeben, aber Sie müssen sich diese Vergebung zu Herzen nehmen, Sie müssen dem Sakrament vertrauen, und Ruhe in Ihre Seele einziehen lassen. Ich spreche dich los ...

Rom

B.: Also, was gibt's?

P.: Tja, Padre, es heißt doch »Du sollst nicht begehren deines Nächsten Weib«, aber ich ertappe mich oft ...

B.: Bei gewissen Gedanken, ich verstehe, ja.

P.: Ja. Aber in Wirklichkeit tue ich nichts.

B.: Jaja, ich verstehe. Nun gut, sehen Sie, man muß immer die Versuchung von der Lustvorstellung trennen. Die Lust, an andere Menschen zu denken, ich meine, an die, die in uns ein gewisses Lustgefühl erregen, die kennen wir alle. Kein Mann soll zu mir

kommen und behaupten, er hätte keine lustvollen Wünsche ...
Entweder ist er ein Lügner, oder er ist krank. Es ist das eine Sache,
die spontan von außen eindringt, aber, eben, die Versuchung als
solche ist keine Sünde, Sünde wird sie erst, wenn wir uns dabei
aufhalten, mit Wollust, und nach Wegen suchen, sie zu befriedigen. Also, haben Sie verstanden? Sie gehen die Straße entlang und
treffen eine, die Ihnen gefällt, da melden sich die Gefühle. Aber
man muß immer bremsen, was weiß ich, einer sieht hin, sieht
immer wieder hin, er überlegt es sich, überlegt sich's noch mal
und schaut noch mal hin, dann ist es der Wille selbst, der will,
verstehen Sie?

P.: Mir gefällt es zum Beispiel, an den Strand zu gehen, jetzt, wo
es heiß ist, und zu gucken ...

B.: Naja, sehen Sie, dort stellt man sich in einer gewissen Weise
aus, nennen wir es so. Es ist nicht etwa verboten, an den Strand zu
gehen, auch uns kann das passieren, daß wir an einen solchen Ort
geraten. Ich war vor ein paar Jahren in einem Küstenort, ich mußte dort eine Messe lesen, und die kleine Kirche stand direkt neben
dem Strand. Na, sollte ich da mit geschlossenen Augen durchge-
hen? Da wußt' ich mir dann wirklich nicht mehr zu helfen.
Hehhh, lieber Herr Jesus, was soll man da tun? So ist es nun mal.

P.: Ja, sehen Sie, Padre, die Sache ist ... meine Frau ist sehr kalt.

B.: Kalt, ja, ich verstehe.

P.: Eisig geradezu ...

B.: Ja, das ist natürlich ein Problem, ich verstehe.

P.: Sie will einfach nie ...

B.: Das ist ein ernsthaftes Problem, denn eigentlich müßte sie,
denn die Vereinigung zwischen zwei Menschen bringt Zuneigung,
bringt Liebe, sie bringt das volle Geschenk der Liebe. Denn die
Liebe beginnt mit der Erkenntnis, und nach der Erkenntnis geht
man tiefer, kurz, es ist die Totalität von Geist und Körper, das ist
die wahre Liebe, nicht wahr? Und wenn die eine Hälfte fehlt,
denn ist das eine schmerzliche Sache, leider. Ich verstehe das, aber
was kann man tun?

P.: Meine Frau sagt, sie hätte noch niemals, noch nie, nie Lust
empfunden.

B.: Wie sie ein Recht Ihnen gegenüber hat, so haben Sie ein Recht
ihr gegenüber. Höö! Das ist doch gegenseitig, nicht? Die Liebe ist

eine gegenseitige Gabe, sie ist nicht nur für einen gedacht, zur Liebe gehören immer zwei.

P.: Ja, aber andererseits, Padre, wenn es ihr nicht gefällt, was soll ich dann tun? Soll ich sie etwa zwingen?

B.: Ja, zwingen Sie sie, appellieren Sie an ihre Pflicht. Es ist eine Pflicht. Ehe heißt: »Ich bin ganz dein und du bist ganz mein«, mit Leib und Seele. Auch wenn sie nichts fühlt, darf sie nicht nur an sich selbst denken, sie muß auch an den anderen denken.

P.: Aber das käme mir vor, als würde ich sie benutzen wie ein Werkzeug.

B.: Der Herr hat die Ehe geschaffen, auch um der Begierde Abhilfe zu schaffen, nicht wahr? Sie müßte also verständnisvoll sein und sagen: »Na gut, ich verzichte eben auf mein Vergnügen, ich verzichte auf meine Befriedigung, wenn du nur zufrieden bist«, das wäre die wahre gegenseitige Liebe, denn die wahre Liebe ist aufopfernd. Denken wir an die Opfer Christi. Christus hat uns sehr geliebt, aber wo hat ihn diese Liebe hingebracht? Ans Kreuz hat sie ihn gebracht. Und wenn wir an die irdische Liebe denken, dann sehen wir möglicherweise nur ihren äußerlichen Aspekt, aber die wahre Liebe liegt im Verzicht auf sich selbst, um die geliebte Person zufriedenzustellen. Und in der Tat, wenn man sagt »Ich liebe dich«, dann bedeutet dieses »Dich« »Ich will dein Wohl, nicht meines«, sonst wäre das reiner Egoismus. In Wirklichkeit richtet sich dieses »Dich« oft an uns selbst: »Wie lieb hab ich mich«, verstanden? [Gelächter] Naja, es bleibt immer ein Problem. Beten wir zum Herrn, daß er uns nach und nach mehr erleuchte und uns den Mut und die Kraft verleihe, Sie werden sehen, daß der Herr nach und nach besser versteht als wir. Wir sind Priester, als Menschen können wir ein Wort des Trostes sprechen, aber er allein kann die Dinge lösen mit der Kraft des Heiligen Geistes, mit dem Heiligen Geist, also beten Sie, kann sein, daß sich nach und nach ...

P.: Aber, was meinen Sie, Padre, bei einem solchen Problem, könnte da das kirchliche Gericht ...

B.: Ähhh ... äh, es könnte auch gewisse ... Denn wenn sie sich schon vor der Ehe so gefühlt hat, dann gäbe es da schon genügend Grund, um eine Ehe abzubrechen, denn ich als Ehegatte, um auch die physische Befriedigung dieser ehelichen Vereinigung zu erhalten ... Beten Sie viel zum Herrn. Sie werden sehen, der Herr wird Ihnen Mut geben. Das Leben ist ein Kampf mit den Wogen für die, die verheiratet sind, wie für die, die es nicht sind. Wie sagten die alten Chinesen: »Die Ehe ist wie ein besetzter Turm, für die, die drinnen sind und hinaus wollen, wie für die, die draußen sind und hinein wollen.« Ich spreche dich los ...

Rom

B.: Wir bitten Jesus Christus um seine Anwesenheit. Sprechen Sie.

P.: Meine Ehe ist in einer Krise: Nach drei Jahren hat mein Mann nun die Scheidung eingereicht.

B.: Wegen Unverträglichkeit?

P.: Wir können keine Kinder bekommen. Physisch ist alles in Ordnung, aber ich habe psychologische Probleme.

B.: Wie das? Nehmen Sie es nicht an?

P.: Die wenigen Male, die wir zusammen waren, kosteten mich große Überwindung.

B.: Haben Sie vor der Ehe keinen vollständigen Verkehr gehabt?

P.: Vollständig nicht. Ein bißchen haben wir ... aber ...

B.: Ja, ein paar Liebesbezeugungen, verstehe.

P.: Er wollte immer mehr, er meinte, es sei richtig, sich auch körperlich vor der Ehe schon kennenzulernen, um eventuelle Probleme dieser Art zu vermeiden. Hätte er das doch nie gesagt!

P.: Habt ihr versucht, euch irgend jemandem anzuvertrauen, der ... denn oftmals entstehen solche Unverträglichkeiten aus psychologischen Gründen.

P.: Ja, wir waren bei einem Sexualtherapeuten, aber es hat nichts genützt.

B.: Meinen Sie, daß diese Schwierigkeiten bei Ihnen von diesem bestimmten Mann abhängen, oder haben Sie sie mit jedem Mann, dem Sie sich nähern ...

P.: Bei jedem, Padre.

B.: Dann könnte es sein, daß Sie innerlich zu streng sind, daß Sie jede körperliche Liebesbezeugung für Sünde halten. Sind Sie vielleicht sehr streng religiös erzogen worden?

P.: Ich war vom Kindergarten bis zum Abitur auf Klosterschulen.

Mein Mann ist gläubig, aber er sagt, man müsse auch der Zeit entsprechend leben.

B.: Oh, ja, ja. Andererseits jedoch, Signora, die Sexualität in der Ehe ... das heißt, wir Priester leben sie nicht aus, und deshalb ... von den Vertraulichkeiten, die man miteinander hat, macht die Sexualität fünfzig Prozent aus, fifty-fifty. Und da es so schon schwer genug ist, miteinander auszukommen, die finanziellen Probleme, Verständnisschwierigkeiten und so weiter, wenn das dann in der Sexualität wieder gutgemacht wird, dann ist es leichter, sonst ist es sehr, sehr schwer.

P.: Die Sache ist die, er verlangt von mir Dinge, die über das hinausgehen, was ...

B.: ... Das heißt, er verlangt Dinge, die nicht so natürlich sind ...?

P.: Er will analen und oral-genitalen Verkehr. Für mich ist das abartig.

B.: Da bin ich Ihrer Meinung. Aber wenn er das möchte, um dann den Akt normal zu vollziehen ...

P.: Naja, er wollte nur manchmal darüber hinausgehen. In mir hat sich alles noch mehr gesträubt.

B.: Hat es sich auch anfangs, die ersten Male, die ihr die Ehe vollzogen habt, in Ihnen gesträubt?

P.: Es brauchte ein paar Monate, bis ich überhaupt zum Verkehr fähig war.

B.: Blieben Sie so verschlossen, daß er nicht eindringen konnte?

P.: Genau. Jetzt aber will er die Scheidung. Was soll ich tun?

B.: Ihr könntet es versuchen, ob die Ehe vielleicht annulliert werden kann, das heißt, für nichtig erklärt werden kann. In Ihrem Fall, wenn die Besuche bei diesem Sexualtherapeuten, und wenn der eine ehrliche Erklärung abgeben kann und Ihr Mann auch, daß es diese große Schwierigkeit in der Beziehung zwischen euch beiden gibt, dann, denke ich, wäre das ein Fall, der wenigstens besprochen werden kann vor dem Gericht der Sacra Rota. [...] Es kann nicht sein, daß Sie Probleme mit dem Becken haben? Sind Sie sehr eng?

P.: Nein, Padre. Ich habe alles untersuchen lassen. Es ist rein psychisch.

B.: Ja, das heißt, Sie empfinden keine Freude, wenn Sie ihn eindringen fühlen, sondern Kälte und Schaudern. Und er wird das sicher auch fühlen. Ein verheirateter Mann hat, wenn auch nicht alle Tage, so doch häufig das Bedürfnis, seiner Frau zu zeigen, wie er sie liebt, und er muß auch diese Befriedigung haben. Legen Sie Ihren Fall doch einmal bei Ihrer Diözese vor.

P.: Meinen Sie, der Grund ist ausreichend?

B.: Ich denke, ja. Heutzutage, wo die Leute oft große psychische Probleme haben, müßte die Kirche die Maschen weiter knüpfen, in gewissem Sinn. Es ist kein Egoismus, der dahintersteckt!

P.: Nein, und vor allem, wenn es nicht einen größeren Spielraum gibt, dann lassen die Gläubigen die Kirche hinter sich.

B.: Das verschlimmert sich heutzutage immer mehr, kaum schaltet man den Fernseher ein, wird einem nur Sex um die Ohren geschlagen. Er kommt schon bei den Ohren heraus ... Ich kann Ihnen absolut kein Rezept geben ... Aber versuchen Sie, sich Ihrem Mann zu nähern, versuchen Sie's noch heute abend ... Das Bett ist der Altar der Eheleute, hier verwirklichen sie den Wunsch Gottes. Wenn du deinen Mann sehr liebst und dich ihm zuliebe ganz zurücknimmst ... Jemanden lieben bedeutet, sich für ihn aufzuopfern. Und in diesem Moment wird der Wunsch Gottes verwirklicht. Ego te absolvo ...

Modena

[...]

P.: Meine Frau ist sehr anspruchsvoll in sexuellen Dingen ...

B.: Wenn es sich um Widernatürliches handelt, dann würde ich sagen, daß es in den Liebesbezeugungen nicht ... es gibt auch vorbereitende Handlungen, die sehr intim sind ...

P.: Das heißt? Ich verstehe nicht ...

B.: Sie verstehen schon, zum Beispiel, wenn zum Beispiel der Koitus an einer Stelle stattfindet, die nicht für ihn ...

P.: Ja, auch das, Padre, auch das ist schon vorgekommen.

B.: Als vorbereitender Akt ja, auch die Moraltheologen erlauben solche vorbereitenden Akte, die ein wenig weit gehen, ein wenig zu intim sind, ich will hier keine langen Beschreibungen abgeben, aber wenn es sich nur um ein Spiel handelt, ja, und nicht um ...

P.: Ich streite immer wieder mit meiner Frau, denn sie ist keine praktizierende Katholikin, und sie sagt, sie nimmt eh die Pille, und deshalb macht es auch nichts, wenn der Samen verloren geht auf eine, eben auf eine unnatürliche Weise.

B.: Was soll ich Ihnen dazu sagen, wenn Ihre Frau die Pille nehmen will, können Sie es ihr nicht verbieten.

P.: Da sind wir uns einig, aber ist das nicht Sünde, wenn ich, um des Friedens willen, sie zufriedenstelle? Ich mach es wirklich nur deswegen, um des lieben Friedens willen, und damit sie nicht, mit der Ausrede, ich sei ein Frömmler, womöglich anderswo versucht, sich ...

B.: Sie stellen mir da ein Problem, auf das ich nicht recht antworten kann. Hm ... Merkwürdig, daß sie diese Dinge verlangt, denn meistens sind es doch leider eher die Männer, die solche unnormalen Dinge wollen.

P.: Ich habe eine heißblütige Frau erwischt, und nicht, daß ich etwas dagegen hätte, aber ich möchte nicht gegen die Kirchengebote verstoßen.

B.: Was soll ich sagen, mir ist nicht danach zumute, Ihnen einfach zu sagen: »Sie können das ruhig tun«, nein, das möchte ich nicht. Sie könnten versuchen, mit einem befreundeten Priester darüber zu sprechen.

P.: Ich habe eben diese Dienstreise dazu benutzt, anderswo zu beichten als in meiner Heimatstadt, denn es ist sehr peinlich, über diese Dinge mit dem Pfarrer zu sprechen.

B.: Das verstehe ich, aber manchmal in einer anderen Stadt, bei einem Geistlichen, der als geistiger Führer bekannt ist, ich weiß nicht, solche Leute wie Padre Pio zum Beispiel ... es gibt freilich nicht viele solche, aber ... Ich sage Ihnen, was ich sagen kann, andererseits, was soll ich sagen ... es gibt Kirchen, wo Sie auf Jesuiten stoßen, oder auf ... andere Orden.

P.: Man ist natürlich versucht, einen milden Geistlichen zu finden ...

B.: Sehen Sie, eine Sache ist, barmherzig zu sein und zu vergeben, die andere ... ich kann nicht einfach sagen »Ihr könnt die eheliche Vereinigung vollziehen, wo ihr wollt«.

P.: Aber gibt es Theologen oder Moralisten, die das alles erlauben?

B.: Nein, wie ich sagte, wenn es sich um vorbereitende Aktionen handelt, die dazu da sind ... kurz ... um zu erreichen ... wie soll ich sagen ... um die vollständige Vereinigung zu ermöglichen, den Orgasmus, ja, es gibt Leute, die, um den Orgasmus zu erreichen, gewisse unnatürliche Manipulationen benötigen, lassen Sie mich von den Dingen reden, die wir in der Morallehre studieren ... zum Beispiel im Mund.

P.: Aha, und könnte nicht auch das der Vorbereitung dienen?

B.: Wenn Sie alles im Mund machen, das heißt auch ejakulieren, dann wird ein vollständiger Akt daraus.

P.: Ich verstehe, wenn man nicht alles macht, auch von hinten nicht, können wir das dann als Vorbereitung bezeichnen?

B.: Wenn Sie also nicht bis zum Orgasmus gelangen?

P.: Und man den Akt auf normale Weise beschließt?

B.: Sie sagen, wenn Sie das nicht machen würden, hätte der andere Teil keine Befriedigung.

P.: Es ist nicht so, Padre, daß wir jedesmal ...

B.: Ich denke, Sie haben mich verstanden ... Das menschliche Begehren ist nun mal leider so, wir müßten uns mehr erheben, wenn man glaubt, kann man auch Opfer tun, dem anderen zuliebe. Ich lege Ihnen ans Herz, so oft wie möglich in die Messe zu gehen. Sprechen Sie ein Vaterunser zum Herrn und drei Ave-Maria zur Muttergottes. Und was den Rest betrifft, so versuchen Sie Ihr Bestes zu geben, Sie verstehen mich, nicht? Um zu retten, was zu retten ist. Ich spreche dich los ...

Varese

[...]

P.: Er meint, daß das, was ich von ihm möchte, widernatürlich ist, auch ganz normale Dinge, wie den Oral-Verkehr.

B.: Nein, nein, nein! Der oral-genitale, der orale, die sind nicht erlaubt! Er hat recht, er hat recht!

P.: Wieee??? Er hat recht?

B.: Aber ja, ja! Hier befinden wir uns auf Abwegen. Vorsicht! Diese Entgleisungen werden heute von gewissen Sexualtheorien als normal bezeichnet. Ja, das müssen wir leider sagen. Ich glaube, diese Dinge erregen einfach Abscheu, Ekel. Es ist nicht das Beste. Es bedeutet, in die Irre zu gehen, entschuldigen Sie sehr.

P.: Aber nicht doch, Padre! Ich möchte ja nicht wie eine Abartige dastehen!

B.: Ich bin nicht hier, um Sie als Abartige zu verurteilen, ich sage nur, daß …

P.: Aber vorbereitende Spiele sind wichtig!

B.: Vorsicht! Ich kann hier keinen Unterricht in Sexualverhalten geben. Aber ich muß an Ihre Würde appellieren, an den gegenseitigen Respekt. Gewisse Dinge sind widernatürlich, zuweilen auch abartig. Heute werden sie möglicherweise als normal angepriesen, als Vorbereitungen … nein, nein, nein! Stiften wir keine Verwirrung!

P.: Aber, Padre, ich war in gutem Glauben!

B.: Ja, sicher, sicher! Wenn Sie in gutem Glauben gehandelt haben, ist es in Ordnung. Eben, es ist die heutige Kultur, die um sich greift! Von den menschlichen Werten her gesehen, auch wenn sie vom Glauben erleuchtet sind, sind gewisse Aktionen, versuchen Sie zu verstehen, was ich meine, ich will nicht kritisieren, ich will die Handlung beurteilen, nicht die Person … Kurz, gewisse Handlungen sind ein wenig bestialisch!

P.: Ich bin beschämt …

B.: Nein, ich wollte Ihnen damit helfen. Vielleicht liegen die Schwierigkeiten, die Ihr Mann damit hat und die er nicht überwinden kann, eben daran. Denken Sie ein wenig darüber nach, vor dem Herrn, mit innerer Klarheit: »Diese Handlungen, die ich tue, die ich erbitte, die ich fordere, die für mich normal sind, ›normal‹ in Gänsefüßchen, sind die wirklich das Richtige für die wahre Liebe?« Das ist es!

[…]

Padua

P.: Ich war mit Prostituierten zusammen.

B.: Hör mal, ich hoffe, du bist nicht mit der Hoffnung hierher gekommen, ich werde dir einfach die Absolution geben, wie? Wenn einer zur Beichte geht, um gewisse Dinge zu gestehen, dann, weil er beschlossen hat, sich zu bekehren. Ich hoffe, du wirst mir eine gute Nachricht bringen. Auch du hast beschlossen, dich zu bekehren. Ist es so? Oder wirst du immer so weitermachen? Als der Herr den Ehebrecherinnen begegnete – er ist welchen begegnet, im Evangelium zumindest sind es drei –, hat er ihnen verziehen: der Samariterin, der Ehebrecherin, die gesteinigt werden sollte, und was hat der Herr ihnen gesagt? Er sagte: »Niemand hat dich verurteilt, niemand, und auch ich werde dich nicht verurteilen, aber sündige nicht mehr.« Also, he! Welch' gute Nachricht du mir bringst, endlich hast du begriffen, daß du diese Dinge nicht tun darfst, aber wenn du dich nicht bekehren willst, ist es nutzlos, hierher zu kommen und zu beichten. Stimmt schon, daß du das geringere Übel anrichtest, denn wenn du einem Mädchen das Blaue vom Himmel herunter versprechen würdest, wäre das schlimmer, denn dann würdest du nicht nur Unreines tun, sondern auch noch betrügen. Du gehst dort hin und bezahlst, also bezahlst du ihre Willfährigkeit. Aber so kann man nicht weitermachen.

P.: Ja, aber sehen Sie, Padre, wenn meine Frau williger wäre, aber sie sagt, das sei alles Sünde. Mir scheint das nicht so.

B.: Natürlich ist nicht alles Sünde. Habt ihr Kinder?

P.: Ja, wir haben einen dreijährigen Sohn.

B.: Ein Kindlein, ein Jesuskindlein; es stimmt, die katholische Moral ist sehr streng, aber es ist auch eine Frage des guten Willens, daß du nicht gegen deine Frau handelst und – du heiliger Bimbam! – mit anderen Frauen gehst. Ich kann dir nicht sagen: »Geh nur, gut, gut«. Nein …

P.: Aber Sie geben mir recht darin, daß in der Ehe alles erlaubt ist.

B.: Nein, daß alles erlaubt ist, kann ich nicht sagen. Vieles ist erlaubt, vieles, aber nicht alles.

P.: Der *Neue Katechismus* sagt, daß zwischen Eheleuten …

B.: Es gibt zwei Dinge, zwei Hauptzwecke in der Ehe, der eine ist das Versprechen der Liebe, und auch der Hingabe des eigenen Körpers, und zweitens die Zeugung von Kindern, und früher gab es nur dieses eine, nur die Kinder, die Ehe war für die Kinder da. Jetzt sagt der *Neue Katechismus* mit Recht, und es ist das erstemal, daß ich es gut formuliert sehe, daß der Zweck der Ehe einmal die Kinder sind, daß die Fortpflanzung nicht ausbleibt, in voller Verantwortung. Zweitens das Versprechen der Liebe, denn sonst, wenn eine Person keine Kinder mehr bekommen kann, wäre das

... Das sind die Leitprinzipien. Als du sie geheiratet hast, war sie da Jungfrau? Hast du von ihr den Verkehr verlangt?

P.: Vor der Ehe nicht, nein.

P.: Weil sie nicht wollte, die braven Mädchen sind ... aber du hättest dir auch sagen können »Die will nicht, warum will sie wohl nicht?«

P.: Ich hab den Eindruck, sie ist frigide, sie hat lauter Ausreden. Wissen Sie, sie nimmt die Pille, und dann kommt sie zu mir und sagt, bestimmte Dinge seien Sünde.

B.: Sie hat Angst davor, daß du sie nochmal schwängerst. Wenn sie die Pille nimmt, hat sie Angst vor der Schwangerschaft.

P.: Kurz, ich habe es sehr bereut.

B.: Diese Frau geheiratet zu haben?

P.: Es nicht vorher mit ihr probiert zu haben. Daß ich die Gebote der Kirche geachtet habe, ich hätte sonst vorher gewußt, daß sie frigide ist.

B.: Naja, halb so schlimm, sie hat dir ja wenigstens einen Sohn geboren. Aber du tust schlecht daran, wenn du mit Huren gehst.

P.: Was soll ich aber tun?

B.: Du mußt das bleibenlassen, wenn du ein guter Christ sein willst. Da gibt's nichts.

P.: Also bin ich sozusagen dazu verdammt, ein unglückliches Sexualleben zu haben, weil ich das befolge, was mir der Pfarrer sagt.

B.: Jetzt gehst du zu deinem Pfarrer und erzählst es ihm: »Lieber Herr Pfarrer ...«, aber offen, und besprichst es mit ihm, vielleicht auch mit deiner Frau, so zwischen dem einen und dem anderen Scherz, ja? ... Je nachdem, wie der Tag ist, ist deine Frau frigide, und wenn sie nur kann, verweigert sie sich. Manchmal läßt sie dich ran ...

P.: Sie hat immer Kopfschmerzen.

B.: Ah, alle Frauen haben immer Kopfschmerzen. Aber jedenfalls dann, nach ein bißchen Hin- und Hergezerre, dann ...

P.: Einmal in der Woche, wenn's hochkommt, und das ist dann eine Sache, sag ich Ihnen, ganz ohne ...

B.: Aber wenn sie sich darauf hinausredet, daß es sündig ist, mußt du sagen »Es ist nicht sündig, das ist nicht wahr«, sag: »Du hast keine Freude daran, aber sag mir nicht, daß es sündig ist.«

P.: Solche Gespräche führen wir am laufenden Band. Und sie sagt, ich will Schweinereien von ihr. Ich meine, Dinge wie die Fellatio ...

B.: Ich will dir was sagen, das tun nur die Alten, wenn da nichts mehr hochgeht. Was du für Worte kennst, bist du denn Arzt, oder was?

P.: Nein, ich bin Italienischlehrer.

B.: Und wie alt bis du?

P.: Zweiundvierzig.

B.: Naja, noch zehn Jahre, dann wird's ruhiger, verlaß dich nur darauf.

P.: Aber die möchte ich genießen.

B.: Mit deiner Frau hättest du auch das Recht dazu, aber ... wenn du mir sagst, daß du mit diesen Frauen gehst, kannst du auch gleich zur Hölle gehen. Du sagst »Ich werde noch verrückt«, Unsinn, du wirst nicht verrückt. Erinnerst du dich, es gab auch einmal die Masturbation. Siehst du, danach ist es besser. Was willst du, einer hilft sich auf diese Weise. Wenn du ein Ferkel bist, mußt du dir eine Frau suchen, die auch ein Ferkel ist, die keine religiösen Skrupel hat, die dann ab einem gewissen Moment ... Aber zu den Prostituierten zu gehen ... Neulich sagte einer zu mir: »Padre, wenn ich mir dort Aids hole, ist es aus, ich will nicht krank werden. Ich gehe zwar nie ohne Schutzhülle dorthin, aber wenn die Schutzhülle reißt, was schon vorgekommen ist?«

P.: Ich nehme immer zwei. Geben Sie ihm diesen Rat, Padre.

B.: Ein anderer sagte: »Ich nehme nie die für 700 Lire, sondern die für 3300 Lire ... Ich war auch einmal schlau, wissen Sie: Als ich ein Junge war, sah ich mir immer unanständige Zeitungen an, und da stand geschrieben ›HATU‹, dann drei Pünktchen ›und du bist sicher‹.« Was soll das heißen, das? Ach, lassen wir das lieber.

P.: Wissen Sie, was HATU heißt?

B.: So heißt die Marke.

P.: Es sind die ersten Buchstaben von habemus tutorem.

B.: Ach, das wußte ich nicht, sieh mal an, jetzt bin ich schon so alt ... habemus tutorem soll das heißen ...?

P.: Ja, es steht irgendwo.

B.: Wenn man nach Rom fährt und an Bologna vorbeikommt, sieht man dort die Fabrik von HATU, sieh mal an ... habemus tutorem heißt das ... Also, sprich zum Herrn: »Herr, ich komme

zu dir, ich bin dir sehr zugetan, aber auf meine Weise …« Siehst
du, Ehebruch bleibt immer Ehebruch, auch mit einer Prostituierten. Kurz, das ist deine Angelegenheit, ich gebe dir die Absolution, aber denk dran, daß du dich nicht vor den Herrn stellen
kannst mit dem Gedanken »Tja, lieber Gott, ich bin zwar Christ,
einerseits, aber andererseits tu ich, was mir paßt, weil ich's sonst
nicht schaffe«. Du muß vielmehr sagen: »Padre, dies ist das letztemal, daß ich das beichte, der Sohn wird ja größer werden, die
fruchtbare Zeit der Frau wird vorbeigehen, dann hat sie keine
Angst mehr, dann …« Kapiert? Vor dem Herrn, wenn ich noch
weitergehe, bin ich kein Priester mehr, wenn ich dir zu sehr ent-
gegenkomme, kann ich dich nicht mehr verurteilen, denn wenn
ich an deiner Stelle wäre, hätte ich die gleichen Schwierigkeiten,
also?
P.: Ich glaube, wir haben uns verstanden.
B.: … Daß der Herr dich beschütze. Ja, ich bin einverstanden mit
dir, aber als Christ kann ich nicht einverstanden sein. Als Mann ja,
da bin ich einig mit dir. Gott sei Dank habe ich nicht geheiratet,
denn wenn ich es mit einer Frau zu tun hätte, die mir keine Befriedigung verschafft … es war schon gut, daß ich Priester geworden bin!
P.: Ich glaube aber, der Herr wird mir verzeihen.
B.: Ich hoffe es, aber siehst du, du mußt heilige Absichten haben.
Drei Vaterunser an den heiligen Antonius, auf daß er ein Wunder geschehen lasse und etwas ändere. Aber denk dran: mit den
Prostituierten oder mit jungen Mädchen lieber nicht. Du mußt
mit deiner Frau leben, mußt sie mit der Liebe erobern, nicht mit
der Gewalt. Es muß süße Gewalt sein. Kapiert? Ich spreche dich
los …

Rom

B.: Woran können Sie sich erinnern?
P.: Ich habe mit meiner Kusine und ihrem Freund Sex gemacht.
Wir hatten getrunken, ein paar Joints geraucht, und …
B.: War das das erstemal?
P.: Ja.

B.: [Pause] Was sonst noch?

P.: Nichts, ich habe ein schlechtes Gewissen deswegen ... Sonst ... ich wüßte nicht.

B.: Bitten Sie um Vergebung. Es gibt aber immer ein erstes Mal. Wäre das das zweite- oder drittemal, so wäre es schon eine Gewohnheit, dann würde es sehr viel stärker regnen. Seien Sie also vorsichtig. Die Gründe. Die Gründe dafür ... nun, man ist jung und gerät auf den Abweg. Bitte den Herrn um Vergebung und nimm dir vor, in Zukunft die Gelegenheit zur Sünde zu meiden. Wir sagen das allen immer wieder. Zehn Ave zu Ehren der Muttergottes. Als Bußakt. Ego te absolvo ...

Ancona

B.: Seit wie lange?

P.: Die letzte Beichte war vor zwei Monaten, und ich bin nicht immer in die Sonntagsmesse gegangen.

B.: Aus Nachlässigkeit, oder konnten Sie wirklich nicht?

P.: Manchmal muß ich sonntags arbeiten.

B.: Was für eine Arbeit?

P.: Ein Geschäft, das manchmal offenbleibt ...

B.: Wenn Sie plötzlich zum Arzt müssen ... oder das Telefon klingelt ... gehen Sie dann hin? Also, eine Stunde ist nicht viel verlangt, und so geht das auf keinen Fall. Das soll keine Verurteilung sein, verstehen wir uns recht, aber oft genügt eine kleine Willensanstrengung. Sonst berauben wir den Herrn, und dann sind wir wie die Bestechungsleute, die stehlen, und wir stehlen auch, wenn wir zu Gottvater gehen könnten und es nicht tun ...

P.: Apropos Tangenti, Padre, ich habe Geld bezahlt, um einige Lizenzen zu erhalten.

B.: Sehen Sie, Sie sind auch darauf hereingefallen.

P.: Ja, aber es war anders nicht zu machen. Man verlangte es von mir, ich habe es nicht von mir aus angeboten.

B.: Ah, man muß das Ganze sehen, du gibst mir heute, ich geb dir morgen, bleibt immer gleich. Mußten Sie viel Geld bezahlen?

P.: Ja, sehr viel Geld.

B.: Millionen?

P.: Ja, Millionen.

B.: Millionen ist schlimm.

P.: Tja, ich hab mich an meinen Klienten schadlos gehalten.

B.: Da haben wir's, sehen Sie, sehen Sie? Bleibt immer gleich. Sie mit den Klienten, immer gegen das Recht, immer gegen die Barmherzigkeit. Ein bißchen hier, ein bißchen dort. Na gut, bitten Sie um Vergebung ... Man kann das wiedergutmachen, aber seien Sie vorsichtig mit den Klienten, mit denen haben Sie noch zu tun ... Sonst noch was?

P.: Ja, dann das Schlimmste, Padre, ich habe Unreines mit meiner kleinen Tochter getrieben.

B.: Oh, das ist allerdings schlimm. Das gefällt mir gar nicht, wenn man Sie entdeckt, können Sie einpacken, dann landen Sie augenblicklich im Gefängnis. Ein Kind vergewaltigen!

P.: Nein, nein, ich hab sie nicht vergewaltigt.

B.: Hat es Geschlechtsverkehr gegeben?

P.: Nein, nein.

B.: Intimes aber?

P.: Ja, spielerisch, so Sachen ...

B.: Unterm Röckchen, nicht wahr? Eine Liebkosung ... aber keine Libido.

P.: Naja, aber sie merkt es nicht einmal.

B.: Ja, weil sie klein ist ... Naja, sprechen Sie zehn Ave-Maria zur Muttergottes. Ego te absolvo ...

La Spezia

B.: Bitte.

P.: Padre, ich bin hier in La Spezia, um einen Marineoffizier zu treffen. Ich muß ihm eine Geldsumme bezahlen, damit mein Bruder nicht eingezogen wird.

B.: Öh, so weit ist es gekommen!

P.: Ja, Padre. So funktioniert das heutzutage!

B.: Und warum wollen Sie nicht, daß er seinen Militärdienst leistet? Es ist eine Erfahrung mit negativen Seiten, aber oft ist sie sehr nützlich! Ein bißchen Abstand von zu Hause, um die Persönlichkeit reifen zu lassen; alle Jungen, die ich kenne – gewiß, es gibt auch sehr problematische Seiten –, aber ich habe auch positive Veränderungen gesehen.

P.: Ich weiß, Padre. Aber er ist Angestellter, und wenn er fort müßte, würde er die Stelle verlieren.

B.: Ich verstehe, ja. Ich wundere mich aber, ich meine, es gibt viele, die freigestellt werden, ohne daß sie auf Zahlungen zurückgreifen müssen. Es ist jedenfalls eine unehrliche Sache.

P.: Aber ich habe meinen Bruder sehr, sehr gern! Allein der Gedanke, mich ein Jahr lang von ihm trennen zu müssen ... Verstehen Sie? Und er auch ...

B.: Aber weiß er, daß Sie dafür bezahlen müssen?

P.: Ja, er weiß es.

B.: Viele Millionen?

P.: Fünfzehn!

B.: Hoiii! So viel?

P.: Ja.

B.: Und aus welchem Grund würde er freigestellt?

P.: Das weiß ich nicht genau, aber sie haben es uns versichert.

B.: Ich verstehe. Ich weiß nicht, was soll ich dazu sagen. Wenn man nicht mehr zurückkann ... Es ist jedenfalls keine korrekte Handlungsweise, auch wenn es keinen Schaden anrichtet, wir verstehen uns. Schaden gibt es keinen. Es gibt immer ein paar, die wegen Überbesetzung nicht genommen werden. Ein wenig Unrecht, ja, gegenüber Leuten, die sich in schwierigeren Situationen befinden könnten als die eure, und die vielleicht das Geld nicht haben. Wir dürfen also nicht so sehr auf die »Schmiergeldpolitik« schimpfen, wenn wir dann genau das Gleiche tun. Vielleicht nicht auf der Seite der Nehmenden, die gewiß die schlimmere ist, aber auf der Seite der Gebenden! Ist sonst noch etwas, das Christliche betreffend?

P.: ... Es ist schwierig für mich, darüber zu sprechen, denn es ist eine wirklich schlimme Sache ...

B.: ... hmmm ...?

P.: Es betrifft meinen Bruder. Ja, wir haben uns ein wenig zu gern, Padre. Es gelingt mir nicht ... verstehen Sie mich?

B.: Sind Sie verheiratet?

P.: Nein.

B.: Und gehen Sie zur Messe? Zur Sonntagsmesse? Und beten, beten Sie?

P.: Wie sollte ich zur Messe gehen, unter diesen Umständen? Ich würde den Herrn doch verspotten!

B.: Ich weiß. Das ist wahr, das ist wahr! Aber je schlimmer die Krankheit ist, um so bessere Ärzte brauchen wir! Was unsere Seele betrifft, so ist der beste Arzt immer noch Gott! Diese Beichte könnte also der Anfang zu einer neuen Freundschaft sein, einer neuen Kontaktaufnahme, zu neuem Glauben und so weiter, mit dem Herrn, dem wir demütig unsere Sünden beichten, in der Hoffnung, daß er uns heile. Alleine können wir das nicht schaffen, nicht wahr?

P.: Ich habe es versucht, glauben Sie mir. Vielleicht wenn er zum Militär gegangen wäre ... aber jetzt ist es zu spät.

B.: Und die Eltern, wissen sie es?

P.: Nein, nein, sie wissen nichts! Wie sollte ich ihnen das sagen? Und er droht mir außerdem, es ihnen zu sagen, wenn ich ihn verlasse!

B.: Ja, aber auch Sie könnten zum Beispiel, ich weiß nicht, woanders wohnen, woanders arbeiten ... können Sie das nicht? Nichts?

P.: Nein, auf keinen Fall! Ich habe eine Stelle, und die halte ich ganz fest. Ich kann auch nicht versetzt werden.

B.: Aber wie kann es sein, daß er nicht versteht, daß Schluß sein muß damit?!? Auch wenn es sowas gegeben hat, dann muß man sehen, daß man wieder rauskommt und wieder ein normales Leben führt, damit jeder von euch sein Leben so frei wie möglich führen kann. So aber verschließt ihr euch immer mehr!

P.: Er hört nicht auf die Vernunft! Ich weiß schon, was man vernünftigerweise tun müßte, aber wenn mir niemand hilft ...

B.: Ja, das kann ich auch nicht, was soll ich Ihnen schon raten! Ich kann Ihnen nur sagen, denken Sie dran, daß, ja, Gott sich so sehr erniedrigt hat, daß er Mensch geworden ist, nicht? Er ist dreimal gestürzt, indem er sich ans Kreuz hat nageln lassen und wie ein Verbrecher gestorben ist, um uns zu sagen, daß es nichts gibt, was er nicht verstehen könnte und wovon er uns nicht irgendwann befreien wollte. Und das ist es, was Sie von dieser Beichte mitnehmen sollen, von diesem Neuanfang. Die Hilfe, die Sie benötigen, das ist ein Ort, wohin Sie ... jemand, der Ihnen folgt ... ein intelligenter Beichtvater, der Ihnen Ratschläge geben kann, der mit

Ihnen zusammen die positiven Seiten der Sache erwägt, ja, das ist alles nicht leicht!

P.: Wie meinen Sie das, die positiven Seiten?

B.: In dem Sinne, daß man die Situation allmählich einschränkt. Kleine Schritte, die zur völligen Befreiung führen können.

P.: Aber wäre es nicht besser, sofort abzubrechen?

B.: Ja, das wäre das Ideale. Das ist immer das Beste. Auch wenn man mit dem Rauchen aufhören will ... Ein dummes Beispiel! Aber wenn einer aufhört, dann hört er auf! Wenn einer hingegen langsam einschränkt ... Aber wenn es in kleinen Schritten nicht möglich ist, dann wäre es gut, wenigstens mehr mit Ihrem Bruder darüber zu sprechen, damit er sich über den Verstand der Vernunft öffnet. Aber beginnen Sie zu beten. Sagen Sie viele Male am Tag: »Herr Jesus, hab Mitleid mit mir armen Sünderin!« Das gibt uns eine Kraft, die uns innerlich hilft, auch um solche Entscheidungen zu treffen, die uns jetzt vielleicht unmöglich und undenkbar erscheinen, die wir aber dann, mit der Hilfe des Herrn, bewältigen. Es wäre auch gut, sich zum Beispiel einer christlichen Gruppe anzuschließen, für eine intensive christliche Erfahrung. Inzwischen bitten Sie den Herrn mit aufrichtiger Reue um Vergebung, und versprechen Sie ihm, sich Mühe zu geben, um aus dieser Situation herauszukommen. Absolution kann es nur so weit geben, wie der tiefe Wunsch nach Veränderung vorhanden ist. Habe niemals Angst, dem Herrn ins Antlitz zu sehen. Die Tränen, die du weinen mußt, weine sie vor Jesus Christus. Ich spreche dich los ...

Mailand

P.: Padre, ich habe schwer gesündigt. Es ist so, ich fahre oft in den Orient. Ja, oftmals auf Dienstreise, nach Thailand, Japan, auf die Philippinen und ... dort gibt es sehr junge Prostituierte.

B.: Seit wann haben Sie nicht mehr gebeichtet?

P.: Seit ein paar Monaten, seit Ostern. Ja, eben, ich war in den Osterferien in Thailand, und da habe ich eines von diesen Mädchen gekauft.

B.: Was?

P.: Ja, wie ich sagte, Padre, es ist etwas Schlimmes.

B.: Ein Mädchen gekauft, was heißt das?

P.: Das heißt … ich habe sie gekauft, und man hat ihr einen falschen Paß gegeben.

B.: Und Sie haben sie hierher gebracht?

P.: Ja. Und … und ich habe für sie ein Appartement gemietet, da ich verheiratet bin, und … nichts weiter. Sie ist sehr glücklich.

B.: Wieso ist sie sehr glücklich? Wie das?

P.: Naja, wissen Sie, sie war dort in einem Bordell, und jetzt, jetzt ist sie wenigstens …

B.: Es ist weniger Bordell als dort. Ich weiß nicht … es bleibt immer ein schwerwiegender Fall. Sie halten sie sich als Prostituierte. Also, wenn Sie eine Arbeit für sie finden würden, eine andere Arbeit, und sie muß alleine auskommen können, verstanden? Was ist sie, eine Christin oder was?

P.: Nein, nein, Christin ist sie nicht. Sie ist Taoistin. Ich habe sie sehr gern.

B.: He! Das ist mir schon klar. Und Sie haben eine Frau, eine Familie?

P.: Ja.

B.: … Große Verantwortungen, Sie haben da eine schwere Sünde begangen, Sie haben diese Sünde begangen, das Mädchen so einzukaufen, jetzt müssen Sie selbst wissen, wie Sie mit ihr umgehen müssen, es muß etwas mit ihr geschehen, sie muß auch regulär … auch das, ein falscher Paß reicht nicht aus, um in einem Staat aufgenommen zu werden, nicht? Verstehen Sie? Es werden wohl auch Probleme auftauchen.

P.: Ja, sie hat ein Touristenvisum.

B.: Und wie lange gilt das?

P.: Sechs Monate. Aber ich, Padre, die Sache ist, daß ich mich in dieses Mädchen verliebt habe. Und da ich nicht kirchlich getraut bin, weil meine Frau nicht gläubig ist, bin ich in großer Versuchung, sie …

B.: Das ist ja ein Durcheinander, eins schlimmer als das andere. Wie wollen Sie die denn heiraten? Standesamtlich geht das nicht, weil Sie schon mit der anderen verheiratet sind, nicht? Sie müssen sich erst von der einen scheiden lassen, um die andere zu heiraten, und kirchlich, kirchlich müßte sie auch erst in Ordnung sein.

Sie können sie nicht einfach heiraten, aus der Laune heraus: »Ich habe mich in diese Person verliebt, während ich eine standesamtlich angetraute Gattin habe.«

P.: Aber ich glaube, dieses Mädchen wäre ohne weiteres bereit, zum Christentum überzutreten.

B.: Das ist kein Grund, aus Ehegründen den Glauben zu wechseln, oder? Eine Mischehe kann man machen, das kann man machen. Aber haben Sie auch Kinder?

P.: Ja, einen Sohn.

B.: Na also? Sagen wir ... Sie müssen Ihre erste Familie retten. Und es ist auch notwendig, daß die erste Familie, irgendwann, daß Sie sich auch kirchlich trauen lassen.

P.: Ach, wissen Sie, die Beziehung zu meiner Frau ist nicht die beste, nun schon seit ...

B.: Nun gut, aber der Sohn, der Sohn gehört euch allen beiden.

P.: Er ist schon groß, er beginnt dieses Jahr mit dem Studium, und darum ...

B.: Er wird trotzdem ein Kind von geschiedenen Eltern sein: Er ist ruiniert. Und das ist etwas, was man für das ganze Leben mit sich rumschleppt. Es ist nicht schön. Er wird sagen müssen: »Mein Vater, ja, aber der hat eine Thailänderin, der hat sich eine Thailänderin genommen.« Als wären sie Spielzeuge, diese thailändischen Mädchen. Und deshalb darf man das nicht. Sie müssen sich vor Augen halten, daß Sie schon eine Familie haben, Sie müssen Ihr Familienleben in Ordnung bringen. Dieses Mädchen wird nie Ihre Frau werden können.

P.: Meine Frau will jedenfalls auf keinen Fall kirchlich heiraten, wir haben darüber schon oft gesprochen ...

B.: Na gut, macht nur weiter so, inzwischen seid ihr ja zu zweit. Jedenfalls ist das keine schöne Sache. Sie sollten Ihrer Frau lieber zu verstehen geben, wenn sie Ihre Orient-Sache da entdeckt, sagen Sie: »Ich bin bereit, dich kirchlich zu heiraten, um diese Sache da loszuwerden«, das wäre schon ein wichtiger Schritt.

P.: Das heißt ich soll sagen ...

B.: Ihre Frau weiß nichts, oder?

P.: Nein, nein, sicher nicht.

B.: Leider, »sicher«. Sie wollen ihr nichts sagen, dann müssen Sie auch mit ihr bleiben, und beten Sie zum Herrn, daß er Ihnen helfe, diese Sache auch kirchlich in Ordnung zu bringen, daß sie Ihnen darin nachgibt. Verstehen Sie? Sie ist nicht gläubig, wie? Es wäre gut, wenn sie an etwas glauben würde. Wofür interessiert sich denn Ihre Frau?

P.: Sie ist Zahnärztin.

B.: Ach, Zahnärztin?

P.: Ja, ja. Sie hat ihr eigenes Leben, ihre Arbeit, sie ist finanziell unabhängig.

B.: Diese unabhängigen Frauen ... die das Leben nie ernstnehmen. Wenn einer mit Gott gutsteht, wenn er nicht gutsteht, heutzutage ... Nur Mut, mit diesem Mädchen, das ja wahrscheinlich noch ein paar Monate hierbleiben muß, dann wird es wieder abreisen müssen, aber in diesen Monaten müssen Sie ihm helfen ...

P.: Aber, Padre, wenn ich sie nach Hause schicke, muß sie sich wieder prostituieren.

B.: Versuchen Sie, etwas zu tun, damit ... Sie müßten mit einem Priester bei sich zu Hause sprechen, in Mailand gibt es ... warten Sie ... [sucht nach einem Buch, in dem die Adressen von zwei Kirchen stehen, in denen ein chinesischer und ein koreanischer Priester beschäftigt sind].

P.: Vielen Dank, Padre, aber ich dachte, um sie hierbehalten zu können, könnte ich sie vielleicht als Hausgehilfin anstellen und ihr eine Aufenthaltsgenehmigung besorgen.

B.: Das wäre das beste, aber ich weiß nicht, ob Ihre Frau darüber glücklich wäre.

P.: Nein, nein, meine Frau würde davon nichts erfahren. Ich würde sie nur pro forma anstellen ... Ich habe mich erkundigt, wenn jemand eine Anstellung hat, kann er eine Aufenthaltsgenehmigung bekommen. Ich würde sie natürlich in dem Appartement lassen.

B.: Na gut, aber denken Sie dran, daß sie niemals Ihre Frau werden kann. Man muß sie achten, muß ihr etwas beibringen, damit sie ihr Leben führen kann. Wie alt wird dieses Mädchen sein?

P.: Sie weiß selbst nicht, wann sie geboren ist, aber sie wird vielleicht vierzehn sein.

B.: Das sind ja richtige Kinder.

P.: Ja, in den Paß haben sie neunzehn geschrieben.

B.: Um sie volljährig zu machen, versteht sich. Ich kann Ihnen jetzt keine Absolution von Ihren Sünden erteilen, da Sie ja weitermachen. Haben Sie in letzter Zeit nicht gebeichtet?

P.: Doch, doch ...

B.: Haben Sie nie davon gesprochen ...?

P.: Doch, und alle haben mir gesagt, ich müßte aufhören. Und ich habe mir das jedesmal vorgenommen, aber dann ...

B.: Man muß sich vor den Versuchungen hüten. Diese Reisen in den Orient, Sie sollten nicht in diese Hotels gehen ... man muß sich hüten. Gehen Sie sonntags zur Messe?

P.: Ja. Wenn ich in Italien bin, dann ja.

B.: Also, denken Sie nach. Bitten Sie den Herrn um Vergebung für all Ihre Sünden, an die Sie sich nicht erinnern können oder von denen Sie nichts wissen, wie etwa bestimmte Gedanken, Schauspiele, unanständige Schauspiele, Fernsehen ... Und zur Buße das Vaterunser und das Ave-Maria, und dann vielleicht einen kleinen Pilgergang. Sind Sie hier aus Mailand?

P.: Ja.

B.: Gehen Sie zu einer dieser Kirchen, die der Muttergottes geweiht sind, nehmen wir Santa Maria delle Grazie zum Beispiel, gehen Sie dorthin und sprechen Sie einen Rosenkranz für sie, Sie verstehen mich. Machen Sie diese kleine Anstrengung, haben Sie ein bißchen Zeit dafür? Ego te absolvo ...

Belluno

B.: Ist es lange her, daß Sie das letztemal gebeichtet haben?

P.: Ja, etwa sechs Jahre. Sehen Sie, ich habe damals eine Beziehung angefangen, und ich habe seitdem nie den Mut gefunden zu beichten.

B.: Ist diese Beziehung nun zu Ende?

P.: Nein, sie geht weiter. Außerdem, sehen Sie ...

B.: Meine Liebe, sind Sie verheiratet?

P.: ... Naaain, nein ... Diese Beziehung ist mit einer Frau. Sie sehen also ... Ich habe gehört, daß die Kirche seit dem *Neuen Katechismus* sich uns gegenüber etwas aufgeschlossener zeigt.

B.: Die Kirche ist nicht erst heute aufgeschlossener. Sie hat gestern wie heute stets Barmherzigkeit geübt, aber ... Sie müssen diese

Frau verlassen, das ist widernatürlich, verstehen Sie?

P.: Aber ich kann nicht anders!

B.: Aber leben Sie denn mit dieser Frau zusammen?

P.: Ja, natürlich. Und es ist mir auch gelungen, sie Gott näherzubringen, auch wenn sie sich weigert, in die Kirche zu gehen, weil sie weiß, daß man dort Leute, wie wir sind, nicht akzeptiert.

B.: Sie gehen aber sonntags zur Messe?

P.: Nein, Padre, seit ich mit ihr zusammen bin, gehe ich nicht mehr.

B.: Aber wie kam es denn, daß Sie mit dieser Frau anfingen?

P.: Es ist einfach geschehen. Wir haben uns ineinander verliebt. Es war stärker als wir. Wir fühlen uns wohl miteinander, sie ist meine ganze Familie.

B.: Nun, sehen Sie ... diese Art und Weise ... diese Art, eh, ist widernatürlich. Der Mann ist für die Frau bestimmt, die Frau ist für den Mann bestimmt. In diesem Fall ist, ist da ein widernatürliches Verhalten vorhanden. Nicht die Kirche ist es, die euch nicht will ... Die Kirche ist oft streng: aber sie ist nicht streng, weil sie diese Situation nicht bedenkt und nicht bedenken will. Sie denkt daran, und wie! Sie denkt jedoch, wie sie dabei helfen kann, aus diesen Situationen herauszukommen ... aus diesem Teufelskreis.

P.: Aber Padre, sehen Sie, es handelt sich nicht nur um etwas Körperliches! Wir ergänzen uns gegenseitig. Es geht mir gut mit ihr, ich habe meine Frieden.

B.: Entschuldigen Sie, ich will nicht indiskret sein ... aber wo leben Sie?

P.: Bei Mailand. Ich habe die Gelegenheit einer Dienstreise genutzt.

B.: Ahhh! Nicht von hier also! Aber, aber, auch wenn ich Ihnen die Absolution erteilen würde ... ich fürchte, das würde schlecht aufgenommen, verstehen Sie? Weil Sie ja diese Beziehung beibehalten wollen. Die Absolution ist nur gültig, wenn Sie alles tun, um diese Situation zu verändern; es ist, als hätten Sie gestohlen, und als wollten Sie immer weiter stehlen und nichts tun, um mit dem Stehlen aufzuhören ...

P.: Aber, Padre, ich kann das nicht, ich will sie nicht verlassen! Ich müßte wieder ein Leben führen wie früher, nur halb, nichts Vollständiges. Ich habe viel opfern müssen dafür, ich mußte in eine andere Stadt ziehen, mein Vater will mich nicht mehr sehen … Er versteht das nicht. Es ist nichts Abartiges, wie man meinen könnte. Wie ich schon sagte: Sie ist meine Familie für mich!

B.: Ja, aber wenn auch eine sexuelle Beziehung besteht … das ist das Schlimme, das Deformierte daran! Ich verstehe, daß man sich hilft, unter Freundinnen, aber … das ist das Abartige. Fühlen Sie sich, Sie entschuldigen, vom männlichen Geschlecht nicht angezogen?

P.: Nein, Padre! Es … wie soll ich sagen, es stößt mich ab!

B.: Sprechen Sie bitte leise!

P.: Pardon. Die männliche Stärke, das Gewalttätige …

B.: Aber meinen Sie nicht, daß diese Art und Weise, die weibliche, ebenso … eine sanfte, eine versteckte Gewalt …

P.: Eben weil es sanft ist, sehe ich keine Gewalt darin!

B.: Bleiben Sie noch hier, oder müssen Sie wieder abreisen?

P.: Ich muß wieder abreisen.

B.: Ist es das erstemal, daß sie es beichten?

P.: Ja, ich habe erst jetzt den Mut dazu gefunden.

B.: Ich begreife Ihr Bedürfnis, sich dem Herrn zu nähern, aber die Tatsache, daß Sie NICHT AUFHÖREN wollen, keine andere Lösung suchen wollen … verstehen Sie? Das ist das große Problem dabei: Wenn Sie nicht aufhören wollen oder nicht AUFHÖREN KÖNNEN damit … Im übrigen ist die Kirche vielleicht verständnisvoller, als man meint, auch in ihren jüngsten Schriften. Aber hier, hier gibt es eine Behinderung durch den WILLEN, ja. Ich habe ähnliche Erfahrungen gemacht, aber da gab es etwas anderes: den Willen, sich zu bessern. Sie hingegen sagen: »Nein, ich bin so, und so bleibe ich!« Und das ist ein HINDERNIS! Kein einziger Lichtstrahl, um Ihnen die Absolution zukommen zu lassen. Sie erleben ein äußerliches, rein oberflächliches Glück, und an diese Frage sind andere Fragen nach der Existenz Gottes gebunden. Das ist es!

P.: Ach wissen Sie, ich wünsche mir oft, anders zu sein.

B.: Oh, dessen bin ich sicher. Das bestreite ich nicht.

P.: Sehen Sie, dieses Leben ist nicht leicht …

B.: Ah, ah, ah, sehen Sie, daß Sie unglücklich sind?

P.: Nein, es ist nicht leicht in dieser Gesellschaft: Es ist sehr schwer, das private Leben mit dem öffentlichen zu verbinden. Aber wenn ich zu Hause bin, mit ihr …

B.: Ja, aber, sehen Sie, sehen Sie, daß es diese Unausgewogenheit gibt? Wie ich vorher sagte: Der Mensch ist für solche Unausgewogenheiten nicht geschaffen, sondern für eine Ausgeglichenheit, auch in den menschlichen Beziehungen. Der Mensch ist ein soziales Wesen: wie in der Liturgie mein gemeinschaftliches liturgisches Gebet sich auf das persönliche Gebet stützt, und wie mein persönliches Gebet die Liturgie beeinflußt, EBENSO beeinflußt auch mein persönliches, privates Leben … und umgekehrt. Der Mensch ist nicht »doppelt«. Ich denke, durch Gespräche mit bestimmten Leuten, mit Priestern, nicht?, auf die lange Sicht, nicht jetzt zu Ostern, und vor allem in einer bequemeren Position, nicht auf Knien, ja, da könnte man versuchen, dieses Problem zu lösen. Aber nur, wenn Sie den Willen haben, da herauszukommen!
P.: Vielleicht mit Hilfe eines Psychologen …?
B.: [Gelächter] Ja, das wollt ich sagen! Das wollt ich sagen! Ja, ja! Aber sehen Sie, ein Psychologe … das Problem ist gewiß interessant, aber ein Psychologe kommt nur bis zu einem gewissen Punkt, dann mischt Gott sich ein, in Ihren Willen. Nur Gott kann die Sache bei den Wurzeln packen. Und Sie könnten es schaffen. Aber Sie brauchen dazu … In diesem Fall kann es nicht die rasche Absolution sein, die DAS Problem löst. Sie löst nur EIN Problem, aber das Grundproblem bleibt, das Ihrer Willenskraft, die hervorgeholt werden muß, um die vollständige Absolution erhalten zu können! Das ist es! Sie sagen, wenn Sie zu Hause sind … aber wenn Sie nicht zu Hause sind?
P.: Wissen Sie, mein Vater ist überzeugt, daß der Teufel in mich gefahren ist.
B.: Naja, lassen wir den Teufel beiseite. Ja, logischerweise liegt es nahe … Der Teufel ist da, dieser Wille ist da, diese Neigung, diese Widrigkeit. Man müßte ein wenig Ordnung schaffen. Ich denke, mehr als ein Psychologe könnte ein Sexologe helfen.
P.: Ich werde darüber nachdenken. Jedenfalls vielen Dank, Padre.
B.: Ich segne Sie und empfehle Sie dem Herrn, mit Bedauern. Ich denke, wenn Sie in einiger Zeit wiederkommen, werden Sie eher bereit dazu sein, die Absolution entgegenzunehmen. Aber gehen Sie zu einem Sexologen!

Norditalien

[Der Pönitent bekennt, homosexuell zu sein und mit einem Freund zusammenzuleben. Aus einem gleich verständlichen Grund möchte ich den Namen der Ortschaft nicht angeben.]
[...]

B.: Tja, ich habe gehört, daß die Kirche, ich glaube, sie hat erst kürzlich zu einem gütigen, barmherzigen ... einem verständnisvollen Verhalten aufgerufen, vor allem diesen Situationen gegenüber.

P.: Ja, der *Neue Katechismus* sagt, man solle uns mit Behutsamkeit behandeln. Aber er sagt auch, wir müßten keusch leben.

B.: Natürlich, das hat alles seinen Sinn.

P.: Aber können Sie sich vorstellen, wie schwer das ist?

B.: Alle beide müssen es wollen.

P.: Ja, sehen Sie, wenn ich meinem Freund so etwas vorschlagen würde, dann würde er mich sofort verlassen. Was nur dazu führen würde, daß wir alle beide in unser altes Leben verfallen und beständig sündigen würden. Mir scheint, das wäre schlimmer.

B.: Nein, einen Augenblick, entschuldigen Sie ... Wir wollen sehen, hier. Ich glaube, auf diesen Fall wird ausführlich eingegangen, auch in diesem Buch ... [liest]: »Homosexualität. Das Alte wie das Neue Testament brandmarken die ›Homosexualität‹ als eine der schlimmsten Degenerationen. In seinem Brief an die Römer erklärt Paulus, wie die Verweigerung der Lobpreisung Gottes und der Dankbarkeit gegenüber Gott den Grund aller menschlichen Erniedrigung bildet; und Paulus fährt fort, Gott habe sie deshalb den perversen Gelüsten ihrer Herzen überlassen, er habe sie den Unreinheiten übergeben, mit denen sie ihre eigenen Körper schänden, sie, die Gottes Wahrheit haben verwandelt in Lüge [...]; sie haben Mann mit Mann Schande getrieben und den Lohn ihres Irrtums an sich selbst empfangen.«

P.: Scheint Ihnen das nicht sehr hart zu sein, Padre? Ich bin doch so geboren, ich habe es mir nicht ausgesucht.

B.: Ich weiß, daß das hart ist.

P.: Ich bin schon von klein auf so. Ich habe auch versucht ...

B.: Sehen wir, was da weiter steht: »Und doch wird der Beichtvater es nicht selten mit Personen zu tun haben, die viel beten und wegen ihrer perversen Neigung viel leiden. Auch in diesem Fall kann es eine effiziente Hilfe nur auf der Basis gründlicher psychologischer Kenntnisse geben. Im Falle einer homosexuellen Neigung muß in erster Linie die Pflicht, sich der Neigung mit ganzer Kraft zu widersetzen, hervorgehoben werden. Vor allem muß in den Betroffenen der Verantwortungssinn erweckt werden, damit sie sich wenigstens nicht der Pervertierung anderer schuldig machen.«

P.: Ja, eben, indem ich nur mit einem Menschen zusammen bin anstatt mit ...

B.: Dieses Zusammenleben ist es, das Sie in eine, sagen wir, anormale Lage bringt, nicht?

P.: Ich weiß, aber vielleicht ist es weniger schlimm, das ganze Leben lang zu zweit zu sein, als jeden Abend den Partner zu wechseln, wie ich das vorher getan habe. Jetzt, mit dieser Beziehung, sündige ich, glaube ich, weniger. Ich weiß, daß es »widernatürlich« ist, aber das ist nun mal meine Natur.

B.: Nun, wir wollen jedenfalls zu Ende lesen, was hier steht. »Wenn möglich, muß der Beichtvater den Betroffenen auf seine Pflicht ansprechen, sich einer Therapie zu unterziehen. Wenn ein Mann sich aus eigenem Willen in eine Lage versetzt, in der er keine Familie gründen kann, versündigt er sich gegen sich selbst und gegen die Gesellschaft, und er kann zu einer Ursache verschiedenster Störungen werden. Wenn der Beichtvater es mit Personen zu tun hat, die trotz guten Willens immer wieder rückfällig werden, soll er ihnen sein Mitgefühl als guter Samariter bezeugen. Gütiges Verständnis und respektvolle Ermutigung werden sehr viel mehr helfen als harte Vorwürfe.« Ich bin nicht hier, um zu verurteilen, sagt Jesus, ich bin hier, um zu retten.

P.: Eben, Padre, warum kann die Kirche nicht akzeptieren oder nicht anerkennen, daß es sich nicht um ein Laster handelt, sondern um ...

B.: Ich weiß, es ist eine Bürde, an der wir alle zu tragen haben, nicht? Eine schwere Bürde.

P.: Eine Bürde ist es, weil die Kirche uns verurteilt, ohne das wäre es eine Freude wie das normale Leben auch.

B.: Nun, wir können nicht sagen »normal«, denn der Apostel Paulus, der direkt an die Römer schreibt, und wir wissen, daß seine Briefe vom Heiligen Geist diktiert sind, seine Briefe sind beseelt, und dieser Brief an die Römer ist einer der wichtigsten, die der Apostel Paulus geschrieben hat ... Ich weiß es nicht genau, nein, der Brief an die Hebräer, der nicht, der wird nicht dem Paulus zugeschrieben, aber eine so ausdrückliche Stellungnahme finden wir, glaube ich, wirklich nur in diesem Brief, deshalb überläßt Gott sie ihren schändlichen Leidenschaften: »Sie haben sich aneinander erhitzt in ihren Lüsten und haben Mann mit Mann Schande getrieben und den Lohn ihres Irrtums an sich selbst empfangen.« Was soll ich Ihnen da sagen, mein Lieber?

P.: Ich weiß, daß ich der heiligen Schrift und der Kirche zufolge sündige, aber es gelingt mir nicht, das zu bereuen oder zu versprechen, es nicht mehr zu tun. Denn ich weiß, wenn ich diese Familie zerstöre, erlauben Sie, daß ich es Familie nenne, dann werde ich sehr unglücklich sein, werde auch einen anderen Menschen unglücklich machen und werde überdies die Voraussetzung für noch schlimmere Sünden schaffen. Ich habe gehofft, daß der *Neue Katechismus* ...

B.: Nun, der *Neue Katechismus,* Sie wissen, daß Sie das geistige Wort nicht mißachten dürfen. Sie können auch die Vorschriften der Kirche nicht mißachten, die für Sie, glaube ich, eine schwere Bürde bedeuten, an der wir aber alle zu tragen haben. [Pause] Darf ich Ihnen etwas beichten? Sogar ich habe in einem Moment großer Schwäche ein paar Seitensprünge gemacht, obwohl ich Priester bin. In einem Augenblick großer Schwäche, vielleicht aufgrund der Tabletten, die ich damals nehmen mußte, bin ich sehr ins Schleudern geraten, aber es blieb auf wenige Momente beschränkt, dann habe ich verstanden, ich habe mich gleich wieder gefangen, es ist nur zu ein paar leichten Berührungen gekommen, die den Orgasmus bei mir und bei der anderen Person hervorgerufen haben. Dies für nur sehr wenige Tage. Dann bin ich wieder zur Vernunft gekommen, ich habe es bereut und bitte den Herrn ständig um Vergebung. Ich mußte das auch einmal beichten, um ein wirklich freies Gewissen zu haben. Es ist mir, mit Hilfe des Herrn, gelungen, diesen schwierigen Moment zu überwinden. Ich habe Ihnen gesagt, daß es sich nur um einfache Berührungen gehandelt hat, ja, sonst nichts.

P.: Ich kann mir vorstellen, daß das Keuschheitsgelübde eine schwere Bürde bedeutet.

B.: Richtig. Was soll ich Ihnen sagen? Ich kann beten, und Sie? Na also? Es tut mir leid, daß ich dieses Büchlein hier so nötig brauche, daß ich es Ihnen nicht schenken kann [zeigt ein anderes Buch].

P.: Ich werde es mir kaufen, wenn Sie mir die genauen Angaben nennen.

B.: Sie können es bei den Schwestern von San Paolo bekommen. [...] Das Büchlein enthält Psalmen, sehen Sie, es sind Psalmen. Das Lesezeichen liegt bei diesem Psalm hier, denn den lese ich fast alle Tage. »Barmherzig und gnädig ist der Herr, geduldig und von großer Güte. [...] Er handelt nicht mit uns nach unseren Sünden und vertilgt uns nicht nach unserer Missetat. [...] Wie sich ein Vater über Kinder erbarmt, so erbarmt sich der Herr über die, so ihn fürchten. Denn er kennt, was für ein Gemächte wir sind; er gedenkt daran, daß wir Staub sind.« [Aus dem 103. Psalm, A. d. Ü.]. ... Wenn ich nicht indiskret bin ... ist diese Person, mit der Sie zusammenleben, älter als Sie?

P.: Nein, zwei Jahre jünger als ich.

B.: Jünger.

P.: Naja, ungefähr gleich alt.

B.: Atheist, sagten Sie?

P.: Ja, absolut nicht gläubig.

B.: Könntet ihr nicht damit beginnen, ein wenig getrennt zu leben?

P.: Das würde er nicht verstehen. Er kann mein Problem von Grund auf nicht verstehen. Stellen Sie sich einen Nicht-Gläubigen vor. Im Gegenteil, es ist schon viel, daß ich ihn dazu überreden konnte, nicht mehr zu fluchen und ein ... kurz, wenn schon kein gläubiges, so wenigstens ein christliches Verhalten anzunehmen.

B.: Wie ein wohlerzogener Mensch.

P.: Ja, aber auch mehr: Vorher hat er zum Beispiel seinen Vater schlecht behandelt ... ja, ich glaube sogar, ich tue etwas Gutes mit dieser Beziehung.

B.: Strengen wir uns an. Bitten wir den Herrn auch darum. Beten wir zu unserem Schutzengel: »Lasset die Kindelein zu mir kommen«, sagt Jesus, »denn ihre Engel im Himmel schauen allesamt das Angesicht meines Vaters im Himmel.« Deshalb glaube ich, daß unseren Schutzengeln dort eine besondere Macht gegeben ist, unverzichtbar für uns alle. Um uns aus diesen mühevollen Situationen herauszuhelfen und um uns die Bürde zu erleichtern, an der jeder von uns zu tragen hat. Sie sagen zwar, Sie würden nicht bereuen, aber ich meine doch – Sie wären wohl sonst nicht hierhergekommen. Sie hätten nicht zu beichten versucht, nicht?

P.: Padre, ich weiß, daß ich ein Verdammter bin.

B.: Nein, das dürfen Sie nicht denken, versuchen wir, mit der Hilfe des Herrn diese besondere Situation zu überwinden, ja? Wir sind keine Verdammten, wir dürfen auch nicht denken, wir seien so anders als die anderen. Ja, das Anderssein liegt vielleicht darin, in Ihrer Situation gibt es dieses Zusammenleben, aber Sie sagen: »Das Zusammenleben mit dieser Person hilft mir dabei, noch schlimmere Sünden zu vermeiden.« Nun, ich denke, das könnte schon ein erster Schritt sein, um mit Hilfe des Herrn da herauszukommen.

P.: Wir hoffen sogar, eines Tages ein Kind adoptieren zu können, wenn die Gesetze geändert werden.

B.: Man wird euch schwerlich eines geben, es wird nicht leicht sein, die Erlaubnis zu einer Adoption zu bekommen.

P.: Gottseidank schreitet der Staat schneller voran als die Kirche.

B.: Nun, der Staat ist zu schnell vorangeschritten, denn er hat die Abtreibung erlaubt, vor allem der italienische Staat, und auch die Scheidung. Der Staat hat leider seine eigenen Gesetze, die ganz anders und der Kirche völlig entgegengesetzt sind, und der christlichen Moral ... Ich spreche dich los von deinen Sünden.

Bologna

P.: Mir liegt ein schwerer Stein auf dem Gewissen. Sehen Sie, Padre, ich bin homosexuell und ... aber niemand weiß es, und jetzt habe ich mich mit einem Mädchen verlobt, und wir sprechen auch schon von der Hochzeit. Aber ich würde das nur aus Gründen der gesellschaftlichen Tarnung machen, um ein normales Leben führen zu können. Scheinbar wenigstens.

B.: Warum scheinbar? Sie müssen versuchen, wenn Sie dieses Mädchen wirklich wollen, sich ins Lot zu bringen, denn ich bin überzeugt davon, daß diese Situationen ein bißchen die Folge einer Charakterschwäche sind. Wenn Sie sich jetzt auf einen geordneteren Weg begeben, der der Natur der Dinge entspricht, werden Sie darin gewiß auch mehr Genugtuung empfinden, als durch die anderen, unordentlichen Handlungen. Das müssen Sie sich vor Augen halten, denn da der Herr uns so erschaffen hat, und wie es in der Bibel heißt: Als Gott Mann und Frau erschuf, Männchen und Weibchen, sah er, daß es gut war. Wenn er also die Dinge gut und richtig erschaffen hat, dann sind wir ihm verpflichtet. Nun, daß man unter gewissen Umständen seine Natur etwas vom Weg abkommen läßt, nun, man kann ja wieder zurück – davon bin ich überzeugt – was immer man daherredet von »Ich weiß nicht wie«, denn mit der Hilfe des Herrn können wir das wirklich werden lassen, was der Herr will.

P.: Padre, aber es ist mir angeboren, ich bin nicht erst so geworden.

B.: Nicht angeboren ...

P.: Es ist wohl ein genetisches Problem.

B.: Es ist nicht genetisch.

P.: Aber es war keine Entscheidung.

B.: Sehen Sie, es ist kein Problem, es ist eine Prä... eine Situation, die sich in uns entwickelt, denn unter gewissen Aspekten machen wir alle diese Phasen durch, einer ... sagen wir so ... einer Annäherung und eines besonderen Interesses für das eigene Geschlecht, und dann erst für das andere Geschlecht. Wenn ich mich dort blockiere, dann ist es klar, daß ich dort stehenbleibe, aber das ist nicht eine Frage der Genetik, das ist eine Frage der Willensanstrengung, ob man die Sache lösen will. Das meine ich. Und mit Hilfe des Herrn gelingt das. Und andererseits, wenn Sie mit Frauen gehen, ah ... ah ... ah, warum sind Sie dann homosexuell?

P.: Ich habe homosexuellen Verkehr.

B.: Nun, eben, es wäre gut, wenn Sie diesen Verkehr jetzt aufgeben und versuchen, ein Le ... und versuchen, die Verbindung mit Ihrer künftigen Braut, Ihrer jetzigen Verlobten, besser zu verwirklichen, dann kommen die Dinge wieder ins Lot.

P.: Aber sehen Sie, Padre, wenn ich mit diesem Mädchen Geschlechtsverkehr habe, dann tu ich das sehr ungern oder sogar mit Abscheu.

B.: Und die anderen? Tja, da haben wir's. Daß wir im Hirn ein wenig abwegig sind ... es ist, als würde man mir sozusagen einen Teller mit, ich weiß nicht was, mit Knödeln vorsetzen, und einen

Teller mit Spaghetti: nun gut, wenn ich die Knödel, puh, nun einmal nicht mag, mach ich mich sofort über den anderen Teller her und ... es ist doch klar, daß ich mir vielmehr sagen muß, dies ist ein gutes Gericht. Und sehen Sie, deshalb sage ich, daß das eine Angelegenheit ist, die hier oben, hier, hier, genau hier im Kopf sitzt. Genau hinter dieser vier Finger breiten Stirn, die der Herr uns gegeben hat, und hinter der unser Verstand sitzen sollte.

P.: Aber das Problem ist, ob ich es dem Mädchen offen sagen soll.

B.: Hm, also ich würde es nicht sagen.

P.: Sie würden es nicht sagen?

B.: Wir haben alle unsere Geheimnisse. Ich meine, was einer vorher an XY-Beziehungen gehabt hat, wenn sie nicht, sagen wir, die Zeugungskraft beschädigt haben oder genetische Konsequenzen haben, was weiß ich, dann ja, dann muß man es natürlich sagen. Aber ich glaube, wir alle dürfen uns ein geheimes Eckchen bewahren. Warum soll man alles sagen? Alles auftischen?

P.: Es ist eher ein ganzer Platz, nicht ein Eckchen, es ist mein ganzes Leben!

B.: Es gibt immer eine Ecke, denn wenn ich jetzt hier einen anderen Weg einschlage, dann bin ich um die Ecke gebogen. Das wäre meine Meinung, sehen Sie selbst zu ... strengen Sie sich an, mit der Hilfe des Herrn, durch das Gebet, durch häufige Teilnahme an den Sakramenten, um die Unterstützung des Herrn zu erbitten für diese neue Situation, die richtiger ist, die dem Willen des Herrn entspricht, so wie es in der heiligen Schrift steht. Tja, das ist es, was an dieser Stelle gesagt sein muß. Ich kann hier nicht wie ein Psychologe sprechen oder wie ein Arzt oder was, ich denke an den religiösen Aspekt der Sache, der sich auf das Wort Gottes stützt. Ja, das, was ich nicht begreifen kann und will, ist, daß Sie sich auf die »Genetik« berufen, das paßt mir nicht, paßt mir gar nicht, ich glaube nicht, daß es das gibt. In anderen Dingen mag es das geben, aber das sind dann konkretere Dinge, sagen wir, ... eine eigentliche Übertragung. Verstanden?

P.: Nein.

B.: Nun, nun, verlieren Sie nicht den Mut. Hm?

P.: Ja, Padre.

B.: Bitten Sie den Herrn aufrichtig um Vergebung und sprechen Sie ein Ave-Maria zur Muttergottes. Ego te absolvo ...

Siracusa

[...]

P.: Ich war immer schon homosexuell, Padre, und ich habe geheiratet, weil ich ein Kind haben wollte und weil ich ein normales Leben führen wollte. Meiner Frau hab ich es nie gesagt, sie weiß nichts ... und das ist ein Problem, denn ich habe kein Verlangen nach Frauen. Und deshalb ist die sogenannte »eheliche Pflicht« für mich eine Pflicht im wahrsten Sinn des Wortes. Ich versuche sie zu erfüllen, so gut ich kann, aber ... Wissen Sie, meine Frau ist sehr unternehmungslustig, sie übernimmt immer die Initiative ...

B.: ... Möglicherweise, daß sie jetzt ... ich meine, daß sie etwas gebremst wird, weil ... Sie haben, seit Sie verheiratet sind, seit Sie mit ihr sind, niemals eine Erregung, ein Gefühl für sie empfunden?

P.: Doch, doch, das schon, denn ich mag sie ja, ich ...

B.: Auch das Problem der Homosexualität ... denn von Natur aus ist man nicht homosexuell ... es ist keine grundlegende Sache, deshalb muß man fast wie mit einem anderen Kopf leben. Manchmal, sagen wir, vielleicht hatten Sie als Kind ein schlechtes Verhältnis zu Ihrem Vater, Sie fühlten sich nicht richtig geliebt, oder Sie hatten eine Mutter mit einem Charakter, der ...

P.: Ja, meine Mutter war sehr besitzergreifend ...

B.: Deshalb, wenn Ihre Frau, zum Beispiel, bei Ihnen ist, dann sehen Sie in ihr die Gestalt der Mutter, die Ihre Männlichkeit aufzehrt. Und wenn Ihre Frau beim Geschlechtsverkehr die Initiative ergreift, dann fühlen Sie sich fast vergewaltigt, in dem Sinn, daß Sie sich wohler fühlen würden, wenn Sie die Initiative ergreifen könnten?

P.: Ja, es wäre mir schon lieber, wenn ich sie ergreifen könnte, aber auf meine Weise, denn es gibt Dinge, die ich anderen vorziehe, die mehr übereinstimmen mit der ...

B.: Mit der Zeugung?

P.: Die Zeugung ist nochmal ein Problem für sich, denn ich hätte gerne noch ein Kind, es kommt aber keines, aber die Dinge, die mir liegen, sind eher die, die nicht für die Zeugung geeignet sind, die ... kurz, das, was man unter Männern macht.

B.: [unverständlich] Diese Homosexualität hat sehr tiefe Wurzeln ...

P.: Ja, nein, nein, ich habe als Junge, anfangs, mich um normale Beziehungen bemüht und hab sie auch gehabt, so mit 16, 17, 18 Jahren, dann hab ich gemerkt, daß ich eindeutig ...

B.: ... Was für Erfahrungen haben Sie gemacht?

P.: Mit einem gleichaltrigen Mädchen, aber ich habe gleich gemerkt, daß mich das nicht interessierte, während ich mich zu meinen Kameraden sehr hingezogen fühlte, und als es dann passierte, wußte ich, daß ...

B.: Aha, mit 17 haben Sie es gemerkt?

P.: Mit 18.

B.: Könnte es nicht sein, daß das damals losging als Folge einer Enttäuschung mit dem anderen Geschlecht? Ich meine, daß das ausgelöst wurde durch die Frustration nach einem wenig befriedigenden Geschlechtsverkehr?

P.: Aber es waren nur ganz wenige Male. Ich glaube nicht, denn mit den Männern hat es mir sofort sehr gefallen, und ... bei den wenigen Erfahrungen mit Frauen, nein ... Deshalb greife ich mit meiner Frau lieber zu Mitteln, die ...

B.: Zu Mitteln lieber nicht, würde ich sagen, denn diese Mittel sind etwas ... die Mittel sind Sünde ... Verhalten Sie sich beim Geschlechtsverkehr eher männlich oder weiblich? Ich meine, beim Verkehr mit Männern, möchten Sie da lieber geben oder nehmen?

P.: Mir ist es lieber zu nehmen ... und das erschwert die Dinge ...

B.: Ich will Ihnen folgendes sagen. Versuchen Sie, sich vor Augen zu halten, daß Sie alles, was Sie von einem Mann bekommen können, selbst bereits besitzen ... [unverständlich] Sie nutzen den Mann aus, aber machen Sie sich klar, daß Sie selbst ein Mann sind ... Sie haben auch einen Bart!

P.: Ich weiß nicht ... aber was meinen Sie, Padre, sollte ich es meiner Frau sagen?

B.: Ich weiß es nicht. Ich weiß nicht, ob ... in einer solchen Situation ...

P.: Ich bin mir auch unsicher. Es wäre wahrscheinlich ehrlicher, und es könnte auch hilfreich sein, aber es besteht die Gefahr, daß sie angewidert ist davon und daß sie dann die Ehe beenden will, denn schon so ist sie nicht besonders zufrieden. Was raten Sie mir?

B.: Sie könnte zu Ihnen sagen: »Warum hast du mich geheiratet, wenn du damals schon so warst? Warum hast du das gemacht? Gezwungenermaßen? Wer hat dich gezwungen?«

P.: Naja, ich mochte sie, es war keine große, leidenschaftliche Liebe, ich mochte sie gern, und sie ist mir sehr sympathisch, und ich war ihr auch treu, das heißt, was andere Frauen betrifft.

B.: Das ist absurd, diese Psychospiele! Wenn Sie eine Frau wären und Ihre Frau ein Mann ... Tja ... Ich neige zu der Meinung – vor allem, weil das in einem kritischen Alter losging, im 17., 18. Lebensjahr –, daß Sie in Ihrer Vergangenheit unter fehlender Liebe gelitten haben. Das heißt, es handelt sich mehr um eine psychische Sache.

P.: Wollen Sie mir nahelegen, zu einem Analytiker zu gehen?

B.: Waren Sie nie bei einem dieser Leute?

P.: Nein, aber man hat es mir angeraten.

B.: Man müßte erst sehen, zu wem, denn häufig ... ich bin nicht sehr begeistert davon. Sie gehen immer ran, als befänden sie sich in einem Labor, aber der Mensch ist kein Labor, man nimmt eine Person auseinander, ihr Gleichgewicht ist dahin, dann schickt man sie zu einem anderen, und dann, wer weiß ...

P.: Ich dachte an einen Freudianer.

B.: Ach, einen Freudianer? Ein Freudianer hat aber nicht den Überblick über eine Person, vom Geistigen her gesehen, denn er studiert die Leute wie Maschinen, er sieht nur Körper und Funktionen. Das heißt das Menschliche in seiner Art. Haben Sie diese Sünden schon einmal einem Priester gebeichtet?

P.: Ja, dem Priester zu Hause, unserem Pfarrer.

B.: Und vermag er Ihnen etwas zu raten, um diese Situation zu lösen?

P.: Ja, er sagt, nach und nach, er versichert mir, daß die geistige Beziehung in Ordnung sei, und immer nach und nach, nach und nach würden wir uns daran gewöhnen, werden wir einen Weg finden ...

B.: Ich würde sagen, gehen Sie mit großer Ungezwungenheit daran, diese Welt zu entdecken, die Welt Ihrer Frau, damit sie ...

damit sie ihre Freude daran hat, mit Ihnen zu sein. Ja. Sie müssen sagen: Ich wette, daß ...

P.: Aber ich weiß nicht, wenn ich mit meiner Frau im Bett liege und diese Dinge tue, dann ... kommt es mir immer grausam vor, daß sie die Wahrheit nicht kennt.

B.: Sie möchten es Ihrer Frau nicht sagen?

P.: Nein. Auch deshalb, weil sie jedesmal, wenn wir von Homosexualität sprechen, mit Abscheu darauf reagiert. Und ich möchte mein Kind nicht verlieren, ich liebe es sehr, das ist es.

B.: Aber als Sie geheiratet haben, da wollten Sie heiraten? Sie wollten Kinder?

P.: Ja.

B.: ... Was soll ich Ihnen sagen? Daß Sie sich nicht quälen sollen, sich nicht geringer fühlen sollen, als Sie sind. Es ist ein Jammer, aber manchmal setzen sich Mechanismen fest ... Es ist ein innerer Kampf, den Sie durchleben. Sie könnten mit sich eine Wette abschließen: »Ich will versuchen, mich in das Weibliche zu verlieben«, und wenn Sie dann eine innere Stimme hören oder ein Begehren, das sagt »Aber ich fühle mich wie eine Frau«, zum Beispiel, »Na gut, aber ich will probieren, es auf eine andere Art zu sein«, und wenn Sie sich dann in diese Art, Frau zu sein, verlieben, Sie sich also sagen: »Nun gut ...« Wetten Sie mit sich selbst: »Ich fühle mich innerlich wie eine Frau, aber ich will eine Welt entdecken, eine Seite, die ich nicht habe« ... Dort müßte man anfangen, nach dem auslösenden Faktor zu suchen, den Mangel an Liebe von seiten des Vaters oder der männlichen Bezugsperson, als Sie noch klein waren, Sie hatten also keine Vergleichsmöglichkeit, konnten sich nicht identifizieren mit dem Vater, weil die Figur der Mutter zu stark war. Den Vater haben Sie immer als ein wenig zurückgesetzt oder zweitrangig gesehen, so daß Sie in ihm kein Ideal erkannten, dem man nacheifern möchte. Sie sehen in der männlichen Figur nichts sonderlich Erhabenes?

P.: Nein.

B.: Ah, eben deshalb, Sie sehen in ihr nichts Erhabenes, aber Sie nehmen die Männlichkeit der anderen auf, als würde sie Ihnen nicht gehören. Das heißt, Sie haben ein Konfliktverhältnis zur Männlichkeit und können sich nicht mit der Tatsache identifizieren: »Ich bin männlich«. Also sagen Sie sich: »Ich bin männlich, und damit basta!« Das heißt: »Es genügt mir, das zu sein, was ich bin, nämlich männlich.« Ich meine, da Sie keine imponierende Figur kennengelernt haben, konnten Sie sich nicht identifizieren, aber sie fehlt Ihnen. Es stimmt, sie fehlt Ihnen, deshalb müssen Sie sie von außen erhalten ... Entschuldigen Sie, aber da dies das letztemal ist, daß wir uns begegnen, versuche ich, die Wahrheit herauszufinden: Haben Sie in Ihren homosexuellen Beziehungen manchmal den aktiven Part eingenommen?

P.: Manchmal schon, ja.

B.: Und wie fühlten Sie sich in diesen Augenblicken?

P.: Gut, aber es ist nicht meine Rolle. Wenn man es von mir verlangte, dann okay, aber ich fühle mich nicht recht wohl dabei.

B.: Und in der passiven Rolle schon?

P.: Ja.

B.: Ja, aber das sind letztlich nur Aspekte, denn das moralische Studium der Psyche trägt uns zuweilen in diese Bereiche, ich meine, daß wir die einzelnen, sagen wir, Nomenklaturen oder Feinheiten einer Beziehung sehen. Ich würde sagen, nehmen Sie Ihr Herz in beide Hände, perfekt ist keiner, vielleicht ist auch in Leuten, die ihre Männlichkeit besonders zur Schau tragen, ein Quentchen Weiblichkeit, abgesehen davon, daß auch die Durchschnittsmenschen sind wie Sie auch ... also, deshalb müssen Sie sich nicht so sehr anders fühlen als die anderen. Und machen Sie diese Wette, daß Sie auf die Vertiefung der einen Tendenz setzen, die sich dann entwickeln und kräftigen könnte. Manche Leute werden erst mit fünfzig und mehr homosexuell. Und warum sollten Sie also nicht noch ein Hetero werden können? Auch noch mit fünfzig, meine ich? Die Zeit ist auf Ihrer Seite, und versuchen Sie, sie zu Ihrem Vorteil zu nutzen, nicht rückwärts zu gehen. Das müssen Sie sich selbst schwören, auf heitere Weise möglichst. Können Sie ... wie wenn Sie Schach spielen würden. Sie müssen kleine Züge machen, aber immer in eine Richtung, denn das zwingt uns in eine Richtung.

P.: Ja, ich habe verstanden.

B.: Und versuchen Sie auch, Ihre Frau zu entdecken und ihr zuzuhören, ihren Bedürfnissen entgegenzukommen, und wenn Sie vor allem die Mittel beiseitelegen wollten, sehen Sie zu, daß die Sache von selbst klappt, denken Sie in diesen Augenblicken ein wenig an Ihren persönlichen männlichen Stolz. Diese Mittelchen oder Methoden oder sonst was, die lege ich lieber weg, denn die lenken mich ab, sie verhindern, daß ich ich selbst bin: »Was ich ihr geben kann, gebe ich ihr.«

P.: Einverstanden.

B.: Bitten Sie Christus um Vergebung für all das und beten Sie viel, damit Gottes Gnade Sie begleitet bei Ihren Entscheidungen. Also, sprechen Sie die Bußformel. Ego te absolvo ...

Süditalien

[Ein Mann und eine Frau gehen zur Beichte. Zwei verschiedenen Beichtvätern erzählen sie, daß sie beide homosexuell sind, daß sie sich über eine Zeitungsannonce kennengelernt haben und heiraten wollen, um sich zu tarnen und um ein Kind zu bekommen. Der Beichtvater des Mannes erwidert darauf das übliche: Man muß sich von der Homosexualität befreien, durch »Gebete und ein geradliniges Leben«. Das Beichtgespräch der Frau fällt sehr viel sonderbarer aus, und an einem bestimmten Punkt wird auch der Mann mit einbezogen. Hier das Gespräch.]

B.: Woher kommst du?

P.: Aus Mailand. Wir sind auf einer Reise.

B.: Mit dem Auto?

P.: Ja.

B.: Und wie kommt es, daß ihr hier beichten wollt? Gibt es einen besonderen Grund dafür?

P.: Aufgrund einer Geschichte, die heute nacht passiert ist. Aber es ist schwer, darüber zu sprechen.

B.: Wer seid ihr beiden?

P.: [Pause] Wir sind dabei, uns besser kennenzulernen. Wir möchten heiraten.

B.: Wie lange seid ihr zusammen?

P.: Seit einem Monat. Sehen Sie, ich ... Naja, wir sind beide, er wie ich, homosexuell.

B.: Wie alt bist du?

P.: Fünfundzwanzig.

B.: Und er?

P.: Zweiundvierzig.

B.: Wer hat euch gesagt, daß ihr homosexuell seid?

P.: [Pause] Ich fühle mich zu den Männern nicht hingezogen.

B.: Kannst du bitte sehr deutlich sprechen? Sehr offen?

P.: Ja, Padre.

B.: Also, wer behauptet, du seist homo?

P.: Ich habe mich noch nie von Männern angezogen gefühlt. Ich hab es versucht, hab mir Mühe gegeben, aber ...

B.: Hast du Geschlechtsverkehr gehabt mit ihm?

P.: Wir haben es heute nacht versucht.

B.: Zum erstenmal?

P.: Ja. Aber er hatte keine Erektion. Und ich ... auch nicht.

B.: Hör mir zu: das sind vielleicht etwas heikle Fragen. Aber ... Hast du versucht, ihn zu masturbieren?

P.: Ja, Padre.

B.: Und wie hat er reagiert?

P.: [Pause] Er war nervös. Anfangs schien es, als rühre sich etwas, unter der Bedingung, daß ich still war. Er hielt die Augen geschlossen, um sich vorstellen zu können, er sei mit einem Mann zusammen. Ich habe mir jedenfalls Mühe gegeben.

B.: Hast du schon einmal Geschlechtsverkehr mit einem Mann gehabt?

P.: Nein, nie. Ich habe es versucht, aber ...

B.: Wie hast du es versucht?

P.: Körperlich. Ich konnte meine Rolle nicht akzeptieren.

B.: Aber der Mann, wollte er?

P.: Ja, er wollte. Aber ich konnte nicht.

B.: Aber er, auch wenn du nicht wolltest, hat er sich, und sei's gewaltsam, mit dir vereinigt?

P.: Nein, das nicht.

B.: Aber wenn du gewollt hättest, hätte er dann können? Hat er etwas gemacht?

P.: Er hat versucht, in mich einzudringen. Aber mir tat das weh. Ich habe es abgebrochen.

B.: Nun gut. Jetzt ... Hast du sexuelle Erfahrungen mit Frauen gemacht?

P.: Ja, Padre.

B.: Das erstemal war mit einer Frau?

P.: Ja, mit 17, mit einer Klassenkameradin.

B.: Wie ging das vor sich?

P.: Auf einem Klassenausflug. Wir schliefen im selben Zimmer. Sie hat sich mir genähert, dann ist es passiert. Wir waren dann eineinhalb Jahre zusammen.

B.: Und hatte sie zuvor schon Erfahrungen mit anderen gemacht?

P.: Ja, ein bißchen was, aber nie einen vollständigen Verkehr.

B.: Du weißt nicht, ob sie als Kind mißhandelt worden ist?

P.: Nein, das nicht. Wir haben darüber gesprochen ... es war eine natürliche Sache, sie kam spontan.

B.: Hatte sie Geschwister?

P.: Einen jüngeren Bruder.

B.: Und dir, ist dir vor dieser Erfahrung etwas geschehen?

P.: Nein.

B.: Hast du Geschwister?

P.: Ja, einen größeren Bruder. Ich lebe bei meiner Mutter. Mein Vater ist tot.

B.: Aber vor dieser Erfahrung mit 17, hast du da den Jungen nachgeguckt?

P.: Hm ... Vor dieser Erfahrung war gar nichts.

B.: Hast du häufig masturbiert?

P.: Ja, aber ich habe dabei an niemanden gedacht. Ich habe damals meinen Körper entdeckt.

B.: Mit Jungens hast du keine Erfahrungen gemacht?

P.: Ich sagte es schon. Nach der Erfahrung mit diesem Mädchen ...

B.: Aber bevor du 17 warst?

P.: Nein, nie. Ein paar Küsse auf Partys, aber nichts weiter.

B.: Und wenn du masturbiert hast, kamst du dann zum Orgasmus?

P.: Ja, die ersten Male ja. Nach der lesbischen Erfahrung nicht mehr.

B.: Hat der Mann versucht, dich zu masturbieren?

P.: Gestern abend? Ja. Aber ... Padre, es ist anders. Die Männer sind so heftig, so gewalttätig ... da verschließe ich mich. Mit Frauen ist das anders.

B.: Aber kannst du dich erinnern, ob man dich als Kind gewalttätig behandelt hat? Dein Bruder ... dein Vater?

P.: Nein, absolut nicht!

B.: Möchtest du ein Kind?

P.: Ja.

B.: Du wärst gerne Mutter?

P.: Theoretisch ja. Praktisch nicht. Der einzige Weg, um ein Kind zu bekommen, ist, mit einem Mann zu schlafen …

B.: Ich habe nie geglaubt, daß die Homosexualität ein nur körperliches Leiden ist. Dann könnte man es heilen. Die Medizin könnte mit Hormonen eingreifen, auf irgendeine Weise. Es ist kein körperliches Leiden, es ist psychisch. Man kann gesund werden. Man muß die Ursachen beseitigen.

P.: Ich glaube, daß es sich um eine Mischung aus genetischen Faktoren und daraus folgenden psychischen Faktoren handelt.

B.: Ja, der genetische Faktor kann eine Rolle spielen. Aber gesetzt den Fall, daß es eine körperliche Ursache gibt, dann müßte die Medizin eingreifen. Man gibt doch so viele Hormone, nicht? Sie könnten dich weiblicher machen, physisch, meine ich, mit den richtigen Mitteln, nicht?

P.: Entschuldigen Sie, aber ich glaube nicht, daß ich sehr männlich aussehe …

B.: Was die psychische Seite betrifft, so kann man die Ursache herausfinden und sie beseitigen. Es ist eine Therapie. Aber es gibt noch etwas. Es könnte am Spirituellen liegen.

P.: Aber ich habe nie Schwierigkeiten im Religiösen gehabt. Meinen Glauben habe ich nie in Zweifel gezogen.

B.: Hast du diese homosexuelle Erfahrung gebeichtet?

P.: Ja, Padre.

B.: Und bist du zur Kommunion gegangen? Bist du regelmäßig in die Kirche gegangen?

P.: Während der Beziehung zu diesem Mädchen nicht. Als das zu Ende war, habe ich gebeichtet und bin zur Kommunion gegangen.

B.: Jetzt wollen wir über etwas anderes sprechen, über etwas sehr Wichtiges. Diese Dinger, die du um den Hals trägst, das sind Talismane. Woher hast du die?

P.: Das Hörnchen hat mir ein Freund geschenkt, der bei einem Autounfall ums Leben gekommen ist.

B.: Bei einem Autounfall? Stell dir vor, was sich da für okkulte Verbindungen herstellen. Und das andere?

P.: Das ist eine Medaille mit einem keltischen Kreuz; ein irischer Freund hat sie mir geschenkt.

B.: Das ist kein christliches Kreuz! Und das Hörnchen …

P.: Es ist ein Andenken! Sonst nichts. Es hat keine symbolische Bedeutung für mich.

B.: Es hat keine Bedeutung?!? Ist das etwa christlich? Warum hängst du dir nicht ein schönes Kreuz um den Hals? Das ist sehr viel schlimmer als Aberglaube. Das schafft okkulte Hörigkeit.

P.: Ich habe Ihnen schon gesagt, daß es für mich keine Bedeutung hat. Es ist nur ein Andenken an die Person, die es mir geschenkt hat! Ich glaube nicht an diese Dinge. Ich habe nie daran geglaubt!

B.: Diese Dinge haben eine Bedeutung. Leg sie ab! Trag sie nicht um den Hals! Wenn man solche Dinge um den Hals hängen hat, heißt das, daß man dazu gehört. Häng dir ein schönes Kreuz um. Gehöre zu Jesus Christus.

P.: Padre, erstens werde ich sie nicht ablegen. Zweitens glaube ich nicht ans Okkulte, also …

B.: Aber du bist ihm unterworfen.

P.: Ich bin ihm unterworfen, ohne daran zu glauben?!?

B.: Natürlich kannst du ihm unterworfen sein, ohne daran zu glauben! Wenn wir nicht ganz und gar in der Gnade Gottes stehen, sind wir diesen Dingen unterworfen. Nicht nur das: Möglicherweise hat dieses Mädchen auf dich eine okkulte Hörigkeit übertragen, eine sexuelle Hörigkeit. Und wer weiß, ob nicht auch dein Freund die gleichen Probleme hat. Aus dem gleichen Grund. Hast du manchmal Kopfschmerzen?

P.: Nein. Aber es hat eine Geschichte gegeben … soll ich sie Ihnen erzählen?

B.: Du mußt es mir erzählen! Alles, alles!

P.: Sehen Sie, vor ein paar Jahren hatte ich eine Zeit, da ist mir alles Mögliche passiert. Unerklärliche Dinge. Dann bin ich dem Rat einer Freundin gefolgt und habe mein Kopfkissen aufgetrennt. Und habe drei Federngirlanden gefunden.

B.: Zöpfe?!

P.: Nein, Girlanden. Meine Freundin bestand darauf, daß ich zu einem Exorzisten gehe. Stellen Sie sich das vor!

[…]

B.: Das sind Hexereien! Da betet jemand zum Teufel. Das sind die

Einwirkungen des Teufels. Darum, wenn solche Dinge im Spiel sind, dann hat man keinen Frieden. Manchmal kommt es zu tragischen Todesfällen, wenn einer so sehr davon gepackt ist, daß er Selbstmord begeht, zum Beispiel durch einen Autounfall. Das sind schlimme Sachen. Du bist möglicherweise von unreinen Geistern besessen, sexuellen Geistern ... Lebst du wirklich in Frieden mit Gott? Machst du regelmäßig Gebrauch von den Sakramenten, von der Beichte, der Kommunion? Seit wann hast du nicht mehr gebeichtet?

P.: Seit etwa zwei Monaten.

B.: Bist du entschlossen, diese Beziehungen aufzugeben? Du sagst, du seist homosexuell, aber auch wenn man normal ist, darf man keinen Geschlechtsverkehr haben außerhalb der Ehe. Ein Homosexueller darf also überhaupt keinen Verkehr haben! Kapiert?

P.: Aber das weiß ich, Padre; nur ist da wenig zu machen. Es ist stärker als ich. Ich bin so, ich bin eben so gebaut.

B.: Es ist nicht stärker als du! Niemand hat das Recht, uns die Herrschaft über uns selbst zu nehmen.

P.: Aber, Padre, mit den Männern kann ich nicht! Ich hab's versucht!

B.: Nein! Du sollst es mit den Männern nicht versuchen vor der Ehe.

P.: Also, dann soll ich erst heiraten ... und wenn es dann nicht geht? Was soll ich dann tun?

B.: Du heiratest und sagst dem Mann ordnungsgemäß, daß du dieses Problem hast. Aber du darfst vorher keinen Geschlechtsverkehr haben. Gestern abend habt ihr es versucht, ich weiß, aber ohne Gottes Segen, ohne Gottes Hilfe. Weißt du, was das bedeutet?

P.: Ich soll ihn also heiraten, Ihrer Meinung nach?

B.: Wenn ihr euch mögt, werdet ihr ohnehin heiraten.

P.: Wir haben uns über eine Heiratsanzeige kennengelernt. Sehen Sie, wir kennen uns noch nicht sehr gut, wir mögen uns, aber wir können uns nicht entschließen.

B.: Dann warte noch. Wenn eine solche Hörigkeit in dir ist, unreine Geister, Einwirkungen des Teufels, wirst du niemals einen guten Geschlechtsverkehr haben können. Solange du dich von dieser Besessenheit nicht befreist. Wenn auch er besessen ist, so wird es auch ihm nicht gelingen, solange er sich nicht davon befreit. Aber du hast ja den Willen, es zu versuchen ...!

P.: Wir kennen uns erst seit kurzem. Aber ich glaube, er trägt keine Talismane ...

B.: Naaain! Laß nur die Talismane ...! Wenn das Mädchen, mit der du die erste Erfahrung gemacht hast, sich in der gleichen Lage befand, von unreinen Geistern besessen, dann hat sie das auf dich übertragen! Ich hatte einst mit einem sizilianischen Mädchen zu tun, 22 Jahre alt. Sie hatte Verkehr mit einem Handelsvertreter gehabt. Sie war Katechetin, aus strenggläubiger Familie. Von diesem Augenblick an aber ging sie auf die Straße, als Prostituierte, aber sie blieb weiterhin Katechetin. Was war passiert? Dieser Handelsvertreter war mit Prostituierten zusammen gewesen: Unreine Geister waren in ihn gefahren, und er hat sie auf das Mädchen übertragen. Als sie zum gemeinschaftlichen Gebet kam, und sie konnte inbrünstig beten, fing sie an zu schreien. Man mußte sie hinausbringen, halbnackt, denn sie tobte, wir mußten sie festhalten. Nachdem sie erzählt hatte, was passiert war, beruhigte sie sich, wir forderten sie auf, im Namen Jesu Christi auf Satan und auf seine Verführungswerke zu verzichten, auf diese unreinen Geister und auf die Prostitution. Hast du verstanden, wie das geht? Vor allem, wenn bei dir schon eine Prädisposition vorhanden war ... Weißt du, wie der Dämon da zuschlägt?

P.: Padre, ich glaube nicht an diese Dinge.

B.: Jaja, du glaubst nicht daran ...! Jesus Christus hat den Dämon vertrieben.

P.: Ich glaube an das Gute, aber nicht an das Schlechte. In jedem Fall ist Gott stärker als der Dämon. Wenn es einen Dämon gibt ...

B.: Gewiß. Aber Gott übt keine Gewalt auf dich aus. Wenn du dem Dämon die Gelegenheit gibst, dich heimzusuchen, so nutzt er das aus, denn er will dir nicht wohl. Gott reicht dir seine Hand, um dich herauszuziehen. Aber er tut dir keine Gewalt an. Und die Tatsache, daß wir im Evangelium immer wieder lesen können, wie Christus einen Besessenen heilt, bedeutet, daß es den Dämon gibt und er uns ins Böse hinabzieht, wenn er kann. Wenn du dich zum Beispiel früher innerlich verletzt fühltest, Zorn oder Wut gegenüber deiner Mutter oder deinem Bruder fühltest oder gegenüber anderen Leuten, dann nutzt der Dämon dies aus. Haß tut nicht gut. Das sind die Situationen, die dem Dämon erlauben, das Leben zu zerstören. Wenn deine Homosexualität eine spirituelle Krankheit ist, dann kann nur Gott sie heilen. Aber vor Gott kannst du die Sache nicht verbergen. Man kann Gott nicht behumpsen. Du wirst vielleicht deinem Gott noch dankbar sein, daß er dich hierher geschickt hat.

P.: Aber jetzt möchte ich ja heiraten. Wenn das Schicksal dann will, daß ...

B.: Hast du jetzt im Augenblick körperliche Schmerzen? Tut es dir weh, wenn ich hier hinfasse? [unterhalb der Ohren]

P.: Wenn Sie drücken, ja, ich habe manchmal etwas entzündete Lymphdrüsen ...

B.: Laß nur die Lymphdrüsen. Ich kann dir nicht wehtun. Auch wenn ich drücke. Und hier, tut es weh? [drückt oberhalb der Knie]

P.: Wenn Sie so drücken, tut es natürlich weh!

B.: Ich kann dir nicht wehtun! Und hier?

P.: Ja, auch da. An den Schenkeln tut's weh.

B.: Es ist anders jetzt, nicht wahr? Es ist anders.

P.: Padre, entschuldigen Sie, aber jetzt reicht's!

B.: Tu ich dir weh? Fühlst du dich unbehaglich?

P.: Wenn mich ein Mann anfaßt, immer!

B.: Wir wollen dann deinen Freund herholen, so bist du ruhiger. [Pause] An den Nieren hast du vielleicht manchmal sehr große Schmerzen.

P.: Während der Periode immer.

B.: Abgesehen von diesen Perioden. Das sind Symptome dieser Besessenheit. Fühlst du manchmal Stiche in der Brust, in den Seiten?

P.: Manchmal in der Brust, aber das sind die klassischen Interkostalschmerzen.

B.: So nennst du sie! [drückt mit den Fingerspitzen zwischen Busen und Achsel, die Handflächen auf dem Busen] Tut das weh?

P.: Ja. Aber ich war schon beim Arzt. Es handelt sich ganz simpel um Seitenstiche.

B.: Natürlich. Der Arzt kann nichts Physisches entdecken. Das sind Übel spiritueller Art.

P.: Und wie kann man die möglicherweise beseitigen?

B.: Du beichtest nun erst zu Ende, ich gebe dir die Absolution, dann holen wir ihn und sprechen gemeinsam darüber.

P.: Einverstanden.

B.: Auch hier ist es dir unangenehm? [Schultern]

P.: Wenn ein Mann mich anfaßt, ist es mir immer unangenehm.

B.: Hast du Vertrauen zu mir? Oder glaubst du, ich will die Situation ausnutzen?

P.: Nicht Sie als Priester stören mich. Sie als Mann. Das ist ein Unterschied.

B.: Ja, aber als Mann, meinst du, ich hätte schlechte Gedanken, wenn ich dich anfasse?

P.: [Pause] Sie können Gedanken haben, soviel Sie wollen! Das ist nicht das Problem.

B.: Ja, aber vertraust du mir? Vertraust du mir?

P.: Es ist keine Frage des Vertrauens ...

B.: Nein, ich meine in diesem Sinn: Ich bin ein Priester, du bist eine Beichtende. Wenn du meinst, ich wäre ein schlechter Priester, weil ich dich anfasse, dann würde ich das niemals tun. Ich möchte nicht, daß du das Vertrauen in die Priester verlierst. Fühlst du mich als Repräsentanten Jesu oder nur als Mann?

P.: Offen gesagt fühle ich mehr Ihre Präsenz als Mann, weniger als Priester. Jeder Mann, der mich anfaßt, ist für mich ... Ist aber nicht persönlich gemeint ...

B.: Siehst du, in deiner Situation ist das sehr schwer. Aber du benimmst dich sehr gut, denn viele hätten in deiner Situation gesagt: »Ich gehe!«

P.: Ist Ihnen das schon passiert, daß ein Mädchen weggegangen ist?

B.: Viele! Und wie viele ...!

P.: Weil sie über Ihr Verhalten erschrocken waren?

B.: Nein, nein. Weil sie eine Reaktion fühlten. Nicht eine Reaktion auf den Mann, sondern auf Jesus. Verstehst du? Erstes Problem: die Vergebung. Zweites Problem: Hast du noch etwas Sexuelles zu beichten ...? Hast du die Masturbationssünden noch nie gebeichtet?

P.: Doch, Padre.

B.: Dann noch etwas. Prüfe dich genau: Hast du je etwas mit Kartenlegern, Handlesern und dergleichen zu tun gehabt? Du trägst dieses Hörnchen am Hals. Nimm es sofort ab. Trage so etwas nicht, häng dir ein Kreuz um den Hals.

P.: Na gut, wenn Sie darauf bestehen ... Manchmal habe ich meine Träume ausgelegt und habe im Lotto gespielt. Ich lese Horoskope, aber mehr aus Neugier.

B.: Laß das! Es ist Magie. Dein Leben ist in Gottes Hand, es hängt nicht von den Sternen ab. Befrage höchstens die Psychologie, nicht die Astrologie, kapiert?

P.: Eine Freundin von mir, die das gleiche Problem hat, ist zu einem Analytiker gegangen.

B.: Wenn er wie Freud arbeitet, richtet ein Psychoanalytiker nur Unheil an. Es ist sehr schlecht. Freud hat eine Menge Unheil angerichtet [...] Es gibt Psychoanalytiker, die sagen: »Geh auf die Straße, werd Prostituierte!«

P.: Tatsächlich ...?

B.: Soweit gehen sie. Verstanden? Ich weiß von Psychoanalytikern und von Psychologen, die, weil sie nicht helfen konnten, sagten, der Selbstmord sei das Richtige.

P.: Sie haben zum Selbstmord geraten ...?

B.: Jaja! Jetzt siehst du, vertraue lieber auf Gott. Also, soweit du dich erinnern kannst, hast du nie mit Magiern, Zauberinnen oder dergleichen zu tun gehabt?

P.: Nein.

B.: Ahnungen, vorausweisende Träume?

P.: Manchmal träume ich etwas, das dann eintritt, aber immer etwas Schönes.

B.: Schriftwunder?

P.: Nein ...

B.: Hast du gestohlen?

P.: Nein.

B.: Verspürtest du je Lust auf Selbstmord?

P.: Nein, im Gegenteil.

B.: Hast du Drogen genommen?

P.: Einen Joint hie und da.

B.: Hast du das gebeichtet?

P.: Ja.

B.: Und wie stehst du jetzt zu Drogen?

P.: Ich nehme sie nicht.

B.: Ich bin ein Mann. Wenn mich ein Mann berühren würde, dann würde mich das nicht stören. Wenn mich eine Frau berührt, so stört mich das. Du bist homosexuell: Wenn eine Frau dich berührt, dann erregt dich das. Wenn ein Mann dich berührt, so müßte dir das gleichgültig sein.

P.: Nein. Es stört mich. Erst habe ich meine Veranlagung nicht akzeptiert. Deshalb habe ich mich gezwungen und hab es mit Männern probiert. Aber von einem bestimmten Punkt an war ich wie blockiert.

B.: Dieses Gespräch führen wir mit ihm weiter. Ich gebe dir jetzt die Absolution ... Ego te absolvo ... Amen. Jetzt hole ihn.

B.: Also, wollen wir ein wenig miteinander reden, ganz offen?

Männlicher Pönitent:

Ja, gern.

B. [zur Frau]: Setz dich hierher, denn ich muß dich berühren. Seine Anwesenheit müßte dich beruhigen, oder?

MP: Warum berühren?

B.: Wegen ... wegen Problemen okkulter Art, Magie.

MP: Ach ja? Hast du Probleme mit der Magie?

Weiblicher Pönitent:

Der Herr Pfarrer hat das Hörnchen an meiner Kette gesehen. Ich habe versucht, ihm zu erklären, daß es für mich keine Bedeutung hat, daß es nur ein Andenken ist.

B.: Nein ... na gut, da können Symptome sein, manchmal hat man sie, ohne es zu merken. Es ist eine Geschichte, die man in Angriff nehmen muß. Denn die Homosexualität kommt oft daher, und wenn man sie dann für ein körperliches Leiden hält, so nützt das gar nichts, oder auch ein psychisches Leiden. Das nützt gar nichts. Wenn es ein spirituelles Leiden ist, muß es als solches behandelt werden.

MP: Sie meinen, es sei magischer Natur?

B.: Kann sein. Wir können das gemeinsam prüfen. [...] Ich möchte mehr oder minder folgendes sagen: Von der Homosexualität kann man sich befreien. Viele Fälle von Homosexualität haben eine spirituelle Ursache. Ich habe Ihnen von diesem Mädchen erzählt, dieser Katechetin, die Prostituierte wurde, nachdem sie von einem Handelsvertreter verführt worden war, der mit Prostituierten zusammen gewesen war und der auf sie die Geister der Prostitution übertragen hat. Es ist das Böse! Und deshalb, homosexuelle Geister können manchmal sehr störend sein.

MP: Das heißt sie sind auch übertragbar?

B.: Durch Geschlechtsverkehr, ja. Oft genügt auch schon eine Berührung, ein Händedruck; die spiritistischen Medien, die arbeiten damit, die Handaufleger, die gar keine Handaufleger sind, sondern Magier.

MP: Was übertragen sie?

B.: Okkulte Kräfte … die Magier sind Medien, sie haben mit dem Dämon zu tun, und der Dämon ist äußerst interessiert daran, zu antworten … Ich hatte mit Paaren zu tun, die vor der Ehe bereits Geschlechtsverkehr hatten. Seit sie verheiratet sind, ist ihnen kein Verkehr mehr gelungen, wegen magischer Heimsuchung.

MP: Wer sucht sie heim?

B.: Irgendein Eifersüchtiger, ein Rivale, der sich an einen Magier gewendet hat. Außerhalb der Ehe ging alles gut, wenn einer den anderen betrog, alles gut. Miteinander als Eheleute ging nichts mehr!

WP: Und was haben sie getan? Haben sie sich getrennt?

B.: Nein, sie sind wieder gesund geworden. Es sind Hindernisse spiritueller Herkunft.

WP: Und wie sind sie wieder gesund geworden?

B.: Indem sie den Herrn um Befreiung von den magischen Kräften baten.

MP: Hören Sie, würden Sie uns also raten, etwas Magisches zu tun?

B.: Neiiin!! Im Gegenteil! Die Magie, die vielleicht drin ist, muß heraus, das meine ich! Und wer uns da herausziehen kann, das ist nur Gott. Ich weiß über diese Dinge Bescheid, da ich sie studiert habe. Aus der Erfahrung heraus, die der Herr mir gesandt hat. Nicht selbstgesuchte Erfahrung.

MP: Betreiben Sie Exorzismus?

B.: [Pause] Nein. Ich habe nie um Erlaubnis gebeten, Exorzismus betreiben zu dürfen. Man müßte dazu die Erlaubnis vom Bischof bekommen. Ich bete nur für die Erlösung. Aber ihr seid nicht besessen, ihr seid höchstens »gestört« vom Dämon, ihr seid von ihm unterdrückt. Für euch reicht ein Erlösungsgebet, und das könnt ihr auch selbst machen. Im Augenblick, in dem ihr Christus wirklich nahe seid und ihn anfleht, wird er euch befreien.

MP: Aber gibt es diesen Dämon wirklich, und handelt er?

B.: Hast du nie das Evangelium gelesen ...? Also, wird dort nicht von Besessenen gesprochen, die von Jesus geheilt werden, manchmal auf sehr aufsehenerregende Weise?

MP: Aber die heutige Theologie sagt, es gäbe keine Hölle, und wenn es sie gibt, ist sie leer ...

B.: Eben, die heutige Theologie hat diesen ganzen Schaden angerichtet! Die Welt weiß nichts mehr davon. Und vielen Leuten geht es schlecht, sie sagen es auch im Fernsehen ... die Verhexungen ... es geht ihnen schlecht, und sie machen es sich nicht klar. Und der Arzt, was soll der Arzt tun? Soll er euch ins Irrenhaus schicken?

MP: Die geistig Kranken sind also vom Dämon besessen?

B.: Ah, nicht alle. Aber viele geistig Kranke sind schlicht Besessene.

[lange Pause]

MP: Padre, aber wenn Gott mich so erschaffen hat, dann ...

B.: Gott hat dich nicht so erschaffen! Im Gegenteil, Gott will, daß es dir gut geht, daß du gesund wirst, verstanden? Deshalb darfst du deine Krankheit nicht hinnehmen, Gott will das ganz sicher nicht.

WP: Aber ich habe eine tiefe Abneigung gegen den männlichen Phallus, verstehen Sie? Ich könnte auf keinen Fall ...

B.: Du kannst mir nicht kommen und sagen, das sei rein körperlich, es ist allenfalls psychologisch. Eher noch ist es spirituell. Wie oft sagt Jesus, wenn er den Dämon vertreibt: »Unreiner Geist. Unzüchtiger Geist.« Und wir können uns ruhig vorstellen, daß es sich um den Geist der Homosexualität handelte, der den Leuten das Leben schwer machte. Aber Jesus hat sie erlöst. [...]

WP: Hören Sie, Padre, wir beide möchten heiraten.

B.: Damit bin ich einverstanden. Aber legt alles in Gottes Hände ...

MP: Außerdem ist die Heirat der einzige Weg, wie wir zu einem Kind kommen können, sei's auch mit künstlicher Befruchtung.

B.: Nein-nein-nein! Vergeßt das. Ihr sollt ein Kind bekommen, weil ihr euch liebt und weil ihr euch geschlechtlich vereint. Also, ich gebe euch jetzt einige Anleitungen, wendet euch auch an andere Priester, die ein bißchen etwas verstehen von diesen Dingen ... Also ... kann ich dich anfassen? Du mußt nichts befürchten, sag mir, wo es weh tut ... Also, abgesehen von dem Unbehagen, das dir das bereitet, bist du entspannt? Wenn ich hierhin fasse, tut es dann weh?

WP: Wenn Sie so nah am Busen drücken, tut es natürlich weh!

B.: Ja, es ist, wie wenn dich ein Nagel durchbohren würde, verstehst du? Wenn sie die Hexereien machen, die sie auch im Fernsehen zeigen, stechen sie Nadeln hinein. Klar, daß der Arzt nichts finden kann. Es sind spirituelle Schmerzen. Aber du fühlst einen Stich, wie von einer Nadel.

MP: Bist du denn verhext worden? Sind Sie der Meinung, es sei eine Verhexung?

B.: Sie kann das auch geerbt haben.

MP: Geerbt ...?!

B.: Man kann diese okkulte Hörigkeit auch erben. Oft aus Neid, Eifersucht, vor allem die Mädchen. Hast du mit ihm darüber gesprochen?

WP: Er meint die erste lesbische Beziehung, die ich gehabt habe.

B.: Ja, wenn die etwas gewußt hat, dann hat sie dich angesteckt.

WP: Wie ... etwas gewußt, in welchem Sinn? Hören Sie, das war für uns beide das erstemal ...!

B.: Nein, nein! Das sagte sie! Das sagst du! Das denkst du!

WP: Erlauben Sie, aber ich glaube, ich weiß doch ein bißchen mehr über sie.

B.: Die war vielleicht ein alter Fuchs.

WP: Aber, Padre, sie war 16 Jahre alt, wir waren ...

B.: Wenn sie schon Erfahrungen hatte, und wenn sie auch andere Dinge gelernt hatte ...

WP: Aber dann, entschuldigen Sie, dann hätte ich ja auch die anderen Mädchen angesteckt, mit denen ich zusammen war, wo ich »angefangen« habe ...!

B.: Du kannst es sehr gut auf alle übertragen haben. Aber sie werden in dem Augenblick wieder frei davon sein, in dem sie sagen: »Im Namen des Herrn Jesus Christus, ich verzichte auf alle okkulten Bindungen ...« Wie du frei davon sein wirst, wenn du sagst: »Im Namen des Herrn Jesus Christus, ich verzichte auf alle okkulten Bindungen mit ... derjenigen«.

MP: Diese Formel reicht aus, um erlöst zu werden?

B.: Es ist ein Gebet. Und hier? [drückt auf die Taille]

WP: Nein, Padre, es reicht jetzt.

B.: Höre, ich kann dich nicht stechen, verstanden? Auch wenn ich noch fester drücke ...

WP: So tut es mir weh.

B.: Weil ich drücke. Und so auch hier ... und hier ... und hier. [drückt an verschiedenen Körperstellen] Wenn sie auch hier etwas gemacht haben, hier, wenn ich an die Nieren fasse ...

WP: AUAA!

B.: Siehst du? Die Magie hat ihre Regeln, an ganz bestimmten Stellen des Körpers. Also, hier müßten die Schmerzen sehr groß sein.

WP: AUAA!!!

B.: Du fühlst dich durchbohrt ... hier herum, in Form eines Kreuzes ...

WP: AUA! Hören Sie, Padre, ich habe Ihnen doch schon gesagt, daß ich entzündete Drüsen habe. Und die Brustdrüsen ganz besonders!

B.: Na gut. Du sagst, es seien die Drüsen. Wenn du diesen Weg auf Gott zugehst, wirst du sehen, wie alle Schmerzen verschwinden. Jetzt hier, entschuldige, tut es hier weh?

WP: Nein, an den Nieren nicht.

B.: Das ist nicht möglich. Hier, ich habe gesagt, das würde dir ...

WP: AUA, PADRE, HÖREN SIE AUF!!!

B.: Siehst du, daß der Schmerz schlimm ist? Da ist der Sitz der unreinen Geister. Hier, diese ganze Partie, bis zu den Eierstöcken. Dort ist der Schmerz fürchterlich, als käme er von einem Schwert. Verstanden? Die Geister der Unreinheit! Gebt euch in Gottes Hände, rufet den Namen Jesu. Man braucht viel Unterstützung darin!

MP: Müssen wir zu einem Exorzisten gehen?

B.: Das ist nicht nötig, denn ihr seid nicht besessen, ihr seid nur unterdrückt.

MP: Was ist da für ein Unterschied?

B.: Besessenheit ist, wenn man nicht mehr Herr seiner selbst ist, der Dämon hat von dir Besitz ergriffen, er herrscht. Die Unterdrückung ist eine Störung, die mehr von außen kommt, sie ist körperlich. Die Besessenheit betrifft den Geist.

MP: Das Verhextsein ist also eine Art, den Dämon zu rufen?

B.: Es ist ein Einwirken des Teufels, das sich dann verstärkt durch Haß, sexuelle Sünden, Gotteslästerung. Wenn diese okkulten Bindungen bestehen, dann ist das Verhältnis zu Gott gestört. Ich bete, aber er hört mich nicht. Man sagt, Gott habe diese Krankheit geschickt. Aber das stimmt nicht. Er will sie heilen. Die Beziehungen zu den anderen gehen kaputt, angefangen mit den Eltern, Freunden, Verlobten. Es ist unmöglich, mit den anderen noch auszukommen. Die Homosexualität ist eine schreckliche Störung. Sie isoliert dich.

MP: Also käme alles Übel der Welt von diesen ...

B.: Es kommt von der Abwendung von Gott. Das Übel ist Abwendung von Gott, und wenn wir Gott ablehnen, so nutzt der Dämon das aus. Wenn wir mit Gott sind, hat der Dämon keine Macht.

MP: Aber Padre, wenn wir unglücklich sind wegen unserer Homosexualität, so ist die Gesellschaft daran schuld, die uns ausschließt ...

B.: Ach, laß die Gesellschaft beiseite! Die Wurzel allen Übels ist die Abwendung von Gott. [...] Leider ... wer kann dem Dämon verbieten, den Namen Jesu zu benutzen? Wenn der Dämon sich mit Hörnern zeigen würde ... dann würden wir ihn alle verjagen, aber er kommt gut getarnt daher, als Scheinheiliger. [...] Es gibt auch viele Zeugen Jehovas, die Verbindung zum Bösen unterhalten.

MP: Ach ja? Tun sie etwas, etwas, das man sehen oder merken kann?

B.: Oftmals ja, aber sie sind sehr schlau. [zur Frau] Also, dein Verlobter ist 42 Jahre alt, ich habe ein paar Jährchen mehr auf dem Buckel. Wenn ich dich jetzt streichle, so ist klar, daß dir das egal ist. Ich umarme dich, wie Jesus Christus dich umarmen würde, wie ein Vater. Und du hast es vor allem nötig, umarmt zu werden, das wird dich von einem gewissen Unbehagen Jesus Christus gegenüber befreien. Aber laß dich von den Männern umarmen. Und der Geschlechtsverkehr außerhalb der Ehe, der bleibt immer eine Sünde. Es ist nutzlos, daß ihr versucht, vorher miteinander zu verkehren, es geht immer schief.

MP: Aber wir möchten probieren, ob ...

B.: Ja! Aber es geht schief! Denn die Voraussetzungen sind nicht gegeben. Es geht schief. Denn der Rahmen ist sündig, der Dämon zerstört euch. Statt des Geschlechtsverkehrs solltet ihr euch lieber umarmen, streicheln. Ihr werdet merken, daß eine Liebkosung oder ein Kuß euch die Freiheit wiedergibt und auch die Fähigkeit zur Erwiderung der Zuneigung.

MP: Aber wie weit dürfen wir gehen, solange wir nicht verheiratet sind?

B.: Ihr könnt alles machen, nur nicht euch vereinigen. Aber nicht bis zur sexuellen Erregung, die zur Befriedigung führt. Die nicht. Aber daß ein Kuß an eine gewisse Stelle auch ein wenig erregend ist, um so besser, aber ihr dürft nicht die Herrschaft über euch verlieren, wenn eine sexuelle Erregung aufkommt, die euch nicht mehr erlaubt, euch zu zügeln, dann müßt ihr aufhören.

WP: Aber, in so einem Fall, Padre, wenn wir so erregt sind, dann würde es sich lohnen, die Sache zu Ende zu führen ...

B.: Ah, nein, nein. Es würde sich nicht lohnen, sie zu Ende zu führen. Wenn ihr erregt seid, so dankt dem Herrn, daß er euch die Freiheit des Körpers wiedergegeben hat. Wenn er dich jetzt küßt, fühlst du nichts, im Gegenteil, es ekelt dich. Aber im Augenblick, in dem er dich küßt und du dich hingezogen fühlst, erregt fühlst, danke dem Herrn.

MP: Und wenn dann nach der Hochzeit ...

B.: Bis zur Hochzeit habt ihr noch eine ganze Strecke zurückzulegen, und dabei könnt ihr die Reaktionen gegenseitig prüfen. Und wenn ihr dann geheiratet habt, bleibt ihr zusammen, wie immer die Sache gehen mag, und betet zum Herrn, daß er euch ein Kind schenke, ohne auf künstliche Mittel zurückzugreifen. Aber im Augenblick, in dem eine Liebkosung von ihr dir die Energie gibt ...

WP: Aber, Padre, wenn er mich berührt, stört mich das nicht. Mit Schwulen fühle ich mich sicher.

B.: Aber wenn er dir eine christliche Liebkosung zukommen läßt, eine reine, saubere, dann wirst du wild, die kannst du nicht ertragen. Solange es ihm schlecht geht, magst du sie. Solange es widernatürlich ist, ist alles gut, weil ihr unter diesen Störungen leidet. Solange diese Ehepaare voreheliche Beziehungen hatten oder sich betrogen, war auch alles gut. Aber nach der Hochzeit ...

MP: Wir werden es versuchen, Padre, aber ich glaube, in der Zwischenzeit wird jeder sein eigenes Leben weiterführen ...

B.: Ihr dürft nicht sündigen. Außerhalb der Ehe sind alle sexuellen Beziehungen Sünde. Wenn der Nicht-Homosexuelle sie nicht haben darf, darfst du sie noch weniger haben.

MP: Noch weniger! So etwas!

B.: Nun, ich meine ... Keinen Verkehr außerhalb der Ehe. Wenn ihr in der Sünde lebt, wie kann der Herr euch dann heilen?

MP: Aber ist Ihnen die Härte dieses Gebots bewußt?

B.: Meinst du denn, ich hätte keine sexuellen Regungen? Jeder Mensch hat sie! Ein Mann, der nicht homosexuell ist, wenn der ein hübsches Mädchen sieht, dann wird er sie begehren. Aber wer gibt ihm die Erlaubnis, mit ihr eine Beziehung anzufangen, wenn er nicht mit ihr verheiratet ist?

MP: Nun, wenn das alles ein Werk des Dämons ist, dann, würde ich sagen, hat der Dämon gewonnen ...

B.: NEIN! ... Bisher seid ihr nur gestört.

MP: Ich meinte, weil alle voreheliche Beziehungen haben.

B.: Nein! Wer hat dir das gesagt?

MP: Naja, im Norden ist das so.

B.: Nein, nein! Ein Christ, der wie ein Christ lebt, hat keine.

MP: Wir werden über all das nachdenken, Padre. Könnten wir Ihre Telefonnummer haben? Und Ihren Namen?

B.: Don [...] Hier ist die Nummer. Also, gut ... Und du, lege das Hörnchen weg. Häng dir ein Kreuz um. Etwas um den Hals hängen zu haben bedeutet, daß man dazu gehört ... Habt ihr euch nie nackt gesehen?

MP: ... Doch, gestern.

B.: Na, dann macht das wieder, und bezeugt euch eure Liebe mit Liebkosungen.

WP: Also, wir sollen uns ausziehen, anschauen, ohne uns zu berühren?

B.: Nein, auch berühren, aber mit der Absicht, keinen außerehelichen Verkehr zu machen ... Die Herrschaft über sich selbst bewahren. Ein Homosexueller und eine Homosexuelle, die sich nackt betrachten, dürften keine Probleme damit haben.

MP: Danke, Padre.

WP: Danke, Padre.

P.: Ich bin Arzt, Sportmediziner, und ich arbeite seit einiger Zeit für einen Sportverein, und … ich gebe den Athleten Aufputschmittel. Es sind Mittel, die nicht gut tun, auch wenn sie den Körper aufputschen und daher leistungssteigernd wirken. Auf lange Sicht sind sie schädlich, meine Berufsethik müßte es mir eigentlich verbieten; sie sind auch verboten. Aber, da der Vereinsvorstand es von mir verlangt …

B.: Was für ein Sportverein?

P.: Radrennen.

B.: Der Vorstand verlangt das von Ihnen?

P.: Die Sportler selbst wollen es, der Vorstand verlangt es von mir, und … es gibt keinen Ausweg, entweder man macht's oder man wird …

B.: Oder man wird die Stelle los.

P.: Ja. Und nun weiß ich nicht. Abgesehen von der Berufsethik bedrückt es auch mein christliches Gewissen … Ist das Sünde?

B.: Natürlich ist es Sünde, Menschen Schaden zuzufügen.

P.: Aber sie wissen das ja …

B.: Ja, ja, das mag sein, aber Sie haben die moralische Pflicht, ihnen nichts zu geben. Es ist schädlich, Sie sagen es selbst …

P.: Dann würde ich die Stelle verlieren.

B.: Ich weiß nicht, ja, von daher gesehen ist es sicher nicht leicht. Tja … Halten Sie sich die Auswirkungen immer vor Augen … Wie schädlich ist das Zeug?

P.: Auf lange Sicht, wenn man es jahrelang nimmt, schadet es dem Organismus. Wenn die Karriere zu Ende ist und das Training aufhört, werden die Muskeln schlapp … das Herz leidet, die Leber, alles ein wenig.

B.: Man müßte ihnen erklären, daß das ein Spiel ist … das Wichtigste ist doch, teilzunehmen, sein Vergnügen daran zu haben.

P.: Nein, nein. Das sind Berufssportler …

B.: Sie müßten sie daran erinnern, jedesmal wenn Sie ihnen diese Medizin verabreichen, daß sie gesundheitsschädlich ist, das müssen Sie tun.

P.: Ja, Padre, das wäre sicher gut, aber wenn der Direktor daneben steht, und der Sponsor … und dann ist es bedrückend für den

Sportler, immer zu hören »Das schadet« … Man tut es entweder, oder man tut es nicht.

B.: Tja, was tun, ein Gewissenskonflikt. Es scheint eine häßliche Sache zu sein, und wo führt sie hin … Es ist ein Teufelskreis. Wir sind Opfer und Täter zugleich. Wir sind die Verursacher, aber wir sind gleichzeitig in der Klemme. Wir müßten uns davon befreien, aber es gelingt uns nicht. Was bedeutet das? Was wollen Sie, da sind die, die aus Eigeninteresse drängen, und die, die nicht anders können, wenn man nicht untergehen will … Jedenfalls, naja, versuchen Sie, auf Ihre Weise zu drängen, ohne sich Schaden anzutun. Was weiß ich. Wenn es uns gelingt, etwas zu ändern … wenigstens ein Präparat zu nehmen, das weniger schädlich ist … sich dafür einsetzen, daß man dieses Zeug nicht nehmen soll, das sollten Sie tun.

P.: Das Schönste ist, daß ich das offiziell ja mache. Alle Sportvereine haben ihre Ärzte, die sich dagegen aussprechen.

B.: Na, es ist mir eine wirkliche Genugtuung zu wissen, daß man langsam beginnt zu begreifen, was Sünde ist, in diesen Zeiten, daß die Sünde nicht das Immergleiche ist, nur der Sex und so weiter. Auch soziale Verantwortungslosigkeit ist Sünde, klar.

P.: In der Tat, Padre, für mich ist das mehr Sünde als etwa … ich weiß, die Tatsache, daß meine Frau und ich keine Kinder mehr haben wollen, das empfinde ich nicht als Sünde. Wir haben schon drei Kinder.

B.: Ihre demographische Pflicht haben Sie erfüllt.

P.: Meine Reinheitspflicht, die sogenannte Reinheit, »Tu nicht das und tu nicht das«, die ungefährlichen Tage abwarten, also offen gesagt, ich scher' mich nicht drum, und ich fühle mich nicht sündig deswegen. Ich hätte nicht einmal darüber gesprochen.

B.: Hmhm, hmhm.

P.: Vielleicht geht es allen Gläubigen ähnlich, aber leider gibt es dieses primitive Gebot, diese katholische Sexphobie … auch viele meiner gläubigen Freunde fühlen sich von diesem Verhalten der Kirche abgestoßen, von den Nicht-Gläubigen ganz zu schweigen, die dieses Argument ständig im Munde führen, um gegen die Religion zu wettern.

B.: Ja, das stimmt. Die Ehe ist eben deshalb eingeführt worden, damit man den Sexualakt in jeder Form und zu jeder Gelegenheit ausführen kann. Innerhalb der Ehe stellt er auf schöne Weise die Vollständigkeit her, aber auch außerhalb der Ehe, man kann nicht immer weiter darauf bestehen, daß ... Nun ja, die Kirche arbeitet daran, viele arbeiten daran, das kann ich Ihnen versichern. Es wird noch lange dauern, aber es wird nicht immer so bleiben, die Kirche ist sehr vorsichtig, aber sie bewegt sich. Ja, es war mir eine Freude, mit Ihnen zu sprechen. Ich spreche Sie los von Ihren Sünden.

Schlußbemerkungen

Vor einem Gericht bedeutet die »Absolution«, der Freispruch, daß ein Mensch, der einer Schuld verdächtigt wurde, für unschuldig befunden wird. Im Beichtstuhl hingegen werden grundsätzlich und ausdrücklich nur die Schuldigen »freigesprochen«, man »reinigt« sie von den Spuren ihrer Schuld. Darin liegt eine außergewöhnliche Vollmacht, die seit jeher einen der Grundpfeiler der Kirche bildete, um so mehr, seit die Vergebung der Sünden nach und nach einfacher und die Buße immer symbolischer wurde. Einer der bedeutendsten Gelehrten auf diesem Gebiet, C. Vogel, meint: »Schwerlich wird man eine religiöse Institution finden, die von ihrem ursprünglichen Sinn weiter entfernt und der Gemeinschaft mehr entfremdet ist als diese.«[1] Im Rahmen der allgemeinen Krise des Glaubens und der Sakramente nimmt die Beichte – trotz ihrer wundertätigen Kraft – bei weitem die erste Stelle ein. Das wird von der Kirche selbst zugegeben, und das geht eindeutig aus den zahlreichen Meinungsumfragen hervor.[2] Man kann mit relativ präziser Schätzung annehmen, daß nur etwa vier von hundert Italienern regelmäßig zur Beichte gehen.[3] Da jedoch laut Umfrage 30 % ein- oder mehrmals wöchentlich und 18 % mehrmals im Monat in die Kirche gehen,[4] wird deutlich, daß die Krise der Beichte die praktizierenden Gläubigen selbst erfaßt hat. Eine Krise, die sich nicht nur in den selten gewordenen Beichten niederschlägt, sondern auch darin, »daß heute viele während der Messe zur *Kommunion* gehen, *ohne gebeichtet zu haben*, einige sogar im Bewußtsein, Todsünden begangen zu haben, die sie freilich ehrlich bereuen«; andere hingegen bleiben der Kommunion fern aufgrund einer »übermäßig gesetzestreuen Auslegung der Todsünde und des Gebotes, vor der Kommunion zu beichten«[5]. Ohne vorherige Beichte zur Kommunion zu gehen, ist in den Augen der Kirche ein schweres Sakrileg. In der Tat ist es weniger der Glaube, der abgelehnt wird, als vielmehr der Kirchenritus, der als unnütz und überholt empfunden wird. Andererseits verstoßen diejenigen, die, da sie nicht beichten, auch der Kommunion fernbleiben, gegen die kirchlichen Anweisungen, in denen die Häufigkeit der Kommunion genau vorgeschrieben ist.

Der erste und offenkundigste Grund für die Krise des Beichtritus liegt im allgemeinen Rückgang des Glaubens und der Religionspraxis. Die katholische Kirche – in ihrer Unbeweglichkeit und mit ihrer Dogmatik, die oft als unvereinbar mit der menschlichen Realität empfunden werden – scheint unfähig, auf die von seiten der neuen Wissenschaften aufgeworfenen Fragen adäquat zu antworten und dem immer komplizierter werdenden psychologischen Verhältnis zwischen Individuum und Gesellschaft entsprechen zu können; sie wird auch von den Gläubigen nicht mehr als einzige moralische Autorität anerkannt. Folglich meinen viele Gläubige, ein direktes Zwiegespräch mit Gott tue es auch, und verzichten auf die Vermittlung des Priesters.[6] Sie meiden die Beichte, denn die Beichte, schreibt ein angesehener Theologe, »ist dasjenige Sakrament, das an Gottesworten am ärmsten ist, mehr ›gesprochen‹ als ›zelebriert‹, allzu nachsichtig in der Vergebung, und so sehr geschrumpft, daß es rein zeitlich nicht mehr die Möglichkeit bietet für eine schrittweise Bekehrung; zudem hat es sich weit vom Alltagsleben entfernt und behandelt nur noch Fragen der Moraltheologie [besser: Fragen nach dem Sexualleben]«.[7] Verschiedenen Umfragen in Frankreich zufolge empfinden es viele Gläubige als unerträglich, vor einem Mann knien zu müssen, der seinerseits sitzt und den man nicht sieht; mehr noch aber stört sie das »Infantile der Beschuldigungen«, und auch das Formalistische, Abgegriffene und Mechanische der Beichte mißfällt vielen. Andere lehnen sie als Pflichtübung ab.[8]

Ein weiterer Theologe, der sich auf das Studium der Beichte spezialisiert hat, schreibt:

»Auch die Form, die die ›Genugtuung‹ in den Anschauungen vieler Beichtväter angenommen hat, erscheint oft als etwas Magisches oder Geheimnisvolles, da ihre Heilwirkung auf die Sünde völlig rätselhaft bleibt. Die ›contritio‹ selbst droht unehrlich und unpersönlich zu werden, denn, um Rückfälle zu vermeiden, verläßt man sich allzu sehr auf die – magische oder nahezu magische – Auswirkung des Sakraments, das beinahe vollständig die persönliche Bemühung verdrängt hat. Oftmals erscheint dieses Verhalten wie Kindern abgeguckt: Sündenlisten werden wiederholt, ohne daß deren Sinn deutlich wird, wodurch die Beichte zu einer mechanischen Formelübung wird, die für einen wirklich gereiften Menschen schwerlich einen Sinn hat.«[9]

So gesehen vermag die Beichte zweifellos solchen Leuten Trost zu spenden, die tief gläubig sind, nicht sonderlich gebildet sind, aber ein blindes Vertrauen in die Kirche und den Klerus besitzen. Unterscheidet man sich aber auch nur geringfügig von dieser Kategorie der Gläubigen, hat die Beichte über den Ritus hinaus nur noch sehr wenig zu bieten.

Hatte die Beichte, bevor es Psychologie und Psychoanalyse gab, auch einen therapeutischen Nutzen gegen allerlei Beklemmungen, so hat sie für die meisten Gläubigen nun auch diese Funktion verloren. Einem weiteren, sehr bekannten Theologen zufolge bietet die Beichte gegenüber Psychologie und Psychoanalyse den Vorteil, »daß wir uns einer Person gegenüber öffnen, die Gott und die Kirche repräsentiert«[10]. Nicht zufällig haben verschiedene Beichtväter in diesem Buch offen ihre Mißbilligung gegenüber Psychologie und Psychoanalyse bekundet, in deren Verfahren sie eine direkte Konkurrenz sehen. Aber der Vergleich ist offensichtlich unhaltbar: Wo Psychologie und Analyse nach den Wurzeln des Übels suchen und sie zum Wohl des Patienten beseitigen wollen, kümmert sich die Beichte nicht um die Gründe (die liegen für sie schlicht im Bösen), und das Wohl des Pönitenten hängt von dem Vorsatz ab, »es nicht mehr zu tun«. Ganze – und wahrscheinlich zahlreiche – »Kategorien« von Sündern wissen aus wiederholter und, ich nehme an, schmerzlicher Erfahrung, daß ihnen niemals verziehen wird: die Geschiedenen und die Homosexuellen.

Man füge nun noch – und hier möchte ich drei Geistliche zu Wort kommen lassen – die »pastorale Trägheit der Priester« hinzu;[11] der Beichtvater ist oft »unauffindbar, unsensibel, inkompetent, indiskret, in Eile, pedantisch, unduldsam oder gleichgültig«;[12] »die

Faulheit der Priester oder ihre mangelnde Überzeugung, mit der sie sich dem Apostelamt des Beichtvaters widmen«:

»Man muß anerkennen, daß die Verwalter dieses Amtes in den letzten Jahrzehnten sich höchst unbefriedigt gezeigt haben über die mechanische Verteilung der Absolution an Greise und Kinder, die das Sakrament der Buße meist gar nicht nötig haben. Die Schicht der Erwachsenen wird rarer, sei's wegen der rigiden moralischen Einstellung dem Eheleben gegenüber, sei's weil die Beichte in Italien zu einem Druckmittel für das Wählerverhalten der Gläubigen geworden ist.«[13]

Eine gewisse Besserung trat ein, nachdem – etwa seit Ende der sechziger Jahre – in den Seminaren weniger strenge Theologie-Traktate ausgelegt wurden; und nachdem in den siebziger Jahren die gesetzliche Regelung von Scheidung und Abtreibung nicht nur eine allgemeine Entwertung der christlichen Lehre verursachte, sondern auch in vielen Priestern eine Abneigung hervorrief, die christdemokratische Partei noch bis ins Sakrament hinein zu unterstützen. Es bleibt der Tatbestand, daß viele Priester älteren Jahrgängen angehören[14] und deshalb Grundsätze vertreten, die von der Kirche selbst inzwischen als überholt angesehen werden, abgesehen davon, daß sie einem für ältere Menschen typischen Konservativismus frönen.

Der Beichtvater hat – dem *Bußritus* zufolge – »eine väterliche Aufgabe, denn er eröffnet den Menschen das Herz des Paters und er repräsentiert das Bildnis Christi«[15]. »Du sprichst nicht etwa mit mir, du sprichst mit Jesus Christus«, sagt in der Tat der erste Beichtvater in diesem Buch: »Das Wasser ist immer Jesus, aber die Wasserhähne sind verschieden. Wenn du einen kleinen Hahn hast, bekommst du wenig Wasser. Ist der Hahn sauber, so bekommst du klares Wasser. Oder nimmst du es aus einem schmutzigen Hahn ...?«[16]

Es gibt hundert verschiedene theologische Erklärungen dafür, weshalb die Beichtväter sich in Urteil und Verhalten so voneinander unterscheiden. Aber auch den bereitwilligsten Gläubigen muß es verwirren und verärgern, wenn er hört, daß der eine »Wasserhahn« seinen Sünden mit milder Nachsicht, der andere hingegen mit größter Strenge begegnet, in der gleichen Kirche, je nach Persönlichkeit des Priesters. Wenn er nicht gar das Pech hat, einem ungeduldigen, unfreundlichen oder gar betrunkenen »Wasserhahn«[17] zu begegnen, oder einem mit offensichtlichen Sexualproblemen.[18]

Auch wenn die Gläubigen Nachsicht üben gegenüber den Schwächen ihrer Beichtväter, werden sie schwerlich übersehen können, daß ihre Sünden ihnen, Beichte für Beichte, nachgelassen werden, ohne daß sie wirkliche *contritio* empfinden – das heißt, ohne daß sie ihren Verstoß gegen die Liebe Gottes wirklich bereuen –, sondern vielmehr nur *attritio* hegen, nämlich Furcht vor der Hölle und »Abscheu vor der Sünde«: Den Sensibleren kann auch die Förmlichkeit der Absolutionen nicht entgehen, die jeden wahren religiösen Sinn längst verloren hat.

Wir sind während unserer Untersuchung nur wenigen Priestern begegnet, die die Fähigkeit und den Willen besitzen, mit dem Pönitenten ein offenes, problembewußtes, konstruktives, nicht dogmatisches Gespräch zu führen, oder die wenigstens versuchen, mit Herz oder gesundem Menschenverstand zu argumentieren, wenn die »Doktrin« sie vor eine Mauer stellt; die meisten Priester sind archaisch anmutende Verteiler von vorgeformten Phrasen, Strafen, Absolutionen. Nur wenige etwas empfindsamere und gewissenhaftere Priester raten den Beichtenden, die sich in Schwierigkeiten befinden, sich an einen Psychologen zu wenden.

Kardinal Ratzinger, der Vorsitzende der Glaubenskongregation, des ehemaligen Heiligen Uffiziums, ist jedoch der Meinung, jene moderneren Beichtväter, die sich um ein Gespräch mit dem Pönitenten bemühen, befänden sich im Irrtum. Dem Kardinal (in einem Gespräch mit V. Messori) zufolge will die Gesellschaft die Gemeinschaft der Priester dahin drängen, ihre »sakrale« Rolle in eine »gesellschaftliche« zu verwandeln; und jene Priester, die diesem Drängen – irrtümlicherweise – nachgeben, drohen die Beichte »»fast ganz in ein ›Gespräch‹ umzuwandeln, in eine Art therapeutische Selbstanalyse zwischen zwei auf der gleichen Ebene stehenden Personen. Dies erscheint viel menschlicher, persönlicher und dem heutigen Menschen angemessener. Aber diese Art der Beichte birgt die Gefahr in sich, nicht mehr viel mit der katholischen Auffassung des Sakramentes zu tun zu haben, wo nicht so sehr die Leistungen, die Geschicklichkeit dessen zählen, der mit dem

Dienst betraut ist. Es ist vielmehr nötig, daß der Priester es annimmt, daß er in den Hintergrund tritt und so Christus Raum läßt, der allein die Sünde nachlassen kann. Auch hier ist es also notwendig, zum ursprünglichen Verständnis des Sakramentes zurückzukehren, wo Menschen dem Mysterium begegnen. Es ist nötig, wieder ganz neu den Sinn des Skandals zu entdecken, aufgrund dessen ein Mensch zu einem anderen Menschen sagen kann: ›Ich spreche dich von deinen Sünden los.‹ In jenem Augenblick – wie übrigens bei der Feier jedes anderen Sakramentes – bezieht der Priester seine Autorität gewiß nicht aus der Zustimmung der Menschen, sondern direkt von Christus. Das ›Ich‹, das sagt: ›Ich spreche dich los‹, ist nicht das einer Kreatur, sondern es ist direkt das ›Ich‹ des Herrn.«

Und doch scheinen, sage ich [d. i. Messori], die vielfältigen Kritiken an der ›alten‹ Beichtpraxis nicht ganz unbegründet zu sein. Er erwidert sofort: »Ich fühle immer mehr ein Unbehagen, wenn ich höre, wie leichtfertig man die früher verbreitete Art, sich dem Beichtstuhl zu nähern, als ›schematisch‹, ›äußerlich‹ und ›anonym‹ bezeichnet. Und für mich klingt das Selbstlob einiger Priester wegen ihrer ›Beichtgespräche‹, die selten geworden sind, aber, wie sie sagen, ›zum Ausgleich viel persönlicher‹, ein wenig bitter. Wenn man es richtig betrachtet, war hinter dem ›Schema‹ gewisser Beichten auch der Ernst der Begegnung zwischen zwei Personen, die sich bewußt waren, vor dem erschütternden Mysterium der Vergebung Christi zu stehen, das sich durch die Worte und den Gestus eines sündigen Menschen darbietet. Man darf nicht vergessen, daß sich in viele ›Beichtgespräche‹, die auch ziemlich analytisch geworden sind, menschlicherweise eine Selbstgefälligkeit, eine Selbstabsolution einschleicht, die – im Schwall der Erklärungen – kaum noch Raum läßt für das Empfinden der persönlichen Sünde, für die wir über alle mildernden Umstände hinaus immer verantwortlich sind.««[19]

Kardinal Ratzinger zieht also Beichtväter vor, die, wie wir in diesem Buch vielfach feststellen konnten, nach jeder gebeichteten Sünde fragen: »Und was noch«?, ohne die Gründe, die Auswirkungen und die Leiden zu erforschen, nur daran interessiert, eine Strafdrohung auszusprechen.[20] Vielleicht hat er, von seinem Standpunkt aus gesehen, recht: Selbst wenn die Kirche es fertigbrächte, alle ihre Geistlichen so auszubilden, daß sie einem schwierigen Beichtgespräch gewachsen wären, hat die Beichte nur dann einen Sinn, wenn man widerstandslos seine Vorstellung des »Mysteriums« und des »Skandals« akzeptiert, mit dem ein Mensch zu einem anderen sagen kann: »Ich spreche dich los von deinen Sünden.« Aber dieses Zitat aus einem Gespräch mit der – nach dem Papst – höchsten Autorität in Glaubensfragen zeigt uns, wie langwierig und mühsam der – gleichwohl stattfindende – Wandlungsprozeß von Beichte und Klerus sein wird, der ein tiefergehendes Interesse auch für die irdische Daseinsform des Menschen – und nicht nur für die ewige – erwecken soll.

Nach Abschluß der hier unternommenen Untersuchung müssen wir jedenfalls feststellen, daß sich in den Beichtstühlen sehr wenig geändert hat, verglichen mit dem Schluß, zu dem ähnliche Studien bereits vor zwanzig Jahren gelangt sind:

»Der Dialog zwischen Beichtvater und Pönitent ist kaum jemals eindeutig, geschweige denn lebhaft fortschreitend. Er tendiert vielmehr [...] zu Ausflucht und Kompromiß. Und wenn der Pönitent sich dem theologischen Diktat oder auch dem Kompromiß widersetzt, mündet der Dialog in eine dramatische, erbarmungslose Verdammung. [...]«[21]

»Der moderne Mensch, fest verwurzelt in seiner Lebenswirklichkeit, verspürt eine instinktive Abneigung gegen die Sprache des Geistlichen, die fast immer unbeholfen und heute unangemessen mythischen Zutaten verhaftet ist. [...] Gelähmt von einer starren Doktrin, vermag der Priester meist die Problematik seiner Gläubigen, die in einer ihm fremden Welt leben, nicht zu verstehen, geschweige denn in sie einzudringen. [...] Die Geistlichen sind mit einem recht begrenzten kulturellen Bildungsgepäck ausgestattet, und die Normen, die ihnen zur Verfügung stehen, sind für eine Zeit gemacht, die längst vergangen ist. [...]

Die *Segnenden,* nämlich die Priester, sind meist bei einem Moralbegriff und einer Sündenkasuistik stehengeblieben, die einer christlich-mittelalterlichen Lebenseinstellung verbunden und auf eine geradezu manichäistische Weise vom Alptraum verfolgt sind, *nicht in der Gnade Gottes zu stehen.* Die *Knienden* hingegen sind Protagonisten eines tiefgreifenden Umwandlungsprozesses, in dessen Verlauf dem Menschen zu einem historischen und sozialen

Bewußtsein verholfen wird, das jeder kosmozentrischen Denkform fern ist. [...]

Die Desorientiertheit der Beichtväter ist oftmals offensichtlich, doch sie wird fast immer überspielt von einer Verherrlichung der Normen und von der panischen Angst, daß bei Mißachtung der Normen die ganze Kirche zusammenbrechen könnte. Tatsächlich aber würde nur die Norm zusammenbrechen, und viele dieser Normen, die für göttlich und also unwandelbar gehalten werden, sind in Wahrheit rein kirchlicher Herkunft und können also verändert werden.«[22]

»[...] Es gibt (wenige) glückliche Beichtende, die brauchbare Ratschläge von ihren den zeitgenössischen Problemen gegenüber aufgeschlossenen Beichtvätern erhalten und die daraus zweifellos Nutzen ziehen; die große Mehrheit der unglücklichen Beichtenden, die mit Ratschlägen bedacht werden, die mit ihrem aktuellen sozialen Leben unvereinbar sind, müssen dann die Folgen bis an ihr Lebensende ertragen.«[23]

Man muß sich nur vorstellen, welche Wirkung Beichtgespräche, wie wir sie in diesem Buch lesen können, auf schlichte Gemüter ausüben (die etwa überzeugt davon sind, daß durch das Priesterwort tatsächlich Gott zu ihnen spricht); welche Wunden, welche Schäden an der Persönlichkeit vermag das auszulösen. Und damit sind wir bei der eigentlichen Problematik angelangt, der diese Untersuchung nachspüren wollte, der es weniger um die Sorgen der Kirche und der Beichtväter ging, als um die Wirkung, die die Priester – bzw. die Persönlichkeiten und die Vorstellungen, denen wir in den Beichtstühlen begegnet sind – auf die Gläubigen und damit auf die bürgerliche Gesellschaft haben könnten.

Die Priester beherzigen eine Werteskala, die oftmals unvereinbar ist mit der nichtreligiösen Ethik oder auch schlicht mit dem gesunden Menschenverstand. Einem Priester ist es zum Beispiel sehr viel lieber, die Ehefrau verschweigt ihrem Mann, daß sie ein Kind von einem anderen erwartet, als daß sie es abtreibt; und besser als abzutreiben ist es auch, die Leibesfrucht eines geschwisterlichen Inzests zur Welt zu bringen; schlimmer ist es, sich auf eine Prostituierte einzulassen, als sie, nach »getaner Arbeit«, nicht zu bezahlen; lieber ein Kind *kaufen,* als sich künstlich befruchten zu lassen; besser ist, der Mafia das gestohlene Geld zurückzuerstatten; besser ist, der Ehefrau oder der Verlobten nicht zu verraten, daß man homosexuell ist, denn sonst geriete die Ehe in Gefahr; lieber sollte man keusch und unglücklich leben als in einer glücklichen homosexuellen Beziehung; besser ist, sich vom Kirchentribunal der Sacra Rota bescheinigen zu lassen, die »Ehe habe nie existiert«, als sich rechtmäßig scheiden zu lassen. Die Beispiele genügen, um sowohl die kritische Situation des Beichtsakraments als auch seine soziale Gefährlichkeit deutlich zu machen. Und es handelt sich um unausrottbare Erscheinungen, denn seit ewigen Zeiten und für ewige Zeiten ist das »göttliche Gesetz« für die Kirche jeder Logik und jeder Gesetzgebung überlegen, auch der des Staates.

Für fast alle Beichtväter ist die Sünde schlicht ein Vergehen gegen ein Gebot; automatisch wird dadurch eine mechanische Urteilssprechung ausgelöst, die sich nur sehr selten die tieferen Gründe und die Situation des Pönitenten vor Augen führt: Ohne diesen Mechanismus Sünde/Absolution könnte die Kirche ihre Funktion der *Versöhnung* nicht ausüben und verlöre damit ihre Existenzberechtigung. Im Laufe unserer Untersuchung sind wir mehrmals auf Beichtväter gestoßen, die, wiewohl sie sich zunächst den ethischen Problemen des Pönitenten gegenüber aufgeschlossen zeigten, bei der Erwähnung der Sünde (insbesondere der sexuellen Sünde) intolerant und unfähig zu jedwedem Dialog zeigten, der sich von der »Doktrin« entfernte. Diese Zwiespältigkeit trat auch bezogen auf die soziale Bedeutung des Vergehens zutage: Auch die wenigen Beichtväter, die sich für diesen Aspekt empfänglich zeigten, legten doch stets das Schwergewicht auf das Verhalten im ehelichen Schlafzimmer.[24]

In den sehr viel häufigeren Fällen, in denen sich die Beichtväter der sozialen Thematik gegenüber unempfindlich zeigten, nahm im Vergleich dazu die Reaktion auf sexuelle Versündigungen geradezu groteske Züge an.[25]

Eine der schwerwiegendsten Entdeckungen dieser Untersuchung ist somit die, daß vielen Geistlichen der Begriff der »sozialen Schädlichkeit« entgeht: zum Beispiel, wenn ein Pönitent sich in seinem Beruf äußerst bedenklich verhalten hat; oder wenn er auf unverantwortliche Weise Institutionen unterstützt, private oder öffentliche, die mit diskriminierenden, ungesetzlichen oder ausbeuterischen Methoden arbeiten; innerhalb derer der einzelne stets auf seinen persönlichen Vorteil bedacht ist und seinen Egoismus zu befriedigen sucht.

Das Zweite Vatikanische Konzil hat versucht, die soziale Sünde bewußt zu machen, aber ohne große Anstrengung und ohne Erfolg. Der *Neue Katechismus der Katholischen Kirche* verwendet einen großen Teil seines Wortreichtums auf die Unterscheidung zwischen »Todsünden« und »läßlichen Sünden«[26], und er hebt von Anfang an hervor, daß »die Sünde eine Kränkung Gottes« sei. Erst gegen Ende wird eine Erklärung zitiert, die Papst Johannes Paul II. kürzlich veröffentlichte:

»So macht die Sünde die Menschen zu Komplizen und läßt unter ihnen Gier, Gewalttat und Ungerechtigkeit herrschen. Die Sünden führen in der Gesellschaft zu Situationen und Institutionen, die zur Güte Gottes im Gegensatz stehen. ›Sündige Strukturen‹ sind Ausdruck und Wirkung persönlicher Sünden. Sie verleiten ihre Opfer dazu, ebenfalls Böses zu begehen. In einem analogen Sinn stellen sie eine ›soziale Sünde‹ dar.«

Die Beichtväter sind noch weit entfernt von einem solchen Begriff der Sünde, und sie können ihn deshalb auch den Gläubigen nicht vermitteln. Auch in Fällen, in denen der soziale Schaden beträchtlich ist, versuchen die Priester nicht etwa, ihre Pönitenten vom sozial schädlichen oder zerstörerischen Verhalten abzubringen, sie sind vielmehr stets darum bemüht, ihnen das Gewissen zu erleichtern. Die Beispiele dafür sind sehr zahlreich: angefangen von jenem Beichtvater aus Brescia, der sich gegenüber der Umweltverseuchung durch Industriemüll gleichgültig zeigte[27], bis hin zum Fall jenes »Gefängnisarztes«, dem angeraten wird, nicht den Helden zu spielen und die Mafia-Häftlinge ruhig weiterhin zu unterstützen, weil »die Bewahrung des Lebens« das wichtigste sei.[28] Das *Leben* (das ja ein Geschenk des Herrn ist) zu retten, stellt ein Grundprinzip des Katholizismus dar, das sich, wenn auf den Alltag angewandt, in einen üblen Opportunismus mit schlimmen Folgen verwandelt: das vermag zu einem guten Teil die asozialen oder gar antisozialen Verhaltensweisen der katholischen Völker zu erklären. Man muß sich nur jene Fälle vor Augen führen, in denen der Beichtvater selbst einem vorsätzlichen Mörder davon abrät, sich der Polizei zu stellen.[29] Das einzige, was für den Beichtvater zählt, ist, daß der Pönitent pflichtgemäß Reue zeigt. Dann wird er – »durch Gott« – von seiner

Schuld freigesprochen, und von diesem Moment an geht es dem Beichtvater nur noch darum, seinen Pönitenten vor den Gefahren des bürgerlichen Gesetzes zu schützen. Das Schlimme an diesem Verhalten – das nicht auf eine Schwäche der Priester zurückzuführen ist, sondern von der Kirche so gefordert wird – liegt in dem Prinzip, auf dem es basiert und das die Geistlichkeit auch außerhalb des Beichtstuhls beherzigt: Die Sünde bzw. das Verbrechen muß bekämpft werden, bevor es ausgeführt wird, aber wenn es einmal stattgefunden hat, genügt die Reue, um es wieder abzuwaschen, ohne weitere Konsequenzen, nicht einmal solche der religiösen Bußübung.[30] Die Schäden, die dem sozialen Verantwortungsgefühl dadurch zugefügt werden, sind unermeßlich, aber sie geschehen vor aller Augen: So etwa konnte eine Klasse von Politikern, die sich christdemokratisch nannte, die längste Zeit Korruption und Religiosität unbeschadet miteinander verbinden. Die Kirche hat eine enorme Schuld auf sich geladen, indem sie die Katholiken dazu erzog, zu glauben, daß man sich für die »Sünde« nur vor Gott und seinen Repräsentanten zu verantworten habe.

Ich wollte dieses Buch dennoch mit einem optimistischeren Ausblick enden lassen: nämlich mit jenem Pater in Parma, der sagte, es sei für ihn »eine Genugtuung zu wissen, daß man langsam zu begreifen beginnt, was Sünde ist, in diesen Zeiten, daß die Sünde nicht das Immergleiche ist, nur der Sex und so weiter. Auch die soziale Verantwortungslosigkeit ist Sünde.« Er ist auch der einzige, der die Beichte mit einem respektvollen »Ich spreche Sie los von Ihren Sünden« beendet, anstatt mit der rituellen und gleichsam schulterklopfenden Formel »Ich spreche dich ...«. Ich hoffe, daß man das klar sieht: So hat die Kirche, in all den Jahrhunderten, ihre Katholiken erzogen.

Die letzte und wichtigste Überlegung, die ich dem Leser nahelegen möchte, ist, *welchen immensen Schaden die Beichtväter im Gemüt eines Kindes anrichten können*. Die moderne Psychologie hat festgestellt, daß ein Kind nicht vor dem zehnten Lebensjahr begreifen kann, was Fehlverhalten bedeutet, und infolgedessen haben die Bischöfe von Belgien, Deutschland, Frankreich, Kanada und der Niederlande in den sechziger und siebziger Jahren den Vatikan – zunächst erfolgreich – darum gebeten, die erste Beichte erst nach der ersten Kommunion abhalten zu können; 1977 nahm der Vatikan die Erlaubnis wieder zurück,[31] doch die Bischöfe dieser Länder kämpfen weiter darum. Nichts dergleichen geschieht in den Ländern, in denen ein traditionsgemäß stärker rituell orientierter Katholizismus herrscht und in denen die Kirche sich den Erkenntnissen und Empfehlungen der modernen Wissenschaften gegenüber weniger aufgeschlossen zeigt. Die Schäden, die die Beichtväter an kleinen Kindern anrichten (die Kinder sind bei ihrer ersten Beichte sieben bis acht Jahre alt), müßten eigentlich gesondert untersucht werden: sogar einige katholische Autoren berichten, daß viele Erwachsene sich über die bedrückende Angst beklagt hätten, die sie bei ihren Beichten im Kindesalter empfanden.[32] Und ganz zu schweigen von den zahlreichen Fällen, in denen Kinder von Beichtvätern mißbraucht wurden, wie vor allem in Amerika aufgedeckt wurde. Doch der neue, jüngst erschienene *Katechismus der katholischen Kirche* entgegnet: »Die Kinder müssen, bevor sie zum erstenmal die heilige Kommunion empfangen, zur Beichte gehen.«[33]

Kardinal Ratzinger sprach sich – schon zur Zeit, als er noch Erzbischof von München und noch nicht Präfekt der Glaubenskongregation war – für die Beibehaltung dieser Tradition aus, wiewohl ihm bewußt war, daß ungeschickte Beichtväter die Kinder »verletzen und ängstigen« könnten. Seine Begründungen: a) »Die Vorbereitung zur Kommunion schließt naturgemäß die Vorbereitung zur Beichte (bereits in ihrer vollständigen sakramentalen Form) mit ein, und in jedem Fall würde ihr ohne die Beichte eine wesentliche Dimension fehlen.« Man sieht, die Hauptsorge gilt der Theologie, keineswegs dem Wohl des Kindes; b) »Eben im frühen Kindesalter werden die Grundlagen des menschlichen Lebens geschaffen.«[34] Eben deshalb sollte die Begegnung zwischen Kindern und Beichtvätern, wie wir sie in diesem Buch kennengelernt haben, so lange wie möglich hinausgeschoben werden.

Auch in Italien sollten die Katholiken sich – als erstes – gegen die Angriffe auf ihre schutz- und schuldlosen Kinder zur Wehr setzen: das hieße ja nicht, sich »gegen die Kirche« zu wenden, sondern nur, sie zu einem verantwortungsbewußten Verhalten aufzufordern. Und es ist letztlich ein Problem, das nicht nur Eltern und Katholiken angeht: Der Staat selbst müßte sich darum kümmern, denn es handelt sich um eine Bedrohung des Gemeinwohls.

Anmerkungen

Um was es eigentlich geht

[1] Tonini, Ersilio: »Il Confessionale violato dall'ateo rampante« (»Entweihung des Beichtstuhls durch einen atheistischen Aufsteiger«). In: »L'Avenire«, 17.Juli 1993.

[2] Concetti, Gino: »Un gravissimo abuso« (»Ein schwerwiegender Mißbrauch«). In: »L'Osservatore Romano«, 21.Juli 1993.

[3] Vgl. »Zur Geschichte der Beichte«, S. 21 ff. u. 29 f.

[4] Vgl. »Schlußbemerkungen«, Anmerkung 14.

[5] Apropos Geld: Die Kirche ließ es sich nicht nehmen, mir zu unterstellen, ich hätte *dieses Buch nur geschrieben, um »Geld zu machen«* (In: »Osservatore Romano«, a.a.O.). Wie wenig das der Wahrheit entspricht, beweist folgendes: a) Mein Vertrag mit dem Verlagshaus Mondadori unterschied sich nicht von dem meines vorhergehenden Buches; b) als Mondadori entschied, das Buch nicht zu verlegen, verzichtete ich auf das Geld, das der Verlag mir laut Vertrag gleichwohl hätte ausbezahlen müssen; c) als ich einen neuen Verlag suchte, lehnte ich es ab, das Manuskript unter den interessierten Verlegern zu versteigern (was für mich sehr einträglich gewesen wäre), denn ich wollte das Buch nicht dem zahlungskräftigsten Verlag anvertrauen, sondern dem, der es sich am meisten »zueigen« machen würde.

[6] Camon, F.: »La Chiesa dovrebbe assumere Guerri« (»Die Kirche müßte Guerri anstellen«). In: »La Stampa«, 31.Juli 1993.

[7] Di Meglio, C. und Valentini, N.: *Il sesso in confessionale* (»Die Sexualität in der Beichte«). Marsilio, Venedig 1973, S. VII, X.

Einleitung

[1] Die Daten sind entnommen aus dem *Annuario pontificio* (»Jahrbuch der päpstlichen Bischöfe«) 1992, Libreria Editrice Vaticana, Vatikan, 1992. S. auch Mocellin, G.: *La Chiesa italiana in cifre* (»Die italienische Kirche in Zahlen«). In: »Chiesa in Italia« 1992, Bologna 1993, S. 179–194.

[2] Garelli, F.: *Religione e Chiesa in Italia* (»Religion und Kirche in Italien«), Bologna 1991, S. 17 f. und 160. Die Daten dieses Bandes beziehen sich auf das Jahr 1989, doch haben sie sich seitdem nicht nennenswert verändert. Die vergleichbare Untersuchung von Brunetta, G., und Longo, A.: *Italia cattolica – Fede e pratica religiosa negli anni Novanta* (»Das katholische Italien – Glaube und religiöse Praxis in den neunziger Jahren«), Florenz, 1991, gibt sehr ähnliche Zahlen an.

[3] Nur 11,1 % der praktizierenden Italiener und nur 6,9 % der italienischen Gesamtbevölkerung halten es für richtig, daß Geschiedenen die Sakramente verweigert werden. Zwei Drittel aller Italiener und die Hälfte der Religion praktizierenden Italiener sind mit der Position, die die Kirche der Empfängnisverhütung gegenüber eingenommen hat, nicht einverstanden. Große Besorgnis herrscht in klerikalen Kreisen über das Verhältnis zur Bibel. Seit jeher hat die Kirche sich als Vermittlerin zwischen dem Schrifttum und den Gläubigen verstanden, insbesondere seit der Reformation Luthers, die dagegen eine direkte Bibellektüre propagiert. Heute sind in Italien »nur« 48,7 % der Katholiken der Meinung, die Bibel »müsse vom Papst und den Bischöfen interpretiert werden«, während 23,4 % diese Aufgabe »den Gläubigen in Zusammenarbeit mit dem Priester« anvertrauen möchten und 27 % der Meinung sind, »jeder Gläubige könne dies kraft seines Verstandes und seines Gewissens« selbst übernehmen. In: Brunetta, G., und Longo, A.: a.a.O., S. 14, 10.

[4] Ebd. S. 11.

[5] Ebd. S. 14.

[6] Delumeau, J.: *La confessione e il perdono* (»Beichte und Vergebung«). Turin 1992, S. 18–20.

[7] Aus einer Rede vom 27. März 1993, gehalten vor den Teilnehmern eines Ausbildungskurses beim apostolischen Pönitentiarat des Vatikans, einer Art »Ministerium der Beichte«, das sich mit dem Sündenablaß, der Beichte und den Gewissenskonflikten befaßt. S. die italienischen Tageszeitungen vom 28. März 1993.

[8] In: »Settimana«, Organ der dehonianischen Pater von Bologna, 25. Februar 1993.

[9] De Luca, M. N.: »Confessione? Robba Vecchia. Ai credenti non serve piu« (»Die Beichte? Ein alter Hut. Die Gläubigen brauchen sie nicht mehr«). In: »La Repubblica«, 27. Februar 1993.

[10] Vgl. »Schlußbemerkungen«, Anmerkung 2.

[11] Vgl. »Zur Geschichte der Beichte«, S. 33 ff.

[12] In Wahrheit habe ich ein paar Gespräche mehr geführt, denn einige waren auf dem Tonband nicht verständlich, wegen technischer Fehler oder weil der Beichtvater zu leise gesprochen hatte. Andere will ich nicht veröffentlichen, weil aufgrund dessen, was gesprochen wurde, der Beichtvater identifiziert werden könnte.

[13] Gesualdi, Michele (Hrsg.): *Lettere di Don Lorenzo Milani priore di Barberiana* (»Briefe des Don Lorenzo Milani, Prior von Barberiana«). Mailand 1970,

S. 96. Der zitierte Brief stammt vom 9. November 1958 und ist an Monsignore Giuseppe D'Avack, Bischof von Camerino, gerichtet.

Zur Geschichte der Beichte

[1]) Vogel, C.: *Il peccatore e la penitenza nel medioevo* (»Sünder und Buße im Mittelalter«). Torino 1970, S. 181–186.

[2]) Delumeau, J.: *La confessione e il perdono* (»Beichte und Vergebung«), a. a. O., S. 6.

[3]) Ramos-Regidor, J.: *Il sacramento della penitenza* (»Das Sakrament der Buße«). Turin 1992, S. 130–136. Die beste und neueste Geschichte der Beichte, sie war mir von großem Nutzen.

[4]) *Katechismus der Katholischen Kirche*, Libreria Editrice Vaticana, Vatikan, 1992, Nr. 1445 (dtsch. R. Oldenbourg Verlag, München, 1993).

[5]) 1. Brief an die Korinther, 5,11.

[6]) Vogel, C.: *Il peccatore e la penitenza nella Chiesa antica* (»Sünder und Buße in der Kirche der Antike«). Turin 1967, S. 12 ff.

[7]) Rahner, K.: »La teologia della penitenza in Tertulliono« (»Die Theologie der Buße bei Tertullian«). In: *La Penitenza della Chiesa* (»Die Buße der Kirche«). Rom 1965, S. 482.

[8]) Vogel, C., ebd., S. 37.

[9]) Loria, R.: »La Penitenza nei secoli« (»Geschichte der Buße«). In: *La Penitenza* (»Die Buße«), Turin 1976, S. 212 f.

[10]) Collo, C.: »Riconciliazione e penitenza« (»Rekonziliation und Buße«), Turin 1993, S. 95.

[11]) Erst am 17. Februar 1976 hat Papst Paul VI. mit dem apostolischen Erlaß *Paenitemini* ein ganzes System von Fastenzeiten aufgehoben, das den Christen seit zwei Jahrtausenden auferlegt und das seit geraumer Zeit sinnlos geworden war und nicht mehr beachtet wurde. »In den ›Nachrichten der Diözesen‹ der vorausgehenden Jahre konnte man lange Namenslisten lesen von Personen, die der Fastenpflicht enthoben waren; nach der Lektüre mußte man zu der Erkenntnis kommen, daß nur die (sowohl gesundheitlich wie finanziell) Gutgestellten und die Nichtstuer sich den kanonischen Bestimmungen über Fastenzeiten und Fleischabstinenz zu unterwerfen hatten. Wenn wir die dicken Bände über die Kasuistik des Fastens und der Abstinenzen zur Hand nehmen, in denen auch die Todsünden und die läßlichen Sünden in Form von Nahrungsvorschriften eingeteilt und abgewogen werden, scheint es uns unerklärlich, wie Generationen von Christen bis zur Schwelle unseres Jahrhunderts zu ihrer Fettleibigkeit gekommen sind. [...] Es ist unvorstellbar, wie über soviele Jahrhunderte hinweg eine asketische Bußpraxis, die den Mönchsklausen entstammt, unter Androhung schwerster Versündigung dem gesamten Christenvolk auferlegt werden konnte.« (Della Torre, L.: *Conversione e riconciliazione*

343

[»Bekehrung und Rekonziliation«], Turin 1993, S. 74). – Nach der Veröffentlichung von *Paenitemini* bestimmten die Bischöfe, daß nur an den Freitagen während der Fastenzeit auf den Fleischverzehr verzichtet werden müsse.

[12]) S. Ramos-Regidor, J., a. a. O., S. 177–181; und Vogel, C.: *Il peccatore e la penitenza nel medioevo*, a. a. O., S. 15 ff.

[13]) Beide Verse stammen aus dem Brief des Apostels Paulus an die Galater: 6,2 und 6,5.

[14]) S. Loria, R., a. a. O., S. 221; und Vogel, C.: *Il peccatore e la penitenza nel medioevo*, a. a. O., S. 98 ff.

[15]) Vogel, C., ebd., S. 29.

[16]) Delumeau, J.: *La confessione e il perdono*, a. a. O., S. 17.

[17]) Canosa, R.: *La restaurazione sessuale* (»Die Wiederherstellung des Sexuallebens«), Mailand 1993, S. 212–223. Lucà Trombetta, P.: *La confessione della lussuria* (»Das Bekenntnis der Wollust«), Genna 1991, S. 98–101.

[18]) S. Della Torre, a. a. O., S. 64.

[19]) Delmeau, J.: »La confessione e il perdono«, a. a. O., S. 16. Bis heute betont das *katholische Kirchenrecht*: »Der Priester möge sich stets daran erinnern, daß er beim Abhören der Beichte zugleich die Aufgabe eines Richters und eines Arztes übernimmt.«

[20]) Di Meglio, C., und Valentini, N., a. a. O., S. 16.

[21]) Bouvier, J. B.: »Manuale dei confessori« (»Manual für Beichtväter«). In: *Venere e imene* (»Venus und Hymen«). Foggia 1981.

[22]) Delumeau, J., a. a. O., S. 151.

[23]) Ramos-Regidor, J., a. a. O., S. 240.

[24]) Funke, F.: »Sintesi degli scritti piu significativi sulla confessione negli ultimi dieci anni« (»Zusammenfassung der wichtigsten Schriften der letzten zehn Jahre über die Beichte«). In: »Concilium«, Nr. 17, 1971.

[25]) »Verfassung der Heiligen Liturgie«, »Sacrosanctum concilium«, Nr. 72.

[26]) Ebd., Nr. 109 b.

[27]) S. Ramos-Regidor, J., a. a. a. O., S. 343–346.

[28]) Italienische Bischofskonferenz, »Rito della penitenza« (»Bußritus«), Liberia Editrice Vaticana. Vatikan 1984. Im »Bußritus« wird bestimmt, daß Beichtvater und Pönitent während der Beichte gemeinsam ein Stück aus der Bibel lesen und daß der Beichtvater nur ausnahmsweise auf die verkürzte Form zurückgreifen darf (s. S. 24–27). Nun, in *keiner einzigen* der für dieses Buch gesammelten Beichten wurde ein Stück aus der Bibel gelesen, wiewohl oft genug Zeit und Gelegenheit dafür vorhanden gewesen wären. Ebenso bestimmt der »Bußritus«, daß die vom Priester auferlegte »Buße« (neuerdings wird angeraten, lieber den Begriff »Genugtuung« zu verwenden) keineswegs nur in den üblichen Gebeten bestehen solle: »Art und Dauer der Genugtuung müssen dem einzelnen Pönitenten angemessen sein, so daß jeder seinen Fehler im entsprechenden Bereich wiedergutmachen und das Übel mit der richtigen Medizin heilen kann. Es ist deshalb notwendig, daß die Strafe tatsächlich der Sünde abhilft und das Leben in bestimmter Weise

verwandelt.« (S. 19). Nichts von alledem kam in meinen Beichten vor, wo nur von »Buße« gesprochen wurde, die in Form von Gebeten abgeleistet werden sollte.

29) S. Kockerols, L.: *I fanciulli e la penitenza* (»Buße im Kindesalter«). Turin 1971; s. dort die »Conclusioni« (»Schlußfolgerungen«).

Ethik

1) Valentini, N.: *La politica in confessionale* (»Die Politik im Beichtstuhl«). Mailand 1974, S. 104.
2) Genau einen Monat zuvor hatte Papst Johannes Paul II. den Beichtvätern angeraten, dem Pönitenten freizustellen, ob er vor dem Gitter knien oder dem Beichtvater lieber ins Gesicht sehen wolle.
3) Der Bischof von L'Aquila ist der wohl schärfste Gegner der Abtreibung, er ist u. a. der Urheber eines »Denkmals für die nichtgeborenen Kinder«.
4) Das Heiligtum von Loreto ist über der »Casa della Madonna« erbaut, einem Häuschen, das der Legende zufolge von Engeln von Nazareth hierhergetragen wurde.
5) In: Brunetta G., und Longo, A.: *Italia cattolica*«, a. a. O., S. 319.

Sex

1) S. Di Meglio, Valentini, a. a. O., S. 16.
2) S. Brunetta, Longo, a. a. O., S. 52.
3) Ebd., S. 57.
4) *Katechismus der Katholischen Kirche*, a. a. O., Nr. 2362.
5) Lorenzetti, L.: »Etica sessuale, Magistero e comportamenti« (»Die Sexualethik, Lehre und Verhalten«). In: Bruntta, Longo, a. a. O., S. 255–256.
6) Ebd., S. 256.
7) Mischehen sind möglich, auch in Form von kirchlicher Trauung, wenn der Andersgläubige dem Ehepartner garantiert, ihn in der Ausübung seiner Religion nicht zu behindern und den Kindern eine christliche Erziehung zukommen zu lassen. In diesen Fällen nimmt der Andersgläubige nur physisch am Trau-Ritus teil, ohne die Formeln zu sprechen. Es kann nicht sein, daß der Beichtvater davon nichts wußte: er versuchte offensichtlich, das Mädchen von seinem Vorhaben abzubringen.
8) Es handelt sich in Wahrheit um Tobias und Sarah. Das Beispiel wird auch im *Katechismus* angeführt, Nr. 2361.

[1]) Vogel, C.: »Alienazione del culto nei confronti della comunità cristiana (»Entfremdungen vom Kult in der Christen-Gemeinschaft«). In: »Concilium«, Februar 1972.

[2]) Katholischen Quellen aus dem Jahr 1939 zufolge gingen damals 46 % der Italiener mindestens einmal monatlich zur Beichte und 67 % vollzogen den Osterritus. Einer entsprechenden Erhebung von 1970 zufolge waren es in jenem Jahr nur noch 4 % und 18 %.

Laut einer Umfrage, die von der Italienischen Bischofskonferenz 1982 in Auftrag gegeben wurde – bei der jedoch nicht ermittelt wurde, wieviele Italiener zur Beichte gehen – sprachen sich 46 % gegen und 20 % für die Notwendigkeit der Beichte aus, 35 % waren sich unsicher (s. Lodi, E.: *Lasciatevi riconciliare* (»Laßt euch wiederversöhnen«). Turin 1983, S. 53. Siehe auch Gasparino, A.: *Il Sacramento del perdono* (»Das Sakrament der Vergebung«). Turin 1991, S. 13.

Bei der neuesten Befragung von »aktiven Katholiken« antworteten auf die Frage: »Welches sind die wichtigsten Verhaltensweisen einer christlichen Lebensführung?« 23,6 % mit »beten«, 17,8 % mit »die Gebote beachten«, 16,9 % mit »die Glaubenswerte verinnerlichen« und nur 10,2 % mit »zur Beichte und zur Kommunion gehen«. (In: Brunetta, Longo, a.a.O., S. 25). Abgesehen davon, daß die Meinung mit dem tatsächlichen Verhalten nicht notwendig übereinstimmen muß, gehen heute viele Katholiken zur Kommunion, ohne vorher gebeichtet zu haben (s. Ramos-Regidor, J.: *Il sacramanto della penitenza*, a.a.O., S. 335).

In Frankreich waren es bereits 1952 nur 15 % der Bevölkerung, die angaben, mindestens einmal monatlich zu beichten; in Deutschland waren es 1982 8,5 % (weitere speziellere Umfragen zum Thema s. in: Ambrosio, Gianni: »Coscienza cristiana del peccato e modelli culturali dell'esperienza morale« (»Christliches Sündenbewußtsein und kulturelle Modelle der Moralerfahrung«). In: *Il quarto sacramento* (»Das vierte Sakrament«). Turin 1983, S. 119f.

[3]) Ich lege die Statistik von 1970 als noch gültig zugrunde: In jenen Jahren ist die religiöse Praxis erheblich zurückgegangen, sei's infolge des zweiten Vatikanischen Konzils, sei's durch eine allgemeine »Freiheitsbewegung« der gesamten Gesellschaft. Wenn die Beichtfrequenz danach wieder etwas gestiegen sein sollte, so wird dies gewiß durch die allgemeine Tendenz der Kirchenaustritte der letzten zwanzig Jahren wieder ausgeglichen.

[4]) S. die »Einleitung« des vorliegenden Buches, S. 15.

[5]) Ramos-Regidor, J., a.a.O., S. 43 und 335.

[6]) Auch dieses Phänomen »ist ein Teil jener in der modernen westlichen Welt sehr verbreiteten Tendenz, mit der die Individuen in allen Bereichen ihre Selbstverwirklichung einfordern. Dieses Ideal der Selbstverwirklichung und der persönlichen Erfüllung, das für die moderne Kultur charakteri-

stisch ist, dringt heute auch in den religiösen Bereich ein. Die alte, auf der Wahrnehmung der Kirchenvorschrift basierende Religiosität wird heute zunehmend von einer neuen, nach Spontaneität des individuellen wie auch kollektiven Ausdrucks verlangenden Religiosität verdrängt [...]. Die Kirche hat weitgehend die Fähigkeit verloren, ihr orthodoxes System von organisierten und zu einem verpflichtenden Ritus zusammengefaßten Symbolen der Gesellschaft oder auch nur ihren Gläubigen aufzuprägen. Die Tradition der großen Religionen erscheint heute wie ein fließendes symbolisches Kapital, von dem die Gläubigen und Interessenten frei (ohne die Vermittlung der religiösen Institutionen) die Elemente beziehen, die sie für die Errichtung ihres eigenen religiösen Halts brauchen.« (Hervireu-Leger, D. »Tendenze e contraddizioni della modernità europea« [»Tendenzen und Widersprüche der europäischen Moderne«]. In: *La religione degli europei« [»Die Religion der Europäer«]. Torino* 1992, S. 5–7.

7) Collo, C.:»Lo stato della ricerca biblica, storico-dottrinale e teologica relativa alla penitenza« (»Der Stand der biblischen historisch-doktrinären und theologischen Buß-Forschung«). In: *Il quarto sacramento*, a. a. O., S. 21.

8) S. Carra, V., und Vimeux, Vaux-A.: *La confession en contestation*, Paris 1970. Zur Bibliographie der übrigen Umfragen s. Ramos-Redigor, J.: *Il sacramento della penitenza*, a. a. O., S. 36.

9) Ramos-Redigor, J., ebd., S. 39.

10) Häring, B.: *Confessione e gioia*, (»Beichte und Freude«). Turin 1989, S. 46.

11) Angellini, G., In: »Il quarto sacramento«, a. a. O., S. 153. Siehe auch Della Torre, L.: *Conversione e riconciliazione*, a. a. O., S. 4 und 9.

12) Collo, C.:»Riconciliazione e penitenza« (»Rekonziliation und Buße«). Turin 1993, S. 7.

13) Della Torre, L.: *Conversione e riconciliazione*, a. a. O., S. 186. Zur politischen Repression von seiten der Beichtväter in den siebziger Jahren s. auch Valentini, N.: *La politica in confessionale*, a. a. O.

14) Im Jahr 1987 waren nur 35,2 % des Diözesen-Klerus jünger als 50 Jahre, während 29,7 % über 65 Jahre alt waren. Im Verhältnis zu den Altersgruppen der italienischen Bevölkerung: 42,6 % der Italiener sind zwischen 25 und 44 Jahren alt, beim Klerus 24,1 %; 36,4 % der Italiener sind zwischen 45 und 64 Jahren, 46,2 % des Klerus; und 21 % der Italiener haben die 65 Jahre überschritten, jedoch 29,7 % des Klerus. (Garelli, F.: *Religione e Chiesa in Italia*, a. a. O., S. 170f.).

15) Italienische Bischofskonferenz, a. a. O., S. 22.

16) Siehe S. 52 des vorliegenden Buches.

17) Siehe S. 188 ff. des vorliegenden Buches.

18) Siehe S. 277 ff. des vorliegenden Buches.

19) Ratzinger, J., und Messori, V.: *Rapporto sulla fede* (»Bericht über den Glauben«). Turin 1985, S. 56f. (dtsch.: *Zur Lage des Glaubens*. Neue Stadt, München, 2. Aufl. 1986, S. 56–57).

20) S. zum Beispiel die nahezu überstürzte Absolution eines Bauunternehmers in Genua, der eigentlich vor ein Strafgericht gehörte (S. 80), oder

die noch eiligere Absolution des korrupten Organisationsmitgliedes der CL (»Comunione e Liberazione«) in Frosinone (S. 89 f.).

21) Valentini, N.: *La politica in confessionale*, a.a.O., S. 273.

22) Valentini, Di Meglio, a.a.O., S. 14 und 256–261.

23) Ebd., S. X.

24) S. zum Beispiel die Beichte in Grosseto (S. 71).

25) S. den exemplarischen Fall des Polizisten, der im Personenschutz für einen korrupten Politiker beschäftigt ist: Der Beichtvater hält es für schwerwiegend, daß er den Politiker zur Geliebten begleitet, während er den Tatbestand der Korruption fast gänzlich übergeht (S. 113 ff.).

26) *Katechismus der Katholischen Kirche*, a.a.O., Nr. 1846–1876.

27) Siehe S. 66 f. des vorliegenden Buches.

28) Siehe S. 130 ff. des vorliegenden Buches.

29) Zum Beispiel im Fall der Polizistin, die einen wehrlosen Dieb erschoß (s. S. 116 ff.) und der Frau, die die Geliebte des Mannes überfuhr (s. S. 98 ff.).

30) Dies scheint im Widerspruch dazu zu stehen, daß die Katholiken immer seltener zur Beichte gehen: wenn das alles so »bequem« und »leicht« ist, warum sollten sie es dann nicht tun? Der Grund ist offensichtlich: weil es noch einfacher ist und sogar logischer erscheint, von Gott direkt Vergebung zu erbitten, in aller Stille und ohne die Einschaltung eines Priesters.

31) Ramos-Regidor, J.: *Il sacramento e la penitenza*, a.a.O., S. 373.

32) Della Torre, L.: *Conversione e riconciliazione*, a.a.O., S. 190 f. S. auch Kockerols, L., a.a.O.

33) *Katechismus der Katholischen Kirche*, a.a.O., Nr. 1457.

34) Ratzinger, J.: »Prima confessione e prima comunione dei fanciulli« (»Erstbeichte und Erstkommunion der Kinder«), Hirtenbrief vom November 1977. In: *Maestri della fede* (»Lehrer des Glaubens«), Nr. 133. Turin 1978, S. 3–11.

Literatur

AA. VV., *Catechismo della Chiesa Cattolica*, Libreria Editrice Vaticana, Vatikanstadt 1992 (dtsch.: *Katechismus der Katholischen Kirche*. R. Oldenbourg, München 1993).

AA. VV., *Catechismo della Chiesa Cattolica – Testo integrale e commento teologico*, Piemme, Casale Monferrato 1993.

AA. VV., *La celebrazione della penitenza cristiana*, Marietti, Turin 1981.

AA. VV., *Chiesa in Italia – Cronache argomenti tendenze personaggi*, EDB, Bologna 1993.

AA. VV., *Codice di diritto canonico*, Unione Editori Cattolici Italiani, Rom 1984.

AA. VV., *Inchiesta sui seminari in Italia*, Rogate, Rom 1979.

AA. VV., *La crisi della confessione*, EDB, Bologna 1974.

AA. VV., *La Penitenza. Studi biblici, teologici e liturgici*, Elle Di Ci, Turin 1976.

AA. VV., *La Penitenza della Chiesa*, Edizioni Paoline, Rom 1964.

AA. VV., *La penitenza, riconciliazione con Dio e con la Chiesa*, Ares, Mailand 1968.

AA. VV., *Il quarto sacramento – Identità teologica e forme storiche del sacramento della penitenza*, Elle Di Ci, Turin 1983.

AA. VV., *La religione degli europei*, Fondazione Giovanni Agnelli, Turin 1992.

AA. VV., *Il sacramento della penitenza e la sua celebrazione*, Velar, Bergamo 1983.

AA. VV., *Valore e attualità del sacramento della penitenza*, PAS-Verlag, Zürich 1974.

Acquaviva, Sabino, *L'eclisse del sacro nella società industriale*, Edizioni di Comunità, Mailand 1981.

–, *Eros, morte ed esperienza religiosa*, Laterza, Bari 1990.

Allegra, Luciano, »Il parroco: un mediatore fra alta e bassa cultura«, in *Storia d'Italia – Intellettuali e potere*, Einaudi, Turin 1988.

Alszeghy, Z.–Flick, M., *Il sacramento della riconciliazione*, Marietti, Turin 1976.

Amato, Angelo, *I pronunciamenti tridentini sulla necessità della confessione sacramentale*, Las, Rom 1974.

Barbero, Franco (Hrsg.), *I diritti umani nella Chiesa cattolica*, Claudiana, Turin 1981.

Biagi, Enzo, *L'Italia dei peccatori*, Rizzoli, Mailand 1991.

Bouvier, Jean Baptiste, »Manuale dei confessori«, in *Venere e imene*, Bastogi, Foggia 1981.

Brunetta, Giuseppe–Longo, Antonio (Hrsg.), *Italia cattolica – Fede e pratica religiosa negli anni Novanta,* Vallecchi, Florenz 1991.

Canosa, Romano, *La ristaurazione sessuale – Per una storia della sessualità tra Cinquecento e Seicento,* Feltrinelli, Mailand 1993.

Carra de Vaux, B.–Vimeux, A., *La confession en contestation. Une enquête auprès des lecteurs de Témoignage Chrétien,* Témoignage Chrétien, Paris 1970.

Cipriani, R., *La religione dei valori,* Sciascia, Caltanissetta-Roma 1992.

–, *La religione diffusa,* Borla, Rom 1988.

Collo, Carlo, *Riconciliazione e penitenza,* Edizioni Paoline, Turin 1993.

Conferenza Episcopale Italiana, *Rito della penitenza,* Libreria Editrice Vaticana, Vatikanstadt 1989.

Debbrecht, Gerhard, *Confessarsi, perché?,* Edizioni Paoline, Turin 1990 (dtsch.: Beichte – für mich? Heider, Freiburg 1991).

Della Torre, Luigi, *Conversione e riconciliazione nella prassi della Chiesa,* Edizioni Paoline, Rom 1983.

Delumeau, Jean, *La confessione e il perdono – Le difficoltà della confessione dal XIII al XVIII secolo,* Edizioni Paoline, Turin 1992.

–, *Il peccato e la paura. L'idea di colpa in Occidente dal XIII al XVIII secolo,* il Mulino, Bologna 1987 (dtsch. Angst im Abendland. Die Geschichte kollektiver Ängste in Europa des 14. bis 18. Jahrhunderts, Rowohlt, Reinbeck 1989).

Del Zanna, Lorenzo, *La fabbrica dei preti,* Libreria Editrice Fiorentina, Florenz 1976.

Di Muzio, Luigi Carlo, *Sacerdote allo specchio,* Rogate, Rom (o.J.).

D'Urso, A., *Le vocazioni sacerdotali in Italia. Studio teologico-pastorale,* Pontificia Università Lateranese, Rom 1975.

Falsini, Rinaldo, *La Penitenza – Rito e catechesi,* Edizioni O.R., Mailand 1990.

Garelli, Franco, *Religione e Chiesa in Italia,* il Mulino, Bologna 1991.

Gasparino, Andrea, *Il sacramento del perdono – Gioia e festa di Dio e dell'uomo – Conversazioni con i giovani,* Elle Di Ci, Turin 1991.

Giovanni Paolo II, *Reconciliatio et paenitentia,* Esortazione apostolica, Libreria Editrice Vaticana, Vatikanstadt 1984.

Gonzales, Mario, *Nuove vie di formazione sacerdotale,* EMI 1980.

Guasco, Maurilio, «La formazione del clero: i seminari«, in *Storia d'Italia – La Chiesa e il potere politico dal Medioevo all'età contemporanea,* Einaudi, Turin 1986.

Gubert, R. (Hrsg.), *Persistenze e mutamenti dei valori degli italiani nel contesto europeo,* Reverdito, Trento 1992.

Guerri, Giordano Bruno, *Gli italiani sotto la Chiesa – Da san Pietro a Mussolini,* Mondadori, Mailand 1992.

Häring, Bernhard, *Confessione e gioia,* Edizioni Paoline, Turin 1989.

–, *Shalom: Pace. Il sacramento della riconciliazione,* Edizioni Paoline, Turin 1969.

Hesmy, C.J.–Canu, A.M., *I cristiani parlano della confessione,* Marietti, Turin 1970.

Karpp, H., *La penitenza. Fonti sull'origine della penitenza nella Chiesa antica,* Sei, Turin 1975.

Kockerols, L., *I fanciulli e la penitenza*, Elle Di Ci, Turin 1971.

Lea, Charles H., *Storia della Confessione auricolare e delle indulgenze nella Chiesa latina*, 2 Bde., Cultura Moderna, Mendrisio 1911.

Liguori, Alfonso Maria de', *Istruzione e pratica dei confessori*, Neapel 1757.

–, *Theologia moralis*, Neapel 1753–1755.

Lodi, Enzo, *Lasciatevi riconciliare – Penitenza: itinerario di iniziazione cristiana*, Edizioni Paoline, Turin 1983.

Lucà Trombetta, Pino, *La confessione della lussuria – Definizione e controllo del piacere nel cattolicesimo*, Costa & Nolan, Genua 1991.

Luini, Edoardo, *Il sacramento della penitenza*, Piemme, Casale Monferrato 1990.

Lutero, Martin, *Scritti religiosi* (hrsg. v. V. Vinay), Utet, Turin 1967.

Maggiolini, Sandro, *Peccato e perdono nella Chiesa*, Queriniana, Brescia 1969.

–, *La riconciliazione sacramentale nella Chiesa*, Queriniana, Brescia 1975.

Manzelli, M., *La confessione dei peccati nella dottrina penitenziale del concilio di Trento*, Centro di studi ecumenici Giovanni XXIII, Sotto il Monte 1966.

Medina, B., *Breve istruttione de' Confessori*, Venedig 1580.

Miccoli, Giovanni, »›Vescovo e re del suo popolo‹. La figura del prete curato tra modello tridentino e risposta controrivoluzionaria«, in *Storia d'Italia – La Chiesa e il potere politico dal Medioevo all'età contemporanea*, Einaudi, Turin 1986.

Midali, M.– Tonelli, R. (Hrsg.), *Giovani e riconciliazione*, Las, Rom 1984.

Milani, Lorenzo, *Esperienze pastorali*, Libreria Editrice Fiorentina, Florenz 1958.

–, *Lettere di don Lorenzo Milani priore di Barbiana*, Mondadori, Mailand 1970.

Morero, Vittorio, *Il coraggio di pentirsi –Teologia della conversione e della riconciliazione per i cristiani e le chiese oggi*, Esperienze, Fossano 1990.

Navarro (Azpliqueta Martino), *Manuale de' confessori et penitenti*, Venedig 1557.

Paolo VI, *Paenitemini*, Costituzione apostolica, in *Enchiridion Vaticanum*, Bd. II, EDB, Bologna 1976.

Peri, Ivan, *I seminari. Le novità dal Vaticano II ad oggi nei documenti e nell'esperienza della Chiesa*, Rogate, Rom 1985.

Pettazzoni, Raffaele, *La confessione dei peccati*, 3 Bde., Zanichelli, Bologna 1929–36.

Ramos-Regidor, José, *Riflessioni teologiche sul sacramento della penitenza*, Elle Di Ci, Turin 1971.

–, *Il sacramento della penitenza – Riflessione teologica biblico-storico-pastorale alla luce del Vaticano II*, Elle Di Ci, Turin 1992.

Ratzinger, Joseph–Messori, Vittorio, *Rapporto sulla fede*, Edizioni Paoline, Turin 1985 (dtsch.: *Zur Lage des Glaubens*, Neue Stadt, München 1986).

Rusconi, Roberto, »Predicatori e predicazione«, in *Storia d'Italia – Intellettuali e potere*, Einaudi, Turin 1988.

Sanantoni, A., *La Penitenza. Una pagina di storia antica utile per i nostri giorni*, Elle Di Ci, Turin 1983.

Scarvaglieri, A., *Religione e società a confronto. Ricerca socio-religiosa nelle diocesi di Reggio Emilia e Guastalla*, Bizzocchi, Reggio Emilia 1982.

Segneri, Paolo, *Il penitente istruito a ben confessarsi,* Bologna 1669.

–, *Il Confessore istruito,* Brescia 1672.

Snoeck, S., *Confession et psychanalyse,* DDB, Paris 1964.

Sorge, Bartolomeo, *La »ricomposizione« dell'area cattolica in Italia,* Città Nuova, Rom 1979.

Toleto, F., *Istruttione de' sacerdoti e penitenti,* Venedig 1601.

Valentini, Norberto, *La politica in confessionale,* Bompiani, Mailand 1974.

Valentini, Norberto–Di Meglio, Clara, *Il sesso in confessionale,* Marsilio, Venedig 1973.

Van Choote, Jean-Pierre–Sagne, Jean-Claude, *Miseria e misericordia – Perché e come confessarsi oggi,* Edizioni Qiqajon, Magnano 1992.

Vogel, C., *Il peccatore e la penitenza nella Chiesa antica,* Elle Di Ci, Turin 1967.

–, *Il peccatore e la penitenza nel medioevo,* Elle Di Ci, Turin 1970.